HIPPOCRENE CONCISE DICTIONARY

ESTONIAN-ENGLISH/ENGLISH-ESTONIAN DICTIONARY

D0881424

HIPPOCRENE CONCISE DICTIONARY

ESTONIAN-ENGLISH
ENGLISH-ESTONIAN
DICTIONARY

Ksana Kyiv
& Oleg Benyuch

HIPPOCRENE BOOKS, INC.
New York

Cover photograph: Street view in Tallinn, Estonia.
Used by permission of Mel Kattago.

For information, address:
HIPPOCRENE BOOKS, INC.
171 Madison Avenue
New York, NY 10016

ISBN 0-87052-081-4

Printed in the United States of America.

CONTENTS

Preface

This dictionary can be used by those who know English and Estonian perfectly well and by those who are just starting to study them as well. It will be a good guide and companion for the Estonians who decided to visit the English-speaking countries and for the natives of English who would embark on a trip to Estonia. The dictionary will be useful for businessmen and tradesmen, tourists and sportsmen, and surely for the students of schools, colleges and universities.

Each of the two parts of the book contains over 15 000 words. The Estonian anthem, geographical index, alphabet, list of abbreviations and transliteration guide are also attached.

Eessõna

Käesolevat sõnaraamatut võivad kasutada kõik, olenemata keeleoskuse tasemest. Siit võivad leida täiendust oma teadmistele need inimesed, kes juba hästi valdavad nii inglise kui ka eesti keelt, aga kindlasti on ta heaks abiliseks neile, kes alles alustavad keeleõpinguid.

Ta võib olla heaks juhendajaks ja kaaslaseks eestlastele, kes kavatsevad külastada inglise keelt kõnelevate rahvastega võõrriike. Samuti saavad teda kasutada Eestimaa külalised, kelle emakeeleks on inglise keel.

Sõnaraamat võib olla kasulik nii äri- kui ka ametimeestele, turistidele, sportlastele ja muidugi igat liiki koolide õpilastele ning üliõpilastele.

Lisaks 15 tuhandele märksõnale kumbaski osas leiame siit veel Eesti hümni, kohanimede ja hääldustabeli, tähestiku ning lühendite seletuse.

My Native Land, My Joy, Delight
Estonian national anthem

Mu isamaa, mu õnn ja rõõm
J.V.Jannsen *F. Pacius*

My native land, my joy, delight,
How fair thou art and bright.
And nowhere in the world all round,
Can ever such a place be found.
So well beloved as I love thee,
My native country dear!

My little cradle stood on thy soil,
Whose blessing ease my toil.
With my last breath my thanks to
thee,
For true to death I'll ever be.
O worthy, most beloved and fine,
Thou dearest country mine!

May God in heaven thee defend,
My best, my dearest land.
May He be guard, may He be shield,
For ever may He bless and wield.
O graciously all deeds of thine,
Thou dearest country mine.

Mu isamaa, mu õnn ja rõõm,
kui kaunis oled sa!
Ei leia mina iial tääl
see suure laia ilma pääl,
mis mull' nii armas oleks ka,
kui sa, mu isamaa!

Sa oled mind ju sünnitand
ja üles kasvatand;
sind tänan mina alati
ja jään sull' truuiks surmani!
Mull' kõige armsam oled sa,
mu kallis isamaa!

Su üle Jumal valvaku,
mu armas isamaa!
Ta olgu sinu kaitseja
ja võtku rohkelt õnnista,
mis iial ette võtad sa,
mu kallis isamaa!

List of Abbreviations

a.	and, also	ja, ning
adj.	adjective	adjektiiv, omadussõna
adv.	adverb	adverb, määrsõna
agr.	agriculture	põllumajandus
Am.	American (English)	Ameerikas kõneldav inglise keel
anat.	anatomy	anatoomia
arch.	architecture	arhitektuur, ehituskunst
av.	aviation	lennundus
biol.	biology	bioloogia
bot.	botany	botaanika
Brit.	British (English)	Inglismaal kõneldav inglise keel
chem.	chemistry	keemia
comm.	commerce	kommerts
conj.	conjunction	konjunktsioon, sidesõna
eccl.	ecclesiastical	kiriklik, vaimulik
el.	electrical	elektrisse puutuv
etc.	et cetera	ja nõnda edasi
fig.	figurative	figuratiivne, figuraalne
fin.	finance	finantsid (pl.)
geogr.	geography	geograafia
geol.	geology	geoloogia
gr.	grammar	grammatika
jur.	juridical; term	juriidiline
lit.	literature	kirjandus
mar.	maritime	merendus
math.	mathematics	matemaatika
med.	medicine	meditsiin
mil.	military	sõjanduslik, militaarne
min.	mineralogy	mineraloogia
mot.	motoring	auto-moto
mus.	musical	muusika
n.	noun	nimisõna, substantiiv
num.	numeral	arvsõna
o.s.	oneself	ise, ennast
paint.	painting	maalikunst

parl.	parlament	parlament
part.	participle	partitsiip, kesksõna
phil.	philosophy	filosoofia
phys.	physics	füüsika
pl.	plural	mitmus
pol.	politics	poliitika
postp.	postpone	tagasõna
pred.	predicate	predikaat, öeldis
prep.	preposition	prepositsioon, eessõna
pron.	pronoun	pronoomen, asesõna
rail.	railways	raudtee
tech.	technical	tehniline
theat.	theatre	teater
typ.	typography	trükindus
univ.	university	ülikool
v.	verb	verb, pöördsõna, tegusõna
zo.	zoology	zooloogia

List of Abbreviations for geographical Names

c.	- city
hist.	- historical
isl.	- island; isl.-s islands
l.	- lake
m.	- mountain; m.-s mountains
pen.	- peninsula
r.	- river
str.	- strait

EESTI-INGLISE
SÕNASTIK

Navesti jõgi	Toila	Tootsi	Ülemiste järv

Navesti jõgi ['navesti 'jəgi]
Nelijärve ['nelijærve]
Noarootsi ['noaro:tsi]
Nuia ['nuia]
Nõo [nəo]
Obinitsa ['obinitsa]
Orissaare ['orissa:re]
Otepää ['otepæ:]
Padise ['padise]
Paide ['paide]
Pakri ['pakri]
Palamuse ['palamuse]
Paldiski ['paldiski]
Palmse ['palmse]
Pandivere ['pandivere]
Pangodi ['pangodi]
Peipsi järv ['peipsi 'jærv]
Pirita ['pirita]
Prangli ['prangli]
Põltsamaa ['pəltsama:]
Põlva ['pəlva]
Pärnu ['pærnu]
Pärnu-Jaagupi ['pærnu-'ja:gupi]
Pühajärv ['pyhajærv]
Rakvere ['rakvere]
Rapla ['rapla]
Saaremaa ['sa:rema:]
Saku ['saku]
Saue ['saue]
Sauga ['sauga]
Setumaa ['setuma:]
Sillamäe ['sillamæe]
Suure-Jaani ['su:re-'ja:ni]
Sõrve ['sərve]
Taevaskoja ['taevaskoja]
Tallinn ['tallinn]
Tamsalu ['tamsalu]
Tartu ['tartu]
Tihemetsa ['tihemetsa]
Toila ['toila]

Tootsi ['to:tsi]
Tori ['tori]
Tõravere ['təravere]
Tõrva ['tərva]
Türi ['tyri]
Uulu ['u:lu]
Valga ['valga]
Varbla ['varbla]
Vastseliina ['vastseli:na]
Viljandi ['viljandi]
Vilsandi ['vilsandi]
Virumaa ['viruma:]
Vooremaa ['vo:rema:]
Vormsi ['vormsi]
Võrtsjärv ['vərtsjærv]
Väike-Maarja ['væike-'ma:rja]
Vändra ['vændra]
Oisu ['əisu]
Ülemiste järv ['ylemiste 'jærv]

Eesti tähestik

a	[aː]	l	[ell]	t	[teː]
b	[beː]	m	[emm]	u	[uː]
(c)	[tseː]	n	[enn]	v	[veː]
d	[deː]	o	[ɔ]	(w)	[kaksik veː]
e	[e]	p	[peː]	õ	[õ]
f	[ef]	(q)	[kuː]	ä	[äː]
g	[geː]	r	[ärr]	ö	[öː]
h	[haː]	s	[ess]	ü	[üː]
i	[iː]	š	[šaː]	(x)	[iks]
j	[jot]	z	[zeː]	(y)	[igrek]
k	[kaː]	ž	[žeː]		

Sulgudes olevaid tähti tarvitatakse ainult võõrkeelsete nimede ja väljendite kirjutamisel

Hääldamisjuhend

ʃ	–	eesti sõnas	šahh	[ˈʃahh]
ʒ	–	"	beež	[ˈbeeʒ]
ə	–	"	võti	[ˈvəti]
æ	–	"	käsi	[ˈkæsi]
ɐ	–	"	vöö	[ˈvɐ]
y	–	"	küla	[ˈkyla]

A

aabits ['a:bits] *n.* primer
aadli|k ['a:dlik] *n.* noble; ~**seisus** *n.* noble rank
aadress ['a:dress] *n.* address; ~**bü-roo** *n.* address bureau
aafrik|a ['a:frika] *adj.* African; ~**lane** *n.* African
aare ['a:re] *n.* treasure
aasia ['a:sia] *adj.* Asian; ~**lane** *n.* Asiatic
aasta ['a:sta] *n.* year; ~**ne** *adj.* a year-old; **möödunud** ~**l** last year; **igal** ~**l** every year; **sel** ~**l** this year; **head uut aastat!** A Happy New Year!
aastapäev ['a:stapæev] *n.* anniversary
aatom ['a:tom] *n.* atom; ~**irelv** *n.* atomic weapon
abi ['abi] *n.* help, aid; ~**stama** *v.* help; ~**tu** *adj.* helpless; ~**valmis** *adj.* ready to help
abi|elu ['abielu] *n.* marriage; ~**el-luma** *v.* marry; ~**elulahutus** *n.* divorce; ~**elupaar** *n.* married couple; ~**kaasa** *n.* wife, husband
abone|ment [abone'ment] *n.* subscription; ~**nt** *n.* subscriber
abort [a'bort] *n.* abortion
absoluutne [abso'lu:tne] *adj.* absolute
abstraktne [abs'traktne] *adj.* abstract
absurdne [ab'surdne] *adj.* absurd

adapteerima [adap'te:rima] *v.* adapt
ader ['ader] *n.* plough
administraator [adminis'tra:tor] *n.* manager
advokaat ['advoka:t] *n.* lawyer, barrister
aed [aed] *n.* garden; ~**nik** *n.* gardener; ~**vili** *n.* fruit, vegetable(s); ~**viljakauplus** *n.* greengrocery
aeg [aeg] *n.* time; (*gr.*) tense
aeglane ['aeglane] *adj.* slow
aeguma ['aeguma] *v.* lapse, expire, go out of date
aer [aer] *n.* oar; ~**utama** *v.* row
aevast|ama ['aevastama] *v.* sneeze; ~**us** *n.* sneeze
aga ['aga] *conj.* but; however
agar ['agar] *adj.* eager; ~**us** *n.* eagerness
agent [a'gent] *n.* agent; ~**uur** *n.* agency
agit|aator [agi'ta:tor] *n.* agitator; ~**atsioon** *n.* agitation; ~**eerima** *v.* agitate
agress|iivne ['agressi:vne] *adj.* aggressive; ~**ioon** *n.* aggression; ~**or** *n.* aggressor
agronoom ['agrono:m] *n.* agronomist
ahel ['ahel] *n.* chain; ~**dama** *v.* chain
ahi ['ahi] *n.* stove
ahn|e ['ahne] *adj.* greedy; ~**us** *n.* greediness
ahv [ahv] *n.* monkey
ahvatlema ['ahvatlema] *v.* entice, attract
ahven ['ahven] *n.* perch

aiamaa ['aiamæ] *n.* allotment-garden

aiandus ['aiandus] *n.* gardening

aim [aim] *n.* notion; ~ama *v.* guess

aine ['aine] *n.* substance

ainulaadne ['ainulædne] *n.* unique

ainu|lt ['ainult] *adv.* only; ~s *adj.* only, single

ait [ait] *n.* barn

aitama ['aitama] *v.* help, assist

aitäh! [ai'tæh] *part.* thank you!

ajajärk ['ajajærk] *n.* period, epoch, age

ajakir|i ['ajakiri] *n.* magazine; ~janik *n.* journalist; ~jandus *n.* the press

ajal|ooline ['ajalɑline] *adj.* historical; ~ugu *n.* history

ajama ['ajama] *v.* drive; **asju** ~ manage affairs; **habet** ~ *v.* shave; **juttu** ~ *v.* chat, talk; **laiali** ~ *v.* disperse; **segi** ~ *v.* confuse, mix up

ajavahemik ['ajavahemik] *n.* space of time, while

ajaviide ['ajavïde] *n.* pastime

aju ['aju] *n.* brain

ajuti|ne ['ajutine] *adj.* temporary; ~selt *adv.* temporarily

akadeemi|a [aka'dæmia] *n.* academy; ~k *n.* academician; ~line *adj.* academic

ak|en ['aken] *n.* window; ~nakardin *n.* w.-curtain; ~nalaud *n.* w.-sill; ~naluuk *n.* w.-shutter; ~naraam *n.* w.-frame

akt [akt] *n.* deed

aktiiv|ne [ak'tïvne] *adj.* active; ~sus *n.* activity

aktsent [ak'tsent] *n.* accent

aktuaalne [aktu'ælne] *adj.* actual, topical

akustika [a'kustika] *n.* acoustics

akvaarium [ak'vɑrium] *n.* aquarium

akvalang ['akvalang] *n.* aqualung

akvarell [akva'rell] *n.* water-colours

ala ['ala] *n.* area, territory, field

alalhoid ['alalhoid] *n.* preservation, keeping

alaline ['alaline] *adj.* constant, permanent

alalõpmata ['ala'ləpmata] *adj.* incessantly, unceasingly

aland|ama ['alandama] *v.* humiliate; ~likkus *n.* humility; ~uma *v.* humiliate oneself

alarm [a'larm] *n.* alarm

alasti ['alasti] *adj.* naked

alati ['alati] *adv.* always; ~ne *adj.* continual, permanent; ~seks *adv.* for ever

alatu ['alatu] *adj.* mean, base; ~s *n.* meanness, baseness

albaan|ia [al'bænia] *adj.* Albanian; ~lane *n.* Albanian

album ['album] *n.* album

algaine ['alg'aine] *n.* element

alga|ja ['algaja] *n.* beginner; ~ma *v.* begin, start

algat|aja ['algataja] *n.* initiator; ~ama *v.* initiate; ~us *n.* initiative

algus ['algus] *n.* beginning, start

alistama ['alistama] *v.* subdue, subjugate

alistum|a ['alistuma] *v.* surrender (to), submit (to); resign oneself; ~ine *n.* surrender

alkoho|l ['alkohol] *n.* alcohol; ~olne *adj.* alcoholic

all [all] *adv.* below; *prep., postp.* under

alla ['alla] *adv.* down; *prep., postp.* under; ~poole *adv.* downward(s)

allahindamine ['allahindamine] *n.* reduction

allee [al'le:] *n.* avenue

alles ['alles] *adv.* still, only, only just; **ta on ~ noor** he is still young

allikas ['allikas] *n.* spring, source

alljärgnev ['alljærgnev] *adj.* the following

allkiri ['allkiri] *n.* signature

allu|ma ['alluma] *v.* be subordinated; ~tama *v.* subordinate (to); ~vus *n.* subordination

allveelaev ['allve:'laev] *n.* submarine

alpinis|m [alpi'nism] *n.* mountaineering; ~t *n.* mountaineer

alt [alt] *prep., postp.* from, under

alkäemaks ['altkæe'maks] *n.* bribe

alus ['alus] *n.* ground, foundation, base; ~etu *adj.* groundless; ~pesu *n.* underclothes; ~püksid *n.* pants

alustama ['alustama] *v.* begin, start

alustass ['alustass] *n.* saucer

ameerik|a [a'merika] *adj.* American; ~lane *n.* American

amet ['amet] *n.* job, occupation; ~iasutus *n.* office ~ivend *n.* colleague; ~lik *adj.* official; ~nik *n.* official, office worker, clerk

ametiühing ['ameti'yhing] *n.* trade union

ammenda|ma ['ammendama] *v.* exhaust; ~matu *adj.* inexhaustible; ~v *adj.* exhaustive

ammu ['ammu] *adv.* long ago; ~ne *adj.* long past, remote

ammuma ['ammuma] *v.* moo, bellow

ananass ['ananass] *n.* pine-apple

ande|kas ['andekas] *adj.* talented, gifted; ~kus *n.* talents; ~tu *adj.* not talented, not gifted

andest|ama ['andestama] *v.* forgive, pardon; ~us *n.* forgiveness, pardon

and|ja ['andja] *n.* giver; ~ma *v.* give

angerjas ['angerjas] *n.* eel

ankur ['ankur] *n.* anchor

anne ['anne] *n.* gift

antenn [an'tenn] *n.* aerial

anum ['anum] *n.* vessel

anuma ['anuma] *v.* implore

apelsin ['apelsin] *n.* orange

appi! ['appi] help!

aprikoos ['apriko:s] *n.* apricot

aprill [ap'rill] *n.* April

apteek ['apte:k] *n.* drug-store

araab|ia [a'ra:bia] *adj.* Arabian; ~lane *n.* Arab

arbuus [ar'bu:s] *n.* water-melon

aren|dama ['arendama] *v.* develop, evolve; ~ema *v.* develop, evolve; ~g *n.* development, evolution

arg [arg] *adj.* timid, shy; ~likkus *n.* timidity, shyness; ~us *n.* cowardice

argentiin|a [argen'ti:na] *adj.* Argentine; ~lane *n.* Argentinean

arm [arm] 1. *n.* scar; 2. *n.* mercy

armas ['armas] *adj.* sweet, dear

armast|aja ['armastaja] *n.* lover; **~ama** *v.* love, be fond (of); **~us** *n.* love

armee [ar'meɛ] *n.* army

armeen|ia [ar'menia] *adj.* Armenian; **~lane** *n.* Armenian

armetu ['armetu] *adj.* miserable

arm|sam ['armsam] *n.* sweetheart; **~uma** *v.* fall in love

armukade ['armukade] *adj.* jealous; **~dus** *n.* jealousy

armutu ['armutu] *adj.* pitiless

aroom [a'roːm] *n.* aroma

arreteerima [arre'teːrima] *v.* arrest

arst [arst] *n.* doctor; **~iabi** *n.* medical aid; **~iteadus** *n.* medicine

aru ['aru] *n.* reason, senses, mind

aru|andja ['aruandja] *n.* reporter; **~anne** *n.* report

aru|kas ['arukas] *adj.* intelligent, clever; **~kus** *n.* intelligence, cleverness; **~saadav** *adj.* intelligible, comprehensible; **~saamatu** *adj.* unintelligible, incomprehensible

aru|saamatus ['arusæmatus] *n.* misunderstanding; **~saamine** *n.* understanding

arut|ama ['arutama] *v.* discuss, debate; **~elu** *n.* discussion, debate

arv [arv] *n.* number

arve ['arve] *n.* bill, account

arvest|ama ['arvestama] *v.* consider, count; **~us** *n.* calculation, counting

arva|ma ['arvama] *v.* consider, think; **~mus** *n.* opinion, view

arvatavasti ['arvatavasti] *adv.* probably, presumably

arvust|aja ['arvustaja] *n.* critic; **~ama** *v.* criticize; **~us** *n.* criticism

ase ['ase] *n.* place; **~tama** *v.* place; **~tsema** *v.* be situated

asemele ['asemele] *prep., postp.* instead of

aserbaidžaan|i [aserbai'dʒæni] *adj.* Azerbaijanian; **~lane** *n.* Azerbaijanian

asesõna ['asesɔna] *n.* pronoun

asetäitja ['asetæitja] *n.* deputy, substitute

asi ['asi] *n.* thing, affair, business

asjaarmastaja ['asjaarmastaja] *n.* amateur

asjaolu ['asjaolu] *n.* circumstance

asjatu ['asjatu] *adj.* vain, useless, futile

asjatund|ja ['asjatundja] *n.* expert; **~matu** *adj.* incompetent

askeld|ama ['askeldama] *v.* bustle; **~us** *n.* bustle, fuss

ast|e ['aste] *n.* pace, step, stair; **~meline** *adj.* gradual, step-by-step

astuma ['astuma] *v.* step; **sisse ~** enter; **välja ~** step out; **üle ~** step over

asuma ['asuma] *v.* lie, be placed

asutama ['asutama] *v.* institute

asutus ['asutus] *n.* establishment

ateljee [atel'jeɛ] *n.* studio, fashion house

au [au] *n.* honour; **~ahne** *adj.* ambitious; **~amet** *n.* honourary office

audients ['audi'ents] *n.* audience

auditoorium [audi'tɑrium] *n.* lecture-hall, auditorium

august ['august] *n.* August
auhind ['auhind] *n.* prize
auk [auk] *n.* hole
aula ['aula] *n.* assembly hall
aur [aur] *n.* steam; ~**ik** *n.* steamer;
~**une** *adj.* steamy
aus [aus] *adj.* honest; ~**us** *n.* honesty
ausammas ['ausammas] *n.* monument
aust|ama ['austama] *v.* respect;
~**av** *adj.* respectful; ~**us** *n.* respect
autasu ['autasu] *n.* reward; prize;
~**stama** *v.* award
auto ['auto] *n.* car
automa|tiseerima ['automati'se-rima] *v.* automize; ~**atne** *adj.* automatic
autor ['autor] *n.* author
autu ['autu] *adj.* dishonourable
ava ['ava] *n.* opening
avald|ama ['avaldama] *v.* express;
~**uma** *v.* be expressed; ~**us** *n.* statement
avalik ['avalik] *adj.* public; ~**kus** *n.* publicity; ~**ult** *adv.* publicly
ava|ma ['avama] *v.* open, unlock;
~**nema** *v.* open, be opened
avameel|ne ['avamɛlne] *adj.* sincere, frank; ~**sus** *n.* sincerity, frankness
avamäng ['avamæng] *n.* overture
avanss [a'vanss] *n.* advance
avantürist [avanty'rist] *n.* adventurer
avar ['avar] *adj.* spacious, large; ~**dama** *v.* enlarge, extend
~**duma** *v.* growlarger, extend;
~**us** *n.* expanse

avast|aja ['avastaja] *n.* discoverer;
~**ama** *v.* discover; ~**us** *n.* discovery
avasõna ['avasəna] *n.* opening speech, opening address

B

baar [baːr] *n.* bar
baas [baːs] *n.* base
bakter ['bakter] *n.* bacterium;
~**ioloog** *n.* bacteriologist
balanss [ba'lanss] *n.* balance, equilibrium
bal|eriin ['baleriːn] *n.* ballet-dancer; ~**lett** *n.* ballet
ball [ball] *n.* ball
balti ['balti] *adj.* Baltic
banaan [ba'naan] *n.* banana
band|e ['bande] *n.* band, gang; ~**iit** *n.* bandit
bankett [ban'kett] *n.* banquet
barakk [ba'rakk] *n.* shack, barrack
barett [ba'rett] *n.* beret
barjäär [bar'jæːr] *n.* barrier
baromeeter ['barometer] *n.* barometer, weather-glass
baseeruma [ba'seːruma] *v.* be based, be founded
bass [bass] *n.* bass
bassein [bas'sein] *n.* swimming-pool, basin
batsill [bat'sill] *n.* bacillus
beebi ['beːbi] *n.* baby
belg|ia ['belgia] *adj.* Belgian;
~**lane** *n.* Belgian
bensiin [ben'siːn] *n.* petrol;
~**ijaam** *n.* petrol station

betoon [be'tɑːn] *n.* concrete

biifsteek ['biːfstɛk] *n.* beefsteak

binokkel [bi'nokkel] *n.* binocular(s)

biograaf ['biogrɑːf] *n.* biographer; **~ia** *n.* biography

bioloog ['biolɑg] *n.* biologist; **~ia** *n.* biology

biskviit [bisk'viːt] *n.* cake, biscuit

blankett [blan'kett] *n.* form

blokaad [blo'kɑːd] *n.* blockade

blokk [blokk] *n.* block

blond [blond] *n.* fair-haired person

boheemlane [bo'heːmlane] *n.* Bohemian

boikott [boi'kott] *n.* boycott

boorhape ['bɑːrhape] *n.* boric acid

botaanik [bo'tɑːnik] *n.* botanist; **~a** *n.* botany

botikud ['botikud] *n. pl.* high galoshes

brasiilia [bra'siːlia] *n.* Brazilian; **~lane** *n.* Brazilian

bravuurne [bra'vuːrne] *adj.* dashing

bridž [bridʒ] *n.* bridge

brigaad [bri'gɑːd] *n.* brigade, team

brikett [bri'kett] *n.* briquette

briljant [bril'jant] *n.* diamond

briti ['briti] *adj.* British; **~lane** *n.* Britisher

broneerima [bro'neːrima] *v.* reserve, book up

bronhiit [bron'hiːt] *n.* bronchitis

brošeerima [bro'ʃeːrima] *v.* stitch; **~üür** *n.* booklet

bruto ['bruto] *n.* gross

brünett [bry'nett] *n.* dark-haired person

bukett [bu'kett] *n.* bouquet

bukinist [buki'nist] *n.* second-hand bookseller

buldog ['buldog] *n.* bulldog

bulgaaria [bul'gæːria] *adj.* Bulgarian; **~lane** *n.* Bulgarian

buss [buss] *n.* bus; **~ipeatus** *n.* bus stop

bürokraat ['byrokrɑːt] *n.* bureaucrat; **~ia** *n.* bureaucracy

büroo [by'rɑː] *n.* bureau, office

büst [byst] *n.* bust

D

daam [dɑːm] *n.* lady; **~ilik** *adj.* ladylike

debüüt [de'byːt] *n.* debut; **~teerima** *v.* make one's debut

deebet ['deːbet] *n.* debit

deemon ['deːmon] *n.* demon

defekt [de'fekt] *n.* defect; **~iivne** *adj.* defective; **~ne** *adj.* defective, faulty

defitsiit [defit'siːt] *n.* deficit

deformeerima [defor'meːrima] *v.* deform

dekaan [de'kɑːn] *n.* dean

deklamatsioon [deklamatsi'ɑn] *n.* recitation; **~eerima** *v.* recite

deklaratsioon [deklaratsi'ɑn] *n.* declaration; **~eerima** *v.* declare

dekolteeritud [dekol'teːritud] *adj.* low-necked

dekoratsioon [dekoratsi'ɑn] *n.* decoration; **~eerima** *v.* decorate

dekreet [dek'reːt] *n.* decree; **~puhkus** *n.* maternity leave

delega|at ['delegæt] *n.* delegate;
  ∼**tsioon** *n.* delegation
delfiin [del'fi:n] *n.* dolphin
delikaat|ne [deli'kɑ:tne] *adj.* consi-
  derate, delicate; ∼**sus** *n.* delicacy
demokraat [demokrɑ:t] *n.* democ-
  rat; ∼**ia** *n.* democracy
demonstra|nt ['demonstrant] *n.*
  demonstrator; ∼**tiivne** *adj.* de-
  monstrative; ∼**tsioon** *n.* de-
  monstration
depoo [de'pɑ:] *n.* depot
deputaat ['deputɑ:t] *n.* deputy
desert|eerima [deser'te:rima] *v.*
  desert; ∼**öör** *n.* desert
desinfektsioon [desinfektsi'ɑn] *n.*
  disinfection
despoot [des'pɑt] *n.* despot
detail [de'tail] *n.* detail; ∼**ne** *adj.*
  detailed
detsember [det'sember] *n.* Decem-
  ber
detsimeeter ['detsime:ter] *n.* deci-
  metre
diafragma [dia'fragma] *n.* diaph-
  ragm
diagnoos [diag'nɑs] *n.* diagnosis
diagonaal [diago'næl] *n.* diagonal
dialektika [dia'lektika] *n.* dialec-
  tics
dialoog ['dialɑg] *n.* dialogue
diameeter [dia'meter] *n.* diameter
diapositiiv ['dia'positiiv] *n.* lan-
  tern slide
dieet [di'e:t] *n.* diet
diivan ['di:van] *n.* sofa
diktatuur [dikta'tu:r] *n.* dictator-
  ship
diktor ['diktor] *n.* announcer
diletant ['diletant] *n.* dilettante

diplom ['diplom] *n.* diploma
diplomaat ['diplomɑ:t] *n.* diplo-
  mat; ∼**ia** *n.* diplomacy
diplomitöö ['diplomi'tɑ:] *n.* gra-
  duation work
direktor [di'rektor] *n.* director
dirigeerima [diri'ge:rima] *v.* con-
  duct
dirigent ['dirigent] *n.* conductor
diskrediteerima [diskredi'te:rima]
  v. discredit
diskussioon [diskussi'ɑn] *n.*
  discussion, debate
diskvalifitseerima ['diskvalifit'se:-
  rima] *v.* disqualify
dispetšer [dis'petʃer] *n.* dispatcher
distants [dis'tants] *n.* distance
distsipliin [distsip'li:n] *n.* discipli-
  ne
diversant ['diversant] *n.* diversio-
  nist
diversioon [diversi'ɑn] *n.* sabotage
dogmaatiline [dog'mætiline] *adj.*
  dogmatic
dokitööline ['dokitæline] *n.* docker
doktor ['doktor] *n.* doctor
dokument ['dokument] *n.* docu-
  ment
dollar ['dollar] *n.* dollar
domineerima [domi'ne:rima] *v.*
  predominate
doonor ['dɑnor] *n.* donor
dotsent ['dotsent] *n.* assistant pro-
  fessor
draama ['drɑ:ma] *n.* drama
dramat|iseerima [dramati'se:-
  rima] *v.* dramatize; ∼**urg** *n.* play-
  wright
dress [dress] *n.* training outfit
dresseerima [dres'se:rima] *v.* train

džemm [dʒemm] *n.* jam

džemper ['dʒemper] *n.* jumper

džäss [dʒæss] *n.* jazz

dubl|eerima [dub'leːrima] *v.* duplicate, double; **~ikaat** *n.* duplicate

duell [du'ell] *n.* duel

duett [du'ett] *n.* duet

dušš [duʃʃ] *n.* shower (-bath)

dünaami|ka [dy'næmika] *n.* dynamics; **~line** *adj.* dynamic

düsenteeria [dysen'teːria] *n.* dysentery

düün [dyːn] *n.* dyne

E

eakas ['eakas] *adj.* elderly

ebaaus ['ebaaus] *adj.* dishonest

ebaedu ['ebaedu] *n.* failure; reverse

ebaharilik ['ebaharilik] *adj.* uncommon, unusual

ebainimlik ['ebainimlik] *adj.* inhuman

ebajumal ['ebajumal] *n.* idol

ebajärjekindel ['ebajærjekindel] *adj.* inconsistent

ebakind|el ['ebakindel] *adj.* uncertain, unsure, unstable; **~lus** *n.* uncertainty; instability; insecurity

ebakohane ['ebakohane] *adj.* unsuitable

ebakorrapärane ['ebakorrapærane] *adj.* irregular

ebakultuurne ['ebakul'tuːrne] *adj.* uncultured

ebaloomulik ['ebalɑmulik] *adj.* unnatural

ebameeldiv ['ebameldiv] *adj.* unpleasant

ebamugav ['ebamugav] *adj.* uncomfortable

ebamäärane ['ebamæːrane] *adj.* vague

ebanormaalne ['ebanor'mælne] *adj.* abnormal

ebapraktiline ['ebapraktiline] *adj.* unpractical

ebaproportsionaalne ['ebaproportsio'naːlne] *adj.* disproportionate

ebaseaduslik ['ebaseaduslik] *adj.* unlawful, illegal

ebaselge ['ebaselge] *adj.* indistinct

ebasobiv ['ebasobiv] *adj.* unsuitable

ebasõbralik ['ebasɔbralik] *adj.* unfriendly, unkind

ebasünnis ['ebasynnis] *adj.* improper

ebatasane ['ebatasane] *adj.* uneven

ebatõenäolisus ['eba'tɔenæolisus] *n.* improbability, unlikeliness

ebatäp|ne ['ebatæpne] *adj.* inaccurate; **~sus** *n.* inaccuracy

ebausk ['ebausk] *n.* superstition; **~lik** *adj.* superstitious

ebaviisak|as ['ebaviːsakas] *adj.* impolite, uncivil; **~us** *n.* impoliteness, rudeness

ebavõrdne ['ebavɔrdne] *adj.* unequal

ebaõige ['ebaɔige] *adj.* wrong; incorrect

ebaõnn ['ebaɔnn] *n.* bad luck, misfortune; **~estuma** *v.* fail

ebaühtlane ['ebayhtlane] *adj.* uneven

edasi ['edasi] *adv.* forward, ahead; **ja nõnda ~** and so on; **~-tagasi pilet** return ticket

edaspidi ['edaspidi] *adv.* later on; henceforth

edel ['edel] *n.* south-west

edenema ['edenema] *v.* progress, prosper

ed|ev ['edev] *adv.* vain, coquettish; **~evus** *n.* vanity; **~vistama** *v.* flirt, coquet

edu ['edu] *n.* success; **~kas** *adj.* successful

eelaimus ['ɛlaimus] *n.* presentiment

eelarvamus ['ɛlarvamus] *n.* prejudice

eelarve ['ɛlarve] *n.* estimate; budget

eeldus ['ɛldus] *n.* supposition

eelis ['ɛlis] *n.* advantage; **~tama** *v.* prefer; **~tatav** *adj.* preferable

eelkõige ['ɛlkɔige] *adv.* first of all, above all

eelsoojendus ['ɛlsɔɑjendus] *n.* warm-up

eeltingimus ['ɛltingimus] *n.* prerequisite

eelviimane ['ɛlvːmane] *adj.* last but one

eemal ['ɛmal] *adv.* away; **hoia ~e!** keep away! **~t** *adv.* from afar

eend [ɛnd] *n.* prominence; projection

ees [ɛs] *adv.* in front of, before

eesel ['ɛsel] *n.* donkey

eeskava ['ɛskava] *n.* program

eeskiri ['ɛskiri] *n.* instruction(s)

eesmärk ['ɛsmærk] *n.* aim, purpose

eesnimi ['ɛsnimi] *n.* Christian name

ees|otsas ['ɛsotsas] *adv.* in front of; at the head; **~pool** *adv.* before

eesriie ['ɛsrːe] *n.* curtain

eesrindlik ['ɛsrindlik] *adj.* progressive, advanced

eessõna ['ɛssəna] 1. *n.* foreword, preface; 2. *n.* (*gr.*) preposition

eest [ɛst] *prep.* from, for; **~ ära!** get out of the way!

eest|i ['ɛsti] *adj.* Estonian; **~lane** *n.* Estonian

eesõigus ['ɛsɔigus] *n.* privilege

eetika ['etika] *n.* ethics

efektne [e'fektne] *adj.* effective, spectacular

ega ['ega] *conj.* not a; **ei ... ~ ...** neither ... nor ...

egipt|use [e'giptuse] *adj.* Egyptian; **~lane** *n.* Egyptian

egois|m [ego'ism] *n.* egoism, selfisness; **~t** *n.* egoist; **~tlik** *adj.* egoistic(al), selfish

eha ['eha] *n.* sunset glow, afterglow

eh|e ['ehe] *n.* ornament; jewel; **~tima** *v.* adnorm, ornament, decorate

ehit|aja ['ehitaja] *n.* builder, constructor; **~ama** *v.* build, construct; **~us** *n.* building, construction

ehk [ehk] *conj.* or, perhaps

ehmat|ama ['ehmatama] *v.* startle; scare; **~us** *n.* scare, fright

ehtne ['ehtne] *adj.* real, genuine, true

ei [ei] *part.* no, not; **~keegi** *pron.* nobody; **~ midagi** *pron.* nothing

eil|e ['eile] *adv.* yesterday; ~**ne** *adj.* yesterday's, of yesterday

eine ['eine] *n.* snack, meal; ~**laud** *n.* refreshment room, snack bar; ~**(s)tama** *v.* have a light meal

eit [eit] *n.* old woman

eit|ama ['eitama] *v.* deny, negate, disclaim; ~**amine** *n.* denial, negation; ~**av** *adj.* negative; ~**us** *n.* negation

eksam ['eksam] *n.* examination; ~**ineerija** *n.* examiner

eksiarvamus ['eksiarvamus] *n.* delusion

eks|ima ['eksima] *v.* be mistaken; get lost; ~**imatu** *adj.* unerring, correct; ~**imus** *n.* mistake, error; ~**lik** *adj.* erroneous

ekskursioon [ekskursi'ɑn] *n.* excursion

eksponaat ['eksponaːt] *n.* exhibit

eksport ['eksport] *n.* export

ekstaas [eks'taːs] *n.* ecstasy, rapture

ekvaator [ek'vaːtor] *n.* equator

elajas ['elajas] *n.* beast, brute

ela|ma ['elama] *n.* live; ~**mu** *n.* dwelling; **kuidas** ~**te?** how are you?

elamus ['elamus] *n.* experience

elanik ['elanik] *n.* inhabitant; ~**kond** *n.* population

elav ['elav] *adj.* living; live, lively

elegant|ne [ele'gantne] *adj.* elegant, smart; ~**sus** *n.* elegance

elekt|er [e'lekter] *n.* electricity; ~**rik** *n.* electrician; ~**rivool** *n.* electric current

elevant ['elevant] *n.* elephant

elevandiluu ['elevandi'luː] *n.* ivory

elevus ['elevus] *n.* excitement, animation

elu ['elu] *n.* life; ~**aeg** *n.* life-time; ~**aegne** *adj.* life-long; ~**iga** *n.* life-time

elujõud ['elujəud] *n.* vitality

elukardetav ['elukardetav] *adj.* perilous

elukas ['elukas] *n.* beast, creature

elukindlustus ['elukindlustus] *n.* life insurance

elukoht ['elukoht] *n.* residence

elukutse ['elukutse] *n.* profession; ~**line** *adj.* professional

elu|käik ['elukæik] *n.* course of life; ~**laad** *n.* way of life

elu|lookirjeldus ['elulɑ'kirjeldus] *n.* biography; ~**looline** *adj.* biographical; ~**lugu** *n.* biography, story of life

elumaja ['elumaja] *n.* dwelling-house

elund ['elund] *n.* organ

elurõõmus ['eluræmus] *adj.* joyful

elus ['elus] *adj.* living, live; ~**alt** *adv.* alive

elust|ama ['elustama] *v.* revive, animate; ~**uma** *v.* become animated

elutarbed ['elutarbed] *n. pl.* necessaries of life

elutark ['elutark] *adj.* wise; ~**us** *n.* wisdom

elutu ['elutu] *adj.* lifeless, inanimate, dead

eluvõimeline ['eluvəimeline] *adj.* viable; ~**tu** *adj.* non-viable

ema ['ema] *n.* mother; ~**lik** *adj.* motherly; ~**ne** *adj.* female

ema|hani ['emahani] n. female goose; ~hirv n. doe; ~hunt n. she-wolf; ~karu n. she-bear; ~lõvi n. lioness; ~tiiger n. tigress

emakeel ['emake:l] n. native language

emb|ama ['embama] v. embrace, hug; ~us n. embrace

emb-kumb ['emb-kumb] either, either one or the other

embleem [emb'le:m] n. emblem

emigr|ant ['emigrant] n. emigrant; ~eerima v. emigrate

emotsionaalne [emotsio'næ:lne] adj. emotional

enam ['enam] adv. more; ~asti adv. mostly

enam|ik ['enamik] n. majority; ~us n. majority

enam-vähem ['enam-væhem] adv. more or less

end [end] pron. oneself; ~a pron. own

endastmõistetav ['endastməiste-tav] adj. self-evident

endi|ne ['endine] adj. former; ~selt adv. as before; ~stviisi adv. as before

energeetika [ener'ge:tika] n. energetics

energi|a [e'nergia] n. energy; ~line adj. energetic

enesearmastus ['enesearmastus] n. self-love, egoism

enesekaitse ['enesekaitse] n. self-defence

enesekiitus ['eneseki:tus] n. self-praise

enesekind|el ['enesekindel] adj. self-confident; ~lus n. self-confidence

enesekohane ['enesekohane] adj. reflexive

enesekriitika ['enesekri:tika] n. self-criticism

eneseohverdus ['eneseohverdus] n. self-sacrifice

enesepettus ['enesepettus] n. self-deception

enesetap|ja ['enesetapja] n. suicide; ~mine n. suicide

enesetunne ['enesetunne] n. feeling

enesevalitsus ['enesevalitsus] n. self-control

ennastsalgav ['ennastsalgav] adj. self-denying

enne ['enne] adj. before, formerly

enne|aegne ['enneaegne] adj. premature, untimety; ~aegu adv. prematurely, before one's time; ~kõike adv. first of all, above all

ennekuulmatu ['enneku:lmatu] adj. unprecedented

enneminevik ['enneminevik] n. (gr.) past perfect

ennesõjaaegne ['ennesəjaaegne] adj. pre-war

ennetama ['ennetama] v. anticipate

ennetähtaegselt ['enne'tæhtaeg-selt] adv. ahead of time

ennust|aja ['ennustaja] n. foreteller, fortune-teller; ~ama v. foretell; ~us n. forecast

entsüklopeedia [entsyklo'pe:dia] n. encyclopedia

entusias|m [entusi'asm] *n.* enthusiasm; **~t** *n.* enthusiast; **~tlik** *adj.* enthusiastic

epideemi|a [epi'dɛmia] *n.* epidemic; **~line** *adj.* epidemic

episood ['episɑd] *n.* episode; **~iline** *adj.* episodic

epohh [e'pohh] *n.* epoch

eputama ['eputama] *v.* coquet

era|asi ['eraasi] *n.* private affair; **~elu** *n.* private life; **~isik** *n.* private person; **~korter** *n.* private apartment; **~maja** *n.* private house; **~omand** *n.* private property

erakordne ['erakordne] *adj.* exceptional, extraordinary

erald|ama ['eraldama] *v.* separate; **~amine** *n.* separation; **~i** *adj.* separately; **~uma** *v.* separate, isolate oneself

erand ['erand] *n.* exception; **~itult** *adj.* without exception; **~lik** *adj.* exceptional, special

erapool|etu ['erapɑletu] *adj.* impartial, neutral; **~etus** *n.* impartiality; **~ik** *adj.* partial

erariided ['era'riided] *n. pl.* civilian clothes

ere ['ere] *adj.* bright, vivid; **~dus** *n.* brightness, vividness; **~punane** *adj.* bright red

ergas ['ergas] *adj.* lively, active, sprightly

ergutama ['ergutama] *v.* stimulate, encourage; **~tus** *n.* stimulus, encouragement

eri ['eri] *adj.* separate, different, particular; **~aine** *n.* special subject; **~line** *adj.* special, particular; **~nema** *v.* differ; **~nev** *adj.* different, unlike; **~nevalt** *adv.* differently; **~vus** *n.* difference

eriti ['eriti] *adv.* especially, particularly

eriala ['eriala] *n.* speciality

eriharrastus ['eriharrastus] *n.* hobby

erksus ['erksus] *n.* cheerfulness

erooti|ka [e'rɑtika] *n.* eroticism **~line** *adj.* erotic

erru minema ['erru 'minema] *v.* retire

erut|ama ['erutama] *v.* excite, make nervous; **~us** *n.* excitement

ese ['ese] *n.* object, thing

esi ['esi] *adj.* fore, forepart; **~ajalugu** *n.* prehistory; **~ema** *n.* ancestress; **~etendus** *n.* (*theat.*) first-night; **~külg** *n.* facade; **~isa** *n.* forefather

esile ['esile] *adv.* forth; **~ kutsuma** *v.* call forth; **~ tooma** *v.* bring forth

esialgne ['esialgne] *adj.* preliminary

esik ['esik] *n.* entrance-hall, vestibule

esimees ['esimɛs] *n.* chairman

esimene ['esimene] *adj.* first

esind|aja ['esindaja] *n.* representative; **~ama** *v.* represent; **~us** *n.* representation; agency; **~uslik** *adj.* representative, impressive

esine|ja ['esineja] *n.* performer; speaker; **~ma** *v.* perform; **~mine** *n.* performance

esirida ['esirida] *n.* front row

esitama ['esitama] *v.* present, produce

esiteks ['esiteks] *adv.* first(ly), first of all, for one thing

esitlema ['esitlema] *v.* introduce (to)

esitus ['esitus] *n.* presentation

eskiis [es'ki:s] *n.* sketch

esmaabi ['esmaabi] *n.* first aid; ~ **andja** *n.* first-aider; ~**punkt** *n.* first-aid station

esmajärguline ['esmajærguline] *adj.* first rate, paramount

esmakordselt ['esmakordselt] *adv.* for the first time

esmalt ['esmalt] *adv.* at first

esmaspäev ['esmaspæev] *n.* Monday

esteet [es'te:t] *n.* aesthete; ~**ika** *n.* aesthetics; ~**iline** *adj.* aesthetic(al)

estraad [est'ra:d] *n.* stage; ~**ikontsert** *n.* variety concert; ~**imuusika** *n.* light music; ~**iorkester** *n.* variety band

et [et] *conj.* that; so that; so as to; **me sööme,** ~ **elada** we eat that we may live

etend|ama ['etendama] *v.* act, perform; ~**us** *n.* performance

etlema ['etlema] *v.* recite

ette ['ette] *adv.* forward(s); ahead, in advance; ~ **maksma** *v.* pay in advance

etteheide ['etteheide] *n.* reproach, reproof

ettekandja ['ettekandja] *n.* speaker; (*mus.*) performer; waiter, waitress

ettekanne ['ettekanne] *n.* performance, recital, paper, report

ettekavatsus ['ettekavatsus] *n.* premeditation, intent

ettekirjutus ['ettekirjutus] *n.* prescription

ettekujutus ['ettekujutus] *n.* imagination

ettekääne ['ettekæne] *n.* pretext, execuse

ettenäge|lik ['ettenægelik] *adj.* far-sighted; ~**likkus** *n.* farsightedness, foresight; ~**mata** *adj.* unforeseen

ettenähtav ['ettenæhtav] *adj.* foreseeable

ettepanek ['ettepanek] *n.* proposal, suggestion, offer

ettepoole ['ettepɔ:le] *adv.* forward

ettetellimine ['ettetellimine] *n.* (*in advance*) order, booking

ettevaat|lik ['etteva:tlik] *adj.* careful, cautious; ~**us** *n.* caution, care, precaution

ettevaatamatu ['etteva:tamatu] *adj.* incautious, careless; ~**s** *n.* incautiousness, carelessness

ettevaatusabinõu ['etteva:tus'abinəu] *n.* precaution, precautionary measure

ettevalmistus ['ettevalmistus] *n.* preparation

ettevõt|e ['ettevəte] *n.* undertaking, enterprise; ~**ja** *n.* contractor, entrepreneur; ~**lik** *adj.* enterprising

etteütlus ['ette'ytlus] *n.* dictation

ettur ['ettur] *n.* pawn

etüüd [e'ty:d] *n.* study

euroopa [eu'rɑːpa] *adj.* European; ~**lik** *n.* European

evaku|atsioon [evakuatsi'ɑn] *n.* evacuation; ~**eerima** *v.* evacuate; ~**eeruma** *v.* be evacuated, evacuate

evangeelium [evan'gɛlium] *n.* gospel

evolutsioon [evolutsi'ɑn] *n.* evolution; ~**iline** *adj.* evolutional; evolutionary; ~**iteooria** *n.* theory of evolution

F

faabula ['fæːbula] *n.* plot

faas [faːs] *n.* phase

faasan ['fɑːsan] *n.* pheasant

fagott [fa'gott] *n.* (*mus.*) bassoon

fakiir [fa'kɪːr] *n.* fakir

fakt [fakt] *n.* fact; ~**iline** *adj.* actual, real, factual

fakultatiivne [fakulta'tɪːvne] *adj.* optional

familiaar|ne [famili'arne] *adj.* unceremonious, familiar; ~**sus** *n.* familiarity, unceremoniousness

fanaati|k [fa'nɑːtik] *n.* fanatic; ~**line** *adj.* fanatic

fanatism [fana'tism] *n.* fanaticism

fanta|asia [fan'tæsia] *n.* fancy, fantasy; ~**seerima** *v.* indulge in fancies; ~**st** *n.* visionary, fantast dreamer; ~**stiline** *adj.* fantastic, fanciful

farm [farm] *n.* farm; ~**er** *n.* farmer

farma|koloog ['farmakɑlɑg] *n.* pharmacologist; ~**koloogia** *n.*

pharmacology; ~**tseut** *n.* pharmaceutist, pharmacist, druggist

fassaad [fas'saːd] *n.* facade

fašis|m [fa'ʃism] *n.* fascism; ~**t** *n.* fascist; ~**tlik** *adj.* fascist

favoriit ['favoriːt] *n.* favourite

fenomen ['fenomen] *n.* phenomenon; ~**aalne** *adj.* phenomenal

feoda|al [feo'dæl] *n.* feudal lord; ~**alne** *adj.* feudal; ~**lism** *n.* feudalism

festival ['festival] *n.* festival

figuur [fi'guːr] *n.* figure

fikseerima [fik'seːrima] *n.* fix

fiktiivne [fik'tɪːvne] *adj.* fictitious

filiaal [fili'æl] *n.* branch

filigraan [fili'grɑn] *n.* filigree

film [film] *n.* film; ~**ima** *v.* film

filmi- ['filmi-] *adj.* film-; ~**näitleja** *n.* film actor; ~**täht** *n.* film star; ~**stsenaarium** *n.* screen-play

filoloog ['filolɑg] *n.* philologist; ~**ia** *n.* philology; ~**iline** *adj.* philological

filosoof ['filosɑf] *n.* philosopher; ~**ia** *n.* philosophy; ~**iline** *adj.* philosophic(al)

filt|er ['filter] *n.* filter; ~**reerima** *v.* filter, strain

finaal [fi'nɑːl] *n.* finale

finants|eerima [finant'seːrima] *v.* finance; ~**ist** *n.* financier

finiš ['finiʃ] *n.* (*sport*) finish; ~**ilint** *n.* tape

firma ['firma] *n.* firm

flanell [fla'nell] *n.* flanell

flegmaatik [fleg'mɑːtik] *n.* phlegmatic person; ~**line** *adj.* phlegmatic

flirtima ['flirtima] *v.* flirt

floks [floks] *n.* (*bot.*) phlox

floora ['floːra] *n.* flora

flööt [flœt] *n.* flute

fond [fond] *n.* fund

foneetika [fo'neːtika] *n.* phonetics; ~**line** *adj.* phonetic

forell [fo'rell] *n.* trout

formaal|ne [for'mælne] *adj.* formal; ~**sus** *n.* formality

formuleeri|ma [formu'leːrima] *v.* word, formulate; ~**ng** *n.* wording, formulation

forsseerima [fors'seːrima] *v.* force

foto ['foto] *n.* photo; ~**album** *n.* photo album; ~**aparaat** *n.* camera; ~**graaf** *n.* photographer; ~**graafia** *n.* photography; ~**grafeerima** *v.* photograph, take a photo

fraas [fraːs] *n.* phrase

fragment [frag'ment] *n.* fragment; ~**aarne** *adj.* fragmentary

frakk [frakk] *n.* tail-coat

fraseoloogia [fraseo'loːgia] *n.* phraseology

front [front] *n.* front

fuajee [fua'jeː] *n.* foyer, lobby

fundamentaalne [fundamen'tælne] *adj.* fundamental

funktsio|neerima [funktsio'neːrima] *v.* function; ~**on** *n.* function

furoor [fu'roɑr] *n.* furore

föderaal|alne [fɘde'raːlne] *adj.* federal; ~**tiivne** *adj.* federative, federate; ~**tsioon** *n.* federation

följeton ['fɘljeton] *n.* feuilleton; ~**ist** *n.* topical satirist

füsioloog ['fysioloːg] *n.* physiologist; ~**ia** *n.* physiology; ~**iline** *adj.* physiological

füüsik ['fyːsik] *n.* physicist; ~**a** *n.* physics; ~**aline** *adj.* physical

füüsiline ['fyːsiline] *adj.* physical, bodily; ~ **töö** physical labour; physical work

G

gaas [gaːs] *n.* gas

gaasi- ['gaːsi] *adj.* gas-; ~**juhe** *n.* gas-pipe; ~**mõõtja** *n.* gas-meter

galanteriikaup [galante'riː'kaup] *n.* haberdashery; ~**lus** *n.* notion's store

galerii [gale'riː] *n.* gallery

garaaž [ga'raːʒ] *n.* garage

garant|eerima [garan'teːrima] *v.* guarantee; ~**ii** *n.* guaranty

garderoob ['garderoːb] *n.* cloakroom

geenius ['geːnius] *n.* genius

geograaf ['geograːf] *n.* geographer; ~**ia** *n.* geography

geoloog ['geoloːg] *n.* geologist; ~**ia** *n.* geology; ~**iline** *adj.* geological

geomeetri|a [geo'meːtria] *n.* geometry; ~**line** *adj.* geometric(al)

giid [giːd] *n.* guide

gladiool [gladi'oːl] *n.* gladiolus

gloobus ['gloːbus] *n.* globe

graafik ['graːfik] *n.* graph, schedule; time-table; ~**a** *n.* graphic art, drawing

graatsi|a ['graːtsia] *n.* grace; ~**line** *adj.* graceful

grammati|ka [gram'matika] *n.* grammar; ~**line** *adj.* grammatical

granaat [gra'næt] n. (mil.) grenade; shell; ~õun n. (bot.) pomegranate

grav|eerima [gra've:rima] v. engrave; ~üür n. engraving; print

grimasss [gri'mass] n. grimace

grimm [grimm] n. make-up, grease-paint; ~eerima v. make up

gripp [gripp] n. grippe, influenza

grupp [grupp] n. group

gru|usia ['gru:sia] n. Georgian; ~siinlane n. Georgian

H

haa|b [ha:b] n. aspen; ~valeht n. aspen leaf

haak [ha:k] n. hook; ~nõel n. safety-pin

haamer ['ha:mer] n. hammer

haara|ma ['ha:rama] v. seize, grab; ~ng n. raid

haav [ha:v] n. wound; ~ama v. wound; ~atu n. wounded

haav|av ['ha:vav] adj. offensive; ~uma v. be offended, take offence

habe ['habe] n. beard; ~t ajama v. shave; ~meajaja n. barber; ~menuga n. razor

habras ['habras] adj. brittle; frail

hai [hai] n. (zo.) shark

hagu ['hagu] n. brushwood

haig|e ['haige] adj. sick; ~estuma v. fall ill; begin to ache; ~et tegema v. hurt; ~lane adj. sickly; ~us n. illness

haigla ['haigla] n. hospital

haigut|ama ['haigutama] v. yawn; ~us n. yawn

hais [hais] n. smell, stink; ~ema v. smell, stink; ~ev adj. smelling, stinking

hajameel|ne ['hajamelne] adj. absent-minded; ~sus n. absent-mindedness

hajuma ['hajuma] v. scatter; disperse

hakk [hakk] n. (zo.) jackdaw

hakkama ['hakkama] v. begin, start

hakkliha ['hakk'liha] n. minced meat

halast|ama ['halastama] v. have mercy; ~amatu adj. merciless, pitiless; ~us n. mercy, pity

hal|b [halb] adj. bad; ~vasti adv. badly; ~venema v. become worse

hale ['hale] adj. pitiful; sad; ~tsema v. pity; ~tsusväärne adj. miserable, pitiful

halg [halg] n. billet

hall [hall] 1. adj. grey; 2. n. hoarfrost; 3. n. hall

hallit|ama ['hallitama] v. get mouldy; ~anud adj. mouldy; ~us n. mould

halvatus ['halvatus] n. paralysis

hammas ['hammas] n. tooth

hamba- ['hamba-] adj. tooth- ~arst n. dentist; ~hari n. toothbrush; ~pasta n. toothpaste; ~plomm n. filling; ~valu n. toothache

hammust|ama ['hammustama] v. bite; ~us n. bite

hani ['hani] n. goose

hangeldama ['hangeldama] v. speculate

hankima ['hankima] v. get, obtain

hape ['hape] n. acid

hapnik ['hapnik] n. oxygen

hapu ['hapu] adj. sour; ~**kapsas** n. sauerkraut; ~**koor** n. sour cream; ~**kurk** n. pickled cucumber; ~**piim** n. sour milk

harakas ['harakas] n. magpie

harf [harf] n. harp

hari ['hari] 1. n. brush; 2. n. ridge; crest

haridus ['haridus] n. education

harilik ['harilik] adj. usual, common; ~**ult** adj. usually

harima ['harima] v. educate; cultivate; clean; ~**tu** adj. uneducated

harju|ma ['harjuma] v. get used (to); ~**matu** adj. unaccustomed; ~**mus** n. habit

harjut|ama ['harjutama] v. practise, exercise; ~**us** n. exercise, training

harkseis ['hark'seis] n. straddle-stand

harmoonia [har'mɑnia] n. harmony

harrast|ama ['harrastama] v. cultivate; be interested; ~**us** n. interest, hobby

haru ['haru] n. branch

haru|kordne ['harukordne] adj. extraordinary; ~**ldane** adj. uncommon; ~**ldus** n. rarity

harv [harv] adj. rare; thin; ~**a** adv. rarely, seldom

haud [haud] n. grave

haua- ['haua] adj. grave-; ~**kivi** n. grave-stone

hau|duma ['hauduma] v. brood; stew; ~**tama** v. stew

haug [haug] n. pike

hea [hea] adj. good; ~**d aega!** good-bye! ~**dus** n. goodness; ~ **küll!** all right! ~**tahtlik** adj. kind

heegel|dama ['heɡeldama] v. crochet; ~**nõel** n. crochet-hook

heeringas ['heringas] n. herring

hein [hein] n. hay

heina- ['heina] adj. hay-; ~**kuhi** n. hayrick; ~**maa** n. meadow

heitl|ema ['heitlema] v. struggle; ~**us** n. struggle

heitma ['heitma] v. cast, throw; meelt ~ v. despair

hekk [hekk] n. hedge

hektar ['hektar] n. hectare

helbed ['helbed] n., pl. flakes

held|e ['helde] adj. generous; ~**us** n. generosity

hele ['hele] adj. bright, light; ~**dus** n. brightness

heli ['heli] n. sound; ~**kindel** adj. sound-proof ~**tu** adj. soundless

helilint ['helilint] n. tape

heliplaat ['heliplæt] n. record, disk

helisalvestus ['helisalvestus] n. recording

helisema ['helisema] v. sound, ring, jingle

helistama ['helistama] v. phone

helk [helk] n. sparkle; reflection; ~**ima** v. sparkle

hell [hell] adj. tender; sensitive

hellit|ama ['hellitama] *v.* pet, caress; give a treat to; ~**us** *n.* caress
herilane ['herilane] *n.* wasp
herne|s ['hernes] *n.* pea; ~**kaun** *n.* pea-pod
heroi|line [he'roiline] *adj.* heroic; ~**sm** *n.* heroism
hetk [hetk] *n.* moment
higi ['higi] *n.* sweat; ~**ne** *adj.* sweaty; ~**stama** *v.* sweat
hiiglane ['hiːglane] *n.* giant
hiilga|ma ['hiːlgama] *v.* shine; ~**v** *adj.* shining
hiilima ['hiːlima] *v.* steal; spy on
hiin|a ['hiːna] *adj.* Chinese; ~**lane** *n.* Chinese
hiir [hiːr] *n.* mouse
hiline ['hiline] *adj.* late; ~**ma** *v.* be late
hiljuti ['hiljuti] *adv.* recently
hilp [hilp] *n.* shred, rag
himu ['himu] *n.* desire
hind [hind] *n.* price; ~**ama** *v.* value
hing [hing] *n.* soul; ~**eline** *adj.* psychic
hing|amine ['hingamine] *n.* breathing; ~**ama** *v.* breathe; ~**etu** *adj.* lifeless; breathless
hingeldama ['hingeldama] *v.* pant, gasp
hinna|line ['hinnaline] *adj.* valuable, costly; ~**kõrgendus** *n.* rise in prices; ~**langus** *n.* fall in prices
hinnang ['hinnang] *n.* estimate; opinion
hinne ['hinne] *n.* mark

hirm [hirm] *n.* fear, fright; ~**uma** *v.* be frightend; ~**utama** *v.* frighten; ~**us** *adj.* frightful; ~**sasti** *adv.* awfully
hirnuma ['hirnuma] *v.* neigh
hirss [hirss] *n.* millet
hirv [hirv] *n.* deer
hispaania [his'pɑːnia] *adj.* Spanish; ~**lane** *n.* Spaniard
hobune ['hobune] *n.* horse
hobujõud ['hobujəud] *n.* horsepower
hoiat|ama ['hoiatama] *v.* warn; ~**us** *n.* warning, caution; ~**usmärk** *n.* warning sign
hoid|ma ['hoidma] *v.* hold, keep; eemal ~ *v.* keep away; ~**uma** *v.* hold back
hoius ['hoius] *n.* deposit
hoiukassa ['hoiukassa] *n.* savings-bank
hoki ['hoki] *n.* hockey
holland|i ['hollandi] *adj.* Dutch; ~**lane** *n.* Dutchman
hom|me ['homme] *adv.* tomorrow; ~**ne** *adj.* tomorrow's
hommik ['hommik] *n.* morning; tere ~**ut!** good morning!
hommikueine ['hommikueine] *n.* breakfast
hooaeg ['hɔːaeg] *n.* season
hoob [hɔːb] *n.* lever
hoog [hɔːg] *n.* swing; ~**ne** *adj.* impetuous
hool [hɔːl] *n.* care; ~**as** *adj.* careful, diligent ~**itsema** *v.* take care
hooletus ['hɔːletus] *n.* carelessness
hoone ['hɔːne] *n.* building
hoop [hɔːp] *n.* blow, stroke, attack
hoopis ['hɔːpis] *adv.* entirely, much

hoople|ma ['hɑplema] *v.* boast; **~v** *adj.* boastful

hoov [hɑːv] *n.* yard

hoovus ['hɑːvus] *n.* stream; (*sea*) current

horisont ['horisont] *n.* horizon

hotell [ho'tell] *n.* hotel

huk|atus ['hukatus] *n.* destruction; **~kuma** *v.* perish

hukka|ma ['hukkama] *v.* execute; **~mine** *n.* execution

hukkamŏist ['hukkamɔist] *n.* censure

hulk [hulk] *n.* amount, quantity

hulkur ['hulkur] *n.* tramp

hull [hull] *adj.* mad, crazy

humaansus [hu'mænsus] *n.* humaneness

humal ['humal] *n.* hop

humanitaarne [humani'tɑrne] *adj.* humane

hunnik ['hunnik] *n.* heap

hunt [hunt] *n.* wolf

hurmav ['hurmav] *adj.* charming

huul [huːl] *n.* lip

huulepulk ['huːle'pulk] *n.* lipstick

huumor ['huːmor] *n.* humour

humorist [humo'rist] *n.* humorist

huvi ['huvi] *n.* interest; **~tama** *v.* interest; **~tav** *adj.* interesting

hŏbe ['hɔbe] *n.* silver; **~raha** *n.* silver coin

hŏi|ge ['hɔige] *n.* call; **~kama** *v.* call

hŏim [hɔim] *n.* tribe

hŏre ['hɔre] *adj.* thin; **~nema** *v.* thin down, rarefy

hŏŏguma ['hɔːguma] *v.* glow

hŏŏru|ma ['hɔːruma] *v.* rub; **~mine** *n.* rubbing, friction

häbelik ['hæbelik] *adj.* bashful

häbe|nema ['hæbenema] *v.* be ashamed; **~matu** *adj.* shameless

häbi ['hæbi] *n.* shame; **~stama** *v.* put to shame

häda ['hæda] *n.* trouble, distress

hädaoht ['hædaoht] *n.* danger; **~lik** *adj.* dangerous

häir|e ['hæire] *n.* alarm, trouble; **~ima** *v.* disturb, trouble

häll [hæll] *n.* cradle

hällilaul ['hællilaul] *n.* lullaby

hämar ['hæmar] *adj.* dusky; **~us** *n.* dusk

hämmast|ama ['hæmmastama] *v.* amaze; **~uma** *v.* be amazed; **~us** *n.* astonishment; amazement

härg [hærg] *n.* ox

härmatis ['hærmatis] *n.* hoar-frost

härra ['hærra] *n.* gentleman, sir, Mr.

hästi ['hæsti] *adv.* well

hävit|aja ['hævitaja] *n.* destroyer; **~ama** *v.* destroy; **~amatu** *adj.* indestructible; **~us** *n.* destruction

hääl [hæːl] *n.* voice; **~dama** *v.* pronounce; **~estama** *v.* tune

hääletamine ['hæːletamine] *n.* voting

häälik ['hæːlik] *n.* sound

hŏŏvel ['hɔːvel] *n.* plane; **~dama** *v.* plane

hügieen [hygi'ɛn] *n.* hygiene; **~iline** *adj.* hygienic

hülgama ['hylgama] *v.* abandon

hüljes ['hyljes] *n.* seal

hümn [hymn] *n.* anthem

hüp|e ['hype] *n.* jump; ~**lema** *v.* bob; jump up and down; ~**pama** *v.* jump

hüpnoos [hyp'nɑs] *n.* hypnosis

hüpotees ['hypotɛs] *n.* hypothesis

hüsteeri|ka [hys'tɛrika] *n.* hysterics; ~**line** *adj.* hysterical

hüvasti! ['hyvasti] farewell! ~ **jätma** *v.* say good-bye

hüään [hy'æːn] *n.* hyaena

hüübima ['hyːbima] *v.* coagulate

hüüdma ['hyːdma] *v.* shout, call

hüüdnimi ['hyːdnimi] *n.* nickname

hüüumärk ['hyːu'mærk] *n.* exclamation mark

I

ida ['ida] *n.* east; ~**maa** *n.* the East; ~**maine** *adj.* eastern; ~**poolne** *adj.* eastward

ideaalne [ide'ɑlne] *adj.* ideal

idee [i'dɛ] *n.* idea

idioom [idi'ɑm] *n.* idiom

idioot [idi'ɑt] *n.* idiot; ~**lik** *adj.* idiotic

idee [i'dɛ] *n.* germ; embryo

iga ['iga] 1. *n.* age; 2. *pron.* every, each, any; ~**aastane** *adj.* yearly; ~**nädalane** *adj.* weekly; ~**päevane** *adj.* daily

igand ['igand] *n.* survival

igats|ema ['igatsema] *v.* long (for); yearn (for, after); ~**us** *n.* longing, yearning

igav|ene ['igavene] *adj.* eternal; ~**eseks** *adv.* for ever; ~**ik** *n.* eternity

igavus ['igavus] *n.* dullness, boredom; **mul on igav** I'm bored

igaüks ['iga'yks] *adj.* everybody, everyone

ige ['ige] *n.* gum

ihaldama ['ihaldama] *v.* desire

ihnsus ['ihnsus] *n.* stinginess

ihu ['ihu] *n.* body; ~**kaitse** *n.* body-guard

iidne [ɨdne] *adj.* ancient

iir|i ['ɨri] *adj.* Irish; ~**lane** *n.* Irishman

iiveldus ['ɨveldus] *n.* nausea; ~**t tundma** feel sick

ikka ['ikka] *adv.* always

ilm [ilm] *n.* weather; ~**ateade** *n.* weather report

ilma ['ilma] *prep.* without

ilme ['ilme] *n.* expression; ~**kas** *adj.* expressive; ~**tu** *adj.* inexpressive

ilm|ne ['ilmne] *adj.* evident; ~**nema** *v.* become evident; ~**selt** *adv.* evidently

ilmuma ['ilmuma] *v.* appear, be published; ~**mine** *n.* appearance

ilmutama ['ilmutama] *v.* reveal; (*phot.*) develop

ilu ['ilu] *n.* beauty; ~**s** *adj.* beautiful

ilukirjandus ['ilukirjandus] *n.* fiction

iluuisutamine ['ilu'uisutamine] *n.* figure skating

ilves ['ilves] *n.* lynx

imbuma ['imbuma] *v.* soak (in)

ime ['ime] *n.* miracle; ~**lik** *adj.* strange

ime|ma ['imema] *v.* suck; ~**taja** *n.* (*zo.*) mammal imest|ama ['imestama] v. wonder; ~us n. astonishment

imetl|ema ['imetlema] v. admire; ~us n. admiration

imik ['imik] n. baby; ~uvarustus n. layette

imiteerima [imi'terima] v. imitate

immutama ['immutama] v. saturate

imponeerima [impo'nerima] v. impress

ind [ind] n. enthusiasm

india ['india] adj. Indian

indiaan|i [indi'æni] adj. (Red) Indian; ~lane n. (Am.) Indian

individuaalne [individiu'ælne] adj. individual

indonees|ia [indo'nesia] adj. Indonesian; ~lane n. Indonesian

inetu ['inetu] adj. ugly; ~s n. ugliness

informeerima [infor'merima] v. inform (of), instruct (in)

ingel ['ingel] n. angel

ingl|ane ['inglane] n. Englishman; ~anna n. Englishwoman; ~ise adj. English

inim|ene ['inimene] n. man, human being; ~kond n. humanity

innust|ama ['innustama] v. inspire; ~us n. inspiration

internaat ['internæt] n. hostel; ~kool n. boarding-school

intiim|ne [in'tɪmne] adj. intimate; ~sus n. intimacy

intriig [in'trɪg] n. intrigue

invaliid [in'valɪd] n. invalid

inventuur ['inventuːr] n. stocktaking

iraan|i [i'ræni] adj. Iranian; ~lane n. Iranian

iroonia [i'rɒnia] n. irony

irvit|ama ['irvitama] v. sneer; ~us n. sneer

isa ['isa] n. father; ~lik adj. fatherly; ~ne adj. male

isamaa ['isamæ] n. native land

ise ['ise] pron. self, oneself; mina ~ I myself

iseenesestmõistetav ['iseenesest'mɒistetav] adj. self-evident

isegi ['isegi] adv. even; ~ mitte not even

isek|as ['isekas] adj. selfish; ~us n. selfishness

iseloom ['iselɒm] n. character, nature; ~ustama v. characterize; ~ustus n. characterization

isemeelne ['isemelne] adj. wilful

iseseis|ev ['iseseisev] adj. independent; ~vus n. independence

iseteadlik ['iseteadlik] adj. self-confident

iseteenindamine ['iseteːnindamine] n. self-service

iseära|lik ['iseæralik] adj. peculiar, particular; ~sus n. peculiarity

isik|lik ['isiklik] adj. personal

isiksus ['isiksus] n. personality

isoleerima [iso'lerima] v. insulate, isolate

iste ['iste] n. seat; võtke istet! take a seat!

istuma ['istuma] v. sit; be seated; fit

istung ['istung] n. sitting

istutama ['istutama] v. plant

isu ['isu] n. appetite; ~äratav adj. appetizing

itaal|ia [i'tælia] *adj.* Italian; ~lane
n. Italian

itsitama ['itsitama] *v.* giggle

iva ['iva] *n.* grain

J

ja [ja] *conj.* and

jaa [jæ] = jah [jah] *part.* yes

jaam [jæm] *n.* station

jaama- ['jæma] *adj.* station-;
~hoone *n.* station building;
~ülem *n.* station-master

jaani|päev ['jænipæev] *n.*
St. John's Day, Midsummer Day;
~tuli *n.* bonfire on Midsummer
Night

jaaniuss ['jæniuss] *n.* glow-worm

jaanuar ['jænuar] *n.* January

jaapan|i ['jæpani] *adj.* Japanese;
~lane *n.* Japanese

jagama ['jagama] *v.* divide; ~tu
adj. indivisible

jagu ['jagu] *n.* part

jahi- ['jahi-] *adj.* hunting-; ~luba
n. hunting licence; ~mees *n.*
hunter

jah|e ['jahe] *adj.* cool, chilly;
~edus *n.* coolness; ~tuma *v.*
cool down, cool off

jahmuma ['jahmuma] *v.* be start-
led

jaht [jaht] *n.* hunt, hunting; yacht

jahu ['jahu] *n.* flour

jahvatama ['jahvatama] *v.* grind

jakk [jakk] 1. *n.* jacket; 2. *n.* (*zo.*)
yak

jalahoop ['jala'hɑp] *n.* kick

jalakand ['jala'kand] *n.* heel

jalakas ['jalakas] *n.* elm

jalatsid ['jalatsid] *n. pl.* footwear

jalavägi ['jalavægi] *n.* infantry

jalg [jalg] *n.* foot, leg

jalg|rada ['jalgrada] *n.* path; ~si
adv. barefoot

jalgpall ['jalgpall] *n.* football,
soccer

jalgratas ['jalg'ratas] *n.* bicycle

jalut|ama ['jalutama] *v.* take a
walk; ~uskäik *n.* walk

janu ['janu] *n.* thirst

jaoks [jaoks] *postp.* for; mille ~?
what for? minu ~ for me

jaoskond ['jaoskond] *n.* district,
section

jaot|ama ['jaotama] *v.* distribute;
~us *n.* distribution

jasmiin [jas'miːn] *n.* jessamine

jonn [jonn] *n.* obstinacy, stubborn-
ness; ~akas *adj.* obstinate

joobuma ['jɔbuma] *v.* get drunk

jood [jɔd] *n.* iodine

joodik ['jɔdik] *n.* drunkard

joo|k [jɔk] *n.* drink; ~ma *v.* drink

jooks [jɔks] *n.* run; ~ma *v.* run;
~ev *adj.* running

jooksik ['jɔksik] *n.* fugitive

joon [jɔn] *n.* line; ~duma *v.* align;
~eline *adj.* striped

joonis [jɔnis] *n.* design, sketch

joonlaud ['jɔnlaud] *n.* ruler

joonist|aja ['jɔnistaja] *n.* drawer;
~ama *v.* draw; ~us *n.* drawing

jootma ['jɔtma] 1. *v.* (*animal*) wa-
ter; 2. *v.* (*lead*) solden

jope ['jope] *n.* short, coat

jorjen ['jorjen] *n.* dalia

juba ['juba] *adv.* already, yet

jube ['jube] *adj.* terrible

juga ['juga] *n.* stream; (*geogr.*) waterfall

jugoslaav|ia [jugo'slævia] *adj.* Yugoslav; ~**lane** *n.* Yugoslav

juhata|ja ['juhataja] *n.* boss, head, clerk, director; ~**ma** *v.* manage, direct

juhe ['juhe] *n.* conductor, cord

juh|end ['juhend] *n.* instruction; ~**enduma** *v.* instruct, direct; ~**induma** *v.* be directed

juht [juht] *n.* leader; (*car*) driver; ~**ima** *v.* lead, guide, drive

juhtum|a ['juhtuma] *v.* happen; ~**us** *n.* happening

juhus ['juhus] *n.* occasion, chance; ~**lik** *adj.* occasional ~**likult** *adv.* accidentally

julgeolek ['julgeolek] *n.* security, safety

julge ['julge] *adj.* bold; ~**ma** *v.* dare

julgus ['julgus] *n.* boldness; ~**tama** *v.* encourage

julm [julm] *adj.* cruel; ~**us** *n.* cruelty

jultu|mus ['jultumus] *n.* impudence; ~**nud** *adj.* impudent

jumal ['jumal] *n.* god; ~**dama** *v.* adore; ~**ik** *adj.* divine

jume ['jume] *n.* complexion

jurist [ju'rist] *n.* lawyer

just [just] *adv.* just; ~ **nii** exactly

jut|t [jutt] *n.* talk, conversation, chat, story; ~**uajamine** *v.* conversation, talk, chat

jutust|ama ['jutustama] *v.* tell; **ümber** ~**ama** *v.* retell; ~**us** *n.* story, tale

juub|el ['juːbel] *n.* jubilee, anniversary; ~**ilar** *n.* jubilarian

juudi ['juːdi] *adj.* Jewish; ~**tar** *n.* Jewess

juuks|ed ['juːksed] *n.* hair; ~**ur** *n.* hairdresser, barber

juukse- ['juːkse] *adj.* hair-; ~**klamber** *n.* hairclip; ~**nõel** *n.* hairpin; ~**lõikus** *n.* haircut

juuli ['juːli] *n.* July

juuni ['juːni] *n.* June

juur [juːr] *n.* root; ~**ima** *v.* root out; ~**utama** *v.* inculate

juurde ['juːrde] *prep., postp.* to, up to

juures ['juːres] *prep., postp.* at; **laua** ~ at the table ~ **olema** be present; ~**olek** *n.* presence

juurest ['juːrest] *prep., postp.* from; **tule laua** ~ **ära!** come away from the table!

juurvil|i ['juːrvili] *n.* vegetable; ~**jakauplus** *n.* greengrocery

juust [juːst] *n.* cheese

juut [juːt] *n.* Jew

juveliir ['juveliːr] *n.* jeweller; ~**tooted** *n.* jewelry

jõgi ['jəgi] *n.* river

jõhvikas ['jəhvikas] *n.* cranberry

jõu|d [jəud] *n.* strength, force, power; ~**line** *adj.* full of strength

jõupingutus ['jəupingutus] *n.* effort

jõudma ['jəudma] *v.* be able; **kohale** ~ arrive; **koju** ~ get home; **õigeks ajaks** ~ be in time

jõuetu ['jəuetu] *adj.* feeble; ~**s** *n.* feebleness

jõuk [jəuk] *n.* band

jõuk|as ['jɔukas] *adj.* prosperous; ~**us** *n.* prosperity

jõulu|d ['jɔulud] *n.* Christmas; ~**vana** *n.* Santa Claus

jälg [jælg] *n.* track, trace; footstep; ~**ima** *v.* watch

jälitama ['jælitama] *v.* chase; persecute

jäljendama ['jæljendama] *v.* imitate

jälle ['jælle] *adv.* again

jäme ['jæme] *adj.* thick; ~**dus** *n.* thickness

jänes ['jænes] *n.* hare

järel ['jærel] *prep.* after, behind; ~**eksam** *n.* supplemental examination; ~**käija** *n.* follower; ~**maks** *n.* payment by instalments; ~**sõna** *n.* epilogue; ~**tulija** *n.* descendant

järeld|ama ['jæreldama] *v.* conclude; ~**us** *n.* conclusion

järeleandlik ['jæreleandlik] *adj.* yielding

järelevalve ['jærelevalve] *n.* supervision

järelikult ['jærelikult] *adv.* therefore

järg [jærg] *n.* continuation, turn

järglane ['jærglane] *n.* successor

järgmine ['jærgmine] *adj.* next

järjekord ['jærjekord] *n.* turn; line; queue

järjest ['jærjest] *adv.* ever, more and more, successively

järk [jærk] *n.* grade; stage; ~**järguline** *adj.* gradual; ~**järgult** *adj.* gradually, step by step

järs|k [jærsk] *adj.* steep, abrupt, sudden; ~**ku** *adv.* suddenly; ~**ult** *adv.* abruptly

järv [jærv] *n.* lake

jätk [jætk] *n.* continuation; ~**ama** *v.* continue; ~**uma** *v.* last; be enough

jätma ['jætma] *v.* leave

jää [jæː] *n.* ice; ~**tuma** *v.* freeze; covered with ice

jää- [jæː-] *adj.* ice-; ~**auk** *n.* icehole; ~**ballett** *n.* ice review; ~**hoki** *n.* ice-hockey; ~**karu** *n.* polar bear; ~**lõhkuja** *n.* ice-breaker; ~**mägi** *n.* iceberg; ~**purikas** *n.* icicle; ~**purjekas** *n.* ice-boat

jäädav ['jædav] *adj.* permanent; ~**alt** *adv.* permanently

jäädvustama ['jædvustama] *v.* perpetuate

jääk [jæk] *n.* remainder

jääma ['jæma] *v.* remain; hiljaks ~ be late; ilma ~ get nothing; magama ~ fall asleep

jäätis ['jætis] *n.* ice-cream

jäätmed ['jætmed] *n. pl.* scrap(s), waste products

jääv [jæv] *adj.* remaining, staying

K

ka [ka] *adv.* also, too, as well; ma tunnen sind ja teda ~ I know you and also him too, (*or* and him too, and him as well)

kaabel ['kaːbel] *n.* cable

kaabu ['kaːbu] *n.* hat

kaal [kaːl] *n.* weight, scales; ~**uma** *v.* weigh

kaalikas ['kaːlikas] *n.* swede

kaamel ['kaːmel] *n.* camel

kaamera ['kaːmera] *n.* camera

kaar [kaːr] *n.* arc

kaart [kaːrt] *n.* card, map

kaas [kaːs] *n.* lid; cover

kaasa ['kaːsa] *prep., postp.* with, along

kaasavara ['kaːsavara] *n.* dowry

kaaslane ['kaːslane] *n.* companion, comrade, mate

kaastunne ['kaːstunne] *n.* sympathy

kabe ['kabe] *n. pl.* checkers, draughts

kabi ['kabi] *n.* hoof

kabiin [ka'biːn] *n.* cabin

kabinet ['kabinet] *n.* study

kadakas ['kadakas] *n.* juniper

kade ['kade] *adj.* envious; ~**dus** *n.* envy; ~**stama** *v.* envy

kadu|ma ['kaduma] *v.* get lost; ~**nud** *adj.* lost missing

kae [kae] *n.* cataract

kaeb|ama ['kaebama] *v.* complain; ~**us** *n.* complaint

kael [kael] *n.* neck

kaelakee ['kaela'keː] *n.* necklace

kaelkirjak ['kaelkirjak] *n.* giraffe

kaer|(ad) ['kaer(ad)] *n.* oats; ~**ajahu** *n.* oat-meal

kaev [kaev] *n.* well

kaevama ['kaevama] *v.* dig

kaev|andus ['kaevandus] *n.* mine; ~**ur** *n.* miner

kagu ['kagu] *n.* south-east

kahan|ema ['kahanema] *v.* decrease, shrink; ~**dus** *n.* decrease, reduction

kahekordne ['kahekordne] *adj.* double

kaheksa ['kaheksa] *num.* eight; ~**kümmend** eighty; ~**sada** eight hundred

kahemõtteline ['kahemɔtteline] *adj.* ambiguous; ~**sus** *n.* ambiguity

kahets|ema ['kahetsema] *v.* feel sorry; be sorry, regret; ~**us** *n.* regret; ~**usväärne** *adj.* deplorable, regrettable

kahin ['kahin] *n.* rustle

kahju ['kahju] *n.* harm, damage; ~**lik** *adj.* harmful, injurious

kahjuks ['kahjuks] *adv.* unfortunately

kahjurõõm ['kahjurɶm] *n.* malicious

kahtlema ['kahtlema] *v.* doubt; ~**ta** *adj.* doubtless

kahtlust|ama ['kahtlustama] *v.* suspect; ~**us** *n.* suspicion

kahur ['kahur] *n.* cannon; gun

kahvatu ['kahvatu] *adj.* pale; ~**ma** *v.* grow pale; ~**s** *n.* paleness

kahvel ['kahvel] *n.* fork

kaigas ['kaigas] *n.* club

kaine ['kaine] *adj.* sober; ~ **mõistus** common sense

kaits|ja ['kaitsja] *n.* defender, protector; ~**e** *n.* defence, protection; ~**ma** *v.* defend, protect; ~**etu** *adj.* defenceless, unprotected

kaja ['kaja] *n.* echo; ~**ma** *v.* sound, echo

kajakas ['kajakas] *n.* gull

kakl|ema ['kaklema] *v.* fight; ~us *n.* fight

kaks [kaks] *num.* two; ~ korda twice; ~ik *adj.* twin; ~kümmend twenty; ~sada two hundred; ~teist twelve

kaktus ['kaktus] *n.* cactus

kal|a ['kala] *n.* fish; ~ur *n.* fisherman

kalamari ['kala'mari] *n.* caviar

kalduma ['kalduma] *v.* incline, tend (to); ~vus *n.* inclination (to, for), tendency, disposition

kali ['kali] *n.* kvass

kalju ['kalju] *n.* rock; ~ne *adj.* rocky

kalkun ['kalkun] *n.* turkey

kallak ['kallak] *n.* slope

kallaletung ['kallaletung] *n.* attack, aggression

kallama ['kallama] *v.* pour

kallas ['kallas] *n.* bank, shore

kallis ['kallis] *adj.* dear, expensive; ~tama *v.* caress

kalliskivi ['kalliskivi] *n.* jewel, precious stone

kallur ['kallur] *n.* tip-up lorry

kalmistu ['kalmistu] *n.* cemetery

kalts [kalts] *n.* rag

kaltsium ['kaltsium] *n.* calcium

kamber ['kamber] *n.* chamber

kamin ['kamin] *n.* fireplace

kamm [kamm] *n.* comb; ~ima *v.* comb

kamp [kamp] *n.* gang

kampsun ['kampsun] *n.* (knitted) cardigan

kana ['kana] *n.* hen, chicken; ~farm *n.* poultry-farm

kanarbik ['kanarbik] *n.* heather

kand [kand] *n.* heel

kanderaam ['kandera:m] *n.* stretcher

kandik ['kandik] *n.* tray

kandma ['kandma] *v.* carry, wear

kaneel [ka'ne:l] *n.* cinnamon

kang [kang] *n.* crow-bar; (*sport*) horisontal bar

kang|e ['kange] *adj.* stiff, strong; ~us *n.* stiffness

kangekael|sus ['kangekaelsus] *n.* stubbornness; ~ne *adj.* stubborn

kangela|ne ['kangelane] *n.* hero; ~slik *adj.* heroic

kann [kann] *n.* pitcher

kannel ['kannel] *n.* (*mus.*) zither

kannike ['kannike] *n.* (*bot.*) violet

kannus ['kannus] *n.* spur

kantselei ['kantselei] *n.* office

kaot|ama ['kaotama] *v.* lose; ~us *n.* loss

kapital ['kapital] *n.* capital

kapituleeruma [kapitu'leruma] *v.* capitulate

kapp [kapp] *n.* cupboard; wardrobe

kapsas ['kapsas] *n.* cabbage

kapten ['kapten] *n.* captain

kapuuts [ka'pu:ts] *n.* hood

karakter [ka'rakter] *n.* character

karantiin [karan'ti:n] *n.* quarantine

karast|ama ['karastama] *v.* harden; refresh; ~av *adj.* refreshing; ~uma *v.* become hardened

karavan ['karavan] *n.* caravan

karbonaad ['karbona:d] *n.* chop

kardin ['kardin] *n.* curtain

kare ['kare] *adj.* rough; ~dus *n.* roughness

kargama ['kargama] *v.* jump, leap

kari ['kari] *n.* herd

karikatu|rist [karikatu'rist] *n.* car-
   toonist, caricaturist; ∼ur *n.* car-
   toon, caricature
karikakar ['karikakar] *n.* camomile
karist|ama ['karistama] *v.* punish;
   ∼atav *adj.* punishable; ∼us *n.*
   punishment
karjala ['karjala] *adj.* Karelian;
   ∼ne *n.* Karelian
karjamaa ['karjamæ] *n.* pasture
karjane ['karjane] *n.* shepherd
karjat|ama ['karjatama] *v.* cry
   out, give a cry; ∼us *n.* cry,
   scream
karjäär [kar'jær] *n.* career
kark [kark] *n.* crutch
karm [karm] *adj.* severe; ∼us *n.* se-
   verity
karneval ['karneval] *n.* carnival
karp [karp] *n.* box
kart|ma ['kartma] *v.* be afraid (of);
   ∼lik *adhj.* shy, timid; ∼matu
   adj. fearless; ∼us *n.* fear
kartong [kar'tong] *n.* cardboard,
   pasteboard
kartoteek ['kartotek] *n.* file, card
   index
kartul ['kartul] *n.* potato; ∼ijahu
   n. potato-flour
karu ['karu] *n.* bear
karusmari ['karusmari] *n.* goose-
   berry
karusnahk ['karusnahk] *n.* fur;
karv [karv] *n.* hair, fur; ∼ane *adj.*
   hairy
kas [kas] 1. *straight question;* ∼
   te räägite eesti keelt? do you
   speak Estonian? 2. *conj.* whether,
   if

kasahh [ka'sahh] *n.* Kazakh; ∼i
   adj. Kazakh
kasakas ['kasakas] *n.* Cossack
kasarm ['kasarm] *n.* barracks
kasima ['kasima] *v.* clean; tidy;
   ∼tu *adj.* untidy, dirty
kask [kask] *n.* birch
kass [kass] *n.* cat; ∼ipoeg *n.* kitten
kassa ['kassa] *n.* box-office
kassett ['kassett] *n.* cassette
kast [kast] *n.* box; case
kastan ['kastan] *n.* chestnut;
   ∼ipuu *n.* chestnut-tree
kaste ['kaste] 1. *n.* sauce, ketchup;
   2. *n.* dew
kastma ['kastma] *v.* water, irrigate
kastrul ['kastrul] *n.* saucepan
kasu ['kasu] *n.* profit, advantage;
   use; ∼tu *adj.* useless
kasu|ema ['kasuema] *n.* step-mo-
   ther; ∼isa *n.* step-father; ∼laps
   n. foster-child, adopted child;
   ∼poeg *n.* step-son; ∼tütar *n.*
   step-daughter; ∼vend *n.* step-
   brother; ∼õde *n.* step-sister
kasukas ['kasukas] *n.* fur coat
kasulik ['kasulik] *adj.* useful; ∼kus
   n. usefulness
kasutam|a ['kasutama] *v.* use, ma-
   ke use; ∼ine *n.* use, exploitation
kasv [kasv] *n.* growth; ∼ama *v.*
   grow, increase
kasvaja ['kasvaja] *n.* (med.) growth
kasvatus ['kasvatus] *n.* upbringing,
   education
kasvuhoone ['kasvuhɑne] *n.* hot-
   house
kataloog ['katalɔg] *n.* catalogue
katastroof ['katastrɔf] *n.* catast-
   rophe; ∼iline *adj.* catastrophic

27

kat|e ['kate] *n.* cover; veil; ~**ma** *v.* cover

kategoori|a [kate'gɑria] *n.* category; ~**line** *adj.* categorical

katel ['katel] *n.* kettle, boiler

katk [katk] *n.* plague

katkest|ama ['katkestama] *v.* interrupt, cut; ~**us** *n.* interruption, disconnection; **ajutiselt** ~**ama** *v.* suspend; ~**amatu** *adj.* uninterrupted

katkend ['katkend] *n.* passage

katkendlik ['katkendlik] *adj.* fragmentary

katkine ['katkine] *adj.* broken

katse ['katse] *n.* attempt; experiment; ~**tama** *v.* experiment (on, with), test; ~**tus** *n.* testing

katseklaas ['katse'klæs] *n.* testtube

katsuma ['katsuma] *v.* touch

katsumus ['katsumus] *n.* trial

katus ['katus] *n.* roof; ~**ekivi** *n.* tile

kaua ['kaua] *adv.* long; ~**ks** for a long time

kaubahall ['kauba'hall] *n.* department store

kaubandus ['kaubandus] *n.* trade

kaubaproov ['kauba'prɑv] *n.* sample

kaudne ['kaudne] *adj.* indirect, roundabout

kaudu ['kaudu] *adv.* by, through; via

kauge ['kauge] *adj.* distant; remote

kaugekõne ['kauge'kɔne] *n.* trunk call; long-distance call

kaugel ['kaugel] *adv.* far away; ~**t** from far away

kaugjuhtimine ['kaug'juhtimine] *v.* distance control; remote control

kaugus ['kaugus] *n.* distance, remoteness

kaukaas|ia [kau'kɑːsia] *adj.* Caucasian; ~**lane** *n.* Caucasian

kaun [kaun] *n.* pod

kaunis ['kaunis] *adj.* fair, pretty; *adv.* rather, fairly

kaunist|ama ['kaunistama] *v.* decorate, ornament; ~**us** *n.* decoration

kaunitar ['kaunitar] *n.* beauty

kaup [kaup] *n.* goods; ~**lema** *v.* trade, deal (in); ~**lus** *n.* shop; ~**mees** *n.* dealer

kauss [kauss] *n.* bowl, dish

kaust [kaust] *n.* file, document case

kava ['kava] *n.* plan, program; ~**kindel** *adj.* systematic

kaval ['kaval] *adj.* sly; ~**us** *n.* slyness, cunning

kavats|ema ['kavatsema] *v.* intend; ~**us** *n.* intention

keedis ['kɛdis] *n.* jam

keegi ['kɛgi] *pron.* somebody, someone

keeks [kɛks] *n.* cake

keel [kɛl] *n.* tongue, language

keel|ama ['kɛlama] *v.* forbid; prohibit; ~**d** *n.* prohibition

keelduma ['kɛlduma] *v.* refuse, decline

keelemurre ['kɛle'murre] *n.* dialect

keelpill ['kɛlpill] *n.* stringed instrument; ~**iorkester** *n.* string orchestra

keema ['kɛma] *v.* boil, cook

keemi|a ['keːmia] n. chemistry; ~line adj. chemical

keerama ['keːrama] v. turn, wind

keerlema ['keːrlema] v. revolve, spin, turn

keeris ['keːris] n. whirl; vee~ n. whirlpool

keeruline ['keːruline] adj. complicated

keetma ['keːtma] v. boil, cook

keevitama ['keːvitama] v. weld

keha ['keha] n. body; ~ehitus n. structure (of the body); ~hoid n. bearing, carriage; ~line adj. bodily

kehakultuur ['kehakul'tuːr] n. physical culture

kehast|ama ['kehastama] v. embody; ~us n, incarnation (of)

kehtestama ['kehtestama] v. establish

keht|etu ['kehtetu] adj. invalid; ~ima v. be valid

kehvus ['kehvus] n. poverty

kehvveresus ['kehvveresus] n. anaemia

keis|er ['keiser] n. emperor; ~rinna n. empress; ~ririik n. empire

keksima ['keksima] v. skip, hop

kelder ['kelder] n. cellar

kelk [kelk] n. sled, sledge

kell [kell] 1. n. watch; clock; 2. n. bell

kelm [kelm] n. rogue; ~ikas adj. roguish

kelner ['kelner] n. waiter, waitress

kena ['kena] adj. nice, pretty, fine

kepp [kepp] n. stick

kera ['kera] n. ball; sphere

keraamika ['keraːmika] n. ceramics, pottery

kere ['kere] n. trunk; body

kerg|e ['kerge] adj. light; easy; ~elt adv. lightly ~esti adv. easily; ~us n. lightness

kergejõustik ['kergejəustik] n. track and field athletics

kergemeelne ['kergemeːlne] adj. thoughtless, frivolous

kergetööstus ['kergetæstus] n. light industry

kergen|dama ['kergendama] v. relieve; ~dus n. relief

kerima ['kerima] v. wind, reel

kerj|ama ['kerjːama] v. go begging; ~us n. beggar

kerkima ['kerkima] v. rise, mount

kes [kes] pron. who

kesk- [kesk-] adj. central-; ~küte n. central heating; ~linn n. centre of the town; ~valitsus n. central government; ~väljak n. central square

kesk|mine ['keskmine] adj. middle; ~ele adv. in the middle; ~päev n. midday; ~öö n. midnight

keskus ['keskus] n. centre

keskpära|ne ['keskpærane] adj. mediocre; ~sus n. mediocrity

kest|ma ['kestma] v. last, continue; ~us n. continuation

ketas ['ketas] n. disk; (sport) discus

ketra|ja ['ketraja] n. spinner; ~ma v. spin

ketsid ['ketsid] n. pl. light sport boots

kett [kett] n. chain

kevad ['kevad] n. spring; ~ine adj. spring

kibe ['kibe] *adj.* bitter; ~dus *n.* bitterness

kibuvits ['kibuvits] *n.* brier

kihlu|s ['kihlus] *n.* engagement; ~ma *v.* become engaged

kihlvedu ['kihlvedu] *n.* bet, wager

kih|t [kiht] *n.* layer; ~iline *adj.* layers

kihv [kihv] *n.* fang

kihutustöö ['kihutustæ] *n.* agitation

kiiduavaldus ['kiːduavaldus] *n.* applause

kiik [kiːk] *n.* swing; ~uma *v.* swing

kiil [kiːl] 1. *n.* dragon-fly; 2. *n.* (*ship*) keel; 3. *n.* wedge

kiilaspäine ['kiːlaspæine] *adj.* bald-headed

kiindu|ma ['kiːnduma] *v.* become attached (to); ~mus *n.* attachment (to)

kiir [kiːr] *n.* ray, beam

kiirabi ['kiːrabi] *n.* quick aid, first aid

kiire ['kiːre] *adj.* quick; ~ndama *n.* quicken; ~sti *adv.* quickly

kiirgama ['kiːrgama] *v.* radiate

kiirkiri ['kiːr'kiri] *n.* shorthand

kiisk [kiːsk] *n.* ruff

kiit|ma ['kiːtma] *v.* praise; ~us *n.* praise

kiitleja ['kiːtleja] *n.* braggart

kiiver ['kiːver] *n.* helmet

kild [kild] *n.* splinter

kiljatus ['kiljatus] *n.* shriek

killustik ['killustik] *n.* road-metal

kilo ['kilo] *n.* kilo; ~gramm *n.* kilogram; ~meeter *n.* kilometre; ~vatt *n.* kilowatt

kilp [kilp] *n.* shield; ~konn *n.* tortoise

kilu ['kilu] *n.* sprat

kimp [kimp] *n.* bunch

kind|el ['kindel] *adj.* firm, sure, certain; ~lalt *adv.* firmly; ~lasti *adv.* certainly; ~lus *n.* firmness

kindral ['kindral] *n.* general

king [king] *n.* shoe; ~sepp *n.* shoemaker

kinga-   ['kinga-]   *adj.*   shoe-; ~kreem *adj.* shoe-polish; ~pael *n.* shoe-lace

kin|gitus ['kingitus] *n.* present, gift; ~kima *v.* make a present

kinnas ['kinnas] *n.* glove

kinnine ['kinnine] *adj.* shut, closed

kinnit|ama ['kinnitama] *v.* confirm, fix; ~us *n.* confirmation

kino ['kino] *n.* cinema; ~kroonika *n.* newsreel

kips [kips] *n.* gypsum; ~lahas *n.* plaster cast

kirema ['kirema] *v.* crow

kirg [kirg] *n.* passion; ~lik *adj.* passionate

kirgiis [kir'giːs] *n.* Kirghiz; ~i *adj.* Kirghiz

kiri ['kiri] *n.* letter

kirik ['kirik] *n.* church

kirjand ['kirjand] *n.* composition

kirjan|dus ['kirjandus] *n.* literature; ~ik *n.* writer

kirjeld|ama ['kirjeldama] *v.* describe; ~us *n.* description

kirju ['kirju] *adj.* many-coloured

kirjutama ['kirjutama] *v.* write

kirjutus   ['kirjutus]   *n.*   writing; ~laud *n.* writing-table, desk;

~**masin** n. typewriter; ~**tarbed** n. stationery

kirp [kirp] n. flea

kirs|s [kirss] n. cherry; ~**iõis** n. cherry blossom

kirst [kirst] n. coffin

kirurg [ki'rurg] n. surgeon; ~**ia** n. surgery; ~**iline** adj. surgical

kirves ['kirves] n. axe

kis|a ['kisa] n. cry, shout; ~**enda-ma** v. cry, shout

kiskja ['kiskja] n. beast of prey; ~**lik** adj. predatory

kissell [kis'sell] n. fruit-jelly

kitarr [ki'tarr] n. guitar

kitkuma ['kitkuma] v. weed

kits [kits] n. goat

kits|as ['kitsas] adj. narrow; tight; ~**enema** v. grow narrower; ~**us** n. narrowness

kitsend|us ['kitsendus] n. restriction; limitation; ~**ama** v. restrict, limit; ~**av** adj. restrictive

kitsi ['kitsi] adj. stingy; ~**dus** n. stinginess

kittel ['kittel] n. overall

kiud [kiud] n. fibre

kiunuma ['kiunuma] v. whine

kiusa|tus ['kiusatus] n. temptation; ~**ma** v. tempt

kivi ['kivi] n. stone; ~**ne** adj. stony, rocky

kivisüsi ['kivi'sysi] n. coal

klaas [klɑːs] n. glass; ~**istuma** v. glaze

klahv [klahv] n. key

klamber ['klamber] n. clamp; clip

klapp [klapp] n. valve

klass [klass] n. class

klatš [klatʃ] n. gossip; ~**ima** v. gossip

klaver ['klaver] n. piano; ~**ikunstnik** n. concert pianist

kleep|ima ['klɛpima] v. glue, stick; ~**uv** adj. sticky, gluey

kleit [kleit] n. dress

kliima [klɪːma] n. climate

kliri|n ['klirin] n. jangle; ~**sema** v. jangle

klooster ['klɑːster] n. monastery

kloppima ['kloppima] v. rap (on)

klubi ['klubi] n. club

kobe|dus ['kobedus] n. looseness; ~**stama** v. loosen

kodakondsus ['kodakondsus] n. citizenship

kodanik ['kodanik] n. citizen

kodanl|ik ['kodanlik] adj. bourgeois; ~**us** n. bourgeoisie

kodu ['kodu] n. home; ~**ne** adj. domestic; ~**tu** adj. homeless

koduloom ['kodu'lɑm] n. domestic animal

kodumaa ['kodumɑː] n. native land

koer [koer] n. dog; ~**akutsikas** n. puppy

koerus ['koerus] n. mischief, naughtiness

kogelema ['kogelema] v. stammer, stutter

kogemata ['kogemata] adj. accidentally, unintentionally

koge|mus ['kogemus] n. experience; ~**nud** adj. experienced

koger ['koger] n. crucian carp

kogu ['kogu] 1. pron. all; ~ **päev** all day; 2. n. collection; ~**ja** n. collector; ~**ma** v. collect

kogune|mine ['kogunemine] *n.* gathering; ~**ma** *v.* gather

koha ['koha] *n.* pike-perch

kohal ['kohal] *postp.* over, above; *adv.* present

kohalik ['kohalik] *adj.* local

kohan|dama ['kohandama] *v.* adapt (to), accommodate; ~**ema** *v.* adapt oneself (to)

kohane ['kohane] *adj.* appropriate

kohe ['kohe] *adv.* at once, immediately

kohi|n ['kohin] *n.* rustle; ~**sema** *v.* rustle

kohkuma ['kohkuma] *v.* be frightened

kohmak|as ['kohmakas] *adj.* clumsy; ~**us** *n.* clumsiness

koht [koht] *n.* place, spot, seat

kohta ['kohta] *postp.* about

kohtam|a ['kohtama] *v.* meet; ~**ine** *n.* meeting, appointment

kohtunik ['kohtunik] *n.* judge

kohtu|otsus ['kohtu'otsus] *n.* judgement; sentence; ~**sse kaebama** *v.* sue

kohupiim ['kohu'pi:m] *n.* cottage cheese

kohus ['kohus] *n.* court; duty; ~**etruu** *adj.* dutiful; ~**etunne** *n.* sense of duty

kohustus ['kohustus] *n.* obligation; ~**lik** *adj.* obligatory, compulsory

kohutav ['kohutav] *adj.* frightful

kohv [kohv] *n.* coffee; ~**ik** *n.* cafe, coffee-house; ~**iuba** *n.* coffee-bean

kohver ['kohver] *n.* suitcase, trunk

koi [koi] *n.* moth

koit [koit] *n.* daybreak, dawn; ~**ma** *v.* dawn

kokk [kokk] *n.* cook

kokku ['kokku] *adv.* together; in all; ~**pandav** *adj.* folding; ~**puude** *n.* contact; ~**põrge** *n.* collision; ~**surutud** *adj.* compressed

kokkuhoid ['kokkuhoid] *n.* economy, saving; ~**lik** *adj.* economical

kokkulepe ['kokkulepe] *n.* agreement

kokkutulek ['kokkutulek] *n.* gathering

kole ['kole] *adj.* awful; *adv.* awfully; ~**dus** *n.* horror; ~**tis** *n.* monster

kolgas ['kolgas] *n.* backwoods

kolhoos [kol'hɑs] *n.* collective farm

koli ['koli] *n.* lumber; ~**kamber** *n.* lumber-room

kolim|a ['kolima] *v.* move; ~**ine** *n.* moving

koli|n ['kolin] *n.* clatter; ~**stama** *v.* clatter

kollane ['kollane] *adj.* yellow

kollektiiv ['kollekti:v] *n.* collective

kollektsioon [kollektsi'ɑn] *n.* collection

kolm [kolm] *num.* three; ~**kümmend** thirty; ~**sada** three hundred; ~**teist** thirteen; ~**veerand** three quarters

kolmandik ['kolmandik] *n.* third

kolmapäev ['kolmapæev] *n.* Wednesday

koloniseerima [koloni'se:rima] *v.* colonize

kolonn [ko'lonn] *n.* column

koma ['koma] *n.* comma

komandant ['komandant] *n.* commandant

komandeering [koman'deːring] *n.* mission, business trip

kombinee [kombi'neː] *n.* slip

kombineerima [kombi'neːrima] *v.* combine; contrive

komeet [ko'meːt] *n.* comet

komisjon ['komisjon] *n.* commission

komist|ama ['komistama] *v.* stumble; ~us *n.* stumble

komitee [komi'teː] *n.* committee

komme ['komme] *n.* custom

kommunaalne [kommu'naːlne] *n.* communal

kommunism [kommu'nism] *n.* communism

kompass ['kompass] *n.* compass

kompensatsioon [kompensatsi'ɑn] *n.* compensation

komposteerima [kompos'teːrima] *v.* punch

kompress [komp'ress] *n.*compress

kompromiss [kompro'miss] *n.* compromise

kompvek ['kompvek] *n.* sweet, candy

komöödia [ko'møːdia] *n.* comedy

kondiit|er [kon'diːter] *n.* confectioner; ~riäri *n.* confectionery

konfiskeerima [konfis'keːrima] *v.* confiscate

kong [kong] *n.* cell

konjak ['konjak] *n.* brandy

konks [konks] *n.* hook, crook

konkure|rima [konku'reːrima] *v.* compete; ~nts *n.* competition

konn [konn] *n.* frog

konserv [kon'serv] *n.* tinned food; ~eerima *v.* preserve, conserve

konspekt [kons'pekt] *n.* precis, notes; ~eerima *v.* make a precis

konstateerima [konsta'teːrima] *v.* state

konstitutsioon [konstitutsi'ɑn] *n.* constitution

konstruktsioon [konstruktsi'ɑn] *n.* construction

konsultatsioon [konsultatsi'ɑn] *n.* consultation

kon|t [kont] *n.* bone; ~dine *adj.* bony

kontakt [kon'takt] *n.* contact

kontor ['kontor] *n.* office

kontrabass ['kontrabass] *n.* double-bass

kontroll [kont'roll] *n.* check, control; ~ima *v.* check

konts [konts] *n.* heel

kontsert ['kontsert] *n.* concert

konverents ['konverents] *n.* conference

koobas ['kɑːbas] *n.* cave

kook [kɑːk] *n.* cake

kookospähkel ['kɑːkos'pæhkel] *n.* coco-nut

kool [kɑːl] *n.* school

koolera ['kɑːlera] *n.* cholera

koolon ['kɑːlon] *n.* colon

koomiline ['kɑːmiline] *adj.* comic

koondama ['kɑːndama] *v.* rally, concentrate

koopia ['kɑːpia] *n.* copy

koor [kɑːr] 1. *n.* cream; peel, bark; ~ima *v.* peel; 2. *n.* choir; chorus; ~ilaul *n.* chorus-singing

koormus ['kɑːrmus] *n.* load

koos [kɑːs] *adv.* together; ~**nema** *v.* consist (of)

koosolek ['kɑːsolek] *n.* meeting

koosseis ['kɑːsseis] *n.* staff, personnel

koostama ['kɑːstama] *v.* compose

koostöö ['kɑːstæ] *n.* collaboration

kopeerima [ko'peːrima] *v.* copy

kopikas ['kopikas] *n.* copeck

kops [kops] *n.* (*anat.*) lung

kopter ['kopter] *n.* helicopter

koput|ama ['koputama] *v.* knock; ~**us** *n.* knock

kord [kord] *n.* order, discipline; *adj.* once

kord|ama ['kordama] *v.* repeat; ~**amine** *n.* repetition; ~**uv** *adj.* repeated; ~**uvalt** *adv.* repeatedly

kordaminek ['kordaminek] *n.* success

korea [ko'rea] *adj.* Korean; ~**lane** *n.* Korean

koridor ['koridor] *n.* corridor, passage

koristama ['koristama] *v.* clear

korjam|a ['korjama] *v.* gather, collect; pick; ~**ine** *n.* collection

kork [kork] *n.* cork, stopper

korp [korp] *n.* curd tart, cheesecake

korraga ['korraga] *adv.* all together, at a time

korralagedus ['korra'lagedus] *n.* disorder

korrald|ama ['korraldama] *v.* arrange, organize; ~**us** *n.* arrangement

korralik ['korralik] *adj.* tidy; ~**kus** *n.* tidiness

korrapära|ne ['korrapærane] *adj.* regular; ~**tu** *adj.* irregular

korrarikkumine ['korra'rikkumine] *n.* violation of order

korra|s ['korras] *adv.* in order; ~**tu** *adj.* disorderly

korrus ['korrus] *n.* storey, floor

korrutama ['korrutama] *v.* multiply

korst|en ['korsten] *n.* chimney; ~**napühkija** *n.* chimney-sweep

korter ['korter] *n.* flat, appartment

korts ['korts] *n.* wrinkle, crease; ~**uma** *v.* wrinkle, crease; ~**umatu** *adj.* crease-proof

korv [korv] *n.* basket

korvpall ['korv'pall] *n.* basketball

kosilane ['kosilane] *n.* suitor

kosk [kosk] *n.* waterfall

kosmos ['kosmos] *n.* space; ~**elaev** *n.* spaceship; ~**erakett** *n.* space-rocket

kostitama ['kostitama] *v.* treat, entertain

kostüüm [kos'tyːm] *n.* suit, costume

kosuma ['kosuma] *v.* gain in weight

kotkas ['kotkas] *n.* eagle

kotlet ['kotlet] *n.* meat bell, hamburger

kott [kott] *n.* bag

kraad [krɑːd] *n.* degree; ~**ima** *v.* measure the temperature

kraadiklaas ['krɑːdiklæs] *n.* thermometer

kraam [krɑːm] *n. pl.* things; ~**ima** *v.* put things in order

kraan [krɑːn] *n.* tap

kraapima ['krɑːpima] *v.* scrape

kraav [krɑːv] *n.* ditch

krabi ['krabi] *n.* crab

krae [krae] *n.* collar

kramp [kramp] *n.* spasm, cramp; ~**lik** *adj.* convulsive

kratsima ['kratsima] *v.* scratch

kreek|a ['krɛːka] *adj.* Greek; ~**lane** *n.* Greek

kreem [krɛm] *n.* cream

kress [kress] *n.* (*bot.*) nasturtium

krigisema ['krigisema] *v.* grind

kriimust|ama ['krɪːmustama] *v.* scratch; ~**us** *n.* scratch

kriips [krɪːps] *n.* line; ~**utama** *v.* draw lines

kriis [krɪːs] *n.* crisis

krii|t [krɪːt] *n.* chalk; ~**dine** *adj.* chalky

kriitika ['krɪːtika] *n.* criticism

kriitiline ['krɪːtiline] *adj.* critical

kriminaal|ne [krimi'nælne] *adj.* criminal; ~**kuritegu** *n.* criminal offence

krimpsutama ['krimpsutama] *v.* wrinkle

kringel ['kringel] *n.* pretzel

kristall [kris'tall] *n.* crystal

kritseldama ['kritseldama] *v.* scribble

kriuksuma ['kriuksuma] *v.* creak

krohv [krohv] *n.* plaster, stucco; ~**ima** *v.* plaster, stucco

krokodill ['krokodill] *n.* crocodile

kronoloogiline [krono'lɑgiline] *adj.* chronological

kroon [krɔn] *n.* crown

krooniline ['krɔniline] *adj.* chronic

kroonika ['krɔnika] *n.* newsreel

kruubid ['krʊːbid] *n. pl.* groats

kruus [krʊːs] *n.* cup; gravel

kruvi ['kruvi] *n.* screw; ~**ma** *v.* screw

kudum|a ['kuduma] *v.* weave, knit; ~**isvarras** *n.* knitting-needle

kuh|i ['kuhi] *n.* heap, pile; ~**jama** *v.* heap (up), pile (up)

kuhu ['kuhu] *adv.* where

kui [kui] *conj.* if, than, when

kuid [kuid] *conj.* but, yet

kuidagi ['kuidagi] *adv.* somehow

kuidas ['kuidas] *adv.* how

kuiv [kuiv] *adj.* dry; ~**alt** *adv.* drily; ~**ama** *v.* dry; become dry; ~**us** *n.* dryness

kuivik ['kuivik] *n.* rusk, cracker

kuju ['kuju] *n.* shape, form; ~**nema** *v.* take shape

kujutlus ['kujutlus] *n.* imagination

kukal ['kukal] *n.* back of the head

kukerpall ['kukerpall] *n.* somersault

kukk [kukk] *n.* cock

kukkuma ['kukkuma] *v.* fall

kuld [kuld] *n.* gold; ~**ama** *v.* gild; ~**ne** *adj.* golden

kuldnokk ['kuldnokk] *n.* starling

kulp [kulp] *n.* ladle

kultuur [kul'tuːr] *n.* culture; ~**ne** *adj.* cultured

kulu ['kulu] *n.* expense(s); **kellegi** ~**l** at smb.'s expense; ~**tama** *v.* expend

kulunud ['kulunud] *adj.* worn, shabby

kumb [kumb] *pron.* which

kumbki ['kumbki] *adj.* either

kumer ['kumer] *adj.* convex

kumm [kumm] *n.* rubber, elastic

kummardu|s ['kummardus] *n.* bow; ~**ma** *v.* bow, bend down

kummuli ['kummuli] *adv.* upsidedown

kummut ['kummut] *n.* chest of drawers

kuni ['kuni] *prep.* till, untill

kuning|as ['kuningas] *n.* king; ~**anna** *n.* queen; ~**lik** *adj.* royal; ~**riik** *n.* kingdom

kunst [kunst] *n.* art; ~**iline** *adj.* artistic

kunst|lik ['kunstlik] *adj.* artificial; ~**nahk** *n.* imitation leather; ~**siid** *n.* artificial silk; ~**väetis** *n.* artificial fertilizer

kupee [ku'peː] *n.* compartment

kuppel ['kuppel] *n.* cupola, dome

kurat ['kurat] *n.* devil; ~**lik** *adj.* devilish

kurb [kurb] *adj.* sad, sorrowful; ~**us** *n.* sadness, sorrow

kurg [kurg] *n.* crane

kuri ['kuri] *adj.* angry; ~**tahtlik** *adj.* malicious; ~**tegevus** *n.* crime; ~**tegu** *n.* crime

kuristik ['kuristik] *n.* precipice

kurk [kurk] 1. *n.* cucumber; 2. *n.* throat

kurna|ma ['kurnama] 1. *v.* strain, filter; 2. exhaust; ~**tud** *adj.* worn out, exhausted

kurs|s [kurss] 1. *n.* rate of exchange; 2. *n.* course

kursus ['kursus] *n.* (*student*) course

kurt [kurt] *n.* deaf person; *adj.* deaf; ~**tumm** *n.* deaf-mute; *adj.* deaf-and-dumb

kurvast|ama ['kurvastama] *v.* make sad; be sad; ~**us** *n.* sorrow, distress

kus [kus] *conj.* where; ~**kil** *adv.* somewhere; ~**kilt** *adv.* from somewhere; **mitte** ~**kilt** from nowhere ~**tkaudu** *adv.* (by) which way

kustutama ['kustutama] *v.* put out, blow out, switch off

kutse ['kutse] *n.* call; invitation; ~**kaart** *n.* invitation card

kutsikas ['kutsikas] *n.* puppy

kutsuma ['kutsuma] *v.* call, ivite

kuu [kuː] *n.* moon; ~**paiste** *n.* moonshine; ~**rakett** *n.* mooncraft; ~**valgus** *n.* moonlight

kuub [kuːb] *n.* coat, jacket

kuuba ['kuːba] *adj.* Cuban; ~**lane** *n.* Cuban

kuul [kuːl] *n.* bullet

kuula|ma ['kuːlama] *v.* listen (to); ~**ja** *n.* listener

kuul|ma ['kuːlma] *v.* hear; ~**mine** *n.* hearing

kuul|sus ['kuːlsus] *n.* fame, renown, reputation; ~**us** *adj.* famous

kuulujutt ['kuːlujutt] *n.* rumour

kuulu|ma ['kuːluma] *v.* belong (to); ~**vus** *n.* belonging

kuulutus ['kuːlutus] *n.* announcement

kuum [kuːm] *adj.* hot; ~**us** *n.* heat; ~**utama** *v.* heat, make hot

kuup [kuːp] *n.* cube

kuupäev ['kuːpæev] *n.* date

kuur [kuːr] *n.* shed

kuu|s [kuːs] *num.* six; ~**es** sixth; ~**skümmend** sixty; ~**ssada** six hundred; ~**steist** sixteen

kuusk [kuːsk] *n.* fir, spruce

kvaliteet ['kvaliteːt] *n.* quality

kvartal ['kvartal] *n.* quarter, block

kviitung ['kviːtung] *n.* receipt, ticket

kõdi ['kədi] *n.* tickle; ∼(s)**tama** *v.* tickle

kõhkl|ema ['kəhklema] *v.* hesitate; ∼**us** *n.* hesitation

kõhn [kəhn] *adj.* thin, lean, meagre

kõht [kəht] *n.* belly; stomach

kõik [kəik] *adj.* all, everything; ∼**jal** *adv.* everywhere

kõiku|ma ['kəikuma] *v.* sway; waver; ∼**v** *adj.* wavering; shaky; ∼**matu** *adj.* unwavering, stable

kõla ['kəla] *n.* sound; ∼**ma** *v.* sound; ∼**vus** *n.* sonority

kõlb|ama ['kəlbama] *v.* be good (for); ∼**lik** *adj.* suitable; ∼**matu** *adj.* unsuitable

kõlin ['kəlin] *n.* tinkle; ∼**sema** *v.* tinkle, ring

kõndima ['kəndima] *v.* walk

kõne ['kəne] *n.* speech

kõnel|ema ['kənelema] *v.* speak, talk; ∼**leja** *n.* speaker; ∼**us** *n.* talk

kõnnak ['kənnak] *n.* gait, walk

kõrb [kərb] *n.* desert

kõrbema ['kərbema] *v.* burn, be burnt

kõrg|e ['kərge] *adj.* high; tall; ∼**us** *n.* height; ∼**endama** *v.* raise

kõri ['kəri] *n.* throat

kõrk [kərk] *adj.* haughty

kõrkjas ['kərkjas] *n.* bulrush

kõrs [kərs] *n.* stalk

kõrv [kərv] *n.* ear; ∼**arõngas** *n.* ear-ring

kõrval ['kərval] *adv.* aside; ∼**e** *adv.* aside; ∼**dama** *v.* remove

kõrvaline ['kərvaline] *n.* stranger; *adj.* strange; outside

kõrvetama ['kərvetama] *v.* burn, scorch

kõrvits ['kərvits] *n.* pumkin

kõrvuti ['kərvuti] *adv.* side by side (with)

kõva ['kəva] *adj.* hard, strong; ∼**sti** *adv.* hard, loud

kõver ['kəver] *adj.* crooked, curved; ∼**dama** *v.* crook; curve, bend

kõõlus ['kɑːlus] *n.* sinew

kõõm [kɑːm] *n.* dandruff

käbi ['kæbi] *n.* cone

käe|ranne ['kæe'ranne] *n.* wrist; ∼**kell** *n.* wrist-watch; ∼**kiri** *n.* handwriting; ∼**kott** *n.* handbag; ∼**pide** *n.* handle; ∼**võru** *n.* bracelet

kägistama ['kægistama] *v.* strangle, choke

kägu ['kægu] *n.* cuckoo

käima ['kæima] *v.* go; walk

käitu|ma ['kæituma] *v.* behave; ∼**mine** *n.* behaviour

känd [kænd] *n.* stump

känguru ['kænguru] *n.* kangaroo

käpp [kæpp] *n.* paw

kära ['kæra] *n.* noise; uproar; ∼**tsema** *v.* make a noise, be noisy

kärbes ['kærbes] *n.* fly

kärbseseen ['kærbse'seːn] *n.* fly-agaric

kärnkonn ['kærn'konn] *n.* toad

käru ['kæru] *n.* push-cart, barrow

käsi ['kæsi] *n.* hand; arm; ∼**tsi** *adv.* by hand

käsitöö ['kæsitœ] *n.* handicraft

käsk [kæsk] *n.* order; ∼**ima** *v.* order, command

käskkiri ['kæskkiri] *n.* order

käterätik ['kæterætik] *n.* towel

kättemaks ['kættemaks] *n.* revenge

kättesaa|dav ['kættesaːdav] *adj.* obtainable; ~**matu** *adj.* unobtainable

kääna|k ['kæːnak] *n.* turn; ~**ma** *v.* turn, bend

käärid ['kæːrid] *n. pl.* scissors

köh|a ['kəha] *n.* cough; ~**ima** *v.* cough

köi|de ['kəide] *n.* binding; ~**tma** *v.* bind

köö|k [kœk] *n.* kitchen; ~**givili** *n.* vegetable

kübar ['kybar] *n.* hat, cap

küberneetika [kyber'netika] *n.* cybernetics

kühvel ['kyhvel] *n.* scoop

kükitama ['kykitama] *v.* squat

küla ['kyla] *n.* village

küla|line ['kylaline] *n.* quest, visitor; ~**stama** *v.* visit

kül|g [kylg] *n.* side; ~**jeli** *adv.* on one's side

küll [kyll] *adj.* enough

küllakutse ['kyllakutse] *n.* invitation

küllaldane ['kyllaldane] *adj.* sufficient, satisfactory

küllalt ['kyllalt] *adj.* enough

külm [kylm] *n. adj.* cold ~**etuma** *v.* catch cold; ~**etus** *n.* cold, chill; ~**us** *n.* coldness

külmutuskapp ['kylmutuskapp] *n.* refrigerator

külv [kylv] *n.* sowing; ~**ama** *v.* sow

küm|me ['kymme] *num.* ten; ~**nes** tenth

künd|ja ['kyndja] *n.* ploughman; ~**ma** *v.* plough

kün|gas ['kyngas] *n.* hillock; ~**klik** *adj.* hilly

küps [kyps] *adj.* ripe; ~**ema** *v.* ripen; ~**us** *n.* ripeness

küps|etama ['kypsetama] *v.* bake; ~**is** *n.* biscuit, cooky

küsi|mus ['kysimus] *n.* question; ~**ma** *v.* ask, question; ~**tav** *adj.* questionable; ~**märk** *n.* question-mark

küt|e ['kyte] *n.* heating; ~**ma** *v.* heat

kütt [kytt] *n.* hunter; ~**ima** *v.* hunt

küün [kyːn] *n.* barn

küünal ['kyːnal] *n.* candle

küünarnukk ['kyːnarnukk] *n.* elbow

küür [kyːr] *n.* hump; ~**akas** *n.* humpback; *adj.* humpbacked

küürima ['kyːrima] *v.* scrub

küü|s [kyːs] *n.* nail; ~**ned** *n. pl.* nails

küüslauk ['kyːslauk] *n.* garlic

L

laadima ['laːdima] *v.* load; ma-ha ~ unload

laager ['laːger] *n.* camp

laast [laːst] *n.* shaving

laastama ['laːstama] *v.* devastate

laat [laːt] *n.* fair

labane ['labane] *adj.* vulgar, common

labidas ['labidas] *n.* spade

ladina ['ladina] *adj.* Latin

ladu ['ladu] *n.* warehouse
laduma ['laduma] *v.* pile up
ladus ['ladus] *adj.* fluent
laen [laen] *n.* loan; ~**aja** *n.* borrower; lender; ~**ama** *v.* borrow, lend
laev [laev] *n.* ship, boat
lage ['lage] *adj.* bleak, flat; ~**ndik** *n.* open country
lagi ['lagi] *n.* ceiling
lagunema ['lagunema] *v.* fall to pieces
lahend|ama ['lahendama] *v.* solve, settle; ~**us** *n.* solution, settlement
lahing ['lahing] *n.* battle, fight
lahk|e ['lahke] *adj.* kind; ~**us** *n.* kindness
lahkheli ['lahkheli] *n.* dissension; dissonance
lahkum|a ['lahkuma] *v.* leave, depart; ~**ine** *n.* departure
laht [laht] *n.* bay; gulf
lahti ['lahti] *adj.* open; ~**ne** *adj.* open
lahus ['lahus] *n.* solution; ~**tama** *v.* dissolve
lahut|ama ['lahutama] *v.* separate; ~**us** *n.* separation; divorce
lai [lai] *adj.* wide; ~**alt** *adj.* widely; ~**enema** *v.* become wider; ~**endama** *v.* widen; ~**ali ajama** *v.* disperse, dissipate
laik [laik] *n.* spot
laim [laim] *n.* slander; ~**ama** *v.* slander
laine ['laine] *n.* wave; ~**line** *adj.* wavy; ~**tama** *v.* wave; ~**tus** *n.* waving
laip [laip] *n.* corpse

laisk [laisk] *adj.* lazy; ~**lema** *v.* be lazy; ~**us** *n.* laziness
laitma ['laitma] *v.* blame; ~**tu** *adj.* blameless
laiuma ['laiuma] *v.* extend
laius ['laius] *n.* width, broadness
lakk ['lakk] 1. *n.* (*horse*) mane; 2. *n.* (*house*) loft; 3. *n.* lacquer; ~**ima** *v.* lacquer
lakkama ['lakkama] *v.* cease, stop
lakkamatu ['lakkamatu] *adj.* incessant
lakkuma ['lakkuma] *v.* lick, lap
lakmuspaber ['lakmus'paber] *n.* litmus paper
lamama ['lamama] *v.* lie
lame ['lame] *adj.* flat, plain
lammas ['lammas] *n.* sheep
lamba- ['lamba-] *adj.* sheep's- ~**vill** *n.* sheep's-wool
lambaliha ['lamba'liha] *n.* mutton
lammut|ama ['lammutama] *v.* tear down, break up; ~**us** *v.* demolition
lamp [lamp] *n.* lamp
lang|ema ['langema] *v.* fall, drop; ~**us** *n.* fall, drop
langevari ['langevari] *n.* parachute
laostama ['laostama] *v.* ruin
lap|p [lapp] *n.* patch, duster, cloth; ~**iline** *adj.* patchy; ~**pima** *v.* patch
laps [laps] *n.* child, kid
lapsepõlv ['lapsepəlv] *n.* childhood
lask [lask] *n.* shot; ~**ma** *v.* shoot, fire
laskma ['laskma] *v.* let; **alla** ~ let down; **lahti** ~ let go; **läbi** ~ let through; **maha** ~ shoot down; **välja** ~ let out

latern ['latern] *n.* lantern
latikas ['latikas] *n.* bream
latv [latv] *n.* top, treetop
laud [laud] *n.* table; board, plank
laug [laug] *n.* lid
laul [laul] *n.* song; ~**ja** *n.* singer;
~**ma** *v.* sing
laup [laup] *n.* forehead
laupäev ['laupæev] *n.* Saturday
lause ['lause] *n.* sentence
laut [laut] *n.* cattle-shed
lava ['lava] *n.* stage; ~**staja** *n.* producer; ~**stus** *n.* staging
lebama ['lebama] *v.* lie, rest
leedu ['ledu] *adj.* Lithuanian;
~**lane** *n.* Lithuanian
leek [lek] *n.* flame, blaze
leem [lem] *n.* brew, broth
leevendama ['levendama] *v.* mollify, soothe
leevike ['levike] *n.* bullfinch
legaalne [le'gælne] *adj.* legal
lehekülg ['lehekylg] *n.* page
lehkama ['lehkama] *v.* stink
lehm [lehm] *n.* cow
leht [leht] *n.* leaf
lehter ['lehter] *n.* funnel
lehvik ['lehvik] *n.* fan
lehvit|ama ['lehvitama] *v.* wave;
~**us** *n.* wave
leib [leib] *n.* bread
leid|ma ['leidma] *v.* find; ~**lik** *adj.*
ingenious
leige ['leige] *adj.* lukewarm
lein [lein] *n.* mourning; ~**ama** *v.*
mourn
leibüroo ['leiuby'rɑ] *n.* lost property office
leiut|ama ['leiutama] *v.* invent; ~**is**
n. invention

lektor ['lektor] *n.* lecturer
lemmik ['lemmik] *n.* favourite
lend [lend] *n.* flight; ~**ama** *v.* fly
len|dur ['lendur] *n.* airman; ~**nuk**
n. aeroplane, plane
lennujaam ['lennujæm] *n.* airport
leopard ['leopard] *n.* leopard
leotama ['leotama] *v.* soak, steep
lepatriinu ['lepatrīnu] *n.* ladybird
leping ['leping] *n.* contract, agreement
lepit|ama ['lepitama] *v.* reconcile;
~**us** *n.* reconciliation
leplik ['leplik] *adj.* tolerant; ~**kus**
n. tolerance
lepp [lepp] *n.* alder
leppima ['leppima] *v.* become
reconciled; ~**tu** *adj.* irreconcilable
lesk [lesk] *n.* widower
levi|ma ['levima] *v.* be distributed;
~**tama** *v.* spread, distribute
lib|e ['libe] *adj.* slippery; ~**isema**
v. slip
liblikas ['liblikas] *n.* butterfly
lift [lift] *n.* elevator, lift
ligi|dal ['ligidal] *adv.* near, close by;
~**nema** *v.* near, to come nearer
ligikaudu ['ligikaudu] *adv.* approximately
ligunema ['ligunema] *v.* soak
liha ['liha] *n.* meat; ~**kauplus** *n.*
butcher's shop
lihas ['lihas] *n.* muscle
lihavõtted ['lihavõtted] *n.* Easter
liht|ne ['lihtne] *adj.* simple; ~**sus**
n. simplicity; ~**sustama** *v.* simplify
lihtsameelne ['lihtsamelne] *adj.*
simple-minded

lihunik ['lihunik] *n.* butcher

lihvima ['lihvima] *v.* polish

liial|dama ['liːaldama] *v.* exaggerate; ~dus *n.* exaggeration

liider ['liːder] *n.* leader

liig|a ['liːga] *adv.* too, excessively; ~ne *adj.* excessive

liige ['liːge] *n.* member

liiges ['liːges] *n.* (*anat.*) joint

liigit|ama ['liːgitama] *v.* classify; ~us *n.* classification

liigut|ama ['liːgutama] *v.* move; ~us *n.* movement

liik ['liːk] *n.* sort, class, kind

liiklus ['liːklus] *n.* traffic; ~märk *n.* traffic sign; ~õnnetus *n.* traffic accident

liiku|ma ['liːkuma] *v.* move; ~matu *adj.* motionless; ~mine *n.* movement

liilia ['liːlia] *n.* lily

liim [liːm] *n.* glue, gum; ~ima *v.* glue

liin [liːn] *n.* line

liiper ['liːper] *n.* sleeper

liisk [liːsk] *n.* lot

liit [liːt] *n.* union

liitma ['liːtma] *v.* add, unite, join

liiv [liːv] *n.* sand; ~ane *adj.* sandy

likvideerima [likviˈdeːrima] *v.* liquidate

liköör [liˈkœːr] *n.* liqueur

lill [lill] *n.* flower; ~eline *adj.* flowery

lilla ['lilla] *adj.* violet, lilac

lillkapsas ['lillkapsas] *n.* cauliflower

lima ['lima] *n.* slime; ~ne *adj.* slimy

lina ['lina] *n.* flax; ~ne *adj.* linen; **voodi~** *n.* bed-sheet; **laud~** *n.* table cloth

lind [lind] *n.* bird

linn [linn] *n.* town, city

linnapea ['linnapea] *n.* mayor

lint [lint] *n.* tape, ribbon, band

lipp [lipp] *n.* flag

lips [lips] *n.* tie

liputama ['liputama] *v.* wag

lisa ['lisa] *n.* addition, supplement; ~ma *v.* add, ~nd *n.* addition; ~tasu ['lisatasu] *n.* extra pay

liuglema ['liuglema] *v.* slide, glide

lobisema ['lobisema] *v.* chatter, prattle

lodjapuu ['lodjapuː] *n.* snow-ball-tree

loeng [loeng] *n.* lecture

loetelu ['loetelu] *n.* enumeration

logele|ma ['logelema] *v.* idle; ~ja *n.* idler

lohak|as ['lohakas] *adj.* negligent; careless; ~us *n.* negligence

lohk [lohk] *n.* hollow

lohut|ama ['lohutama] *v.* comfort; ~us *n.* consolation, comfort

loid [loid] *adj.* inactive; languid, indolent; ~us *n.* languor, indolence

loik [loik] *n.* pool, puddle

lokk [lohk] *n.* curl; ~ima *v.* curl, wave; ~is *adj.* curly, wavy

loksuma ['loksuma] *v.* splash

loksutama ['loksutama] *v.* shake

loll [loll] *adj.* stupid; ~us *n.* stupidity

lombak ['lombak] *n.* lame, lame person; ~as *adj.* lame, limping

lomp [lomp] *n.* puddle, pool

longus ['longus] *adj.* drooping

lonkama ['lonkama] *v.* limp

lonks [lonks] *n.* draught, gulp

lont [lont] *n.* trunk

loobuma ['lɑbuma] *v.* give up, renounce, abandon

loode ['lɑde] *n.* embryo

looderdama ['lɑderdama] *v.* loaf

loodus ['lɑdus] *n.* nature; ~**lik** *adj.* natural; ~**kaitse** *n.* nature conservation; ~**teadlane** *n.* naturalist; ~**varad** *n.* natural resources

loogi|ka ['lɑgika] *n.* logic; ~**line** *adj.* logical

looja ['lɑja] *n.* maker, creator

loojaminek, loojang ['lɑjaminek, 'loojang] *n.* sunset, setting

lookle|ma ['lɑklema] *v.* wind; ~**v** *adj.* winding

loom ['lɑm] *n.* animal, beast, brute

loom|a ['lɑma] *v.* create, make; ~**ine** *n.* creation; ~**ing** *n.* creative

loomaaed ['lɑmaaed] *n.* zoo

loomaarst ['lɑma'arst] *n.* veterinary

loomaliha ['lɑma'liha] *n.* beef

loomu|lik ['lɑmulik] *adj.* natural; ~**vastane** *adj.* unnatural

loomusund ['lɑmusund] *n.* instinct

loopima ['lɑpima] *v.* throw, fling

loor [lɑr] *n.* veil; ~**ima** *v.* veil

loorber ['lɑrber] *n.* laurel

loosimine ['lɑsimine] *n.* lottery, raffle

loot|ma ['lɑtma] *v.* hope, trust; ~**us** *n.* hope; ~**usetu** *adj.* hopeless

lopsakas ['lopsakas] *adj.* luxuriant, lush, rank

loputama ['loputama] *v.* rinse

loss [loss] *n.* palace

loterii [lote'riː] *n.* lottery

luba ['luba] *n.* permission; ~**ma** *v.* allow, permit; ~**dus** *n.* promise

lubamatu ['lubamatu] *adj.* inadmissible

lugu ['lugu] *n.* story, case

lugu|peetud ['lugupɛtud] *adj.* esteemed, honoured; ~**pidamisega** Your faithfully, Yours respectfully

luik [luik] *n.* swan

luitu|ma ['luituma] *v.* fade; ~**nud** *adj.* faded

lukk [lukk] *n.* lock; ~**sepp** *n.* locksmith

luksuma ['luksuma] *v.* hiccup

luksus ['luksus] *n.* luxury; ~**lik** *adj.* luxurious

lukuauk ['luku'auk] *n.* keyhole

lukustama ['lukustama] *v.* lock

lumi ['lumi] *n.* snow; ~**ne** *adj.* snowy

lurjus ['lurjus] *n.* villain, scoundrel

lusikas ['lusikas] *n.* spoon

lust [lust] *n.* pleasure, joy; ~**ilik** *adj.* gay, joyful

lutikas ['lutikas] *n.* bug

lutt [lutt] *n.*.dummy, nipple

luu [luː] *n.* bone; ~**kere** *n.* skeleton; ~**murd** *n.* fracture

luuk [luːk] *n.* shutter

luule ['luːle] *n.* poetry; ~**taja** *n.* poet; ~**tama** *v.* write poetry; ~**tus** *n.* poem

luup [luːp] *n.* magnifying, glass

luura|ma ['luːrama] *v.* spy; ~**ja** *n.* spy

luure ['lurre] *n.* spying; ~**teenistus** *n.* intelligence service

lõbu ['ləbu] *n.* pleasure, fun; ~**s** *adj.* gay, merry; ~**salt** *adv.* gaily, merrily; ~**stama** *v.* entertain; ~**tsema** *v.* enjoy, amuse oneself

lõbusus ['ləbusus] *n.* gayness, gaiety

lõbustus ['ləbustus] *n.* entertainment, amusement

lõdisema ['lədisema] *v.* tremble, shiver, shake

lõdvestus ['lədvestus] *n.* relax

lõhe ['ləhe] 1. *n.* split, crack; ~**nema** *v.* crack; 2. *n.* (*zo.*) salmon

lõhkuma ['ləhkuma] *v.* break, burst, split

lõhn [ləhn] *n.* smell; ~**ama** *v.* smell; ~**aõli** *n.* perfume

lõik [ləik] *n.*cut, slice; ~**ama** *v.* cut, carve

lõke ['ləke] *n.* fire, flare, camp fire

lõks [ləks] *n.* trap

lõng [ləng] *n.* yarn, cotton; ~**akera** *n.* ball of yarn

lõoke ['ləoke] *n.* lark, skylark

lõpetama ['ləpetama] *v.* end, finish

lõp|lik ['ləplik] *adj.* final; ~**matu** *adj.* endless

lõpp ['ləpp] *n.* end, finish; ~**ema** *v.* come to an end

lõtv [lətv] *adj.* slack, limp; ~**uma** *v.* go limp

lõug [ləug] *n.* chin

lõuna ['ləuna] *n.* south; noon, midday; ~**naba** *n.* the South Pole

lõunasöök ['ləunasəɑk] *n.* lunch, dinner; ~**vaheaeg** *n.* lunch break

lõvi ['ləvi] *n.* lion

löömama ['lœmama] *v.* blaze, flame

löötspill ['lœtspill] *n.* accordion

löötsutama ['lœtsutama] *v.* pant, gasp

läbi ['læbi] *prep., postp.* through

läbikäik ['læbikæik] *n.* passage

läbirääkimised ['læbirækimised] *n. pl.* negotiations

lähedus ['læhedus] *n.* nearness

lähenem|a ['læhenema] *v.* approach, near; ~**ine** *n.* approach

läige ['læige] *n.* shine

läikima ['læikima] *v.* sparkle

läkaköha ['læka'kəha] *n.* whooping-cough

läkitus ['lækitus] *n.* message

lämbuma ['læmbuma] *v.* suffocate

lämmastik ['læmmastik] *n.* nitrogen

lärm [lærm] *n.* noise, uproar; ~**akas** *adj.* noisy; ~**ama** *v.* make a noise

lät|i ['læti] *adj.* Latvian; ~**lane** *n.* Latvian

lääs [læs] *n.* west

läänepoolne ['lænepɑlne] *adj.* western

löö|ma ['lœma] *v.* strike; ~**k** *n.* blow, shock, attack

lööve ['lœve] *n.* rash

lühend ['lyhend] *n.* abbreviation; ~**ama** *v.* abbreviate, shorten

lühike ['lyhike] *adj.* short, brief

lükkama ['lykkama] *v.* push, shove, postpone

lüli [lyli] *n.* link

lülit|i ['lyliti] *n.* switch; ~**ama** *v.* link; ~**a sisse!** switch on! ~**a välja!** switch off!

lülisammas ['lylisammas] n. spine

lüpsma ['lypsma] v. milk

lütseum ['lytseum] n. lyceum

lüürika ['ly:rika] n. lyric poetry

lüüs ['ly:s] n. sluice

M

ma [ma] pron. I

maa [ma:] n. earth, soil, country, land, ground

maaala ['ma:ala] n. territory, area

maaalune ['ma:alune] n. underground

maadl|ema ['ma:dlema] v. wrestle; ~eja n. wrestler; ~us n. wrestling

maagiline ['ma:giline] adj. magic

maailm ['ma:ilm] n. world

maailmajagu ['ma:ilma'jagu] n. part of the world

maak [ma:k] n. ore

maal [ma:l] n. painting; ~ima v. paint

maaler ['ma:ler] n. decorator

maalikunst ['ma:likunst] n. painting; ~nik n. painter

maanduma ['ma:nduma] v. land

maantee ['ma:nte:] n. road, highway

maasikas ['ma:sikas] n. strawberry

maastik ['ma:stik] n. landscape

maavärin ['ma:'værin] n. earthquake

madal ['madal] adj. low; ~dama v. make lower

madalrõhkkond ['madal'rəhk-kond] n. low pressure area

madrats ['madrats] n. mattress

madrus ['madrus] n. sailor

madu ['madu] n. snake

magama ['magama] v. sleep, be asleep

magamistuba ['magamistuba] n. bedroom

mage ['mage] adj. insipid

magnetofon ['magnetofon] n. tape-recorder; ~ilint n. tape

magu ['magu] n. stomach

magus ['magus] adj. sweet

magustoit ['magustoit] n. dessert

mahajäänud ['mahajænud] adj. backward

mahedus ['mahedus] n. mildness

mahl [mahl] n. juice; ~ane adj. juicy

mahtuvus ['mahtuvus] n. capacity

maias ['maias] adj. fond of sweets

mainima ['mainima] v. mention

maits|e ['maitse] n. taste; ~ma v. taste; ~ev adj. tasty; ~etu adj. tasteless

maja ['maja] n. house

majakas ['majakas] n. lighthouse

makaron ['makaron] n. macaroni

maks [maks] 1. n. liver; 2. n. payment; ~ma v. pay

malaaria [ma'læria] n. malaria

male ['male] n. chess; ~mäng n. game of chess

malm [malm] n. cast iron

mandel ['mandel] n. almond

mangaan [man'ga:n] n. manganese

manguma ['manguma] v. cadge

manitsus ['manitsus] n. admonition

manna ['manna] n. semolina

mannerg ['mannerg] n. (milk) can

mansett [man'sett] n. cuff

mantel ['mantel] n. coat, overcoat

manööver [ma'nɶver] n. manoeuvre

mapp [mapp] n. brief-case

mardikas ['mardikas] n. beetle

mari ['mari] n. berry

marineerima [mari'nɛrima] v. pickle

marionett [mario'nett] n. puppet

mark [mark] n. stamp

marksism [mark'sism] n. Marxism

marli ['marli] n. gauze

marmelaad ['marmelæd] n. candied fruit jelly

marmor ['marmor] n. marble

marsruut [mars'ruːt] n. route

marss [marss] n. march; ∼ima v. march

maru ['maru] n. tempest, storm

marutõbi ['marutəbi] n. madness

masendama ['masendama] v. depress

masin ['masin] n. machine

mask [mask] n. mask; ∼eraad n. masquerade

maskeerima [mas'kɛrima] v. disguise; camouflage

mass [mass] n. mass

mass|aaž [mas'saːʒ] n. massage; ∼eerima v. massage

mast [mast] n. mast

mastaap [mas'taːp] n. scale

mateeria [ma'tɛria] n. matter, substance

matemaatika [mate'mætika] n. mathematics

matk [matk] n. trip, journey; ∼aja n. hiker; ∼ama v. travel; hike

matus ['matus] n. funeral

matt [matt] 1. n. checkmate; 2. adj. dull

mausoleum ['mausoleum] n. mausoleum

medal ['medal] n. medal

meditsiiniõde [medi'tsiːni'əde] n. nurse

meeleolu ['meleolu] n. mood

meeletu ['meletu] adj. mad; ∼s n. madness

meelit|ama ['melitama] v. flatter; ∼av adj. flattering; ∼us n. flattery

meelsasti ['melsasti] adv. willingly

meenutama ['mɛnutama] v. remind

mees [mɛːs] n. man; ∼sugu n (gr.) masculine

meeter ['mɛter] n. metre

meetod ['metod] n. method

mehaanik [me'hænik] n. mechanic

mehe|vend ['mehevend] n. brother-in-law; ∼õde n. sister-in-law

mehhiklane ['mehhiklane] n. Mexican

mehine ['mehine] adj. brave

meie, me ['meie, me] pron. we

meierei ['meierei] n. dairy

meister ['meister] n. master; ∼lik adj. masterly; ∼likkus n. mastery

melanhool|ia [melan'hɑlia] n. melancholy; ∼ne adj. melancholic

melon ['melon] n. melon

meloodia [me'lɑdia] n. melody

membraan [mem'brɑn] n. membrane

menu ['menu] n. success; ∼kas adj. successful

menüü [me'nyː] n. menu

meremees ['meremes] *n.* seaman

merevaik ['mere'vaik] *n.* amber

merevä|elane ['merevæelane] *n.* marine; **~gi** *n.* navy

meri ['meri] *n.* sea

mesi ['mesi] *n.* honey; **~lane** *n.* bee

metall [me'tall] *n.* metal; **~iline** *adj.* metallic

meteoor [mete'ɑr] *n.* meteor

meteoroloogiline [meteoro'lɑgiline] *adj.* meteorological

metroo [met'rɑ] *n.* metro, underground

mets [mets] *n.* wood; **~amaterjal** *n.* timber; **~nik** *n.* forester

metsik ['metsik] *adj.* wild

metsis ['metsis] *n.* wood-grouse

mida ['mida] *pron.* what

midagi ['midagi] *pron.* anything, something

miil [miːl] *n.* mile

miin [miːn] *n.* mine

miinus ['miːnus] *n.* minus

mikrofon ['mikrofon] *n.* microphone

mikroskoop ['mikroskɑp] *n.* microscope

miks [miks] *adv.* why

millal ['millal] *adv.* when

milleks ['milleks] *adj., pron.* what for

millimallikas ['millimallikas] *n.* jelly-fish

millimeeter ['millimeter] *n.* millimetre

milline ['milline] *adj. pron.* which

mina ['mina] *pron.* I

mineerima [mi'nerima] *v.* mine

minema ['minema] *v.* go; **alla ~** to go down; **järele ~** to go for; **läbi** ~ to go through; **mööda ~** to go by; **sisse ~** to go in; **ära ~** to go off; **üles ~** to go up

mineraal [mine'ræl] *n.* mineral; **~ne** *adj.* mineral; **~vesi** *n.* mineral vater

minest|ama ['minestama] *v.* faint; **~us** *n.* faint

minevik ['minevik] *n.* past; (*gr.*) past tense

mingi ['mingi] *adj.* some

minia ['minia] *n.* daughter-in-law

minister [mi'nister] *n.* minister

mink [mink] *n.* make-up; **~ima** *v.* make-up

minu ['minu] *pron.* my

minut ['minut] *n.* minute

mis [mis] *pron., adj.* what

miski ['miski] *adj.* something, anything; **ei ~** nothing

missugune ['missugune] *adj.* what, what kind of; which

mitme- ['mitme-] *adj.* many-·**~kordne** *adj.* multiple; **~külgne** *adj.* many-sided; **~värviline** *adj.* many-coloured

mitmus ['mitmus] *n.* plural

mitte ['mitte] *adv.* not, no; **~sugugi** not at all; **olla või ~** olla be or not to be; **~ametlik** *adj.* unofficial; **~loetav** *adj.* illegible; **~soovitav** *adj.* unwished; **~söödav** *adj.* uneatable

mitu ['mitu] *pron.* many, several; **~sada** *n.* several hundred

moe|ajakiri ['moe'ajakiri] *n.* fashion magazine; **~ateljee** *n.* fashion house

moldaav|ia [mol'dævia] *adj.* Moldavian; **~lane** *n.* Moldavian

molekul ['molekul] *n.* molecule

mongol ['mongol] *n.* Mongolian; ~i *adj.* Mongolian

monopol ['monopol] *n.* monopoly

mont|eerima [mon'teerima] *v.* fit, mount; ~öör *n.* fitter

mood [mɑd] *n.* fashion, style; ~ne *adj.* fashionable

moodust|ama ['mɑdustama] *v.* form; ~is *n.* formation

moon [mɑn] *n.* poppy

moonut|ama ['mɑnutama] *v.* deform; ~us *n.* deformity

moos [mɑs] *n.* jam; ~ipurk *n.* jam-jar

mootor ['mɑtor] *n.* motor, engine; ~paat *n.* motor-boat

moraalne [mo'rɑlne] *adj.* moral

morn [morn] *adj.* gloomy

mosaiik [mosa'ik] *n.* mosaic

mossi|s ['mossis] *adj.* sulky; ~tama *v.* sulk, be sulky

muda ['muda] *n.* mud; ~ne *adj.* muddy

mudel ['mudel] *n.* pattern

mudilane ['mudilane] *n.* kiddy

mugav ['mugav] *adj.* comfortable; ~alt, ~asti *adv.* comfortably; ~us *n.* comfort

mugul ['mugul] *n.* tuber

muhk [muhk] *n.* bump

muide ['muide] *adv.* by the way

muidu ['muidu] *adv.* otherwise, usually

muidugi ['muidugi] *part.* of course, surely

mui|e ['muie] *n.* smile, smirk; ~gama *v.* smile, smirk

muinasaegne ['muinasaegne] *adj.* antique

muinasjutt ['muinasjutt] *n.* fairy-tale

muistend ['muistend] *n.* folk-tale

muistne ['muistne] *adj.* ancient

mujal ['mujal] *adv.* elsewhere

muld [muld] *n.* earth, soil; ~ama *v.* earth up

mulje ['mulje] *n.* impression

muljuma ['muljuma] *v.* bruise

mull [mull] *n.* bubble

mullikas ['mullikas] *n.* heifer

mumps [mumps] *n.* mumps

mun|a ['muna] *n.* egg; ~ema *v.* lay eggs

munder ['munder] *n.* uniform

munk [munk] *n.* monk

murakas ['murakas] *n.* cloudberry

murd [murd] *n.* fraction

murd|ma ['murdma] *v.* break; fracture; ~uma *v.* be broken, be fractured; ~umatu *adj.* unbreakable; ~uv *adj.* breakable

mure ['mure] *n.* grief; worry; care; ~lik *adj.* worried; ~tsema *v.* worry; take care (of smb.); ~tu *adj.* carefree

murrang ['murrang] *n.* coup, turningpoint

murre ['murre] 1. *n.* break; 2. *n.* dialect

muru ['muru] *n.* turf

muskel ['muskel] *n.* muscle

must [must] 1. *adj.* black; ~us *n.* blackness; 2. *adj.* dirty; *n.* dirt

mustand ['mustand] *n.* rough copy

muster ['muster] *n.* pattern

mustikas ['mustikas] *n.* bilberry

mustlane ['mustlane] *n.* gipsy

mutrivõti ['mutri'vəti] *n.* spanner

mutt [mutt] 1. *n.* (*zo.*) mole; 2. *n.* old woman

mutter ['mutter] *n.* nut, female screw

muu [muː] *adj.* other, different

muudatus ['muːdatus] *n.* change

muukraud ['muːkraud] *n.* skeleton; master-key

muul [muːl] *n.* mole

muundum|a ['muːnduma] *v.* be transformed; ~**mine** *n.* transformation

muuseas ['muːseas] *conj.* however, by the way

muuseum ['muːseum] *n.* museum

muusika ['muːsika] *n.* music; ~**line** *adj.* musical

muut|ma ['muːtma] *v.* change; ~**lik** *adj.* changeable; ~**uma** *v.* be changed; ~**umatu** *adj.* unchangeable; ~**us** *n.* change

mõeldamatu ['mõeldamatu] *adj.* unthinkable, impossible

mõis [mõis] *n.* estate

mõistatus ['mõistatus] *n.* enigma, riddle

mõist|e ['mõiste] *n.* idea; concept; outlook; ~**ma** *v.* understand, comprehend

mõistus ['mõistus] *n.* reason

mõju ['mõju] *n.* influence; ~**ma** *v.* offect, have influence (on); ~**v** *adj.* influential

mõla ['mõla] *n.* oar

mõlemad ['mõlemad] *pron.* both

mõlk [mõlk] *n.* dent

mõnikord ['mõnikord] *adv.* sometimes

mõnit|ama ['mõnitama] *v.* scoff (at), mock; ~**us** *n.* mockery

mõnu ['mõnu] *n.* pleasure; ~**s** *adj.* comfortable, pleasant

mõra ['mõra] *n.* split; ~**nema** *v.* crack

mõru ['mõru] *adj.* bitter

mõrv [mõrv] *n.* murder; ~**ama** *v.* murder, kill; ~**ar** *n.* murderer

mõt|e ['mõte] *n.* idea; thought; ~**lema** *v.* think; ~**lematu** *adj.* rash, thoughtless

mõtisklema ['mõtisklema] *v.* ponder (on, upon, over)

mõttetus ['mõttetus] *n.* nonsense

mõõduk|as ['mõːdukas] *adj.* moderate; ~**us** *n.* moderation

mõõk [mõːk] *n.* sword

mõõn [mõːn] *n.* ebb, low tide

mõõt [mõːt] *n.* measure; ~**ma** *v.* measure

mäda ['mæda] 1. *n.* pus, matter; ~**nik** *n.* abscess; 2. *adj.* rotten, marshy; ~**nema** *v.* fester, rot

mäger ['mæger] *n.* badger

mä|gi ['mægi] *n.* mountain, hill; ~**gine** *adj.* mountainous; ~**elt laskuma** *v.* go downhill; ~**kke tõusma** *v.* go uphill

mähkima ['mæhkima] *v.* swaddle; wrap up

mälestus ['mælestus] *n.* recollection; ~**sammas** *n.* monument

mäl|etama ['mæletama] *v.* remember; keep in mind; ~**u** *n.* memory

mäluma ['mæluma] *v.* chew

män|d [mænd] *n.* pine; ~**nimets** *n.* pine forest

mäng [mæng] *n.* game; play; ~**ima** *v.* play; ~**uasi** *n.* toy

märatsema ['mæratsema] *v.* rage

mär|g [mærg] *adj.* wet; ~jaks saama get wet

mär|gatav ['mærgatav] *adj.* appreciable; noticeable; visible; ~kama *v.* notice, observe, remark

märk [mærk] *n.* mark, sign, symbol; badge; ~ima *v.* mark; ~mik *n.* notebook

märkus ['mærkus] *n.* remark

märter ['mærter] *n.* martyr

märts [mærts] *n.* March

mäss [mæss] *n.* insurrection; revolt, rebellion; ~aja *n.* rebel; ~ama *v.* rebel

mätas ['mætas] *n.* hillock

määrama ['mærama] *v.* appoint, award

määrduma ['mærduma] *v.* get dirty, lubricant

määr|e ['mære] *n.* ointment; ~ima *v.* smear; oil; grease

määrsõna ['mær'səna] *n.* (*gr.*) adverb

määrus ['mærus] *n.* rule; regulation; (*gr.*) adverbial modifier

mõirgama ['mɔirgama] *v.* roar

mölder ['mɔlder] *n.* miller

möllama ['mɔllama] *v.* rage

mört [mərt] *n.* solution, mortar

mööbel ['mɔbel] *n.* furniture

mööda ['mɔda] *adv.* past; by; *prep., postp.* by, along, past

möödamin|eja ['mɔdamineja] *n.* passer-by; ~nes *adv.* in passing

möödapääsmatu ['mɔdapæsmatu] *adj.* inevitable, unavoidable

mööd|as ['mɔdas] *adj.* past, over; ~uma *v.* pass, be over

mühi|n ['myhin] *n.* roar; ~sema *v.* roar

münt [mynt] 1. *n.* coin; 2. *n.* mint

müra ['myra] *n.* noise; ~ma *v.* be noisy

mür|gine ['myrgine] *adj.* poisonous; ~gitama *v.* poison; ~gitus *n.* poisoning; ~k *n.* poison

müri|n ['myrin] *n.* rumble; ~sema *v.* rumble

müristam|a ['myristama] *v.* thunder; ~ine *n.* thunder

mürsk [myrsk] *n.* shell

müstika ['mystika] *n.* mysticism

müts [myts] *n.* cap

müü|k [myyk] *n.* sale; ~dav *adj.* salable; ~ja *n.* seller; ~ma *v.* sell

müür [my:r] *n.* (stone) wall; ~sepp *n.* mason

müüt [my:t] *n.* myth; ~iline *adj.* mythical

N

naab|er ['na:ber] *n.* neighbour; ~rus *n.* neighbourhood

naaskel ['na:skel] *n.* awl

naba ['naba] 1. *n.* (*anat.*) navel; 2. *n.* (*geogr.*) pole

nael [nael] 1. *n.* nail; 2. *n.* pound

naer [naer] *n.* laugh; ~ma *v.* laugh

naerat|ama ['naeratama] *v.* smile; ~us *n.* smile

nafta ['nafta] *n.* oil, petroleum; ~tootmine *n.* oil output; ~puurauk *n.* oil well

nagi ['nagi] *n.* peg, rack

nagu ['nagu] *conj.* as

nah|k [nahk] *n.* skin

nahk- [nahk], ~ast *adj.* leather

nahkhiir ['nahk'hɪːr] *n.* bat

nailon ['nailon] *n.* nylon

nai|ne ['naine] *n.* woman; wife;
~**selik** *adj.* womanly

naise|mees ['naisemeːs] *n.* married
man; ~**vend** *n.* brother-in-law;
~**õde** *n.* sister-in-law

nak|atama ['nakatama] *v.* infect;
~**atuma** *v.* get infected; ~**kav**
adj. infectious; ~**kus** *n.* infection

nal|i ['nali] *n.* joke; ~**jakas** *adj.*
funny, comic; ~**jatama** *v.* joke

nap|p [napp] *adj.* scant, meagre;
~**isõnaline** *adj.* laconic

narmad ['narmad] *n.* fringe

narr [narr] *n.* fool

nastik ['nastik] *n.* grass-snake

natuke ['natuke] *adv.* a little

nau|ding ['nauding] *n.* enjoyment;
~**tima** *v.* delight

need|ma ['neːdma] *v.* curse; ~**us** *n.*
curse, damnation

neeger ['neːger] *n.* Black

neel [neːl] *n.* throat; ~**ama** *v.* swal-
low

neelduma ['neːlduma] *v.* be absor-
bed

neem [neːm] *n.* cape

neer [neːr] *n.* (*anat.*) kidney

neetima ['neːtima] *v.* rivet

negatiivne ['negatiːvne] *adj.* nega-
tive

neiu ['neiu] *n.* girl, miss

neli ['neli] *num.* four; ~**kümmend**
forty; ~**nurk** *n.* quadrangle;
~**teist** fourteen

neljapäev ['neljapæːev] *n.* Thurs-
day

nelk [nelk] 1. *n.* carnation; 2. *n.* clo-
ve

nemad ['nemad] *pron.* they

neutraalne [neu'trælne] *adj.* neut-
ral

nigel ['nigel] *adj.* puny

nihestus ['nihestus] *n.* dislocation

nihutama ['nihutama] *v.* shift

nii [niː] *adv.* so

niikuinii ['niːkui'niː] *adv.* anyhow,
in any case

niisk|e ['niːske] *adj.* damp; ~**us** *n.*
dampness, moisture

niit [niːt] 1. *n.* thread; 2. *n.* meadow

niit|ma ['niːtma] *v.* mow; ~**ja** *n.*
mower

nikast|ama ['nikastama] *v.* sprain;
~**us** *n.* sprain

nikerdus ['nikerdus] *n.* carving

nikkel ['nikkel] *n.* nickel

nimi ['nimi] *n.* name; ~**sõna** *n.*
(*gr.*) noun

nime|kaart ['nimekæːrt] *n.* visiting
card; ~**kaim** *n.* namesake; ~**kiri**
n. list; ~**stik** *n.* register

nimetama ['nimetama] *v.* name

nina ['nina] *n.* nose; ~**kas** *adj.*
saucy

ninasarvik ['ninasarvik] *n.* rhi-
noceros

ning [ning] *conj.* and

nir|e ['nire] *n.* trickle; ~**isema** *v.*
trickle

nirk [nirk] *n.* weasel

nisu ['nisu] *n.* wheat

nobe ['nobe] *adj.* brisk, nimble

nohisema ['nohisema] *v.* wheeze;
snuffle

nohu ['nohu] *n.* cold

nokk [nokk] *n.* beak; ~**ima** *v.* peck

noogu|tama ['nɑgutama] *v.* nod;
~**tus** *n.* nod

nool [nɑːl] *n.* arrow

noomi|ma ['nɑːmima] *v.* reprimand; ~**tus** *n.* reproof

noor [nɔːr] *adj.* young; ~**us** *n.* youth; ~**uslik** *adj.* youthful

noot [nɔːt] *n.* note

noppima ['noppima] *v.* pick, gather

norima ['norima] *v.* find fault (with)

norm [norm] *n.* norm; ~**aalne** *adj.* normal

norra ['norra] *adj.* Norwegian; ~**lane** *n.* Norwegian

norskama ['norskama] *v.* snore

notar ['notar] *n.* notary

november [no'vember] *n.* November

nuga ['nuga] *n.* knife

nuhtl|ema ['nuhtlema] *v.* punish; ~**us** *n.* punishment

nui [nui] *n.* truncheon, club

nukk [nukk] 1. *n.* doll; 2. *n.* knob, knuckle

nuk|ker ['nukker] *adj.* sad; ~**rus** *n.* sadness; ~**rutsema** *v.* be sad

nulg [nulg] *n.* fir

null [null] *n.* nought

num|ber ['number] *n.* number; ~**merdama** *v.* number

nunn [nunn] *n.* nun

nupp [nupp] *n.* knob

nurgeline ['nurgeline] *adj.* angular

nuri|n ['nurin] *n.* grumbling; ~**sema** *v.* grumble

nurjum|a ['nurjuma] *v.* fail; ~**ine** *n.* failure

nurk [nurk] *n.* corner

nurm [nurm] *n.* field; meadow

nut|ma ['nutma] *v.* cry, weep; ~**t** *n.* crying, weeping

nuudlid ['nuːdlid] *n.* noodles

nuuks|atus ['nuːksatus] *n.* sob; ~**uma** *v.* sob

nuusutama ['nuːsutama] *v.* smell

nõel [nɔel] *v.* needle; ~**ama** *v.* bite (*snake*); ~**uma** *v.* darn

nõges ['nɔges] *n.* nettle

nõgi ['nɔgi] *n.* soot

nõgus ['nɔgus] *adj.* concave

nõid [nɔid] *n.* witch; ~**us** *n.* witchcraft; ~**uslik** *adj.* bewitching

nõlv [nɔlv] *n.* slope

nõrguma ['nɔrguma] *v.* flow down, seep out; leak out

nõrk [nɔrk] *adj.* weak; ~**ema** *v.* weaken; ~**us** *n.* weakness

nõtke ['nɔtke] *adj.* supple

nõu [nɔu] *n.* dish; ~**depesija** *n.* dish-washer

nõuan|ne ['nɔuanne] *n.* advice; ~**dja** *n.* adviser

nõud|lik ['nɔudlik] *adj.* demanding; ~**ma** *v.* demand; ~**mine** *n.* demand

nõukogu ['nɔukogu] *n.* council; Soviet

nõus|olek ['nɔusolek] *n.* consent, agreement; ~**tuma** *v.* agree

nädal ['nædal] *n.* week

nägem|a ['nægema] *v.* see; ~**ine** *n.* eye sight; ~**us** *n.* vision

nägu ['nægu] *n.* face

nägus ['nægus] *adj.* pretty

nähtamatu ['næhtamatu] *adj.* invisible

nähtav ['næhtav] *adj.* visible; ~**us** *n.* visibility

nähtavasti ['næhtavasti] *paren.* apparently, evidently

näid|e ['næide] *n.* example; ~is *n.* pattern, example

näidend ['næidend] *n.* play

näi|lik ['næilik] *adj.* seeming; ~ma *v.* seem; ~v *adj.* seeming

näitama ['næitama] *v.* show, demonstrate

näiteks ['næiteks] *paren.* for example

näitleja ['næitleja] *n.* actor

näitlik ['næitlik] *adj.* visual

näitus ['næitus] *n.* show, exhibition

näkineid ['nækineid] *n.* mermaid

näl|g [nælg] *n.* hunger; ~gima *v.* starve; ~jane *adj.* hungry

näomoonutus ['næo'mɑnutus] *n.* grimace

näpistama ['næpistama] *v.* pinch

näp|p [næpp] *n.* finger; ~ujälg *n.* fingerprint; ~unäide *n.* instruction; ~uots *n.* finger-tip

närbuma ['nærbuma] *v.* wilt; languish

närima ['nærima] *v.* gnaw

närimiskumm, näts ['nærimiskumm, næts] *n.* chewing-gum

närtsima ['nærtsima] *v.* wither

närv [nærv] *n.* nerve; ~eerima *v.* be nervous; ~iline *adj.* nervous; ~ilisus *n.* nervousness

nääre ['næːre] *n.* gland

nääri|puu ['næripuː] *n.* New-Year tree; ~vana *n.* Father-Frost

nöö|p [nɑp] *n.* button; ~auk *n.* buttonhole; ~ima *v.* button; ~nõel *n.* pin

nöör [nɑr] *n.* string

nüri ['nyri] *adj.* blunt

nüüd [nyːd] *adv.* now

O

oaas [o'ɑːs] *n.* oasis

objekt [ob'jekt] *n.* objekt

objektiiv ['objektiːv] *n.* lens

oblikas ['oblikas] *n.* sorrel

oda ['oda] *n.* spear, lance

odav ['odav] *adj.* cheap

oder ['oder] *n.* barley

oh|i ['ohi] *n.* rein; ~jeldama *v.* rein, bridle; ~jeldamatu *adj.* unbridled

ohkama ['ohkama] *v.* sigh

oht [oht] *n.* danger; ~lik *adj.* dangerous

ohver ['ohver] *n.* victim; ~dama *v.* sacrifice

ohvitser ['ohvitser] *n.* officer

oi|e ['oie] *n.* groan; ~gama *v.* groan

oim [oim] *n.* temple

oinas ['oinas] *n.* ram

oivaline ['oivaline] *adj.* wonderful

oja ['oja] *n.* brook

ok|as ['okas] *n.* prickle, thorn; ~kaline *adj.* prickly, thorny

oks [oks] *n.* branch

oktoober [ok'toːber] *n.* October

olema ['olema] *v.* be; exist; ~solu *n.* existence

olemus ['olemus] *n.* essence

olenema ['olenema] *v.* depend

olet|ama ['oletama] *v.* suppose; ~us *n.* supposition

olevus ['olevus] *n.* being

olukord ['olukord] *n.* situation

oluline ['oluline] *adj.* essential

olümpiamängud [o'lympia'mæn-gud] *n.* Olympic games

oma ['oma] *pron.* one's; own

omadus ['omadus] *n.* quality; ~sõna *n.* (*gr.*) adjective

omakasu ['omakasu] *n.* self-interest

oman|d ['omand] *n.* property; ~dama *v.* acquire; gain; ~ik *n.* owner, proprietor

omane ['omane] *adj.* characteristic

omapära ['omapæra] *n.* originality; ~ne *adj.* original

omavalitsus ['omavalitsus] *n.* self-government

ometi ['ometi] *conj., adv.* however; still

onn [onn] *n.* hut

onu ['onu] *n.* uncle; ~naine *n.* aunt; ~poeg *n.* cousin; ~tütar *n.* cousin

ood [ɑːd] *n.* ode

ookean ['ɑːkean] *n.* ocean

ooper ['ɑːper] *n.* opera

oot|ama ['ɔtama] *v.* wait; ~amine *n.* waiting; ~eruum *n.* waiting-room

ootamatu ['ɑːtamatu] *adj.* unexpected

ootus ['ɑːtus] *n.* expectation

oper|atsioon [operatsi'ɑːn] *n.* operation; ~eerima *v.* operate

optimistlik [opti'mistlik] *adj.* optimistic

oranž [o'ranʒ] *adj.* orange

orav ['orav] *n.* squirrel

orb [orb] *n.* orphan

orel ['orel] *n.* organ

org [org] *n.* valley

organi|seerima [organi'seːrima] *v.* organize; ~saator *n.* organizer

ori ['ori] *n.* slave

orientatsioon [orientatsi'ɑːn] *n.* orientation

originaal [origi'nɑːl] *n.* original; ~ne *n.* eccentric person

orkest|er [or'kester] *n.* orchestra; ~rijuht *n.* conductor

osa ['osa] *n.* part

osakond ['osakond] *n.* department

osaline ['osaline] *adj.* partial

osa|v ['osav] *adj.* skilful; ~vus *n.* skill; ~võtja *n.* participant

osk|ama ['oskama] *v.* know; ~us *n.* skill, ability

osoon [o'sɑːn] *n.* ozone

ost [ost] *n.* purchase; ~ja *n.* buyer; ~ma *v.* buy

osutama ['osutama] *v.* show

osuti ['osuti] *n.* hand, pointer

ots [ots] *n.* end; ~atu *adj.* infinite

otsaesine ['otsaesine] *n.* forehead

otsak ['otsak] *n.* tip

otse ['otse] *adv.* straight

otsekohe ['otse'kohe] *adv.* (right) now

otsima ['otsima] *v.* seek, look for

otstarbekas ['otstarbekas] *adj.* expedient

otstarve ['otstarve] *n.* purpose; use

otsus ['otsus] *n.* decision; ~tama *v.* decide

ovaalne [o'vɑːlne] *adj.* oval

P

paabulind ['pɑːbulind] *n.* peacock
paanika ['pɑːnika] *n.* panic
paar [pɑːr] *n.* pair; ~**itu** *adj.* odd
paat [pɑːt] *n.* boat
paber ['paber] *n.* paper
pada ['pada] *n.* pot
padaemand ['pada'emand] *n.* queen of spades
pad|i ['padi] *n.* pillow; ~**japüür** *n.* pillow-case
padrik ['padrik] *n.* thicket
padrun ['padrun] *n.* patron; cartridge
paduvihm ['padu'vihm] *n.* downpour
pael [pael] *n.* ribbon
pagan ['pagan] *n.* pagan, heathen
pagar ['pagar] *n.* baker
pagas ['pagas] *n.* luggage
paha ['paha] *adj.* bad; ~**ndama** *v.* be angry; anger; ~**ndus** *n.* trouble; ~**ne** *adj.* angry
pahe ['pahe] *n.* vice; ~**line** *adj.* vicious
pahempoolne ['pahempɑlne] *adj.* left-hand
pahur ['pahur] *adj.* sullen
paigaldama ['paigaldama] *v.* install
paigutama ['paigutama] *v.* place, settle, locate
paik [paik] *n.* place; patch
paindu|ma ['painduma] *v.* bend; ~**v** *adj.* flexible ~**vus** *n.* flexibility

paindumatu ['paindumatu] *adj.* stiff; ~**s** *n.* stiffness
pais [pais] *n.* dam
paiskama ['paiskama] *v.* fling; scatter
paistet|ama ['paistetama] *v.* swell; ~**us** *n.* swelling
paistma ['paistma] *v.* shine; be visible; seem
paisuma ['paisuma] *v.* expand, swell
paitama ['paitama] *v.* fondle, stroke
paju ['paju] *n.* willow
pakane ['pakane] *n.* frost
pakk [pakk] *n.* pack; ~**ima** *v.* pack
pakkum|a ['pakkuma] *v.* offer; ~**ine** *n.* offer
paks [paks] *adj.* thick, fat; ~**us** *n.* thickness
pala ['pala] *n.* morsel; piece
palav ['palav] *adj.* hot; ~**us** *n.* heat
palavik ['palavik] *n.* fever
palee [pa'leː] *n.* palace
palgapäev ['palga'pæev] *n.* payday
paljas ['paljas] *adj.* bare, uncovered; naked; ~**tama** *v.* bare
palju ['palju] *adv.* much; many; a lot; ~**ndama** *v.* multiply; ~**tõotav** *adj.* promising; ~**tähendav** *adj.* meaningful
palk [palk] *n.* pay, wages; log
pall [pall] *n.* ball
palm [palm] *n.* palm
pal|uma ['paluma] *v.* ask; beg; request; ~**ve** *n.* request
pandimaja ['pandimaja] *n.* pawnshop

panema ['panema] v. put; lay; et-te ~ v. suggest; **kinni** ~ v. shut; **vastu** ~ v. resist; **välja** ~ v. display

pang [pang] n. bucket

pank [pank] n. bank

pann [pann] n. frying-pan; ~kook n. pancake

pannal ['pannal] n. buckle

pant [pant] n. pawn; ~ima v. pawn; ~vang n. hostage

panter ['panter] n. panther

panus ['panus] n. contribution

papagoi ['papagoi] n. parrot

papp [papp] 1. n. cardboard; 2. n. priest

pappel ['pappel] n. poplar

paraad [pa'raːd] n. parade

paradiis ['paradiːs] n. paradise

parand|ama ['parandama] v. mend, repair; ~us n. repair ~amatu adj. incorrigible

paranem|a ['paranema] v. recover, get better; ~ine n. recovery

paras ['paras] adj. suitable

paratamatu ['paratamatu] adj. inevitable; ~s n. necessity

pardipoeg ['pardipoeg] n. duckling

parem ['parem] adj. better; ~ini adv. better; **kõige** ~ adj. best

parempoolne ['parempɔːlne] adj. right-hand

park [park] n. park

parkim|a ['parkima] v. park; ~ine **keelatud!** no parking!

parm [parm] n. gad-fly

parool [pa'rɔːl] n. password

part [part] n. duck

partei [par'tei] n. party

parukas ['parukas] n. wig

parv [parv] 1. n. flock, shoal; 2. n. ferry; ~etama v. ferry

pass [pass] n. passport

pasta ['pasta] n. paste

pasteet [pas'teːt] n. pate, paste

pasun ['pasun] n. trumpet

patent [pa'tent] n. patent

patrio|ot ['patriɑt] n. patriot; ~tism n. patriotism

patrull [pat'rull] n. patrol

pats [pats] n. plait

patsient ['patsient] n. patient

pat|t [patt] n. sin; ~une adj. sinful

pauk [pauk] n. shot, crack

pea [pea] n. head; ~aju n. brain; ~kate n. headwear; ~linn n. capital; ~luu n. skull; ~valu n. headache

peaaegu ['pea'aegu] adv. almost, nearly

peal [peal] prep., postp., adv. on, above; ~le adv. on; prep., postp. besides

pealik ['pealik] n. chief

pealiskaudne ['pealiskaudne] adj. superficial

pealkiri ['pealkiri] n. title, heading

pealt [pealt] prep., postp. off, from

peamine ['peamine] adj. principal; fundamental

peat|ama ['peatama] v. stop; ~us n. stop, halt; ~uma v. make a halt

peegel ['peːgel] n. mirror

peegeld|us ['peːgeldus] n. reflection ~ama v. reflect; ~uma v. be reflected

peeker ['peːker] n. cup

peen [peːn] adj. fine; thin; refined; ~sus adj. detail; ~us n. fineness

peenar ['penar] n. (flower-)bed

peet [pet] n. beet

pehme ['pehme] adj. soft;
~**ndama** v. soften

peigmees ['peigmes] n. fiance

peit|ma ['peitma] v. hide, conceal;
~**us** n. hiding; hide-and-seek

peksma ['peksma] v. beat; thrash

pendel ['pendel] n. pendelum

pension ['pension] n. pension

peo|pesa ['peo'pesa] n. palm;
~**täis** n. handful

pere|kond ['perekond] n. family;
~**konnapea** n. head of the family

pere|mees ['peremes] n. master;
~**naine** n. housewife

peruulane [pe'ruːlane] n. Peruvian

pes|a ['pesa] n. nest; ~**itsema** v.
nest; nestle

pesapall ['pesapall] n. baseball

pes|ema ['pesema] v. wash; ~**u**,
~**emine** n. washing; ihu~**u** n.
underwear; voodi~**u**, laua~**u** n.
linen; must ~**u** soiled linen

petersell ['petersell] n. parsley

pet|ma ['petma] v. deceive; ~**lik**
adj. deceptive; ~**tus** n. deception

pidama ['pidama] v. hold, keep; be
obliged, have to; vastu ~ v. sustain

pidev ['pidev] adj. continuous;
steady; ~**alt** adv. continually

pidu ['pidu] n. festival; ~**tsema** v.
celebrate

pidulik ['pidulik] adj. solemn

pidur ['pidur] n. brake; ~**dama** v.
brake

pigi ['pigi] n. pitch

pigist|ama ['pigistama] v. squeeze,
press; be too tight; ~**us** n.
squeeze

pihlakas ['pihlakas] n. rowan(-tree)

piht [piht] n. waist

pihti|ma ['pihtima] v. confess;
~**mine** n. confession

piibel ['piːbel] n. Bible

piik [piːk] n. lance, pike

piiluma ['piːluma] v. peep

piim [piːm] n. milk

piin [piːn] n. suffering; ~**aja** n.
tormentor; ~**ama** v. torture;
~**arikas** adj. agonizing

piinlik ['piːnlik] adj. embarrassing;
~**kus** n. embarrassment

piip [piːp] n. pipe

piir [piːr] n. boundary, frontier;
limit; ~**ama** v. limit, confine;
ümber ~**ama** v. encircle, surround; ~**amatu** adj. unlimited;
~**atud** adj. limited; ~**ivalvur** n.
frontier-guard

piiritus ['piːritus] n. spirits

piirkond ['piːrkond] n. region, district, area

piisav ['piːsav] adj. sufficient

piisk [piːsk] n. drop

piison ['piːson] n. bison

piits [piːts] n. whip; ~**utama** v.
whip

pik|k [pikk] adj. long; ~**endama**
v. lengthen; ~**endus** n. lengthening; ~**kus** n. length; ~**uti** adv.
lengthwise

pikkamisi ['pikkamisi] adv. slowly

piklik ['piklik] adj. oblong

pikne ['pikne] n. lightning

pilbas ['pilbas] n. splinter, chip

pildistama ['pildistama] *v.* photograph

pilduma ['pilduma] *v.* throw

pilet ['pilet] *n.* ticket

pil|ge ['pilge] *n.* mockery; ~**kama** *v.* mock; ~**kav** *adj.* mocking

pilgutama ['pilgutama] *v.* blink

pilk [pilk] *n.* glance

pill [pill] *n.* musical instrument; ~**imees** *n.* musician

pillama ['pillama] *v.* waste, drop

pilliroog ['pillirɑg] *n.* reed

pilt [pilt] *n.* picture; ~**lik** *adj.* figurative

pilu ['pilu] *n.* slot

pilv [pilv] *n.* cloud; ~**ine** *adj.* cloudy; ~**itu** *adj.* cloudless

pime ['pime] *adj.* dark, blind; ~**dus** *n.* darkness; ~**ndama** *v.* darken

pimesoolepõletik ['pimesɑle'pəletik] *n.* appendicitis

pinal ['pinal] *n.* pencil-box

pind [pind] *n.* surface; splinter; ~**ala** *n.* area

pinevus ['pinevus] *n.* tenseness

ping|e ['pinge] *n.* strain; ~**utama** *v.* strain; **üle** ~**utama** *v.* overstrain

pink [pink] *n.* bench

pinnas ['pinnas] *n.* soil, ground

pintsak ['pintsak] *n.* jacket

pintsel ['pintsel] *n.* brush;

pioneer [pio'neɾ] *n.* pioneer

pip|ar ['pipar] *n.* pepper; ~**ratoos** *n.* pepper-box

piparmünt ['piparmynt] *n.* peppermint

pirn [pirn] *n.* pear

pirukas ['pirukas] *n.* pie

pisar ['pisar] *n.* tear

piserdama ['piserdama] *v.* spray, sprinkle

pisi|asi ['pisiasi] *n.* trifle; ~**ke(ne)** *adj.* little, small, tiny

pisik ['pisik] *n.* microbe

pist|e ['piste] *n.* stab; stitch; prick; ~**ma** *v.* stick, stab

pistik ['pistik] *n.* (*el.*) plug

pisut ['pisut] *adv.* a little

pits [pits] *n.* lace; wineglass; cigarette-holder

pits|at ['pitsat] *n.* seal; ~**er** *n.* seal

piuksuma ['piuksuma] *v.* squeak

pla|an [plɑːn] *n.* plan; ~**anitsema** *v.* plan; ~**neerima** *v.* make a plan

plaaž [plɑːʒ] *n.* beach

plaat [plɑːt] *n.* plate; record, disc

plahvat|ama ['plahvatama] *v.* explode; ~**us** *n.* explosion

plakat ['plakat] *n.* poster

plaksutama ['plaksutama] *v.* clap, applaud

planeet [pla'nɛt] *n.* planet

plastili|ne ['plastiline] *adj.* plastic; ~**sus** *n.* plasticity

plats [plats] *n.* square; place

pleekima ['plekima] *v.* bleach; ~**ta** *adj.* unbleached

plek|k [plekk] *n.* tin(-plate); spot, stain; ~**iline** *adj.* spotted

pliiats ['pliːats] *n.* pencil

pliit [pliːt] *n.* stove, kitchen-range

plom|beerima [plom'bɛrima] *v.* fill; ~**m** *n.* filling

ploom [plɔːm] *n.* plum

pluss [pluss] *n.* plus

pluus [pluːs] *n.* blouse

plõksuma ['pləksuma] *v.* click

poee|sia [po'ɛsia] *n.* poetry; ~**t** *n.* poet

poeg [poeg] *n.* son

pohl [pohl] *n.* red whortleberry

poiss [poiss] *n.* boy; ~**mees** *n.* bachelor

poja|poeg ['pojapoeg] *n.* grandson; ~**tütar** *n.* granddaughter

poks [poks] *n.* boxing; ~**ija** *n.* boxer; ~**ima** *v.* box

polaarne [po'lɑːrne] *adj.* polar

poliitiline [po'liːtiline] *adj.* political

politsei ['politsei] *n.* police; ~**nik** *n.* policeman

polsterdama ['polsterdama] *v.* upholster

pomisema ['pomisema] *v.* mumble

pomm [pomm] *n.* bomb; ~**itama** *v.* bomb; ~**itamine** *n.* bombing

pood [pɔːd] *n.* shop; ~**nik** *n.* shopkeeper

poogen ['pɔːgen] *n.* sheet; bow

pookima ['pɔːkima] *v.* graft; (*med.*) inoculate

pool [pɔːl] 1. *n.* half; side; 2. *n.* spool ~**itama** *v.* halve; ~**ik** *adj.* half-done

poola ['pɔːla] *adj.* Polish; ~ **keel** *n.* Polish; ~**kas** *n.* Pole

pool|dama ['pɔːldama] *v.* favour; ~**ehoid** *n.* favour

poole ['pɔːle] *prep., adv.* towards, to

poole|ks ['pɔːleks] *adv.* in half; ~**ldi** *adv.* half; ~**li** *adj.* unfinished; half done

poolfabrikaat ['pɔːlfabri'kɑːt] *n.* half finished product; convenience foods

poolkera ['pɔːlkera] *n.* hemisphere

poolring ['pɔːlring] *n.* semicircle

poolsaar ['pɔːlsɑːr] *n.* peninsula

poolt [pɔːlt] *prep., postp., adv.* from

poolus ['pɔːlus] *n.* pole

pooma ['pɔːma] *v.* hang

poonim|a ['pɔːnima] *v.* wax; ~**isvaha** *n.* floor wax

poor [pɔːr] *n.* pore

poos [pɔːs] *n.* pose

populaarne [popu'lɑːrne] *adj.* popular

porgand ['porgand] *n.* carrot

pori ['pori] *n.* mud; ~**ne** *adj.* muddy

portfell ['portfell] *n.* brief-case

portree [port're] *n.* portrait

portselan ['portselan] *n.* china; porcelain

portsjon ['portsjon] *n.* portion, helping

portugal|i ['portugali] *adj.* Portuguese; ~**i keel** *n.* Portuguese; ~**lane** *n.* Portuguese

positiivne ['positiːvne] *adj.* positive

post [post] 1. *n.* post, sentry; 2. *n.* pole; 3. *n.* post, mail; ~**ipakk** *n.* parcel; ~**kast** *n.* letter-box; ~**mark** *n.* stamp

pott [pott] *n.* pot; ~**sepp** *n.* potter

praad [prɑːd] *n.* roast; ~**ima** *v.* fry, roast

praak [prɑːk] *n.* spoilage; ~**ima** *v.* reject as defective

praam [prɑːm] *n.* ferry

prae|ahi ['prae'ahi] *n.* oven

praegu ['praegu] *adv.* now

pragu ['pragu] *n.* crack; ~**nema** *v.* crack

praht [praht] *n.* refuse

prants|use ['prantsuse] *adj.* French; ~**use keel** *n.* French; ~**lane** *n.* Frenchman

praokil ['praokil] *adj.* open slightly

preester ['prester] *n.* priest

preili ['preili] *n.* Miss; young lady

press [press] *n.* press; ~**ima** *v.* press

prilli|d ['prillid] *n.* glasses; ~**toos** *n.* spectacle-case

prints [prints] *n.* prince; ~**ess** *n.* princess

pritsima ['pritsima] *v.* splash, sprinkle

pronks [pronks] *n.* bronze

proov [prɔv] *n.* trial, test; ~**ima** *v.* try, test; try on

propaganda ['propaganda] *n.* propaganda

proportsioon [proportsi'ɑn] *n.* proportion

protees [pro'tɛs] *n.* artificial limb; **hamba~** *n.* denture

protest [pro'test] *n.* protest; ~**eerima** *v.* protest

protsent [prot'sent] *n.* percentage

proua ['proua] *n.* Mrs.; lady

prussakas ['prussakas] *n.* cockroach

pruun [prun] *adj.* brown

pruut [prut] *n.* fiancee

prügi ['prygi] *n.* garbage; ~**kast** *n.* dastbin

psüühiline ['psy:hiline] *adj.* psychic

publik ['publik] *n.* public; audience

pudel ['pudel] *n.* bottle

pudenema ['pudenema] *v.* crumble

puder ['puder] *n.* porridge

puding ['puding] *n.* pudding

pugema ['pugema] *v.* creep

puhang ['puhang] *n.* gust (of wind); fit (of passion)

puh|as ['puhas] *adj.* clean; clear; pure; ~**astama** *v.* clean; ~**astus** *n.* cleaning; ~**tand** *n.* fair copy; ~**tus** *n.* cleanness

puhkama ['puhkama] *v.* rest; ~**us** *n.* rest

puhkema ['puhkema] *v.* burst out, break out

puhkpill ['puhk'pill] *n.* wind-instrument; ~**iorkester** *n.* brassband

puhuma ['puhuma] *v.* blow

puhvet ['puhvet] *n.* bar, canteen; ~**kapp** *n.* sideboard

puiestee ['puiestɛ] *n.* avenue

pui|ne ['puine] *adj.* wooden; ~**t** *n.* wood; timber

pulber ['pulber] *n.* powder

puljong ['puljong] *n.* broth, clear soup

pulk [pulk] *n.* peg; stick

pull [pull] *n.* bull

pulm(ad) ['pulm(ad)] *n.* wedding

puls|s [pulss] *n.* pulse; ~**eerima** *v.* pulsate

pump [pump] *n.* pump; ~**ama** *v.* pump

puna|ne ['punane] *adj.* red; ~**kas** *adj.* reddish; ~**stama** *v.* blush, red

pung [pung] *n.* bud

punkt [punkt] *n.* point; item

punuma ['punuma] *v.* wreathe; weave

purema ['purema] *v.* bite; fight

pur|i ['puri] *n.* sail; ~**ilennuk** *n.* glider; ~**jetama** *v.* sail

purje|lauasport ['purjelaua'sport] *n.* surfing; ~**laud** *n.* surfboard

purjus ['purjus] *adj.* drunk

purk [purk] *n.* jar

purs|e ['purse] *n.* spurt; ~**kama** *v.* spurt; ~**kkaev** *n.* fountain

puru ['puru] *n.* litter; speck

puru|stama ['purustama] *v.* break, smash; ~**nema** *v.* break into pieces

pusklema ['pusklema] *v.* butt

puss [puss] *n.* sheath-knife

putukas ['putukas] *n.* insect

puu [puː] *n.* tree; ~**sepp** *n.* carpenter

puudel ['puːdel] *n.* poodle

puuder ['puːder] *n.* powder (*face*); ~**dama** *v.* powder

puudu|ma ['puːduma] *v.* lack; ~**mine** *n.* lacking; absence; ~**s** *n.* lack; defect; fault

puudut|ama ['puːdutama] *v.* touch; ~**us** *n.* touch

puuk [puːk] *n.* tick

puur [puːr] 1. *n.* cage; 2 *n.* bore; ~**ima** *v.* bore

puus [puːs] *n.* hip

puutuma ['puːtuma] *v.* touch; **kokku** ~ come into contact; ~**tu** *adj.* intact

puuvili ['puːvili] *n.* fruit

puuvill ['puːvill] *n.* cotton; ~**ane** *adj.* cotton

põd|ema ['pədema] *v.* be ill; ~**ur** *adj.* sickly

põder ['pəder] *n.* elk

põetama ['pəetama] *v.* nurse

põgen|ema ['pəgenema] *v.* run away; ~**ik** *n.* fugitive

põhi ['pəhi] 1. *n.* bottom; 2. *n.* north

põhi|line ['pəhiline] *adj.* fundamental, basic; ~**mõte** *n.* principle

põhja|maa ['pəhjamæ] *n.* the North; ~**naba** *n.* the North Pole; ~**poolne** *adj.* northern

põhjend|ama ['pəhjendama] *v.* substantiate; ~**us** *n.* basis, ground

põhjus ['pəhjus] *n.* cause; reason; ~**tama** *v.* cause

põhk [pəhk] *n.* straw; **alus**~ *n.* litter

põigiti ['pəigiti] *adv.* across

põikpäine ['pəikpæine] *n.* stubborn

põiktänav ['pəiktænav] *n.* by-street; lane

põimima ['pəimima] *v.* twine

põis [pəis] *n.* bladder

põlast|ama ['pəlastama] *v.* disdain, despise; ~**av** *adj.* scornful; ~**us** *n.* contempt

põld [pəld] *n.* field

põle|ma ['pəlema] *v.* burn; ~**tamine** *n.* burning

põletik ['pəletik] *n.* inflammation

põlevkivi ['pəlev'kivi] *n.* oil shale

põlg|ama ['pəlgama] *v.* despise; ~**us** *n.* contempt

põline ['pəline] *adj.* age-old

põll [pəll] *n.* apron

põllu|majandus ['pəllumajandus] *n.* agriculture; ~**mees** *n.* farmer

põlv [pɒlv] *n.* knee; ~**itama** *v.* kneel; ~**püksid** *n.* breeches; ~**sukad** *n.* knee-length stockings

põlvkond ['pɒlvkond] *n.* generation

põnev ['pɒnev] *adj.* thrilling; ~**us** *n.* thrill, excitement

põrand ['pɒrand] *n.* floor

põrgu ['pɒrgu] *n.* hell

põrkama ['pɒrkama] *v.* bump

põrm [pɒrm] *n.* dust; remains

põrsas ['pɒrsas] *n.* piglet

põrut|us ['pɒrutus] *n.* shake; ~**ama** *v.* shake

põsk [pɒsk] *n.* cheek

põud [pɒud] *n.* drought

põõsas ['pɒːsas] *n.* bush

päev [pæev] *n.* day

päevik ['pæevik] *n.* diary

päevit|us ['pæevitus] *n.* (sun-)tan; ~**ama** *v.* take a sun-bath

pähkel ['pæhkel] *n.* nut

päike ['pæike] *n.* sun

päikese|loojang ['pæikese'lɔjang] *n.* sunset; ~**paiste** *n.* sunshine; ~**paisteline** *adj.* sunny; ~**tõus** *n.* sunrise

päkapikk ['pækapikk] *n.* dwarf, Tom Thumb

pärand|(us) ['pærand(us)] *n.* legacy; heritage; ~**ama** *v.* inherit

pärani ['pærani] *adv.* wide open

pärast ['pærast] *adv.* afterwards; later on

pärg [pærg] *n.* wreath

päri|ja ['pærija] *n.* heir; ~**lik** *adj.* hereditary; ~**ma** *v.* inherit

päris(elt) ['pæris(elt)] *adv.* quite

pärismaalane ['pærismɑlane] *n.* native

päritolu ['pæritolu] *n.* origin

pärl [pærl] *n.* pearl

pärm [pærm] *n.* yeast

pärn [pærn] *n.* lime

päts [pæts] *n.* loaf

pääsem|a ['pæsema] *v.* escape; ~**ine** *n.* escape

päästevöö ['pæste'vɑ] *n.* life-belt

pääst|ma ['pæstma] *v.* save, rescue; ~**ja** *n.* rescuer; ~**mine** *n.* rescue

pääsuke ['pæsuke] *n.* swallow

põial ['pɒial] *n.* thumb

pööning ['pɑning] *n.* attic

pööram|a ['pɑrama] *v.* turn; ~**ine** *n.* turning

pöördsõna ['pɑrd'sɔna] *n.* (*gr.*) verb

pööre ['pɑre] *n.* turning

pöörlema ['pɑrlema] *v.* rotate, revolve

pügama ['pygama] *v.* shear

püha ['pyha] *adj.* holy; *n.* holiday

pühapäev ['pyhapæev] *n.* Sunday

pühend|ama ['pyhendama] *v.* dedicate (to); ~**us** *n.* dedication

pühitsem|a ['pyhitsema] *v.* celebrate; ~**ine** *n.* celebration

pühkima ['pyhkima] *v.* sweep, wipe

pühvel ['pyhvel] *n.* buffalo

püksid ['pyksid] *n. pl.* trousers, slacks

püramiid ['pyramɨd] *n.* pyramid

püsi|ma ['pysima] *v.* stay; remain; ~**v** *adj.* steady; ~**vus** *n.* steadiness

püsimatu ['pysimatu] *adj.* restless; ~**s** *n.* restlessness

püss [pyss] *n.* gun

püsti ['pysti] *adv.* upright

püstitama ['pystitama] *v.* set up; establish

püstol ['pystol] *n.* pistol

püüdlik ['py:dlik] *adj.* diligent; ~**kus** *n.* diligence

püüdma ['py:dma] *v.* catch; try, attempt

püünis ['py:nis] *n.* trap

püüton ['py:ton] *n.* python

R

raadio ['ra:dio] *n.* radio; ~**saade** *n.* broadcast

raam [ra:m] *n.* frame; ~**ima** *v.* frame

raamat ['ra:mat] *n.* book; ~**ukauplus** *n.* bookshop

raamatukogu ['ra:matukogu] *n.* library

raamatupida|ja ['ra:matu'pidaja] *n.* book-keeper; ~**mine** *n.* book-keeping

raba ['raba] *n.* bog

rabarber [ra'barber] *n.* rhubarb

rada ['rada] *n.* path

radar ['radar] *n.* radar

radiaator [radi'a:tor] *n.* radiator

raekoda ['raekoda] *n.* town hall

raev [raev] *n.* rage; ~**utsema** *v.* rage

ragi|n ['ragin] *n.* cracle; ~**sema** *v.* crackle

raha ['raha] *n.* money

rahakott ['raha'kott] *n.* purse

rahe ['rahe] *n.* hail; ~**sadu** *n.* hailstorm; ~**tera** *n.* hailstone

rahhiit [rah'hi:t] *n.* rickets

rahu ['rahu] *n.* peace; quietness; ~**armastav** *adj.* peaceful; ~**lik** *adj.* peaceful; quiet; ~**nema** *v.* calm down; ~**stama** *v.* calm, quiet

rahul|dama ['rahuldama] *v.* satisfy; ~ **olema** *v.* be satisfied; ~**dus** *n.* satisfaction

rahutu ['rahutu] *adj.* restless; ~**s** *n.* restlessness

rahvahulk ['rahvahulk] *n.* crowd

rahvas ['rahvas] *n.* people

rahvus ['rahvus] *n.* nation; ~**lik** *adj.* national; ~**vaheline** *adj.* international

raid|kuju ['raid'kuju] *n.* statue; ~**kunst** *n.* sculpture

raiskam|a ['raiskama] *v.* waste; ~**ine** *n.* waste

raiuma ['raiuma] *v.* chop; fell

raja|ja ['rajaja] *n.* founder; ~**ma** *v.* found

rajoon [ra'jɔn] *n.* district

raju ['raju] *n.* storm, tempest

rak|endama ['rakendama] *v.* apply; harness; ~**enduskunst** *n.* applied art; ~**med** *n. pl.* harness

rakett [ra'kett] *n.* rocket; **kosmose~** *n.* space rocket

rakk [rakk] *n.* cell

raks|atus ['raksatus] *n.* crack; ~**uma** *v.* crack

rammus ['rammus] *adj.* rich; fat

ran|d [rand] *n.* shore; coast; ~**nik** *n.* coast

rang|e ['range] *adj.* strict; ~**us** *n.* strictness

rangluu ['rang'lu:] *n.* collar-bone

ranits ['ranits] *n.* haversack; satchel

ranne ['ranne] *n.* wrist

raporteerima [rapor'te:rima] *v.* report

raput|ama ['raputama] *v.* shake; ~us *n.* shake

rasedus ['rasedus] *n.* pregnancy

rask|e ['raske] *adj.* difficult, hard; heavy; ~us *n.* weight, difficulty

rass [rass] *n.* race

rassism [ras'sism] *n.* racialism

rasv [rasv] *n.* fat; ~ane *adj.* fat

ratas ['ratas] *n.* wheel

rats|anik ['ratsanik] *n.* rider; ~utama *v.* ride

rauaaeg ['raua'aeg] *n.* the Iron Age

raud [raud] *n.* iron; ~ne *adj.* iron

raudtee ['raudte:] *n.* railway

rauk [rauk] *n.* decrepit old person

ravi ['ravi] *n.* cure; ~m *n.* medicine; ~ma *v.* treat

reaalne [re'a:lne] *adj.* real; actual

reamees ['reames] *n.* private soldier

rebane ['rebane] *n.* fox

reb|estus ['rebestus] *n.* rupture; ~ima *v.* tear

rebu ['rebu] *n.* yolk

redel ['redel] *n.* ladder

redis ['redis] *n.* radish

reede ['re:de] *n.* Friday

reegel ['re:gel] *n.* rule

reeglipärane ['re:glipærane] *adj.* regular

reet|ma ['re:tma] *v.* betray; ~mine *n.* treachery; ~ur *n.* betrayer

regi ['regi] *n.* sledge

registreerima [regis'tre:rima] *v.* register

regulaarne [regu'la:rne] *adj.* regular

reha ['reha] *n.* rake

reibas ['reibas] *adj.* cheerful; brisk

reis [reis] 1. *n.* thigh; 2. *n.* travel, journey; ~ima *v.* travel, make a journey

reket ['reket] *n.* racket

reklaam [rek'la:m] *n.* advertisement

reljeef [rel'je:f] *n.* relief

relv [relv] *n.* weapon; ~astama *v.* arm; ~astus *n.* armament

remont [re'mont] *n.* repairs

renn [renn] *n.* gutter, groove

rent [rent] *n.* lease; ~ima *v.* lease

reostama ['reostama] *v.* pollute

reserveerima [reser've:rima] *v.* reserve

rest [rest] 1. *n.* grate; 2. *n.* rest, remnant

restaureerima [restau're:rima] *v.* restore

restoran ['restoran] *n.* restaurant

resultaat ['resulta:t] *n.* result

resümee [resy'me:] *n.* summary

retk [retk] *n.* trip; campaign

retsept [ret'sept] *n.* recipe

reuma ['reuma] *n.* rheumatism

revide|erima [revi'de:rima] *v.* revise; ~nt *n.* inspector

revolutsioon [revolutsi'ɑn] *n.* revolution

riba ['riba] *n.* strip

ribi ['ribi] *n.* rib

rida ['rida] *n.* row; lane

rihm [rihm] *n.* strap

riid [ri:d] *n.* quarrel; ~lema *v.* quarrel

riide|hoid ['rɪdehoid] *n.* cloak-room; ~**puu** *n.* clothes-hanger
riie ['rɪe] *n.* cloth, fabric
riietu|ma ['rɪetuma] *v.* dress; ~**s** *n.* clothing
riik [rɪːk] *n.* state; ~**lik** *adj.* state
riim [rɪːm] *n.* rhyme; ~**ima** *v.* rhyme
riis [rɪːs] *n.* rice
riist [rɪːst] *n.* instrument
riiul ['rɪul] *n.* shelf
riiv [rɪːv] 1. *n.* bolt; 2. *n.* grater; ~**ima** *v.* grate
rik|as ['rikas] *adj.* rich; ~**astuma** *v.* grow rich; ~**kus** *n.* wealth
rik|e ['rike] *n.* defect; ~**kiläinud** *adj.* out of order; spoiled; ~**kuma** *v.* damage
rin|d [rind] *n.* breast; ~**nahoidja** *n.* brassiere; ~**namärk** *n.* badge; ~**nanõel** *n.* brooch
ring [ring] *n.* circle
ringvaade ['ringvæde] *n.* review; newsreel
rinne ['rinne] *n.* front
rip|puma ['rippuma] *v.* hang; ~**utama** *v.* suspend
risk [risk] *n.* risk
rist [rist] *n.* cross; ~**ima** *v.* christen
rist|i ['risti] *adv.* crosswise, across; ~**külik** *n.* rectangle; ~**mik** *n.* crossroads
ristikhein ['ristikhein] *n.* clover
ritsikas ['ritsikas] *n.* cricket
ritv [ritv] *n.* pole
rivaal [ri'vaːl] *n.* rival
rivi ['rivi] *n.* line, rank; ~**stama** *v.* line up
roheline ['roheline] *adj.* green
rohi ['rohi] *n.* grass

rohke ['rohke] *adj.* plentiful; ~**sti** *adv.* a lot, plenty
rohutirts ['rohutirts] *n.* grasshopper
roie ['roie] *n.* rib
roim [roim] *n.* crime; ~**ar** *n.* criminal
roiskum|a ['roiskuma] *v.* rot; ~**ine** *n.* rotting
romantiline [ro'mantiline] *adj.* romantic
rong [rong] *n.* train
rongkäik ['rongkæik] *n.* demonstration, procession
roni|ma ['ronima] *v.* climb; ~**taim** *n.* creeper
ronk [ronk] *n.* raven
roog [rɑːg] *n.* dish; reed
rool [rɑːl] *n.* steering-wheel; ~**ima** *v.* steer
room|a ['rɑːma] *adj.* Roman; ~**lane** *n.* Roman
roomama ['rɑːmama] *v.* crawl
roos [rɑːs] *n.* rose
roosa ['rɑːsa] *adj.* pink
rooste|tama ['rɑːstetema] *v.* rust; ~**vaba** *adj.* stainless
roots|i ['rɑːtsi] *adj.* Swedish; ~**lane** *n.* Swede
rosin ['rosin] *n.* raisin
rott [rott] *n.* rat
rubiin [ru'bɪːn] *n.* ruby
rubla ['rubla] *n.* rouble
ruigama ['ruigama] *v.* grunt
ruk|is ['rukis] *n.* rye; ~**kileib** *n.* rye bread; ~**kilill** *n.* cornflower
rull [rull] *n.* roll
rumal ['rumal] *adj.* stupid; ~**us** *n.* stupidity

rumeen|ia [ru'mɛnia] *adj.* Ruma-
nian; ~lane *n.* Rumanian
rusikas ['rusikas] *n.* fist
rusu|ma ['rusuma] *v.* depress; ~v
adj. oppressive
rut|akas ['rutakas] *adj.* hasty;
~tama *v.* hurry
ruum [ruːm] *n.* room; ~ikas *adj.*
roomy; ~ala *n.* volume
ruut [ruːt] *n.* square; ~juur *n.*
square root; ~meeter *n.* square
metre
rõdu ['rədu] *n.* balcony
rõh|k [rəhk] *n.* pressure; stress;
~uma *v.* oppress; ~utama *v.*
stress
rõigas ['rəigas] *n.* (black) radish
rõiva|s ['rəivas] *n.* clothing; ~d *n.*
pl. clothes
rõngas ['rəngas] *n.* ring
rõskus ['rəskus] *n.* dampness
rõuge|d ['rəuged] *n.* smallpox;
~armiline *adj.* pock-marked
rõuk [rəuk] *n.* shock
rõõm [rɛm] *n.* joy; ~us *adj.* merry;
~ustama *v.* joy
rõõsk [rɛsk] *adj.* fresh
räbal ['ræbal] *n.* rag
rähn [ræhn] *n.* woodpecker
räim [ræim] *n.* dwarf herring
rämps [ræmps] *n.* rubbish
rän|dama ['rændama] *v.* travel;
~dur *n.* traveller; ~nak *n.* trip,
tour
rästas ['ræstas] *n.* thrush
rästik ['ræstik] *n.* viper
rätik ['rætik] *n.* kerchief
rätsep ['rætsep] *n.* tailor
rääkima ['rɛːkima] *v.* speak, talk
röntgen ['rəntgen] *n.* X-ray

rööbas ['rɛːbas] *n.* rail
rööv|el ['rɛːvel] *n.* robber; ~ima *v.*
rob; ~vallutaja *n.* invader
rühm [ryhm] *n.* group
rüht [ryht] *n.* bearing, carriage
rün|dama ['ryndama] *v.* attack;
~nak *n.* attack
rüpp [rypp] *n.* lap
rütm [rytm] *n.* rhythm; ~iline *adj.*
rhythmic
rüüpama ['ryːpama] *v.* sip
rüüstama ['ryːstama] *v.* devastate
rüütel ['ryːtel] *n.* knight; ~lik *adj.*
chivalrous

S

saabas ['saːbas] *n.* boot
saabum|a ['saːbuma] *v.* arrive;
~ine *n.* arrival
saade ['saːde] *n.* broadcast; trans-
fer; accompaniment
saadik ['saːdik] *n.* delegate
saag [saːg] *n.* saw; ~ima *v.* saw
saak [saːk] *n.* yield, harvest; booty,
loot
saal [saːl] *n.* hall; (reception) room
saama ['saːma] 1. *v.* get; 2. *v.* beco-
me; 3. *v.* be able
saamatu ['saːmatu] *adj.* clumsy
saan [saːn] *n.* sleigh
saar [saːr] 1. *n.* ash; 2. *n.* island;
~estik *n.* archipelago
saarmas ['saːrmas] *n.* otter
saastama ['saːstama] *v.* pollute
saatan ['saːtan] *n.* Satan
saatejaam ['saːtejaːm] *n.* transmit-
ter

saat|ja ['saːtja] *n.* sender; ~**ma** *v.* send; ~**kond** *n.* deputation

saatus ['saːtus] *n.* fate; ~**lik** *adj.* fatal

saavut|ama ['saːvutama] *v.* reach, achieve; ~**us** *n.* archievement

saba ['saba] *n.* tail

sada ['sada] *num.* hundred

sadam ['sadam] *n.* harbour

sad|ama ['sadama] *v.* rain; snow; ~**u** *n.* rainfall; snowfall; ~**emed** *n. pl.* precipitation

sadul ['sadul] *n.* saddle; ~**dama** *v.* saddle

sae|puru ['sae'puru] *n.* sawdust; ~**veski** *n.* saw-mill

saged|asti ['sagedasti] *adv.* often; ~**us** *n.* frequency

sahi|n ['sahin] *n.* rustle; ~**sema** *v.* rustle

sahk [sahk] *n.* plough

sahver ['sahver] *n.* store-room

sai [sai] *n.* roll

saialill ['saialill] *n.* marigold

sajand ['sajand] *n.* century

sakiline ['sakiline] *adj.* indented

saks|a ['saksa] *adj.* German; ~**lane** *n.* German

sala|dus ['saladus] *n.* secret; ~**dus- lik** *adj.* mysterious; ~**jane** *adj.* secret

salakaup ['sala'kaup] *n.* contra- band, smuggled goods

salakiri ['sala'kiri] *n.* cipher

salakuulaja ['salakuːlaja] *n.* spy

sale ['sale] *adj.* slender; ~**dus** *n.* slenderness

salk [salk] 1. *n.* detachment; 2. *n.* lock (of hair)

sall [sall] *n.* scarf

sallima ['sallima] *v.* tolerate

salm [salm] *n.* verse

salv [salv] *n.* ointment

sama ['sama] *adj.* the same

samastam|a ['samastama] *v.* iden- tify; ~**ine** *n.* identification

samblik ['samblik] *n.* lichen

samet ['samet] *n.* velvet

samm [samm] *n.* step; ~**uma** *v.* step, walk

sammal ['sammal] *n.* moss

sammas ['sammas] *n.* column

samuti ['samuti] *adv.* also, too

sang [sang] *n.* handle

sangar ['sangar] *n.* hero; ~**lik** *adj.* heroic; ~**lus** *n.* heroism

sapp [sapp] *n.* bile, gall

sari ['sari] *n.* series

sarlakid ['sarlakid] *n.* scarlet fever

sarn [sarn] *n.* cheek-bone

sarna|ne ['sarnane] *adj.* resemb- ling, like; ~**nema** *v.* resemble; ~**sus** *n.* resemblance

sarv [sarv] *n.* horn

satelliit [satel'liːt] *n.* satellite

satiir [sa'tiːr] *n.* satire

sattuma ['sattuma] *v.* hit; get (into)

satään [sa'tæːn] *n.* sateen

saun [saun] *n.* bath-house; public baths

savi ['savi] *n.* clay; ~**ne** *adj.* clayey

sead|e ['seade] *n.* installation; ~**ma** *v.* set, put; install; establish

seadus ['seadus] *n.* law; ~**lik** *adj.* lawful; ~**(e)vastane** *adj.* illegal

seal [seal] *adv.* there; ~**t** *adv.* from there

sealiha ['sea'liha] *n.* pork

seas [seas] *adv.* among

sebra ['sebra] *n.* zebra

sedel ['sedel] *n.* note

see [se:] *pron.* this; ~**kord** *adv.* this time

seebi|ne ['se:bine] *adj.* soapy; ~**tama** *v.* soap; ~**karp** *n.* soap-dish

seeder ['se:der] *n.* cedar

seedi|ma ['se:dima] *v.* digest; ~**mine** *n.* digestion

seega ['se:ga] *conj.* and so

seelik ['se:lik] *n.* skirt

seeme ['se:me] *n.* seed; ~**ndama** *v.* seed, sow

seen [se:n] *n.* mushroom

seep [se:p] *n.* soap

seeria ['se:ria] *n.* series

sees [se:s] *prep., postp., adv.* in, inside, within; ~**t** *prep., postp.* out of, from; *adv.* from within; ~**pool** *adv.* inside, within

sega|dus ['segadus] *n.* confusion; embarrassment; ~**ne** *adj.* confused

seg|ama ['segama] *v.* mix; ~**u** *n.* mixture

seiklus ['seiklus] *n.* adventure

sein [sein] *n.* wall; ~**akell** *n.* wall clock

seis [seis] *n.* state; level; score

seisma ['seisma] *v.* stand; stop

seisnema ['seisnema] *v.* consist

seisukord ['seisukord] *n.* condition, state

seisus ['seisus] *n.* estate

seitse ['seitse] *num.* seven; ~**kümmend** seventy; ~**teist** seventeen

sekund ['sekund] *n.* second

selet|ama ['seletama] *v.* explain; ~**us** *n.* explanation; ~**amatu** *adj.* inexplicable

selg [selg] *n.* back

selg|e ['selge] *adj.* clear; ~**us** *n.* clearness

selgit|ama ['selgitama] *v.* explain; ~**us** *n.* explanation

selgroog ['selgrɔg] *n.* spine

seljakott ['seljakott] *n.* rucksack

seljataga ['seljataga] *adv.* behind

seljatugi ['seljatugi] *n.* back; support

sellepärast ['sellepærast] *adv.* therefore

seller ['seller] *n.* celery

selline ['selline] *pron.* such

selts [selts] *n.* society; ~**kond** *n.* company; society

seltsimees ['seltsimes] *n.* comrade

semikoolon ['semikɑlon] *n.* semicolon

sensatsioon [sensatsi'ɑn] *n.* sensation

sentimeeter ['sentime:ter] *n.* centimetre

sentimentaalne [sentimen'tælne] *adj.* sentimental

seos [seos] *n.* connection; ~**tama** *v.* connect; ~**etu** *adj.* disconnected

sep|p [sepp] *n.* blacksmith; ~**ikoda** *n.* smithy

september [sep'tember] *n.* September

serv [serv] *n.* edge

sesoon [se'sɔn] *n.* season

sest [sest] *conj.* that is why

set|e ['sete] *n.* sediment; ~**tima** *v.* settle

siberi ['siberi] *adj.* Siberian

sibul ['sibul] *n.* onion

sid|e ['side] 1. *n.* connection; 2. *n.* band

sidesõna ['sidesəna] *n.* (*gr.*) conjunction

sidrun ['sidrun] *n.* lemon

siga ['siga] *n.* pig; ~la *n.* pigsty

signaal [sig'næl] *n.* signal

sihikindel ['sihikindel] *adj.* purposeful

sihilik ['sihilik] *adj.* intentional

siht [siht] *n.* direction; aim; ~ima *v.* aim (at)

sihvakas ['sihvakas] *adj.* slender

siia ['sɪa] *adv.* here

siid [sɪːd] *n.* silk

siig [sɪːg] *n.* whitefish

siil [sɪːl] *n.* hedgehog

siin [sɪːn] *adv.* here

siir|as ['sɪːras] *adj.* sincere; ~us *n.* sincerity

siirdamine ['sɪːrdamine] *n.* transplantation

siirduma ['sɪːrduma] *v.* proceed (to)

siis [sɪːs] *adv.* then

siiski ['sɪːski] *conj.* nevertheless

siit [sɪːt] *adv.* from here; hence

siksak ['siksak] *n.* zigzag

sikutama ['sikutama] *v.* pull, tug

sild [sild] *n.* bridge

sile ['sile] *adj.* smooth; ~dus *n.* smoothness

silinder [si'linder] *n.* top-hat; (*math.*) cylinder

silitama ['silitama] *v.* stroke

sillut|ama ['sillutama] *v.* pave; ~is *n.* pavement

silm [silm] *n.* eye; stitch

silmakirjalikkus ['silmakirjalikkus] *n.* hypocrisy

silmapaistev ['silmapaistev] *adj.* outstanding

silmapiir ['silmapɪːr] *n.* horizon

silmapilk ['silmapilk] *n.* moment; *adv.* in a moment; ~ne *adj.* instantaneous

silmus ['silmus] *n.* loop

silo ['silo] *n.* silo

silp [silp] *n.* syllable

silt [silt] *n.* sign (board)

siluma ['siluma] *v.* smooth

simuleerima [simu'lerima] *v.* simulate

sina ['sina] *pron.* you

sinakas ['sinakas] *adj.* bluish

sinel ['sinel] *n.* greatcoat

sinep ['sinep] *n.* mustard

sinine ['sinine] *adj.* blue

sink [sink] *n.* ham

sinna ['sinna] *adv.* there; ~poole *adv.* in that direction

sinu ['sinu] *pron.* yours

sipelga|s ['sipelgas] *n.* ant; ~pesa *n.* ant-hill

sirama ['sirama] *v.* glimmer, twinkle

sirel ['sirel] *n.* lilac

sir|ge ['sirge] *adj.* straight; ~utama *v.* stretch; ~utus *n.* stretch; ~gjoon *n.* straight line

siristama ['siristama] *v.* chirp

sirkel ['sirkel] *n.* (pair of) compasses

sirm [sirm] *n.* screen; umbrella; peak (of cap)

sirp [sirp] *n.* sickle

sisald|ama ['sisaldama] *v.* contain; ~us *n.* upkeep; content(s); substance

sisalik ['sisalik] *n.* lizard

sise- ['sise-] *adj.* inner, internal; ~**haigus** *n.* internal disease

sisend|ama ['sisendama] *v.* suggest; ~us *n.* suggestion

sisisema ['sisisema] *v.* hiss

sisse ['sisse] *prep., postp.* in; *adv.* into; inside; ~! come in!

sisseastumiseksam ['sisseastumis'eksam] *n.* entrance examination

sissejuhatus ['sissejuhatus] *n.* introduction

sissekanne ['sissekanne] *n.* entry; writing down

sissemaks ['sissemaks] *n.* payment, dues

sisse|minek ['sisseminek] *n.* entrance; ~**pääs** *n.* entrance; ~**sõit** *n.* entry

sisseost ['sisseost] *n.* purchase; ~e **tegema** *v.* do shopping

sissetulek ['sissetulek] *n.* income

sissetung ['sissetung] *n.* intrusion

sissevedu ['sissevedu] *n.* import

sisu ['sisu] *n.* stuffing; content; ~**kas** *adj.* substantial; ~**kord** *n.* table of contents

sisustus ['sisustus] *n.* equipment; furnishings

sitk|e ['sitke] *adj.* tough; ~us *n.* toughness

sits [sits] *n.* (printed) cotton; chintz

situatsioon [situatsi'ɔn] *n.* situation

skaala ['skaːla] *n.* scale

skeem [skeːm] *n.* scheme

skeptiline ['skeptiline] *adj.* sceptical

skulpt|or ['skulptor] *n.* sculptor; ~**uur** *n.* sculpture

slaavi ['slaːvi] *adj.* Slavonic

slovak|i [slo'vaki] *adj.* Slovak; ~**k** *n.* Slovak

smaragd [sma'ragd] *n.* emerald

sobi|ma ['sobima] *v.* suit, fit; match; ~**v** *adj.* suitable

soe [soe] *adj.* warm

soeng [soeng] *n.* hair-do

sogane ['sogane] *adj.* muddy

soine ['soine] *adj.* swampy

sokk [sokk] 1. *n.* sock; 2. *n.* buck

soliidne [so'liːdne] *adj.* respectable

solistama ['solistama] *v.* splash

solk [solk] *n.* garbage; ~**ima** *v.* dirty

solva|ma ['solvama] *v.* insult; ~**ng** *n.* insult

soo [soː] *n.* swamp, marsh

soobel ['soːbel] *n.* sable

sood|ne ['soːdne] *adj.* favourable; ~**ustama** *v.* favour; ~**ustus** *n.* advantage

sooj|endama ['soːjendama] *v.* warm; ~**endus** *n.* warming; ~us *n.* warmth

sool [soːl] 1. *n.* salt; ~**ama** *v.* salt; ~**ane** *adj.* salty; 2. *n.* gut; ~**estik** *n.* bowels

soom|e ['soːme] *adj.* Finnish; ~**lane** *n.* Finn

soomus ['soːmus] *n.* scale; armour

soon [soːn] *n.* vein

sooritama ['soːritama] *v.* perform, do

soov [soːv] *n.* wish; ~**ima** *v.* wish

soovit|ama ['sɑvitama] v. recommend; **~us** n. recommendation

soravus ['soravus] n. fluency

sorima ['sorima] v. rummage

sort [sort] n. sort, kind; **~eerima** v. sort

sosi|n ['sosin] n. whisper; **~stama** v. whisper

sotsiaalne [sotsi'ɑlne] adj. social

sotsialism [sotsia'lism] n. socialism

spekter ['spekter] n. spectrum

spekuleerima [speku'leːrima] v. speculate

spetsiaalne [spetsi'ɑːlne] adj. special

spetsialist [spetsia'list] n. expert

spik|erdama ['spikerdama] v. crib; **~ker** n. crib

spioon [spi'ɑn] n. spy

spordi- ['spordi-] adj. sport(s); **~tarbed** n. pl. sports equipment; **~teated** n. pl. sporting news; **~väljak** n. sports field

sport [sport] n. sport; **~lane** n. sportsman; **~lik** adj. sports

sprott [sprott] n. sprat

staadion ['stɑːdion] n. stadium

staadium ['stɑːdium] n. stage

staap [stɑːp] n. headquarters

stabiilne [sta'biːlne] adj. stable

standard ['standard] n. standard

start [start] n. start; **~ima** v. start

stepp [stepp] n. steppe

steriilne [ste'riːlne] adj. sterile

stiihiline ['stiːhiline] adj. elemental

stiil [stiːl] n. style; **~ne** adj. stylish

streik [streik] n. strike; **~ija** n. striker; **~ima** v. strike

struktuur [struk'tuːr] n. structure

struuma ['struːma] n. goitre

stsenaarium [stse'nɑːrium] n. scenario

stuudio ['stuːdio] n. studio

subjekt [sub'jekt] n. subject

subtiiter ['sub'tiːter] n. subtitle

sugu ['sugu] n. sex; (gr.) gender

sugugi (mitte) ['sugugi 'mitte] adv. not at all

sugul|ane ['sugulane] n. relative; **~us** n. relationship

suhe ['suhe] n. relation

suhk|ur ['suhkur] n. sugar; **~rupeet** n. sugar beet

suhtumine ['suhtumine] n. attitude

suits [suits] n. smoke; **~etama** v. smoke

suitsu|ne ['suitsune] adj. smoky; **~sink** n. smoked ham

sujuv ['sujuv] adj. smooth

sukahoidja ['sukahoidja] n. suspender

sukeldu|ma ['sukelduma] v. dive; **~s** n. dive

sukk [sukk] n. stocking

sula|ma ['sulama] v. melt; **~tama** v. melt

sulane ['sulane] n. farm-hand

sularaha ['sula'raha] n. cash

sulepea ['sulepea] n. penholder, pen

sulg [sulg] 1. n. feather; 2. n. pen

sulgema ['sulgema] v. shut

suli ['suli] n. crook

sulisema ['sulisema] v. babble

sulpsatus ['sulpsatus] n. splash

sulud ['sulud] n. pl. bracket(s)

sumin ['sumin] n. buzz

summutama ['summutama] *v.*
muffle

sundima ['sundima] *v.* make, compel, block up; ~**tu** *adj.* informal, easy

sunnitöö ['sunnitæ] *n.* hard labour; ~**line** *n.* convict

sup|lema ['suplema] *v.* bathe; ~**elhooaeg** *n.* bathing season

supp [supp] *n.* soup

sur|ema ['surema] *v.* die; ~**m** *n.* death; ~**ematu** *adj.* immortal ~**mama** *v.* kill; ~**nuaed** *n.* cemetery

suruma ['suruma] *v.* press; ~**ine** *n.* press

surve ['surve] *n.* pressure

susisema ['susisema] *v.* hiss

suss [suss] *n.* slipper

suu [suː] *n.* mouth; ~**lagi** *n.* palate; ~**line** *adj.* oral; ~**piste** *n.* snack

suubuma ['suːbuma] *v.* flow

suudlema ['suːdlema] *v.* kiss; ~**us** *n.* kiss

suun|ama ['suːnama] *v.* direct; ~**d** *n.* direction

suur [suːr] *adj.* big, large; great; ~**endama** *v.* enlarge; ~**endus** *n.* enlargement

suurepärane ['suːrepærane] *adj.* wonderful, magnificent

suurtükivägi ['suːrtykivægi] *n.* artillery

suurus ['suːrus] *n.* greatness

suus|atama ['suːsatama] *v.* ski; ~**atamine** *n.* skiing; ~**k** *n.* ski

suutma ['suːtma] *v.* be able

suveniir ['suveniːr] *n.* souvenir

suvi ['suvi] *n.* summer; ~**tama** *v.* spend the summer

sviiter ['sviːter] *n.* sweater

sõb|er ['səber] *n.* friend; ~**ralik** *adj.* friendly; ~**ranna** *n.* (girl) friend

sõd|a ['səda] *n.* war ~**ima** *v.* wage war; ~**ur** *n.* soldier

sõel [səel] *n.* sieve; ~**uma** *v.* silt

sõidu|kulud ['səidu'kulud] *n.* travelling expenses; ~**luba** *n.* driving licence; ~**pilet** *n.* ticket

sõim [səim] 1. *n.* manger; creche; 2. *n.* abuse; ~**ama** *v.* abuse

sõit [səit] *n.* ride; ~**ma** *v.* ride, drive, go

sõja|laev ['səja'laev] *n.* warship; ~**laevastik** *n.* navy; ~**vang** *n.* prisoner of war; ~**väelane** *n.* military man; ~**vägi** *n.* army

sõlm [səlm] *n.* knot; ~**ima** *v.* knot

sõltu|ma ['səltuma] *v.* depend; ~**vus** *n.* dependence

sõna ['səna] *n.* word

sõnajalg ['sənajalg] *n.* fern

sõnakuulelikkus ['sənakuːlelikkus] *n.* obedience

sõnakuulmatus ['sənakuːlmatus] *n.* disobedience

sõnastik ['sənastik] *n.* vocabulary

sõnavõtt ['sənavətt] *n.* speech

sõnnik ['sənnik] *n.* manure

sõnum ['sənum] *n.* news

sõprus ['səprus] *n.* friendship

sõrg [sərg] *n.* hoof

sõrm [sərm] *n.* finger; ~**ejälg** *n.* finger-print; ~**eküüs** *n.* fingernail; ~**eots** *n.* finger tip

sõrmus ['sərmus] *n.* ring

sõstar ['səstar] *n.* currant

sõtkuma ['sətkuma] *v.* knead

söud|esport ['səudesport] *n.* rowing; ~**ja** *n.* rower; ~**ma** *v.* row

sõõm [sæm] *n.* gulp

sõõre ['sœre] *n.* nostril

säde ['sæde] *n.* spark; ~**lema** *v.* sparkle

sähvatus ['sæhvatus] *n.* flash

säilima ['sæilima] *v.* remain

säilitama ['sæilitama] *v.* preserve

säng [sæng] *n.* bed

sära ['særa] *n.* brightness; ~**ma** *v.* sparkle; ~**v** *adj.* bright

särg [særg] *n.* (*zo.*) roach

särk [særk] *n.* shirt, undershirt

särtsakas ['særtsakas] *adj.* shrewd; lively

sätend|ama ['sætendama] *v.* sparkle; ~**us** *n.* sparkle

säär [sæːr] *n.* shin

sääsk [sæːsk] *n.* mosquito

säästma ['sæːstma] *v.* save, economize

sõe|kaevandus ['sœe'kaevandus] *n.* coal-mine; ~**stuma** *v.* get charred

söödav ['sœdav] *adj.* eatable

söögi|isu ['sœgi'isu] *n.* appetite; ~**laud** *n.* dining-table; ~**nõud** *n. pl.* dishes; ~**sooda** *n.* baking soda; ~**tuba** *n.* dining-room

söö|k [sœk] *n.* food; ~**ma** *v.* eat; ~**kla** *n.* canteen

sööt [sœt] *n.* fodder, forage; ~**ma** *v.* feed

süda ['syda] *n.* heart

südametunnistus ['sydametunnistus] *n.* conscience

südamlikkus ['sydamlikkus] *n.* cordiality

sügama [sygama] *v.* scratch

sügav ['sygav] *adj.* deep; ~**us** *n.* depth

sügel|ema ['sygelema] *v.* itch; ~**us** *n.* itching

sügis ['sygis] *n.* autumn

sületäis ['syletæis] *n.* armful

sül|g [sylg] *n.* spittle; ~**itama** *v.* spit

sült [sylt] *n.* meat-jelly

sümbol ['symbol] *n.* symbol

sümfoonia [sym'fɑnia] *n.* symphony

sümpaat|ia [sym'pætia] *n.* sympathy; ~**ne** *adj.* congenial

sünd [synd] *n.* birth; ~**ima** *v.* be born

sündmus ['syndmus] *n.* event, happening

süng|e ['synge] *adj.* gloomy; ~**us** *n.* gloom

sünni|päev ['synnipæev] *n.* birthday; ~**tama** *v.* give birth to; ~**tunnistus** *n.* birth certificate; ~**tus** *n.* childbirth; labour

sünonüüm ['synonyːm] *n.* (*gr.*) synonym

süntaks ['syntaks] *n.* (*gr.*) syntax

süntees [syn'tɛs] *n.* synthesis

süsi ['sysi] *n.* coal

süsinik ['sysinik] *n.* carbon

süst [syst] 1. *n.* canoe; 2. *n.* injection; ~**al** *n.* syringe; ~**ima** *v.* inject

süste|em [sys'tɛm] *n.* system; ~**maatiline** *adj.* systematic

sütitama ['sytitama] *v.* kindle; set fire to

sütti|ma ['syttima] *v.* catch fire; inflame; ~**v** *adj.* inflammable

süvendama ['syvendama] *v.* deepen

süü [syː] *n.* guilt; ~**di** *adj.* guilty; ~**distama** *v.* accuse; ~**distus** *n.* accusation; ~**tegu** *n.* crime

süüria ['syːria] *adj.* Syrian

süütu ['syːtu] *adj.* innocent; ~**s** *n.* innocence

Š

šabloon [ʃab'lɑn] *n.* pattern; ~**iline** *adj.* trite

šahh [ʃahh] *n.* shah; (*chess*) check

šaht [ʃaht] *n.* mine

šampanja [ʃam'panja] *n.* champagne

šampoon [ʃam'pɑn] *n.* champoo

šanss [ʃanss] *n.* chance

šeff [ʃeff] *n.* chief

šiffer ['ʃiffer] *n.* cipher

šokk [ʃokk] *n.* shock

šokolaad ['ʃokolæd] *n.* chocolate

šot|i ['ʃoti] *adj.* Scotch; ~**lane** *n.* Scotchman

šveits|i ['ʃveitsi] *adj.* Swiss; ~**lane** *n.* Swiss

Z

zooloogia [zɑ'lɑgia] *n.* zoology

zoopark ['zɑpark] *n.* zoo

Ž

žanr [ʒanr] *n.* genre

žargoon [ʒar'gɑn] *n.* slang

želee [ʒe'lɛ] *n.* jelly

žestikuleerima [ʒestiku'lɛrima] *v.* gesticulate

žiletitera [ʒi'leti'tera] *n.* razor blade

žurnaal [ʒur'næl] *n.* periodical, magazine, journal

žürii [ʒy'rɪ] *n.* jury

T

taanduma ['taːnduma] *v.* withdraw; (*chem.*) be reduced

taan|i ['taːni] *adj.* Danish; ~**lane** *n.* Dane

taara ['taːra] *n.* packing

taastam|a ['taːstama] *v.* restore; ~**ine** *n.* restoration, reconstruction

taat [taːt] *n.* old man; dad; granddad; grandfather

tabam|a ['tabama] *v.* hit; ~**us** *n.* hit

tabel ['tabel] *n.* table

tablett [tab'lett] *n.* tablet

taburet ['taburet] *n.* stool

tadžik|i [tad'ʒiki] *adj.* Tadjik; ~**k** *n.* Tadjik

taeva|s ['taevas] *n.* sky; ~**keha** *n.* heavenly body

taga ['taga] *adv.* behind, at the
back of; ~**hoov** *n.* back-yard;
~**külg** *n.* back side; ~**nt** *postp.*
from behind; ~**plaan** *n.* back-
ground; ~**pool** *adv.* at the back,
n. rear part

tagajärg ['tagajærg] *n.* consequen-
ce

tagala ['tagala] *n.* rear

taga|ma ['tagama] *v.* guarantee;
~**tis** *n.* guarantee

taganema ['taganema] *v.* retreat

tagasi ['tagasi] *adv.* backwards;
back

tagasihoidlik ['tagasihoidlik] *adj.*
modest; ~**kus** *n.* modesty

tagastama ['tagastama] *v.* return

tagavara ['tagavara] *n.* supply

taguma ['taguma] *v.* bang, beat

tagumine ['tagumine] *adj.* back; *n.*
beating

tagurlane ['tagurlane] *n.* reactio-
nary

tagurpidi   ['tagurpidi]   *adv.*
backward(s)

taha ['taha] *prep., postp.* behind, to
the back of; *adv.* behind, back

tahe ['tahe] *n.* will

tahm [tahm] *n.* soot; ~**ane** *adj.*
sooty

tahtejõud ['tahtejəud] *n.* will-
power

tahtejõuetus ['tahtejəuetus] *n.*
weak-mindedness

tahtlik ['tahtlik] *adj.* intentional

tahtm|a ['tahtma] *v.* want; ~**atult**
adv. involuntarily; ~**ine** *n.* want

tahuma ['tahuma] *v.* hew; ~**tu** *adj.*
uncut

tahvel ['tahvel] *n.* board

taibukas ['taibukas] *adj.* quick-
witted

taim [taim] *n.* plant

taimetoitlane ['taimetoitlane] *n.*
vegetarian

tainas ['tainas] *n.* dough

taipama ['taipama] *v.* apprehend;
understand

tajuma ['tajuma] *v.* perceive

takerduma ['takerduma] *v.* beco-
me entangled; get stuck (*in
smth.*)

takist|ama ['takistama] *v.* hinder;
prevent; ~**us** *n.* hindrance

takso ['takso] *n.* taxi; ~**juht** *n.*
taxi-driver

takt [takt] *n.* tact; (*mus.*) time;
~**itundeline** *adj.* tactful

tald [tald] *n.* sole

taldrik ['taldrik] *n.* plate

talent [ta'lent] *n.* talent

talitus ['talitus] *n.* housework; ten-
ding; nursing

tall [tall] 1. *n.* lamb; 2. *n.* stable

tallama ['tallama] *v.* tread

taltsutama ['taltsutama] *v.* tame

talu ['talu] *n.* farm; ~**maja**
n. farmhouse; ~**nik** *n.* farmer;
~**poeg** *n.* peasant

taluma ['taluma] *v.* endure

talv [talv] *n.* winter; ~**euni** *n.* win-
ter sleep

tamm [tamm] 1. *n.* oak; 2. *n.* dam

tammetõru   ['tamme'təru]   *n.*
acorn

tangid ['tangid] *n. pl.* pincers

tank [tank] *n.* tank

tants [tants] *n.* dance; ~**ima** *v.*
dance; ~**u-** *adj.* dancing-

taotl|ema   tavali|ne   teade   tegelane

taotl|ema ['taotlema] *v.* strive;
~**us** *n.* application

tapeet [ta'peːt] *n.* wall-paper

tap|ma ['tapma] *v.* kill; ~**mine** *n.*
killing

tara ['tara] *n.* fence

tarbekunst ['tarbekunst] *n.* appli-
ed art

tarbim|ine ['tarbimine] *n.* con-
sumption, use; ~**a** *v.* consume

tarduma ['tarduma] *v.* congeal

tark [tark] *adj.* clever; ~**us** *n.* cle-
verness

tarret|is ['tarretis] *n.* jelly; ~**ama**
v. congeal

taru ['taru] *n.* (bee)hive

tarvidus ['tarvidus] *n.* need; requi-
rement

tarvis ['tarvis] *adv.* necessary

tarvit|ama ['tarvitama] *v.* use;
~**us** *n.* use

tasa ['tasa] *adv.* quietly; slowly;
quits

tasakaal ['tasakaːl] *n.* balance

tasa|ndama ['tasandama] *v.* even,
level; ~**ndik** *n.* plain; ~**ne** *adj.*
even; ~**pind** *n.* plane

tase ['tase] *n.* level

tasku ['tasku] *n.* pocket; ~**kell** *n.*
watch; ~**raha** *n.* pocket-money;
~**rätik** *n.* handkerchief

tass [tass] *n.* cup

tasu ['tasu] *n.* pay; payment; fee;
compensation; ~**ma** *v.* pay; ~**ta**
adj. free (of charge)

tatar|i ['tatari] *adj.* Tatar; ~**lane**
n. Tatar

taud [taud] *n.* epidemic

tavali|ne ['tavaline] *adj.* ordinary,
common; ~**selt** *adv.* usually

teade ['teade] 1. *n.* news; informa-
tion; 2. *n.* report

tead|lane ['teadlane] *n.* scientist;
~**us** *n.* science; ~**uslik** *adj.*
scientific

teadlik|kus ['teadlikkus] *n.* con-
sciousness; ~**ult** *adv.* consciously

tead|ma ['teadma] *v.* know;
~**mine** *n.* knowledge

teadmatus ['teadmatus] *n.* igno-
rance

teadmishimuline ['teadmis'himu-
line] *adj.* curious

teaduskond ['teaduskond] *n.*
faculty

teatama ['teatama] *v.* tell, report

teatejooks ['teate'jɔks] *n.* relay
race

teater ['teater] *n.* theatre

teder ['teder] *n.* black grouse

tedretäht ['tedre'tæht] *n.* freckle

tee [teː] 1. *n.* tea; 2. *n.* way, road

teema ['teːma] *n.* subject, theme

teemant ['teːmant] *n.* diamond

teene ['teːne] *n.* merit; service;
~**line** *adj.* merited

teenima ['teːnima] *v.* serve; earn

teenindamine ['teːnindamine] *n.*
service

teenistus ['teːnistus] *n.* service;
earnings

teerada ['teːrada] *n.* path

teerist ['teeʹrist] *n.* crossroads

teeskl|ema ['teːsklema] *v.* pretend;
~**us** *n.* pretence

tegelane ['tegelane] *n.* acting per-
son; **poliitika**~ *n.* politician; **rii-
gi**~ *n.* statesman; **ühiskonna**~
n. public figure

tege|lema ['tegelema] *v.* do, occupy; **~vus** *n.* activity, occupation

tegelikkus ['tegelikkus] *n.* reality

tegem|a ['tegema] *v.* do, make; **~ine** *n.* doing, making

tegu ['tegu] *n.* act, deed; **~tsema** *v.* act

tegur ['tegur] *n.* factor

tegusõna ['tegusəna] *n.* (*gr.*) verb

tehas ['tehas] *n.* factory

tehniline ['tehniline] *adj.* technical

teie ['teie] *pron.* you

teine ['teine] *adj.* second, other

teisejärguline ['teisejærguline] *adj.* second-rate

teisipäev ['teisipæev] *n.* Tuesday

teisiti ['teisiti] *adv.* differently, otherwise; **nii või ~** in any case

teivas ['teivas] *n.* pole; **~hüpe** *n.* pole vault

teke ['teke] *n.* origin

tekitama ['tekitama] *v.* cause, inflict

tekk [tekk] *1. n.* blanket; 2. *n.* deck

tekkima ['tekkima] *v.* arise, crop up

teksad *ehk* **teksased** ['teksad] *n. pl.* jeans

tekstiil [teks'tiːl] *n.* textiles

telefon ['telefon] *n.* telephone; **~itoru** *n.* receiver

telegraaf ['telegraːf] *n.* telegraph

telegramm ['telegramm] *n.* telegram

teleskoop ['teleskɑp] *n.* telescope

televisioon [televisi'ɑn] *n.* television; TV

telg [telg] *n.* axle

telk [telk] *n.* tent

tellim|a ['tellima] *v.* order; subscribe; **~us** *n.* order

telliskivi ['tellis'kivi] *n.* brick

tema ['tema] *pron.* he, she; (his, her)

tem|butama ['tembutama] *v.* be naughty; **~p** *n.* prank

tempel ['tempel] 1. *n.* stamp; 2. *n.* temple

temperament [tempera'ment] *n.* temperament

temperatuur [tempera'tuːr] *n.* temperature

tempo ['tempo] *n.* tempo

tendents [ten'dents] *n.* tendency

tennis ['tennis] *n.* tennis

tenor ['tenor] *n.* tenor

teokarp ['teo'karp] *n.* shell

teooria [te'ɑria] *n.* theory

teos [teos] *n.* work

teostama ['teostama] *v.* carry out, realize

teot|ama ['teotama] *v.* abuse; **~us** *n.* abuse

tera ['tera] 1. *n.* blade; 2. *n.* grain; **~vili** *n.* grain, corn

teras ['teras] *n.* steel

terav ['terav] *adj.* sharp, keen

teravmeel|ne ['teravmɛlne] *adj.* witty; **~sus** *n.* wittiness

tere! ['tere] how do you do? **~tama** *v.* greet

teritama ['teritama] *v.* sharpen

termomeeter ['termometer] *n.* thermometer

termos ['termos] *n.* thermos

termotuumarelv ['termotuːma-'relv] *n.* thermonuclear weapon

terrass [ter'rass] *n.* terrace

territoorium [terri'tɔːrium] *n.* territory

terror ['terror] *n.* terror

terve ['terve] 1. *n.* healthy; 2. *adj.* whole; 3. *adj.* unbroken

tervik ['tervik] *adj.* whole; ~**likkus** *n.* wholeness

tervis ['tervis] *n.* health; ~**hoid** *n.* hygiene, public health care

tervit|ama ['tervitama] *v.* greet; ~**us** *n.* greeting

tibu ['tibu] *n.* chicken

tibutama ['tibutama] *v.* drizzle

tige ['tige] *adj.* angry; ~**dus** *n.* spite

tigu ['tigu] *n.* snail

tihe ['tihe] *adj.* thick; ~**dus** *n.* thickness; ~**nema** *v.* thicken

tihnik ['tihnik] *n.* thicket

tihti ['tihti] *adv.* often

tiib [tiːb] *n.* wing

tiiger ['tiːger] *n.* tiger

tiik [tiːk] *n.* pond

tiir [tiːr] 1. *n.* shooting-range; 2. *n.* turn; ~**lema** *v.* rotate, spin round

tiitel ['tiːtel] *n.* title

tik|and ['tikand] *n.* embroidery; ~**kima** *v.* embroider

tikerber ['tikerber] *n.* gooseberry

tik|k [tikk] *n.* match; ~**utoos** *n.* match-box

tiksuma ['tiksuma] *v.* tick

tilk [tilk] *n.* drop; ~**uma** *v.* drop

till [till] *n.* dill

timukas ['timukas] *n.* hangman

tina ['tina] *n.* tin

tindine ['tindine] *adj.* inky

tingimus ['tingimus] *n.* condition

tint [tint] 1. *n.* ink; 2. *n.* smelt

tipp [tipp] *n.* top

tirima ['tirima] *v.* pull, drag

tirisema ['tirisema] *v.* clink, rattle

tisler['tisler] *n.* joiner

toet|ama ['toetama] *v.* support; ~**us** *n.* support

tohtima ['tohtima] *v.* be allowed

toibuma ['toibuma] *v.* come to oneself; come to one's senses

toidu|ained ['toiduained] *n. pl.* foodstuffs; ~**baar** *n.* snack, bar; ~**puudus** *n.* shortage, lack of food

toim|e ['toime] *n.* effect; ~**ekas** *adj.* active; ~**ima** *v.* act

toimetama ['toimetama] *v.* do; settle; edit; **edasi** ~ *v.* convey; **kõrvale** ~ *v.* steal; **kätte** ~ *v.* deliver

toimetus ['toimetus] *n.* editorial office; editorship; doing; editing

toimuma ['toimuma] *v.* take place, occur

toit [toit] *n.* food; ~**ev** *adj.* nourishing; ~**ma** *v.* feed

toll [toll] 1. *n.* inch; 2. *n.* customs, duty; ~**ivaba** *adj.* duty-free

tolm [tolm] *n.* dust; ~**une** *adj.* dusty; ~**uimeja** *n.* vacuum cleaner

tomat ['tomat] *n.* tomato

tonn [tonn] *n.* ton

toodang ['tɔːdang] *n.* output

toode ['tɔːde] *n.* product

tool [tɔːl] *n.* chair

tooma ['tɔːma] *v.* bring

toomingas ['tɔːmingas] *n.* birdcherry

toon [tɔːn] *n.* tone; shade

toonekurg ['tɔːnekurg] *n.* stork

toor|aine ['tɑraine] *n.* raw material(s); **~es** *adj.* raw

toorus ['tɑrus] *n.* rudeness

tootm|a ['tɑtma] *v.* produce; **~ine** *n.* production

topelt ['topelt] *adv.* double, twice

topis ['topis] *n.* stuffed animal *or* bird

toppima ['toppima] *v.* stuff

tore ['tore] *adj.* splendid, fine

tor|ge ['torge] *n.* stab; prick; **~kama** *v.* stab, prick

torm [torm] *n.* storm; **~iline** *adj.* stormy

torm|ama ['tormama] *v.* rush; **~ijooks** *n.* assault

torn [torn] *n.* tower

tort [tort] *n.* cake

toru ['toru] *n.* tube; **~pill** *n.* bagpipe

tosin ['tosin] *n.* dozen

traat [trɑːt] *n.* wire

traditsioon [traditsi'ɑn] *n.* tradition

tragi ['tragi] *adj.* brisk

tragöödia [tra'gœdia] *n.* tragedy

trahv [trahv] *n.* fine, penalty; **~ima** *v.* fine

traksid ['traksid] *n.* suspenders

traktor ['traktor] *n.* tractor

tramm [tramm] *n.* tram

transleerima [trans'leːrima] *v.* transmit

transport ['transport] *n.* transport

trauma ['trauma] *n.* trauma

treeni|ma ['treːnima] *v.* train; **~ng** *n.* training

treial ['treial] *n.* turner

trellid ['trellid] *n.* grating; bars

trep|p [trepp] *n.* stairs; **~ikoda** *n.* staircase

tribüün [tri'byːn] *n.* tribune

trii|buline ['triːbuline] *adj.* striped; **~p** *n.* stripe

triik|ima ['triːkima] *v.* iron; **~raud** *n.* iron

triivima ['triːvima] *v.* drift

trikk [trikk] *n.* trick

triumf [tri'umf] *n.* triumph

trollibuss ['trollibuss] *n.* trolley-bus

troon [trɑn] *n.* throne

troopika ['trɑpika] *n.* tropics

trots [trots] *n.* defiance; **~ima** *v.* defy

trumm [trumm] *n.* drum

truu [truː] *adj.* faithful; **~dus** *n.* faithfullness

truudusemurdmine ['truːduse-'murdmine] *n.* unfaithfulness

trööstima ['trœstima] *v.* console

trügima ['trygima] *v.* force one's way (through)

trük|k [trykk] *n.* print; **~kima** *v.* print; **~ikoda** *n.* printing-office

tsaar [tsɑr] *n.* tsar

tsementeerima [tsemen'teːrima] *v.* cement

tsensuur [tsen'suːr] *n.* censorship

tsentrum ['tsentrum] *n.* centre

tseremoonia [tsere'mɑnia] *n.* ceremony

tsink [tsink] *n.* zinc

tsirkus ['tsirkus] *n.* circus

tsistern [tsis'tern] *n.* cistern

tsitaat [tsi'tɑt] *n.* quotation

tsivilisatsioon [tsivilisatsi'ɑn] *n.* civilization

tsoon [tsɑn] *n.* zone

tsükkel ['tsykkel] *n.* cycle

tsüklon ['tsyklon] *n.* cyclone

tšehh [tʃehh] *n.* Czech; ∼i *adj.* Czech

tšekk [tʃekk] *n.* cheque

tšello ['tʃello] *n.* cello

tšempion ['tʃempion] *n.* champion

tšiili ['tʃɪ:li] *adj.* Chilean

tualett [tua'lett] *n.* toilet

tuba ['tuba] *n.* room

tubakas ['tubakas] *n.* tobacco

tubli ['tubli] *adj.* fine

tugev ['tugev] *adj.* strong; ∼us *n.* strength

tugi ['tugi] *n.* support

tuhat ['tuhat] *num.* thousand

tuh|k [tuhk] *n.* ash; ∼atoos *n.* ash-tray; ∼katriinu *n.* Cinderella

tuhkur ['tuhkur] *n.* polecat

tuhm [tuhm] *adj.* dim

tuhnima ['tuhnima] *v.* dig

tuikama ['tuikama] *v.* pulsate

tuikuma ['tuikuma] *v.* stagger

tuim [tuim] *adj.* dull; ∼astama *v.* blunt; anaesthetize

tuisk [tuisk] *n.* snowstorm, whirl

tuju ['tuju] *n.* mood

tukk [tukk] 1. *n.* fringe; 2. *n.* fire-brand

tukkuma ['tukkuma] *v.* doze

tuksuma ['tuksuma] *v.* throb

tule|ma ['tulema] *v.* come; arrive; ∼k *n.* arrival; coming

tule|kahju ['tulekahju] *n.* fire; ∼ohtlik *adj.* inflammable; ∼tikk *n.* match

tule|mus ['tulemus] *n.* result; ∼nema *v.* result from

tuletus ['tuletus] *n.* derivation

tulevik ['tulevik] *n.* future

tuli ['tuli] *n.* fire; ∼ne *adj.* fiery, hot

tulikas ['tulikas] *n.* buttercup

tulistama ['tulistama] *v.* fire (at)

tulp [tulp] 1. *n.* post; 2. *n.* tulip

tulu ['tulu] *n.* income; ∼maks *n.* income-tax; ∼s *adj.* profitable

tume ['tume] *adj.* dark

tumm [tumm] *adj.* dumb

tund [tund] *n.* hour

tundemärk ['tundemærk] *n.* symptom, mark, sign

tund|lik ['tundlik] *adj.* sensitive; ∼likkus *n.* sensitiveness; ∼etu *adj.* insensible

tundm|a ['tundma] *v.* feel; ∼us *n.* feeling

tundmatu ['tundmatu] *adj.* unknown

tundra ['tundra] *n.* tundra

tung [tung] *n.* craving, attraction; gravity; crowd press; ∼ima *v.* force one's way; go carefully (into)

tunne ['tunne] *n.* feeling

tunnel ['tunnel] *n.* tunnel

tunnetus ['tunnetus] *n.* cognition

tunni|mees ['tunnimes] *n.* sentry; ∼plaan *n.* time-table

tunnistama ['tunnistama] *v.* witness

tunnistus ['tunnistus] *n.* evidence

tunnus ['tunnus] *n.* sign

tunnustama ['tunnustama] *v.* recognize; admit

tuntud ['tuntud] *adj.* known; popular

turbaraba ['turba'raba] *n.* peat-bog

turg [turg] *n.* market

turis|m [tu'rism] n. tourism; ~t n. tourist

turkmeen [turk'men] n. Turkmen; ~i adj. Turkmenian

turris ['turris] adj. dishevelled

tursk [tursk] n. (zo.) cod

tursuma ['tursuma] v. swell

turvas ['turvas] n. peat

tusane ['tusane] adj. sulky

tut|tav ['tuttav] adj. known; ~vus n. acquaintance; ~vustama v. acquaint; introduce

tuuker ['tuːker] n. diver

tuul [tuːl] n. wind; ~eklaas n. windscreen; ~etõmbus n. draught; ~ine adj. windy

tuulutama ['tuːlutama] v. air, ventilate

tuum [tuːm] n. nucleus; kernel; ~a-adj. nuclear; ~aenergia n. nuclear energy; ~areaktor n. nuclear reactor; ~arelv n. nuclear weapon

tuupi|ma ['tuːpima] v. cram; ~ja n. crammer

tuusik ['tuːsik] n. voucher

tuvi ['tuvi] n. pigeon

tõbi ['tɔbi] n. disease

tõ|de ['tɔde] n. truth; ~esti adv. truly

tõeli|ne ['tɔeline] adj. real; ~sus n. reality

tõend [tɔend] n. proof; ~ama v. prove

tõenäoli|ne ['tɔenæoline] adj. probable; ~selt adv. probably; ~sus n. probability

tõest|ama ['tɔestama] v. prove; ~us n. proof

tõke ['tɔke] n. blocking; ~stama v. obstruct

tõl|ge ['tɔlge] n. translation; ~k n. (oral) translator; ~kija n. (written) translator; ~kima v. translate

tõlgitsema ['tɔlgitsema] v. interpret

tõmbama ['tɔmbama] v. pull

tõmbetuul ['tɔmbe'tuːl] n. draught

tõmblema ['tɔmblema] v. twitch

tõmb(e)lukk [tɔmb(e)'lukk] n. zipper

tõmmu ['tɔmmu] adj. dark-complexioned

tõot|ama ['tɔotama] v. vow; promise; ~us n. oath, promise

tõru ['tɔru] n. acorn

tõrv [tɔrv] n. tar

tõrvik ['tɔrvik] n. torch

tõsi ['tɔsi] n. truth

tõsidus ['tɔsidus] n. seriousness; ~ne adj. serious

tõstesport ['tɔstesport] n. weightlifting

tõstma ['tɔstma] v. lift

tõttu ['tɔttu] postp. because of

tõu|ge ['tɔuge] n. push; stimulus; ~kama v. push

tõus [tɔus] n. rise; ascent; (sea) high tide; ~ma v. rise, get up

tädi ['tædi] n. aunt; ~poeg n. cousin; ~tütar n. cousin

tähelepan|elik ['tæhelepanelik] adj. observant, attentive; ~u n. attention

tähend|ama ['tæhendama] v. mean; ~us n. meaning

tähestik ['tæhestik] n. alphabet

tähetorn ['tæhetorn] *n.* observatory

tähistama ['tæhistama] *v.* mark, celebrate

tähitud ['tæhitud] *adj.* registered

täht [tæht] *n.* star

tähtaeg ['tæhtaeg] *n.* term

tähtis ['tæhtis] *adj.* important

tähtpäev ['tæhtpæev] *n.* date; anniversary

tähtsus ['tæhtsus] *n.* importance; ~etu *adj.* unimportant

täideviimine ['tæidevïrmine] *n.* fulfilment

täidis ['tæidis] *n.* filling

täielik ['tæielik] *adj.* complete; ~ult *adv.* completely

täiend|ama ['tæiendama] *v.* complement; ~us *n.* supplement; addition

täiesti ['tæiesti] *adv.* entirely

täis [tæis] *adj.* full (of)

täitesulepea ['tæite'sulepea] *n.* fountain pen

täitm|a ['tæitma] *v.* fill (up, in); fullil; ~ine *n.* filling; fulfilling

täiuslik ['tæiuslik] *adj.* perfect; ~kus *n.* perfection

täna ['tæna] *adv.* today; ~ne *adj.* today's; ~päev *n.* date; *adv.* nowadays

tän|ama ['tænama] *v.* thank; ~u *n.* thanks; ~ulik *adj.* thankful

tänav ['tænav] *n.* street

täpiline ['tæpiline] *adj.* speckled

täp|ne ['tæpne] *adj.* exact; ~sus *n.* exactness; ~sustama *v.* specify

täpp [tæpp] *n.* spot

tär|geldama ['tærgeldama] *v.* starch; ~klis *n.* starch

tärpentin ['tærpentin] *n.* turpentine

töö [tɑ] *n.* work; ~line *n.* worker; ~kas *adj.* hard-working; ~tama *v.* work

tööstus ['tɑstus] *n.* industry

töötasu ['tɑ'tasu] *n.* wages, pay

töötu ['tɑtu] *adj.* unemployed

tüdima ['tydima] *v.* tire; get tired of

tüdruk ['tydruk] *n.* girl; maid

tüh|i ['tyhi] *adj.* empty; ~ine trivial ~jendama *v.* empty; ~jus *n.* emptiness

tühistama ['tyhistama] *v.* cancel

tük|eldama ['tykeldama] *v.* cut to pieces; divide up; ~k *n.* piece

tükitöö ['tyki'tɑ] *n.* piece-work

tülgastus ['tylgastus] *n.* disgust

tüli ['tyli] *n.* quarrel; ~tsema *v.* quarrel

tülitama ['tylitama] *v.* trouble, bother; ~kas *adj.* troublesome

tüll [tyll] *n.* tulle

tünn [tynn] *n.* barrel

türann [ty'rann] *n.* tyrant; ~ia *n.* tyranny

tür|gi ['tyrgi] *adj.* Turkish; ~klane *n.* Turk

türp [tyrp] *n.* overalls

tüse ['tyse] *adj.* stout

tüssama ['tyssama] *v.* cheat

tüt|ar ['tytar] *n.* daughter; ~repoeg *n.* grandson; ~retütar *n.* granddaughter

tütarlaps ['tytarlaps] *n.* girl

tüvi ['tyvi] 1. *n.* trunk; 2. *n.* (*gr.*) stem

tüüfus ['ty:fus] *n.* typhus

tüüp [ty:p] *n.* type; ~**iline** *adj.* typical

tüür [ty:r] *n.* steering-wheel; ~**ima** *v.* steer

tüüt|ama ['ty:tama] *v.* pester; bother; ~**u** *adj.* tiresome

U

uba ['uba] *n.* bean

udar ['udar] *n.* udder

udu ['udu] *n.* mist; ~**ne** *adj.* misty; ~**vihm** *n.* drizzle

udusuled ['udu'suled] *n. pl.* down

uhk|e ['uhke] *adj.* proud; ~**us** *n.* pride; ~**ustama** *v.* pride (on, upon)

uima|ne ['uimane] *adj.* dozy, drowsy; ~**stama** *v.* stupefy, drug

uinuma ['uinuma] *v.* fall asleep

uis|k [uisk] *n.* skate; ~**utama** *v.* skate

uju|ma ['ujuma] *v.* swim; ~**la** *n.* swimming-pool, beach

ukrain|a [uk'raina] *adj.* Ukrainian; ~**lane** *n.* Ukrainian

uks [uks] *n.* door; ~**e-** *adj.* door-; ~**ekell** *n.* door-bell; ~**elävi** *n.* threshold

ulakas ['ulakas] *adj.* naughty; mischievous (child)

ulat|ama ['ulatama] *v.* extend, pass, reach; ~**us** *n.* reach

ulguma ['ulguma] *v.* howl

uljas ['uljas] *adj.* daring

ulme- ['ulme-] *adj.* fantastic

ultimaatum [ulti'mætum] *n.* ultimatum

ultravioletne ['ultravio'letne] *adj.* ultra-violet

ulualune ['ulualune] *n.* shelter

umb|es ['umbes] 1. *adj.* about, approximately; ~**kaudu** *adv.* roughly, approximately; 2. *adj.* blocked up, snowbound

umbne ['umbne] *adj.* stuffy

umbrohi ['umbrohi] *n.* weed(s)

umbusald|ama ['umbusaldama] *v.* distrust; ~**us** *n.* distrust

ummi|k ['ummik] *n.* deadlock; ~**stus** *n.* (traffic) jam

undama ['undama] *v.* hum, blow, howl

unenägu ['unenægu] *n.* dream

ungar|i ['ungari] *adj.* Hungarian; ~**lane** *n.* Hungarian

uni ['uni] *n.* sleep; ~**ne** *adj.* sleepy

unist|aja ['unistaja] *n.* dreamer; ~**ama** *v.* dream; ~**us** *n.* dream

universaalne [univer'sa:lne] *adj.* universal

unustama ['unustama] *v.* forget; ~**tu** *adj.* unforgettable

up|puma ['uppuma] *v.* be drowned; ~**utama** *v.* drown; sink; ~**utus** *n.* drowning

upsakas ['upsakas] *adj.* arrogant

uraan [u'ra:n] *n.* uranium

urb [urb] *n.* catkin

urg [urg] *n.* burrow; hole

urgitsema ['urgitsema] *v.* pick; dig

urisema ['urisema] *v.* snarl

urn [urn] *n.* urn; ballot-box; litter-bin

usald|ama ['usaldama] *v.* trust; ~**us** *n.* trust; ~**uslik** *adj.* confidential

usbek|i [us'beki] *adj.* Uzbek; ~k *n.*
  Uzbek
usin ['usin] *adj.* diligent; ~us *n.* di-
  ligence
usk [usk] *n.* belief; ~uma *v.* believe
usklik ['usklik] *adj.* religious
uss [uss] *n.* snake, worm; ~itanud
  adj. worm-eaten
ustav ['ustav] *adj.* devoted; ~us *n.*
  devotion
us|utav ['usutav] *adj.* credible;
  ~kumatu *adj.* incredible
uudis ['uːdis] *n.* news
uudishimulik ['uːdishimulik] *adj.*
  curious
uuend|aja ['uːendaja] *n.* innovator;
  ~ama *v.* innovate; renew; ~us *n.*
  innovation; renewal
uuesti ['uːesti] *adv.* again
uuri|ma ['uːrima] *v.* explore, in-
  vestigate; ~ja *n.* investigator;
  ~mine *n.* investigation
uurim|us ['uːrimus] *n.* re-
  search; ~istöö *n.* reseach work;
  ~isinstituut *n.* research institu-
  te
uus [uːs] *adj.* new, modern; ~aasta
  n. New Year; ~tulnuk *n.* newco-
  mer
uvertüür [uver'tyːr] *n.* (*mus.*) over-
  ture

V

vaade ['vaːde] *n.* sight, view, look
vaal [vaːl] *n.* whale
vaarikas ['vaːrikas] *n.* raspberry
vaas [vaːs] *n.* vase

vaat [vaːt] *n.* barrel
vaatama ['vaːtama] *v.* watch; look
  (at); look (after); läbi ~ look
  through; pealt ~ look on; tagasi
  ~ look back
vaateaken ['vaːteaken] *n.* shop
  window
vaatl|ema ['vaːtlema] *v.* observe;
  ~eja *n.* observer; ~us *n.* obser-
  vation
vaatus ['vaːtus] *n.* (*theat.*) act
vaba ['vaba] *adj.* free; ~dus *n.*
  freedom, liberty; ~lt *adj.* freely;
  ~meelne *adj.* liberal; ~nema *v.*
  get free
vaband|ama ['vabandama] *v.* ex-
  cuse, apologize; ~atav *adj.* ex-
  cusable; ~us *n.* excuse; palun
  ~ust! excuse me! I'm sorry
vabariik ['vabariːk] *n.* republic;
  ~lik *adj.* republican
vabastam|a ['vabastama] *v.* free,
  liberate; ~ine *n.* liberation
vabatahtlik ['vabatahtlik] *adj.*
  voluntary
vabrik ['vabrik] *n.* factory
vaen [vaen] *n.* enmity; ~lane *n.*
  enemy; ~ulik *adj.* hostile
vae|sus ['vaesus] *n.* poverty; ~ne
  adj. poor; ~nelaps *n.* orphan
vaev [vaev] *n.* trouble, torment;
  ~ama *v.* trouble, torment; ~le-
  ma *v.* be tormented
vaevalt ['vaevalt] *adv.* hardly,
  scarcely
vagu ['vagu] *n.* furrow
vaha ['vaha] *n.* wax; ~jas *adj.*
  wax(en)

vahe ['vahe] *n.* difference; distance; ~**aeg** *n.* interval, recess; ~**sein** *n.* partition

vahel ['vahel] *prep., postp.* between, amongst; *adv.* sometimes; ~**le** *prep., postp.* in between, among

vaheldu|ma ['vahelduma] *v.* alternate; ~**s** *n.* alternation; ~**v** *adj.* alternating

vahend ['vahend] *n.* means, agent

vahepeal ['vahepeal] *adv.* meantime

vaher ['vaher] *n.* maple

vahet|ama ['vahetama] *v.* change; **vastastikku** ~ exchange; ~**us** *n.* change; **vastastikune** ~**us** exchange

vahetevahel ['vahetevahel] *adv.* now and then; sometimes; occasionally, once in a while

vahetpidamat|a ['vahetpidamata] *adv.* incessantly; ~**u** *adj.* continuous, ceaseless

vahetund ['vahetund] *n.* recess, break

vahist|ama ['vahistama] *v.* arrest; ~**us** *n.* arresting

vah|t [vaht] 1. (*gen.* ~**i**) *n.* guard, watchman; 2. (*gen.* ~**u**) *n.* foam; ~**ukoor** *n.* whipped cream ~**une** *adj.* foamy

vahv|a ['vahva] *adj.* brave, fine; ~**us** *n.* bravery

vahvel ['vahvel] *n.* wafer

vaibuma ['vaibuma] *v.* subside, abate

vaid [vaid] *conj.* but; *adv.* but, only

vai|dlema ['vaidlema] *v.* argue; ~**dlus** *n.* argument; ~**eldav** *adj.* disputable; ~**eldamatu** *adj.* indisputable

vaigistama ['vaigistama] *v.* quiet, soothe

vaik [vaik] *n.* resin

vai|kima ['vaikima] *v.* be silent; ~**kne** *adj.* silent; ~**kselt** *adv.* silently; ~**kus** *n.* silence; **ole** ~**t!** keep quiet!

vaim [vaim] *n.* spirit; breath; mind; spectre = ghost; ~**ne** *adj.* spiritual; inter, mental; ~**ulik** *n.* clergyman, priest; *adj.* spiritual, sacred; ~**uhaige** *adj.* insane

vaimust|ama ['vaimustama] *v.* delight; ~**av** *adj.* delightful; ~**tus** *n.* delight

vaip [vaip] *n.* carpet

vaist [vaist] *n.* scent; instinct (for)

vaja|lik ['vajalik] *adj.* necessary; **mul on** ~ I want some ...; ~**dus** *n.* necessity, need, want; ~**ma** *v.* need, want

vajuma ['vajuma] *v.* sink

vajutama ['vajutama] *v.* press

valama ['valama] *v.* pour; **täis** ~ fill up; **välja** ~ pour out

vald|aja ['valdaja] *n.* possessor; ~**ama** *v.* possess; ~**us** *n.* possession

vale ['vale] *n.* lie; ~- *adj.* false, wrong; ~**sti** *adv.* falsely; ~**taja** *n.* liar; ~**tama** *v.* lie

valge ['valge] *adj.* white; light; ~**ndama** *v.* whiten; ~**nema** *v.* grow lighter

valgus ['valgus] *n.* light; ~**tama** *v.* light (up), lighten, illuminate; ~**tus** *n.* illumination

vali ['vali] *adj.* strong

vali|k ['valik] *n.* choice; selection; ~**ma** *v.* choose, elect; **üld~mised** *n. pl.* general election

valitsus ['valitsus] *n.* government

vallaline ['vallaline] *adj.* single, unmarried

vallandam|a ['vallandama] *v.* discharge; ~**ine** *n.* discharge

vallatu ['vallatu] *adj.* playful; ~**s** *n.* prank

valm [valm] *n.* fable

valmi|ma ['valmima] *v.* ripen; ~**matu** *adj.* unripe; ~**s** *adj.* ready, ripe

valmist|ama ['valmistama] *v.* prepare; ~**uma** *v.* prepare (for)

valu ['valu] *n.* pain; ~**lik**, ~**s** *adj.* painful; ~**tama** *v.* ache; ~**tu** *adj.* painless

valv|ama ['valvama] *v.* watch over; observe; ~**ur** *n.* guard

valve ['valve] *n.* duty; guard; ~**arst** *n.* duty doctor; ~**s olema** *v.* be on duty

valvsus ['valvsus] *n.* vigilance

vana ['vana] *adj.* old; ~**dus** *n.* old age; ~**nema** *v.* grow old, go out of date

vanaaegne ['vanaaegne] *adj.* antique; archaic

vana|ema ['vanaema] *n.* grandmother; ~**isa** *n.* grandfather; ~**poiss** *n.* old bachelor; ~**tüdruk** *n.* old maid; ~**vanemad** *n. pl.* great-grandparents

vanasti ['vanasti] *adv.* formerly; in olden days

vandenõu ['vandenõu] *n.* conspiracy

van|duma ['vanduma] *v.* swear, vow; curse; ~**ne** *n.* oath; vow; curse

vanem ['vanem] *adj.* older; elder

vang [vang] *n.* prisoner; ~**istama** *v.* arrest; ~**istus** *n.* arresting; ~**la** *n.* prison, gaol

vanker ['vanker] *n.* waggon, cart, carriage; (*astr.*) **Suur V~** the Great Bear; **Väike V~** the Lesser Bear

vankumatu ['vankumatu] *adj.* unshakable, firm

vann [vann] *n.* bath; ~**itama** *v.* bath; ~**ituba** *n.* bathroom

vanus ['vanus] *n.* age

vapp [vapp] *n.* coat of arms

vap|per ['vapper] *adj.* brave; ~**rus** *n.* bravery

vapust|ama ['vapustama] *v.* shake; impress; ~**us** *n.* shock

vara ['vara] 1. *adv.* early; 2. ~, ~**ndus** *n.* wealth; property; **loodus~d** *n. pl.* natural resources

var|as ['varas] *n.* thief; ~**astama** *v.* steal, thieve; ~**gus** *n.* theft, stealing

varblane ['varblane] *n.* sparrow

vare ['vare] *n.* ruin

vares ['vares] *n.* crow

vari ['vari] *n.* shadow

varisema ['varisema] *v.* fall; **kokku ~** *v.* collapse

varj|ama ['varjama] *v.* conceal; ~**end** *n.* shelter

varjund ['varjund] *n.* shade; tinge

varjunimi ['varju'nimi] *n.* pseudonym

varjutus ['varjutus] *n.* eclipse

varn [varn] *n.* clothes-rack

varras ['varras] *n.* knitting-needle; rod

varrukas ['varrukas] *n.* sleeve

vars [vars] *n.* stem; handle

varss [varss] *n.* foal

varsti ['varsti] *adv.* soon

varu ['varu] *n.* stock, supply; ~**ma** *v.* store

varust|ama ['varustama] *v.* supply; equip; fit out; ~**us** *n.* supplies

varvas ['varvas] *n.* toe

vasak ['vasak] *adj.* left

vasar ['vasar] *n.* hammer

vasika|liha ['vasika'liha] *n.* veal; ~**s** *n.* calf

vask [vask] *n.* copper

vastama ['vastama] *v.* answer

vastand ['vastand] *n.* contrast; the opposite of; ~**lik** *adj.* contrary

vasta|ne ['vastane] *n.* enemy, opponent; ~**s** *adj.*, *adv.* opposite (to)

vastav ['vastav] *adj.* corresponding (to)

vastavalt ['vastavalt] *prep.*, *postp.* according to

vastik ['vastik] *adj.* disgusting; ~**us** *n.* disgust

vastu ['vastu] *prep.*, *postp.*, *adv.* against

vastukäiv ['vastukæiv] *adj.* contradictory

vastumeelne ['vastumɛlne] *adj.* disagreeable

vastuolu ['vastuolu] *n.* contradiction

vastupanu ['vastupanu] *n.* resistance, opposition

vastupidavus ['vastupidavus] *n.* durability

vastupidine ['vastupidine] *adj.* contrary, opposite

vastus ['vastus] *n.* answer

vastut|ama ['vastutama] *v.* be responsible; ~**av** *adj.* responsible; ~**us** *n.* responsibility

vastu|tulelik ['vastutulelik] *adj.* obliging, responsive

vastuvõeta|v ['vastuvœetav] *adj.* acceptable; ~**matu** *adj.* unacceptable

vastuvõtt ['vastuvatt] *n.* reception

vastuväide ['vstuvæide] *n.* objection (to)

vatt [vatt] 1. *n.* cotton-wool; 2. *n.* (*el.*) watt

ved|ama ['vedama] *v.* draw, pull; ~**u** *n.* drawing, pulling

vedel ['vedel] *adj.* liquid; ~**ik** *n.* liquid

vedelema ['vedelema] *v.* idle (about)

vedru ['vedru] *n.* spring; ~**tama** *v.* be springy

veebruar ['vɛbruar] *n.* February

vee|kindel ['vee'kindel] *adj.* waterproof; ~**kraan** *n.* water-tap

veel [vɛl] *adv.* still, yet; ~ **kord** once more, again

veen [vɛn] *n.* (*anat.*) vein

veen|duma ['vɛnduma] *v.* become convinced; ~**dumus** *n.* conviction; ~**ma** *v.* convince

veerand ['vɛrand] *n.* quarter

veere|ma ['vɛrema] *v.* roll; ~**tama** *v.* roll

veerg [vɛrg] *n.* column

veetl|ev ['vɛtlev] *adj.* fascinating; ~**us** *n.* fascination

veetma ['vɛtma] *v.* spend

vehkima ['vehkima] v. swing

veider ['veider] adj. odd

veidi ['veidi] adv. a little

vein [vein] n. wine

veiseliha ['veise'liha] n. beef

velsker ['velsker] n. medical assistant

ven|d [vend] n. brother; ~**nalik** adj. brotherly

vene ['vene] adj. Russian; ~ **keel** n. Russian; ~**lane** n. Russian

veni|ma ['venima] v. stretch (out); ~**tama** v. stretch; ~**tatav** adj. stretchable

venna|naine ['vennanaine] n. sister-in-law; ~**poeg** n. nephew; ~**tütar** n. niece

veoauto ['veo'auto] n. truck; lorry

vere|imeja ['vereimeja] n. bloodsucker

verejooks ['vere'jɔ:ks] n. bleeding

vereplekk ['vere'plekk] n. blood stain

vereproov ['vere'prɑ:v] n. blood count; ~**rõhk** n. blood pressure; ~**soon** n. blood-vessel

veri ['veri] n. blood; ~**ne** adj. bloody

verivorst ['veri'vorst] n. black sausage

vesi ['vesi] n. water; ~**ne** adj. waterly

veski ['veski] n. mill

vest [vest] n. vest

vestl|ema ['vestlema] v. talk; ~**us** n. talk

vetikas ['vetikas] n. (bot.) alga

vetru|ma ['vetruma] v. spring; ~**v** adj. springy; ~**vus** n. resilience

vettima ['vettima] v. get wet

vibu ['vibu] n. bow

videvik ['videvik] n. twilight

vietnam|i ['vietnami] adj. Viet-Namese; ~**lane** n. Viet-Namese

viga ['viga] n. mistake

viga|ne ['vigane] adj. defective; ~**stama** v. damage; ~**stus** n. damage, injury

vih|a ['viha] 1. n. anger, malice; ~**ane** adj. angry; ~**astama** v. get angry; ~**kama** v. hate; 2. adj. bitter, galling

vihik ['vihik] n. exercise book

vihj|ama ['vihjama] v. hint; ~**e** n. hint

vihm [vihm] n. rain; **vihma sajab** it rains; ~**ane** adj. rainy

vihmavari ['vihmavari] n. umbrella

viht [viht] 1. n. weight; 2. n. hank; 3. n. bath whisk

viibima ['vi:bima] v. stay

viie|s ['vi:es] num. fifth; ~**võistlus** n. pentathlon

viik [vi:k] 1. n. (game) draw; 2. n. (trousers) crease

viil [vi:l] 1. n. file; ~**ima** v. file; 2. n. gable; 3. n. slice, slab, cut

viima ['vi:ma] v. take; carry; **läbi** ~ carry out; **üle** ~ carry over; **lõpule** ~ accomplish

viima|ks ['vi:maks] adv. at last; finally; ~**ne** adj. last; the latest

viimistl|ema ['vi:mistlema] v. finish, trim; ~**us** n. finish, finishing touches

viin [vi:n] n. vodka

viinamari ['vi:namari] n. grape

viiner ['vi:ner] n. sausage

viipama ['vi:pama] v. motion

viirastus [vɪrastus] *n.* ghost; spectre

viis [vɪs] 1. *num.* five; ~teist (kümmend) fifteen; ~kümmend fifty; ~sada five hundred; 2. *n.* melody; 3. *n.* way

viisak|as ['vɪsakas] *adj.* polite; ~us *n.* politeness

viitama ['vɪtama] *v.* refer (to)

viitma ['vɪtma] *v.* (time) waste

viitsima ['vɪtsima] *v.* care, like (doing)

viiul ['vɪul] *n.* violin; ~daja *n.* violinist; ~dama *v.* play the violin; ~ipoogen *n.* violin bow

viivit|ama ['vɪvitama] *v.* delay; ~us *n.* delay; ~amatult *adj.* without delay

vikat ['vikat] *n.* scythe

vikerkaar ['vikerkaːr] *n.* rainbow

viksima ['viksima] *v.* shine, polish

viktoriin [viktoˈrɪn] *n.* quiz

vil|e ['vile] *n.* whistle; ~istama *v.* whistle

vilets ['vilets] *adj.* miserable; ~us *n.* misery

vil|i ['vili] *n.* fruit; ~ja lõikama *v.* harvest; ~jakas *adj.* fruitful; ~jakus *n.* fruitfulness; ~jelema *v.* cultivate

vilksatama ['vilksatama] *v.* flash

vilkuma ['vilkuma] *v.* twinkle

vill [vill] 1. *n.* wool; ~ane *adj.* woollen; 2. *n.* blister

vilt [vilt] *n.* felt

viltu ['viltu] *adv.* aslant; ~ne *adj.* slanting

vilu ['vilu] *n.* coolness; shade

vilumus ['vilumus] *n.* experience

vineer [viˈneːr] *n.* plywood

ving [ving] *n.* carbon monoxide

vingerdama ['vingerdama] *v.* wriggle

vinguma ['vinguma] *v.* whine; (wind) whistle

vint [vint] 1. *n.* screw; ~püss *n.* rifle; 2. *n.* (*zo.*) finch

virgu|ma ['virguma] *v.* become awake; ~tama *v.* stimulate; ~tusvõimlemine *n.* warming up; workout

virkus ['virkus] *n.* quickness; diligence

virn [virn] *n.* pile, stack

virsik ['virsik] *n.* peach

virutama ['virutama] *v.* fling

virvendama ['virvendama] *v.* (*water*) ripple; (*fire*) flicker

visa ['visa] *adj.* persistant

visand ['visand] *n.* sketch

vis|e ['vise] *n.* throw; ~kama *v.* throw

vistrik ['vistrik] *n.* pimple

vits [vits] *n.* twig

vokk [vokk] *n.* spinning-wheel

volinik ['volinik] *n.* representative

volt [volt] 1. *n.* fold; ~ima *v.* fold; 2. *n.* (*el.*) volt

vooder ['voːder] *n.* lining; ~dama *v.* line

voodi ['voːdi] *n.* bed; ~pesu *n.* bed-linen

vool [voːl] *n.* current; ~ama *v.* flow; ~av *adj.* flowing

voolik ['voːlik] *n.* hose

voolima ['voːlima] *v.* model, shape; (*wood*) carve

voorus ['voːrus] *n.* virtue; ~lik *adj.* virtuous

vorm [vorm] *n.* form; ~**iriietus**
n. uniform; ~**istamine** *n.* official
registration

vorst [vorst] *n.* sausage

vulgaarne [vul'gærne] *adj.* vulgar

vulisema ['vulisema] *v.* babble

vulkaaniline [vul'ka:niline] *adj.*
volcanic

vundament ['vundament] *n.* foun-
dation

vurisema ['vurisema] *v.* buzz

vurr [vurr] *n.* top (toy)

vurrud ['vurrud] *n. pl.* moustache

võhik ['vəhik] *n.* layman

või [vəi] 1. *conj.* or; 2. *n.* butter;
~**toos** *n.* butter-dish

võib-olla [vəib-olla] *adv.* perhaps

võidu|kas ['vəidukas] *adj.* victo-
rious; ~**rõõm** *n.* triumph; ~**sõit**
n. race; ~**relvastumine** *n.* ar-
mament race

võileib ['vəileib] *n.* sandwich

võilill ['vəilill] *n.* (*bot.*) dandelion

võim [vəim] *n.* power; ~**as** *adj.*
powerful

võima ['vəima] *v.* be able; ~**ldama**
v. enable

võima|lik ['vəimalik] *adj.* possible;
~**lus** *n.* possibility; ~**tu** *adj.* im-
possible; ~**tus** *n.* impossibility

võimlemine ['vəimlemine] *n.* gym-
nastics

võimsus ['vəimsus] *n.* capacity;
power

võistkond ['vəistkond] *n.* team

võistlus ['vəistlus] *n.* competition

võit [vəit] *n.* victory; ~**ja** *n.* victor;
~**ma** *v.* defeat; win; conquer

võitl|ema ['vəitlema] *v.* fight; ~**ev**
adj. fighting; ~**us** *n.* fight

võitmatu ['vəitmatu] *adj.* invincib-
le

võlg [vəlg] *n.* debt; ~**u võtma**
v. borrow; ~**u andma** *v.* lend;
~**nema** *v.* owe; ~**lane** *n.* debtor

võll [vəll] *n.* shaft

võllas ['vəllas] *n.* gallows

võlts [vəlts] *adj.* false; ~**ima** *v.* fal-
sify

võlu ['vəlu] *n.* charm; ~**ma** *v.*
charm; ~**v** *adj.* charming

võlv [vəlv] *n.* (*arch.*) code (of laws);
firmament

võnkuma ['vənkuma] *v.* rock,
swing

võpatama ['vəpatama] *v.* jerk,
wince

võra ['vəra] *n.* crown

võrdl|ema ['vərdlema] *v.* compa-
re; ~**ev** *adj.* comparative; ~**us** *n.*
comparison

võrd|ne ['vərdne] *adj.* equal; ~**sus**
n. equalitty; ~**õiguslik** *adj.*
equal in rights

võre ['vəre] *n.* grating

võrk [vərk] *n.* net

võrkpall ['vərk'pall] *n.* volley-ball

võrr|and ['vərrand] *n.* (*math.*)
equation; ~**e** *n.* (*math.*) propor-
tion

võrratu ['vərratu] *adj.* incompa-
rable

võrs|e ['vərse] *n.* shoot, sprout;
~**uma** *v.* sprout; rise

võru ['vəru] *n.* hoop

võrukael ['vərukael] *n.* rogue;
naughty child

võte ['vəte] *n.* method, way

võti ['vəti] *n.* key

võtma ['vǝtma] *v.* take; ette ~ undertake; **juurde** ~ add; **kinni** ~ catch, arrest; **kokku** ~ summarize; pull oneself together; **lahti** ~ open; undress; take apart; **vastu** ~ accept; **välja** ~ take out; **ära** ~ take away; **üle** ~ take the habit

võõrandamine ['vɑrandamine] *n.* expropriation

võõras ['vɑras] *adj.* foreign; *n.* stranger, foreigner; ~**ema** *n.* stepmother; ~**isa** *n.* stepfather; ~**poeg** *n.* stepson; ~**tütar** *n.* stepdaughter

võõrastemaja ['vɑrastemaja] *n.* hotel

võõrduma ['vɑrduma] *v.* become estranged (from)

võõr|keel ['vɑr'keːl] *n.* foreign language; ~**sõna** *n.* foreign word

väet|ama ['væetama] *v.* fertilize; ~**is** *n.* fertilizer

väeteenistus ['væetɛnistus] *n.* military service

väga ['væga] *adv.* very; very much

väg|ev ['vægev] *adj.* mighty; ~**ila-ne** *n.* strong man, hero

vägivald ['vægivald] *n.* violence; ~**ne** *adj.* forced; violent

vähe ['væhe] *adv.* little, few; ~**mus** *n.* minority; ~**ndama** *v.* decrease; ~**nema** *v.* grow smaller

vähehaaval ['væhehɑːval] *adv.* gradually

vähk [væhk] 1. *n.* crayfish; 2. *n.* cancer

väide ['væide] *n.* statement

väike ['væike] *adj.* small, little; ~**kodanlus** *n.* petty bourgeoisie

väikl|ane ['væiklane] *adj.* petty, narrow-minded; ~**us** *n.* pettiness

väimees ['væimees] *n.* son-in-law

väin [væin] *n.* strait

väitma ['væitma] *v.* affirm

väle ['væle] *adj.* quick

välgat|ama ['vælgatama] *v.* flash; ~**us** *n.* flash

väli|mus ['vælimus] *n.* exterior; ~**ne** *adj.* external

välis|maa ['vælismɑ] *n.* foreign country; ~**maalane** *n.* foreigner; ~**poliitika** *n.* foreign policy

välistama ['vælistama] *v.* exclude

välivoodi ['væli'vɔdi] *n.* camp-bed

välja ['vælja] *prep.* out of, from; ~**!** get out!

väljaanne ['væljaanne] *n.* edition

väljak ['væljak] *n.* square

väljakutse ['væljakutse] *n.* call; challenge

välja|minek ['væljaminek] *n.* going out; exit; ~**pääs** *n.* exit

väljamõeldis ['væljamɑeldis] *n.* invention

väljamüük ['væljamyːk] *n.* sale

väljapaistev ['væljapaistev] *adj.* outstanding

väljas ['væljas] *adv.* outside, out-of-doors; ~**t** from outside

väljasurev ['væljasurev] *adj.* dying out, becoming extinct

väljavaade ['væljavɑːde] *n.* view; outlook

väljend ['væljend] *n.* expression; ~**ama** *v.* express; ~**us** *n.* expression; ~**amatu** *adj.* inexpressible

väljuma ['væljuma] *v.* go out; get off; leave

välk [vælk] *n.* lightning

õ|de   õis

vältel ['væltel] *postp.* during

vältima ['væltima] *v.* avoid; ~tu *adj.* unavoidable

värav ['værav] *n.* gate; ~avaht *n.* gate-keeper; goal-keeper

värbama ['værbama] *v.* recruit

väri|n ['værin] *n.* tremble; ~sema *v.* shiver; tremble

värsk|e ['værske] *adj.* fresh; ~endama *v.* refresh; ~us *n.* freshness

värss [værss] *n.* verse

värv [værv] *n.* colour; paint; dye; ~iline *adj.* coloured ~ima *v.* colour, paint; dye; ~itu *adj.* colourless

väsi|ma ['væsima] *v.* get tired; ~mus *n.* tiredness; ~nud *adj.* weary

väänama ['væːnama] *v.* twist; wring

väär [væːr] *adj.* wrong; ~atus *n.* mistake; slip

vääramatu ['væːramatu] *adj.* unshakable

vääri|kus ['væːrikus] *n.* dignity; ~ma *v.* deserve

väärisese ['væːrisese] *n.* jewel

väärtus ['væːrtus] *n.* value; ~lik *adj.* valuable

väävel ['væːvel] *n.* sulphur; ~hape *n.* sulphuric acid

vöö [vœ] *n.* belt; ~koht *n.* waist

vöödiline ['vœːdiline] *adj.* striped

vöönd [vœnd] *n.* zone

vürst [vyrst] *n.* prince; ~inna *n.* princess

vürts [vyrts] *n.* spice; ~ine *adj.* spicy; ~itama *v.* spice

Õ

õ|de ['əde] *n.* sister; ~emees *n.* brother-in-law; ~epoeg *n.* nephew; ~etütar *n.* niece

õel [əel] *adj.* malicious; ~us *n.* malice

õhetama ['əhetama] *v.* flush, glow, flame (with)

õh|k [əhk] *n.* air; ~uline *adj.* airy; ~uaken *n.* window-pane

õhkama ['əhkama] *v.* moan; sigh

õhkkond ['əhkkond] *n.* atmosphere

õhtu ['əhtu] *n.* evening; ~ne *adj.* evening; ~leht *n.* evening newspaper; ~söök *n.* supper; ~poolik *n.* afternoon

õhuke ['əhuke] *adj.* thin

õhustus ['əhustus] *n.* airing; ventilation

õhutama ['əhutama] *v.* incite (to) (to do); stimulate

õiendama ['əiendama] *v.* adjust, regulate, correct, bustle; (*ezam*) pass

õige ['əige] *adj.* right; *adv.* rather, quite; ~aegne *adj.* timely; ~kiri *n.* spelling; ~sti *adv.* rightly

õigl|ane ['əiglane] *adj.* jast; ~us *n.* justice

õigus ['əigus] *n.* right; ~nõuandla *n.* legal advice office; ~teadus *n.* law; ~tama *v.* justify

õil|is ['əilis] *adj.* noble; ~sus *n.* nobility

õis [əis] *n.* flower

õitsema ['əitsema] v. blossom, bloom

õitseng ['əitseng] n. flowering

õl|g [əlg] 1. n. shoulder; 2. n. straw, ~ekõrs n. straw

õli ['əli] n. oil; ~ne adj. oily; ~tama v. oil

õlivärv ['əli'værv] n. oil-paint

õmble|ma ['əmblema] v. sew; ~ja n. dressmaker; ~mine n. sewing; külge ~ma v. sew on; kinni ~ma v. sew up; välja ~ma v. embroider

õmblus ['əmblus] n. seam; sewing; needlework; ~masin n. sewing-machine

õng [əng] n. fishing-rod; ~enöör n. fishing-line ~eritv n. fishing-rod; ~itseja n. fisherman; ~itsema v. fish (for)

õnn [ənn] n. happiness; ~eks adv. luckily; ~elik adj. happy

õnnestu|ma ['ənnestuma] v. succeed; ~mine n. success; ~nud adj. successful

õnnetu ['ənnetu] adj. unhappy; ~s n. misfortune

õnnetusjuhtum ['ənnetus'juhtum] n. accident

õnnist|ama ['ənnistama] v. bless; ~us n. blessing

õnn|itlema ['ənnitlema] v. congratulate (on); ~esoov n. congratulation

õpet|aja ['əpetaja] n. teacher; ~ama v. teach; ~lik adj. instructive; ~us n. teaching

õpik ['əpik] n. textbook

õpilane ['əpilane] n. pupil

õppe|aine ['əppe'aine] n. subject; ~edukus n. proficiency; ~maks n. fee, tuition; ~tund n. lesson

õpp|ima ['əppima] v. learn, study; ~imine n. teaching; ~us n. studies

õrn [ərn] adj. tender; ~us n. tenderness

õrritama ['ərritama] v. tease

õu [əu] n. yard

õud|ne ['əudne] adj. horrible; ~(s)us n. horror

õukond ['əukond] n. court; ~lik adj. court

õun [əun] n. apple; ~apuu n. apple-tree

õõn|es ['ænes] adj. hollow; ~sus n. hollow

Ä

äge ['æge] adj. veherment, fervent, violent; ~dus n. fury

ägenema ['ægenema] v. sharpen, strengthen

ägestuma ['ægestuma] v. get fervent

ähmane ['æhmane] adj. vague

ähvard|ama ['æhvardama] v. threaten; ~av adj. threatening; ~us n. threat

äi [æi] n. father-in-law

äike ['æike] n. thunder-storm

äiutama ['æiutama] v. lull

äke ['æke] n. harrow

äk|iline ['ækiline] adj. sudden; ~ilisus n. suddenness; ~ki adv. suddenly

ämber ['æmber] *n.* bucket

ämblik ['æmblik] *n.* spider; ~**uvõrk** *n.* spider's web

ämm [æmm] *n.* mother-in-law

äpardus ['æpardus] *n.* misfortune

ära ['æra] *adv.* away, off; *(forbidden word)* ~ mine! don't go! ~ karda! don't be afraid!

äraand|ja ['æraandja] *n.* traitor; ~**mine** *n.* treachery

ärajätmine ['ærajætmine] *n.* omission

ärakeelamine ['ærakɛlamine] *n.* prohibition

ärakiri ['ærakiri] *n.* copy

äraminek ['æraminek] *n.* leaving

ärandama ['ærandama] *v.* drive away; steal

äraolek ['æraolek] *n.* absence

ärasõit ['ærasɔit] *n.* departure

** äratama** ['æratama] *v.* wake, awake

ärätuskell ['æratus'kell] *n.* alarm-clock

ärev ['ærev] *adj.* excited; ~**us** *n.* excitment

ärimees ['ærimɛes] *n.* business man

ärkam|a ['ærkama] *v.* wake up, awake; ~**ine** *n.* waking up, awakening

ärkvel ['ærkvel] *pred., adj.* awake

ärrit|ama ['ærritama] *v.* irritate; ~**uma** *v.* get irritated; ~**us** *n.* irritation

äsja ['æsja] *adv.* recently

äss [æss] *n.* ace

ässitama ['æssitama] *v.* instigate

äädikas ['ædikas] *n.* vinegar

äär [ær] *n.* edge

äärde ['ærde] *prep., postp.* to

äärelinn ['ærelinn] *n.* suburb

ääres ['æres] *prep., postp.* at; ~**t** *prep., postp.* from

ääretu ['æretu] *adj.* endless, boundless

ääris ['æris] *n.* border, edge; ~**tama** *v.* border, edge

äärmine ['ærmine] *adj.* outer; farthest

äärm|iselt ['ærmiselt] *adv.* extremely (important); ~**us** *n.* extremity

õ

õeldis ['ɔeldis] *n.* *(gr.)* predicate

õkono|mist [ɔkono'mist] *n.* economist; ~**omika** *n.* economics; ~**omiline** *adj.* economic

õkonoom|ia [ɔko'nɑmia] *n.* economy; ~**ne** *adj.* economical

öö [æ] *n.* night; ~**seks** *adv.* for the night; ~**sel** *adv.* at night; by night; in the night-time; ~**siti** *adv.* (at) nights, nightly; ~**bima** *v.* stay for the night

ööbik ['æbik] *n.* nightingale

öökull ['æ'kull] *n.* owl

öökülm ['æ'kylm] *n.* night frost

ööliblikas ['æ'liblikas] *n.* moth

öömaja ['æmaja] *n.* sleeping accomodation

ööpäev ['æpæev] *n.* twenty-four hours

öösärk ['æ'særk] *n.* nightgown

öötöö ['æ'tæ] *n.* night-work

öövaht ['ævaht] *n.* night-watchman

öövalve ['ævalve] *n.* night watch

Ü

üdi ['ydi] *n.* marrow

üheaegselt ['yheaegselt] *adv.* simultaneously

üheksa ['yheksa] *num.* nine; ~**kümmend** ninety; ~**s** ninth; ~**sada** nine hundred; ~**teist** (**kümmend**) nineteen

ühend ['yhend] *n.* compound; ~**ama** *v.* connect, join, unite

ühendus ['yhendus] *n.* union, connection, -xion, communication

ühepalju ['yhe'palju] *adv.* equally

ühes(koos) ['yheskɑːs] *adv.* together

ühesugune ['yhesugune] *adj.* identical, the same

ühetaoline ['yhetaoline] *adj.* similar

üheväärne ['yhevæːrne] *adj.* equivalent

ühik ['yhik] *n.* unit

ühi|ne ['yhine] *adj.* common; ~**selt** *adv.* in common

ühinema ['yhinema] *v.* unite, join, connect

ühing ['yhing] *n.* union

ühiselamu ['yhis'elamu] *n.* hostel

ühiskond ['yhiskond] *n.* community; ~**lik** *adj.* social

ühiskonnateadus ['yhiskonna'teadus] *n.* sociology

ühisomand ['yhisomand] *n.* common property

ühistegevus ['yhis'tegevus] *n.* co-operation

ühtlane ['yhtlane] *adj.* level, homogenous, steady, uniform

ühtsus ['yhtsus] *n.* unity

üks [yks] *num.* one; ~**teist(kümmend)** eleven

üksi ['yksi] *adv.* alone

üksik ['yksik] *adj.* single

üksikasjalik ['yksikasjalik] *adj.* detailed

üksildane ['yksildane] *adj.* lonely; solitary

üksindus ['yksindus] *n.* solitude

ükskord ['ykskord] *adv.* once

ükskõik ['ykskɔik] *adv.* all the same

ükskõikne ['ykskɔikne] *adj.* indifferent

ükslui|ne ['yksluine] *adj.* monotonous; ~**sus** *n.* monotony

üksmeel ['yksmel] *n.* harmony; ~**ne** *adj.* harmonious

ülalpeetav ['ylalpɛtav] *n.* dependant

ülalpidamine ['ylalpidamine] *n.* upkeep

ülb|e ['ylbe] *adj.* insolent; ~**us** *n.* insolence

üldi|ne ['yldine] *adj.* general, universal; ~**stama** *v.* generalize; ~**stus** *n.* generalization

üldlaulupidu ['yld'laulupidu] *n.* Song Festival

üldse ['yldse] *adv.* at all; ~ **mitte midagi** nothing at all

üldtuntud ['yldtuntud] *adj.* well-known

üle ['yle] *prep.*, *postp.*, *adv.* over, about, across

üleannetu ['yleannetu] *adj.* naughty; ~**s** *n.* naughtiness

ülearune ['ylearune] *adj.* super-fluous

üleasustus ['yleasustus] *n.* over-population

üle\|eile ['yleeile] *adv.* the day before yesterday; ~**homme** *adv.* the day after tomorrow

ülejooksik ['ylejɑksik] *n.* deserter

ülejääk ['ylejæːk] *n.* remainder

ülekaal ['ylekaːl] *n.* overweight

ülekanne ['ylekanne] *n.* (*tech.*) transfer; transmission

ülekohus ['ylekohus] *n.* injustice

ülekoormus ['ylekoːrmus] *n.* over-load

ülekulu ['ylekulu] *n.* over-expendi-ture

ülekuulamine ['ylekuːlamine] *n.* interrogation

ülekäik ['ylekæik] *n.* crosswalk

üleliiduline ['yleliːduline] *adj.* all-Union

üleliigne ['yleliːgne] *adj.* super-fluous

üleloomulik ['ylelɑmulik] *adj.* su-pernatural

ülem, ~us ['ylem, ylemus] *n.* chief; *adj.* higher

ülemine ['ylemine] *adj.* upper

ülemkohus ['ylem'kohus] *n.* Supre-me Court

ülemäärane ['ylemæːrane] *adj.* excessive

üleni ['yleni] *adv.* all over

üleole\|k ['yleolek] *n.* superiority; ~**v** *adj.* superior

ülepäeviti ['yle'pæeviti] *adv.* every other day

üles ['yles] *adv.* up

ülesanne ['ylesanne] *n.* task; prob-lem; assignment

üleskutse ['yleskutse] *n.* appeal

ülestunnistus ['ylestunnistus] *n.* confession

ülestõus ['ylestɑus] *n.* insurrection

ülesvõte ['ylesvɑte] *n.* photo

ületama ['yletama] *v.* overcome; overfulfil; cross

ületamatu ['yletamatu] *adj.* insu-perable; irresistible

ületootmine ['yletɑtmine] *n.* over-production

ületunnitöö ['yletunni'tɑ] *n.* over-time work

üleujutus ['yleujutus] *n.* flood

ülev ['ylev] *adj.* sublime

ülevaade ['ylevaːde] *n.* review

ülevaatus ['ylevaːtus] *n.* inspection

üleval (ülal) ['yleval] *adv.* up, abo-ve, upstairs, overhead; (awake) up

ülevalt ['ylevalt] *adv.* from above

ülihapend ['ylihapend] *n.* peroxide

ülikond ['ylikond] *n.* suit

ülikool ['ylikoːl] *n.* university

ülim ['ylim] *adj.* supreme

ülist\|ama ['ylistama] *v.* glorify; ~**us** *n.* glorification

ülitundlik ['yli'tundlik] *adj.* over-sensitive

ülitähtis ['yli'tæhtis] *adj.* extre-mely important

ülivõrre ['yli'vɑrre] *n.* (*gr.*) super-lative degree

üliõpilane ['yliɑpilane] *n.* student

üllas ['yllas] *adj.* high-minded

üllat\|ama ['yllatama] *v.* surprise; ~**av** *adj.* surprising; ~**tuma** *v.* be surprised; ~**us** *n.* surprise

ümar ['ymar] *adj.* round; ~**dama** *v.* round off; ~**us** *n.* roundness

ümber ['ymber] *prep., adv.* around, round

ümberasuja ['ymberasuja] *n.* settler; immigrant

ümberehitus ['ymberehitus] *n.* reconstruction

ümberjutustus ['ymber'jutustus] *n.* paraphrase, retelling, narration

ümberlükkamatu ['ymberlykkamatu] *adj.* irrefutable

ümbermaailmareis ['ymber'mɑilmɑ'reis] *n.* round-the-world trip

ümbermõõt ['ymbermɑt] *n.* circumference

ümberpaigutus ['ymberpaigutus] *n.* rearrangement; displacement

ümberringi ['ymberringi] *adv.* all around

ümbrik ['ymbrik] *n.* envelope

ümbritsema ['ymbritsema] *v.* surround

ümbrus ['ymbrus] *n.* environs

ümmargune ['ymmargune] *adj.* round

ürg|ne ['yrgne] *adj.* primitive; ~**inimene** *n.* primitive man

ürik ['yrik] *n.* historical document

ürit|ama ['yritama] *v.* attempt; ~**us** *n.* attempt

üsna ['ysna] *adv.* rather

ütlema ['ytlema] *v.* say, tell; **ette** ~ prompt; **lahti** ~ renounce; **ära** ~ refuse; **välja** ~ speak out

ütlemata ['ytlemata] 1. *adj.* unsaid; without saying; 2. *adj.* unspeakably; ~ **õnnelik** unspeakably happy

ütlus ['ytlus] *n.* saying; expression

üür [y:r] *n.* rent; ~**ima** *v.* rent; hire; **välja** ~**ima** hire out, let; ~**iraha** *n.* rent, rental

üürnik ['y:rnik] *n.* (room) lodger; (flat) tenant

ENGLISH-ESTONIAN
DICTIONARY

Auckland ['ɔːkländ] c. Aucland

Australia [ɔsˈtreiljə] Austraalia

Austria ['ɔstriə] Austria

Azerbaijan [ɑzəbaiˈdʒɑn] Aser-baidžaan

Azores [əˈzɔːz] isl.-s Assoorid

Azov, Sea of ['siː əv 'ɑzɔv] Aasovi meri

Babylon ['bæbilən] hist. Babülon

Baffin Bay ['bæfin 'bei] Baffini laht

Bag(h)dad ['bægdæd] c. Bagdad

Bahama Islands, Baha-mas [bəˈhɑːmə 'ailənds] Bahama saared

Bahrain, Bahrein [bɑˈrein] Bah-rein

Baikal [baiˈkɑːl] l. Baikal

Baku [bɑˈkuː] c. Bakuu

Balearic Islands [bæliˈærik 'ailənds] Baleaarid

Balkan Mountains ['bɔ(ː)lkən 'mauntins] Balkani mäed

Balkan Peninsula ['bɑlkən piˈni-sjulə] Balkani poolsaar

Baltic Sea ['bɔltik 'siː] Balti meri

Baltimore ['bɔltimɔ] c. Baltimore

Bangkok [bænˈkɔk] c. Bangkok

Bangladesh ['bæŋgləˈdeʃ] Bangla-desh

Barcelona [bɑːsiˈlounə] c. Barcelo-na

Basel, Basle ['bɑːzəl] c. Basel

Batumi [bɑˈtuːmi] c. Batumi

Beirut ['beirut] c. Beirut

Belfast ['belfɑːst] c. Belfast

Belgium ['beldʒəm] Belgia

Belgrade [belˈgreid] c. Belgrad

Bengal, Bay of ['bei əv benˈgɔl] Bengali laht

Benin [beˈnin] Benin

Berlin [bɑˈlin] c. Berliin

Bermuda Islands, Bermudas [bə(ː)ˈmjuːdə 'ailənds] Bermuda saared

Bern(e) [bɑn] c. Bern

Beyrouth [beiˈruːt] c. Beirut

Bhutan [buˈtɑn] Bhutan

Bikini [biˈkiːni] Bikini

Birmingham ['bɑːmiŋəm] c. Bir-mingham

Biscay, Bay of ['bei əv 'biskei] Bis-kaia laht

Bishkek [biʃˈkek] c. Biškek

Black Sea ['blæk siː] Must meri

Bolivia [bəˈliviə] Boliivia

Bombay [bɔmˈbei] c. Bombay

Bonn [bɔn] c. Bonn

Bordeaux [bɔːˈdou] c. Bordeaux

Borneo ['bɔːniou] isl. Borneo

Bosporus ['bɔspərəs] Bosporus

Boston ['bɔstən] c. Boston

Boulogne [buˈloun] c. Boulogne

Brahmaputra [brɑːməˈpuːtrə] r. Brahmaputra

Brasilia [brəˈzilə] c. Brasilia

Brazil [brəˈzil] Brasiilia

Brazzaville ['bræzəvil] c. Brazza-ville

Brest [brest] c. Brest

Bridgetown ['bridʒtaun] c. Brid-getown

Brighton ['braitn] c. Brighton

Bristol ['bristl] c. Bristol

Britain ['britn] see Great Britain Britannia

Bronx [brɔŋks] Bronx

Brooklyn ['bruklin] Brooklyn

Brunei [bru'nei] Brunei

Brussels ['brʌslz] c. Brüssel

Bucharest ['bjuːkərest] c. Bukarest

Budapest ['bjuːdə'pest] c. Budapest

Buenos Aires ['bwenəs 'aiəriz] c. Buenos Aires

Buffalo ['bʌfəlou] c. Buffalo

Bug [buːg] r. Bug

Bulgaaria [bʌl'gɛəriə] Bulgaaria

Burma ['bəːmə] Birma

Byelorussia [bjelou'rʌʃə] Valgevene

Byzantium [b(a)i'zæntiəm] hist. Bütsants

Cadiz ['keidiz] c. Cadiz

Cairo ['kaiərou] c. Kairo

Calais ['kælei] c. Calais

Calcutta [kæl'kʌtə] c. Calcutta

California [kæli'fɔnjə] California

Cambridge ['keimbridʒ] c. Cambridge

Cameroon ['kæməruːn] Kamerun

Canada ['kænədə] Kanada

Canary Islands [kə'nɛəri 'ailəndz] Kanaari saared

Canberra ['kænbərə] c. Canberra

Canterbury ['kæntəbəri] c. Canterbury

Cape Horn ['keip 'hɔn] Kap Hoorn

Cape of Good Hope ['keip əv 'gud 'houp] Hea Lootuse neem

Cape Town, Capetown ['keip 'taun] c. Kaplinn

Caracas [kərə'kəs] c. Caracas

Cardiff ['kɑːdif] c. Cardiff

Caribbean (Sea) [kæri'biːən 'siː] Kariibi meri

Carpathian Mountains, Carpathians [kɑː'peiθjənz 'mauntinz] Karpaadid

Carthage ['kɑːθidʒ] hist. Kartaago

Caspian Sea ['kæspiən 'siː] Kaspia meri

Caucasus, the [ðə 'kɔːkəsəs] Kaukasus

Cayenne [kei'en] c. Cayenne

Central African Republic ['sentrəl 'æfrikən ri'pʌblik] Kesk-Aafrika Vabariik

Central America ['sentrəl ə'merikə] Kesk-Ameerika

Chad [tʃæd] Tšaad

Channel Islands ['tʃænəl 'ailəndz] Kanalisaared

Chester ['tʃestə] c. Chester

Chicago [(t)ʃi'kɑːgou] c. Chicago

Chile ['tʃili] Tšiili

China ['tʃainə] Hiina

Christchurch ['kraisttʃəːtʃ] c. Christchurch

Cincinnati [sinsi'næti] c. Cincinnati

Cleveland ['kliːvlənd] c. Cleveland

Clyde [klaid] r. Clyde

Cologne [kə'loun] c. Köln

Colombia [kə'lɔmbiə] Kolumbia

Colombo [kə'lʌmbou] c. Colombo

Colorado [kɔlə'rɑːdou] Colorado

Columbia [kə'lʌmbiə] c., r. Columbia

Congo, the [ðə 'kɔŋgou] r. Kongo

Connecticut [kə'netikət] Connecticut

Constantinople [kɔnstænti'noupl] hist. Konstantinoopol

Copenhagen [koupn'heigən] c. Kopenhaagen

Corfu ['kɔːf(j)uː] isl. Korfu

Corinth ['kɔrinθ] hist. Korintos

Cornwall ['kɔːnwəl] pen. Cornwall

Corsika ['kɔːsikə] isl. Korsika

Costa Rica ['kɔstə 'riːkə] Costa Rica

Coted'ivoire [kɔːtdivu'ɑ] see Ivory Coast

Coventry ['kɔvəntri] c. Coventry

Crete [kriːt] Kreeta

Crimea, the [ðə krai'miə] Krimm

Cuba ['kjuːbə] Kuuba

Cumberland ['kʌmbələnd] Cumberland

Cyprus ['saiprəs] Küpros

Czechoslovakia ['tʃekouslou'væ-kiə] Tšehhoslovakkia

Dacca ['dækə] c. Dhaca, Dacca

Dakar ['dækə] c. Dakar

Dallas ['dæləs] c. Dallas

Damascus [də'mɑskəs] c. Damaskus

Danube ['dænjuːb] r. Doonau

Dardanells [dɑːdə'nelz] str. Dardanellid

Dar es Salaam ['dɑːr es sɑː'lɑːm] c. Dar es Salaam

Daugava ['dɑːugɑːvɑː] r. Daugava

Dead Sea ['ded 'siː] Surnumeri

Delaware ['deləweə] Delaware

Delhi ['deli] c. Delhi

Denmark ['denmɑːk] Taani

Denver ['denvə] c. Denver

Dniepr ['dniːpə] r. Dnepr

Dominican Republic [də'minikən ri'pʌblik] Dominikaani Vabariik

Don [dɔn] r. Don

Dover ['douvə] c. Dover

Dublin ['dʌblin] c. Dublin

Dushanbe [duːʃən'be] c. Dušanbe

Ecuador [ekwə'dɑː] Ekuador

Edinburgh ['edinbərə] c. Edinburgh

Egypt ['iːdʒipt] Egiptus

Elbe [elb] r. Elbe

Elbrus, Elbruz ['elbruːs] Elbrus

El Salvador [el 'salvədɔː] El Salvador

England ['iŋglənd] Inglismaa

English Channel ['iŋgliʃ 'tʃænl] La Manche

Equatorial Guinea [ekwə'tɔːriəl 'gini] Ekvatoriaal-Guinea

Essex ['esiks] Essex

Estonia [es'touniə] Eesti

Ethiopia [iːθi'oupjə] Etioopia

Etna ['etnə] Etna

Eton ['iːtn] c. Eton

Euphrates [juː'freitiːz] r. Eufrat

Europe ['juərop] Euroopa

Everest ['evərest] Everest

Falkland Island ['fɔːklənd 'ailəndz] Falklandi saared

Faroe Islands, Faroes ['feərou 'ailəndz] Fääri saared

Fiji ['fiːdʒiː] Fidži

Finland ['finlənd] Soome

Florence ['flɔːrəns] c. Firenze

Florida ['flɔridə] Florida

Formosa [fɔː'mousə] Formosa

France [frɑːns] Prantsusmaa

Freetown ['friːtaun] c. Freetown

Gabon, Gaboon [gæ'bɔn] Gabon

Gambia ['gæmbiə] Gambia

Ganges ['gændʒiːz] r. Ganges
Geneva [dʒi'niːvə] c. Genf
Genoa ['dʒenouə] c. Genua
Georgia ['dʒɔːdʒə] 1. Gruusia
Georgia ['dʒɔːdʒə] 2. Georgia
Germany ['dʒɑːməni] Saksamaa
Ghana ['gɑːnə] Ghana
Ghent [gent] c. Gent
Gibraltar [dʒi'brɔːltə] Gibraltar
Glasgow ['glɑːsgou] c. Glasgow
Gobi, the [ðə 'goubi] Gobi kõrb
Gorki ['gɔːrki] c. see Nizhni Nov-
  gorod Gorki
Great Britain ['greit 'britn]
  Suurbritannia
Greece [griːs] Kreeka
Greenland ['griːnlənd] Gröönimaa
Greenwich ['grinidʒ] Greenwich
Grenada [grə'neidə] Grenada
Guadeloupe [gwɑːdə'luːp] Guade-
  loupe
Guatemala [gwæti'mɑːlə] Guate-
  mala
Guinea ['gini] Guinea
Guinea-Bissau ['ginibi'sau] Gui-
  nea-Bissau
Guyana [gai'ænə] Guiana

Hague, The [ðə 'heig] c. Haag
Haiti ['heiti] Haiti
Hamburg ['hæmbəg] c. Hamburg
Hanoi [hæ'noi] c. Hanoi
Havana [hə'vænə] c. Havanna
Havre ['hɑːvr] c. Havre
Hawaii [hɑː'wai(i)] Havai
Hebrides ['hebridiːz] Hebriidid
Hellas ['helæs] hist. Hellas
Helsinki ['helsiŋki][c. Helsinki
Himalaya(s), the [ðə himə'leiə(z)]
  Himaalaja

Hindustan ['hindu'stɑːn] pen. Hin-
  dustan
Hiroshima [hirə'ʃiːmə] c. Hiroshi-
  ma
Holland ['hɔlənd] see Nether-
  lands Holland
Hollywood ['hɔliwud] c. Hol-
  lywood
Honduras [hɔn'djuərəs] Honduras
Hong Kong ['hɔŋ 'kɔŋ] Hongkong
Honolulu [hɔnə'luːluː] c. Honolulu
Houston ['hjuːstən] c. Houston
Hudson ['hʌdsən] c. Hudson
Hungary ['hʌŋgəri] Ungari
Hwang Ho ['hwæŋ 'hou] r. Huang-
  ho

Iceland ['aislənd] Island
Idaho ['aidəhou] Idaho
Illinois [ili'nɔi(z)] Illinois
India ['indjə] India
Indiana [indi'aenə] Indiana
Indian Ocean ['indiən 'ouʃən] In-
  dia ookean
Indonesia [indou'niːzjə] Indoneesia
Ionian Sea [ai'ounian 'siː] Joonia
  meri
Iowa ['aiouə] Iowa
Iran [i'rɑːn] Iraan
Iraq [i'rɑːk] Iraak
Ireland ['aislənd] Iirimaa
Islamabad [is'lɑːməbɑːd] c. Islama-
  bad
Israel ['izreiəl] Iisrael
Istanbul [istæn'buːl] Istanbul
Italy ['itəli] Itaalia

Jakarta [dʒə'kɑːtə] c. Djakarta
Jamaica [dʒe'meikə] Jamaika
Japan [dʒe'pæn] Jaapan

Java ['dʒɑːvə] *isl.* Jaava
Jersey ['dʒæːsi] *isl.* Jersey
Jerusalem [dʒə'ruːsələm] *c.* Jeruusalemm
Johannesburg [dʒou'hænisbæg] *c.* Johannesburg
Jordan ['dʒɔːdn] 1. Jordaania; 2. *r.* Jordan
Jutland ['dʒʌtlənd] Jüüti poolsaar

Kabul [kə'buːl] *c.* Kabul
Kalahara Desert [kælə'hɑːra di'zɑːt] Kalahari kõrb
Kalimantan [kæli'mæntən] *isl. see* Borneo Kalimantan
Kama ['kɑːmə] *r.* Kaama
Kamchatka [kæm'tʃætkə] *pen.* Kamtšatka
Kansas ['kænsəs] Kansas
Karachi [kə'rɑːtʃi] *c.* Karatši
Kara Sea ['kɑːrə 'siː] Kara meri
Karlovy Vary ['kɑːləvi 'vɑːri] *c.* Karlovy Vary
Kashmir [kæʃ'miə] Kašmir
Katmandu ['kɑːtmɑːn'duː] *c.* Katmandu
Kaunas ['kaunɑːs] *c.* Kaunas
Kazakhstan ['kɑːzɑːk'stɑːn] Kasahstan
Kent [kent] Kent
Kentucy [ken'tʌki] Kentucky
Kenya ['kiːnjə] Keenia
Khart(o)um [kɑː'tuːm] *c.* Hartum
Kiev ['kiːev] *c.* Kiiev
Kilimanjaro ['kilimən'dʒɑːrou] *m.* Kilimandžaaro
Kirghizstan ['kyrgəz'stɑːn] Kõrgõzstan
Klaipeda [kla'ipidə] *c.* Klaipeda
Klondike ['klɔndaik] Klondike

Korea [kə'riə] Korea
Kuril(e) Islands [ku'riːl 'ailəndz] Kuriili saared
Kuwait [ku'weit] Kuveit
Kyoto [ki'outou] *c.* Kioto

Labrador ['lɔbrədɑː] *pen.* Labrador
Ladoga ['lɑːdo(u)gə] *l.* Laadoga
Lahore [lə'hɑː] *c.* Lahore
Lancashire ['læŋkəʃiə] Lancashire
Laos [lauz] Laos
Latvia ['lætviə] Läti
Lebanon ['lebənən] Liibanon
Leeds [liːdz] *c.* Leeds
Leghorn ['leg'hɑːn] *c.* Livorno
Leipzig ['laipzig] *c.* Leipzig
Lesotho [le'sɔtə] Lesotho
Lhasa ['læsə] *c.* Lhasa
Liberia [lai'biəriə] Libeeria
Libya ['libiə] Liibüa
Liechtenstein ['liktənstain] Liechtenstein
Lima ['liːmə] *c.* Lima
Lisbon ['lizbən] *c.* Lissabon
Lithuania [liθjuː'einjə] Leedu
London ['lʌndən] *c.* London
Los Angeles [los'ændʒiliːz] *c.* Los Angeles
Louisiana [luːizi'ænə] Louisiana
Luanda [luː'ændə] *c.* Luanda
Luxembourg ['lʌksəmbæg] *c.* Luxembourg
Lyons ['laiənz] *c.* Lyon

Madagascar [mædə'gæskə] Madagaskar
Madeira [mə'diəriə] *isl.* Madeira
Madras [mə'dræs] *c.* Madras
Madrid [mə'drid] *c.* Madrid

Magellan, Strait of ['streit əv mə'gelən] Magalhãesi väin
Maine [mein] Maine
Majorca [mə'dʒɔːkə] *isl.* Mallorca
Malaysia [mə'leiʒə] Malaisia
Malta ['mɔːltə] Malta
Managua [mə'nɑːgwə] *c.* Managua
Manchester ['mæntʃistə] *c.* Manchester
Manhattan [mæn'hætən] Manhattan
Manila [mə'nilə] *c.* Manila
Manitoba [mæni'toubə] Manitoba
Marmara (Marmara), Sea of ['siː əv 'mɑːmərə] Marmara meri
Marseilles [mɑː'seilz] *c.* Marseille
Maryland ['mɛərilænd] Maryland
Massachusetts [mæsə'tʃusets] Massachusetts
Mauritania [mɔri'teiniə] Mauritaania
Mauritius [mə'riʃəs] Mauritius
Mecca ['mekə] *c.* Meka
Medina [me'dːnə] *c.* Mediina
Mediterranean Sea [meditə'reinjen 'siː] Vahemeri
Melanesia [melə'niːziə] Melaneesia
Melbourne ['melbən] *c.* Melbourne
Memphis ['memfis] *c.* Memphis
Mexico ['meksikou] Mehhiko
Mexico (City) ['meksikou] *c.* Mexico
Miami [mai'æmi] *c.* Miami
Michigan ['miʃigən] Michigan
Milan [mi'læn] *c.* Milano
Milwaukee [mil'wɔːki] *c.* Milwaukee
Minnesota [mini'soutə] Minnesota
Minsk [minsk] *c.* Minsk

Mississippi [misi'sipi] Mississipi
Missouri [mi'zuəri] Missouri
Moldova [mɔl'dɔvə] Moldova
Monaco ['mɔnəkou] Monako
Mongolia [mɔŋ'gouljə] Mongoolia
Montana [mɔn'tænə] Montana
Montreal [mɔntri'ɔːl] *c.* Montreal
Marocco [mə'rɔkou] Maroko
Moscow ['mɔskou] *c.* Moskva
Mozambique [mouzam'bːk] Mosambiik
Munich ['mjuːnik] *c.* München
Murmansk ['murmɑːnsk] *c.* Murmansk

Nagasaki [næɡə'sɑːki] *c.* Nagasaki
Namibia [nə'mibiə] Namibia
Naples ['neiplz] *c.* Napoli
Nebraska [ni'bræskə] Nebraska
Neman ['nemən] *r.* Neman
Nepal [ni'pɔːl] Nepaal
Netherlands ['neðələndz] Madalmaad
Neva ['neivə, 'niːvə] *r.* Neeva
Nevada [ne'vɑːdə] Nevada
New Guinea ['njuː 'gini] Uus Guinea
New Hampshire ['njuː'hæmpʃiə] New Hampshire
New Jersey ['njuː 'dʒɛːzi] New Jersey
New Mexico ['njuː 'meksikou] New Mexico
New Orleans ['njuː 'xliənz] *c.* New Orleans
Newport ['njuːpɔːt] *c.* Newport
New South Wales ['njuː 'sauθ 'weilz] Uus-Lõuna-Wales
New York ['njuː 'jɔːk] New York

New Zealand ['njuː 'ziːlənd] Uus-Meremaa
Niagara [nai'ægərə] r. Niagara
Niagara Falls [nai'ægərə 'fɔːlz] Niagara juga
Nicaragua [nikə'rægjuə] Nikaraagua
Nice [niːs] c. Nizza
Niger ['naidʒə] Niger
Nigeria [nai'dʒiəriə] Nigeeria
Nile [nail] r. Niilus
Nizhni Novgorod ['nɪʒni 'nɔvgərɔd] c. Nižni Novgorod
North America ['nɑθ ə'merikə] Põhja-Ameerika
North Carolina ['nɑθ kærə'lainə] Põhja-Carolina
Noth Dakota ['nɑθ də'koutə] Põhja-Dakota
North Pole ['nɑθ 'poul] põhjanaba, -poolus
North Sea ['nɑθ 'siː] Põhjameri
Norway ['nɔːwei] Norra
Norwich ['nɑθwitʃ] c. Norwich
Nurenberg, Nurnberg ['njuərəmbɑːg] c. Nürnberg

Oakland ['ouklənd] c. Oakland
Oceania [ouʃi'einjə] Okeaania
Ohio [ou'haiou] Ohaio
Oklahoma [ouklə'houmə] Oklahoma
Oman [ou'mɑːn, 'oumæn] Omaan
Ontario [ɔn'tɛəriou] Ontario
Oregon ['ɔrigən] Oregon
Oslo ['ɔzlou] c. Oslo
Ottawa ['ɔtəwə] c. Ottawa
Oxford ['ɔksfəd] c. Oxford

Pacific Ocean [pe'sifik 'ouʃən] Vaikne ookean
Pakistan [pɑːkis'tɑːn] Pakistan
Palestine ['pælistain] Palestiina
Panama [pænə'mɑː] Panama
Panama Canal [pænə'mɑː kə'næl] Panama kanal
Papua New Guinea ['pæpjuə 'njuː 'gini] Paraguai
Paraguai ['pærəgwai] Paraguai
Paris ['pæris] c. Pariis
Peking [piː'kiŋ] c. Peking
Pennsylvania [pensil'veinjə] Pennsylvania
Persian Gulf ['pɑːʃən 'gʌlf] Pärsia laht
Peru [pə'ruː] Peruu
Philadelphia [filə'delfjə] c. Philadelphia
Philippines ['filipɪns] Filipiinid
Pittsburgh ['pitsbɑːg] c. Pittsburgh
Poland ['poulənd] Poola
Poryugal ['pɔːtjugəl] Portugal
Prague [prɑːg] c. Praha
Pretoria [pri'tɑːriə] c. Pretoria
Puerto Rico ['pwɑːtou 'riːkou] Puerto Rico
Pyongyang ['pjɑːŋ 'jɑːn] c. Phönjan
Pyrenees [pirə'niːz] Püreneed

Quebec [kwi'bek] Quebec

Red Sea ['red 'siː] Punane meri
Reims [riːmz] c. Reims
Republic of South Africa [ri-'pʌblik əv 'sauθ 'æfrikə] Lõuna-Aafrika Vabariik
Reykjavik ['reikjəvik] c. Reykjavik

Rhine [rain] r. Rein
Rhode Island [roud 'ailənd] Rhode Island
Richmond ['ritʃmənd] c. Richmond
Rio de Janeiro ['rɪ̆ou də dʒə'nɪə-rou] c. Rio de Janeiro
Romania [ru'meinjə] Rumeenia
Rome [roum] c. Rooma
Rotterdam ['rɔtədæm] c. Rotterdam
Russia ['rʌʃə] Venemaa

Sahara [sə'hɑːrə] Sahara
Saint Louis [seint'luːis] c. Saint Louis
Sakhalin [sækə'liːn] isl. Sahhalin
Salonika [sə'lɔnikə] c. Saloniki
San Francisco ['sæn frən'siskou] c. San Francisco
San Salvador ['sæn 'sælvədɔx] c. San Salvador
Santiago [sænti'ɑːgou] c. Santiago
Saudi Arabia [sɑː'uːdi ə'reibjə] Saudi Araabia
Scotland ['skɔtlənd] Šotimaa
Seattle [si'ætl] c. Seattle
Senegal [seni'gɑːl] Senegal
Seoul ['soul, sei'uːl] c. Sõul
Sevastopol [sevɑːs'tɔpəl] c. Sevastoopol
Shanghai [ʃæŋ'hai] c. Šanghai
Siberia [sai'biəriə] Siber
Singapore [siŋgə'pɔː] Singapur
Sofia ['soufjə] c. Sofia
Somalia [so'mɑːliə] Somaalia
South America ['sauθ ə'merikə] Lõuna-Ameerika
South Carolina ['sauθ kærə'lainə] Lõuna-Carolina

South Dakota ['sauθ də'koutə] Lõuna-Dakota
South Korea ['sauθ kə'riə] Lõuna-Korea
South Pole ['sauθ 'poul] lõunapoolus
Spain [spein] Hispaania
Sri Lanka ['sriː 'lænkə] Sri Lanka
Stockholm ['stɔkhoum, -holm] c. Stockholm
St. Peterburg ['sən 'piːtebɑːg] c. St. Peterburg
Sudan, the [su'dɑːn] Sudaan
Suez Canal ['suːiz kə'næl] Suessi kanal
Swaziland ['swɑːzilænd] Svaasimaa
Sweden ['swiːdn] Rootsi
Switzerland ['switsələnd] Šveits
Sidney ['sidni] c. Sydney
Syria ['siriə] Süüria

Tadjikistan ['tɑːdʒiki'stɑːn] Tadžikistan
Tahiti [tɑː'hiːti] isl. Tahiti
Taiwan [tai'wæn] isl. Taivan
Tallinn ['tɑːlin] c. Tallinn
Tanzania [tænzə'niːə] Tansaania
Tartu ['tɑːtu] Tartu
Tashkent [tæʃ'kent] c. Taškent
Tatarstan ['tɑːtə'stɑːn] Tatarstan
Tbilisi [tbi'liːsi] c. Tbilisi
Teh(e)ran [tiə'rɑːn] c. Teheran
Tel Aviv ['tel a'viv] c. c. Tel Aviv
Tennessee [tene'siː] Tennessee
Texas ['teksəs] Texas
Thailand ['tailænd] Tai
Thames [tems] r. Thames
Tibet [ti'bet] Tiibet
Tirana [ti'rɑːnə] c. Tirana

Tokyo ['toukjou] *c.* Tokyo
Toledo [tɔ'liːdou] *c.* Toledo
Toronto [tə'rɔntou] *c.* Toronto
Tunis ['tjuːnis] *c.* Tunis
Tunisia [tjuːˈniːsiə] Tuneesia
Turkey ['tɜːki] Türgi
Turkmenistan ['tɜːkmənistɑːn] Turkmeenia

Uganda [juːˈgændə] Uganda
Ukraina, the [ðə juːˈkrein] Ukraina
Ulan Bator ['uːlɑːn 'bɑːtə] *c.* Ulan-Bator
Ulster ['ʌlstə] Ulster
United Arab Emirates [juːˈnaitid 'ærəb 'emireits] Araabia Ühendemiraadid
United Kingdom of Great Britain and Northen Ireland [juːˈnaitid 'kiŋdəm əv 'greit 'britən ənd 'nɔːðən 'aiələnd] Suurbritannia ja Põhja-Iirimaa Ühendatud Kuningriik
United States of America, USA [juːˈnaitid 'steits əv əˈmerikə] Ameerika Ühendriigid
Urals, the [ðə 'juərəls] Uraalid
Uruguay ['urugwai] Uruguay
Utah ['juːtɑː] Utah
Uzbekistan ['uzbekistɑːn] Usbekistan

Vancouver [vænˈkuːvə] *c.* Vancouver
Vatikan ['vætikən] Vatikan
Venezuela [venəzˈwiːlə] Venetsuela
Venice ['venis] *c.* Veneetsia
Vermont [vəˈmɔnt] Vermont

Victoria [vikˈtɔːriə] *c.* Victoria
Vietnam ['vietˈnɑːm] Vietnam
Virginia [vəˈdʒinjə] Virginia
Vistula ['vistjulə] *r.* Visla
Vladivostok [vlædivɔsˈtɔk] *c.* Vladivostok
Volga ['vɔlgə] *r.* Volga

Wales [weils] Wales
Warsaw ['wɔːsɔː] *c.* Varrsavi
Washington ['wɔʃiŋtən] Washington
Waterloo ['wɔːtəˈluː] Waterloo
West Samoa ['west səˈmouə] Lääne-Samoa
West Virginia ['west vəˈdʒinjə] Lääne-Virginia
White Sea [wait siː] Valge meri
Wisconsin [wisˈkɔnsin] Wisconsin

Yalta ['jæltə] *c.* Jalta
Yellow Sea ['jelou 'siː] Kollane meri
Yemen ['jemən] Jeemen
Yerevan [jeriˈvɑːn] *c.* Jerevan
Yugoslavia ['jugouˈslɑːvjə] Jugoslaavia
Yukon ['juːkɔn] *r.* Yukon

Zaire [zɑːˈiːrə] Sair
Zambezi [zæmˈbiːzi] *r.* Sambesi
Zambia ['zæmbiə] Sambia
Zanzibar [zænziˈbɑː] *isl.* Sansibar
Zimbabwe [zimˈbɑːbwi] Zimbabwe
Zurich ['z(j)uərik] *c.* Zürich

English Alphabet

a	[ei]	j	[dʒei]	s	[es]
b	[biː]	k	[kei]	t	[tiː]
c	[siː]	l	[el]	u	[juː]
d	[diː]	m	[em]	v	[viː]
e	[iː]	n	[en]	w	[dʌbljuː]
f	[ef]	o	[ou]	x	[eks]
g	[dʒiː]	p	[piː]	y	[wai]
h	[eitʃ]	q	[kjuː]	z	[zed]
i	[ai]	r	[aa]		

Transliteration Guide

ʌ	–	in Engl. word cup	[kʌp]	in Est. word	kapp
ə	–	" sister	['sistə]	"	sisse
æ	–	" cat	[kæt]	"	värv
ɛə	–	" air	[ɛə]	"	peamine
ӿ	–	" bird	[bӿd]	"	öö
ŋ	–	" king	[kiŋ]	"	kangas
ʃ	–	" fish	[fiʃ]	"	šokolaad
tʃ	–	" picture	['piktʃə]	"	tšekk
ʒ	–	" pleasure	['pleʒæ]	"	žest
θ	–	" thin	[θin]		
ð	–	" this	[ðis]		
:	–	long vowel			

A

a *The indefinite article does not exist in Estonian. It remains untranslated:* a table laud; an apple õun; twice a day kaks korda päevas

aback : taken ~ [teikən ə'bæk] hämmastunud, jahmunud

abandon [ə'bændən] v. *(forsake)* maha jätma; *(renounce)* loobuma, loovutama; ~ o.s. to anduma

abash [ə'bæʃ] v. segadusse viima; segadusse sattuma

abate [ə'beit] v. vähendama; vähenema; *(storm)* vaibuma; *(price)* alandama

abb|ey ['æbi] n. klooster; ~ot n. munk

abbreviat|e [ə'briːvieit] v. lühendama; ~ion n. lühend; lühendamine

abdicate ['æbdikeit] v. lahti ütlema, loobuma

abdomen ['æbdəmen] n. kõht, allkeha; tagakeha

aberration [æbə'reiʃ(e)n] n. arusaamatus

abet [ə'bet] v. ässitama; *(crime)* soodustama

abide [ə'baid] v. elama; taluma; ära ootama; ~ by *(millestki)* kinni pidama, *(millegi juures)* püsima, *(millegi juurde)* jääma

ability [ə'biliti] n. võime; oskus; osavus

abject ['æbdʒekt] adj. vilets, alatu, põlastusväärne

able [eibl] adj. suuteline, võimeline; osav; be ~ suutma, võima *(midagi teha)* (to do)

abnormal [æb'nɔːməl] adj. ebaloomulik, ebanormaalne

aboard [ə'bɔːd] adv. laeval, lennukis; laevale, lennukisse; prep. (laeva, lennuki) peal, peale; ~ a ship laeval, laevale

abode [ə'boud] n. elamu

aboli|sh [ə'bɔliʃ] v. tühistama; ära kaotama, ära muutma; ~tion n. tühistamine, ärakaotamine, äramuutmine

abominable [ə'bɔminəbl] adj. vastik, jälk

aboriginal [æbə'ridʒinəl] adj. ürgne, pärismaine

abortion [ə'bɔːʃ(ə)n] n. abort

abound [ə'baund] v. külluses esinema; kubisema (in, with)

about [ə'baut] prep. *(kellegi, millegi)* kohta, üle; adv. ümber, ringi; umbes, ligikaudu

above [ə'bʌv] prep. *(millegi)* peal, üle, kohal; ~ all eelkõige, kõigepealt; adv. üleval, ülal

abreast [ə'brest] adv. kõrvuti, rivis; keep ~ with sammu pidama

abridge [ə'bridʒ] v. lühendama, kärpima; ~ment n. lühendus, lühend

abroad [ə'brɔːd] adv. välismaal, võõrsil; from ~ välismaalt

abrogat|e ['æbro(u)geit] v. tühistama, annulleerima; ~ion n. tühistamine

1

abrupt [ə'brʌpt] *adj.* katkendlik; äkiline; (*rock*) järsk

abscess ['æbsis] *n.* mädanik, abstsess

absen|ce ['æbsəns] *n.* äraolek, puudumine; ∼ce of mind *n.* hajameelsus; ∼t *adj.* äraolev, puuduv; ∼t-minded hajameelne

absolut|e ['æbsəl(j)uːt] *adj.* absoluutne, piiramatu; ∼ely *adv.* absoluutselt, täielikult; ∼ism *n.* absolutism, piiramatu ainuvalitsus

absolve from [əb'zɔlv frɔm] *v.* (*sins*) andestama; (*promise*) vabastama

absor|b [əb'sɔːb] *v.* absorbeerima, imama; ∼ption *n.* absorptsioon, imamine; mõtteisse süvenemine

abst|ain (from) [əb'stein] *v.* hoiduma, keelduma; ∼ainer *n.* karsklane; ∼ention *n.* hoidumine, keeldumine, mitteosavõtmine

abstract ['æbstrækt] *adj.* abstraktne, mõtteline; *n.* ülevaade, resümee; *v.* eralduma, abstraheerima, kokkuvõtet tegema

absurd [əb'sɔːd] *adj.* mõttetu, absurdne; ∼ity *n.* mõttetus, absurdsus

abundan|ce [ə'bʌndəns] *n.* küllus, rohkus; ∼t. *adj.* külluslik, rohke, rikkalik

abus|e [ə'bjuːz] *v.* kuritarvitama; (*scold*) sõimama; *n.* kuritarvitus; sõim; ∼ive *adj.* solvav; sõimav

abyss [ə'bis] *n.* kuristik

acacia [ə'keiʃə] *n.* akaatsia

academ|ic [ækə'demik] *adj.* akadeemiline; ∼y *n.* akadeemia

accelerat|e [æk'seləreit] *v.* kiirendama; ∼ion *n.* kiirendus; ∼or *n.* kiirendaja

accent ['æks(ə)nt] *n.* (*stress*) rõhk; rõhumärk; aksent; *v.* rõhutama; ∼uate *v.* rõhutama, toonitama

accept [ək'sept] *v.* vastu võtma; nõustuma; ∼able *adj.* vastuvõetav; ∼ance *n.* heakskiit; vastuvõtmine

access ['ækses] *n.* sissepääs; juurdepääs; ∼ible *adj.* ligipääsev; ∼ory *n.* lisand, manus; ∼ories *n. pl.* tarbed

accident ['æksidənt] *n.* õnnetusjuhtum, avarii, õnnetus; ∼al *adj.* juhuslik

acclaim [ə'kleim] *v.* kiitust avaldama; hõisates tervitama

acclimatize [ə'klaimətaiz] *v.* kliimaga kohandama, aklimatiseerima

accommodat|e [ə'kɔmədeit] *v.* (*adapt*) kohandama (*to*); (*billet*) majutama; ∼ion *n.* kohandus; majutus, paigutus

accompan|iment [ə'kʌmpənimənt] *n.* saade, kaasmäng; (*mus.*) akompanement; ∼y *v.* saatma, akompaneerima

accomplice [ə'kɔmplis] *n.* kaasosaline, kaassüüdlane

accomplish [ə'kɔmpliʃ] *v.* teostama, täide saatma, lõpule viima ∼ed *adj.* täiuslik; ∼ment *n.* (*feat*) teostus; lõpuleviimine; *pl.* võimed, oskused

accord [ə'kɔːd] *n.* kooskõla; sobivus; üksmeelsus; akord; of one's

own ~ omal algatusel, vaba-
tahtlikult; ~ance n. kooskõla;
~ingly adv. vastavalt, järelikult
account [ə'kaunt] v. arvestama,
aru andma; n. arve, seletus; on
~ of millegi tõttu; take ~ of v.
arvestama
accredit [ə'kredit] v. akrediteeri-
ma; omistama (to, with)
accr|ue [ə'kru:] v. juurde kasvama;
~etion n. juurdekasv
accumulat|e [ə'kju:mjuleit] v. kuh-
jama, koguma; ~ion n. kuhjumi-
ne, kogunemine; ~or n. akumu-
laator
accura|cy ['ækjurəsi] n. täpsus,
hoolikus; ~te adj. täpne, hooli-
kas
accursed [ə'kəsid] adj. neetud
accus|ation [ækju'zeiʃən] n. süü-
distus; ~ative n. akusatiiv, ~e
v. süüdistama
accustom [ə'kʌstəm] v. harjutama;
get ~ed to (millegagi) harjuma
ace [eis] n. äss, tuus; (av.) esmajär-
guline lendur
acerbity [ə'sæbiti] n. kibedus; kar-
mus
ache [eik] n. valu; v. valutama
achieve [ə'tʃi:v] v. saavutama; lõ-
pule viima; ~ment n. saavutus
acid ['æsid] n. hape; adj. hapu;
happeline; ~-proof adj. happe-
kindel
acknowledge [ək'nɔlidʒ] v. (ad-
mit) tunnistama; tunnustama;
(receipt) kinnitama; ~ment n.
tunnustus, kinnitus
acorn ['eikɔn] n. (tamme)tõru

acoustic [ə'ku:stik] adj. akustiline;
~s n. akustika
acquaint [ə'kweint] v. tutvustama;
~ance n. tutvus; tuttav; be ~ed
with (kellegagi) tuttav olema
acquire [ə'kwaiə] v. omandama,
saavutama; ~ment n. saavutus
acquisition [ækwi'ziʃən] n. oman-
damine; saavutus
acquit [ə'kwit] v. õigeks mõistma;
~tal n. õigeksmõistmine
acre ['eikə] n. aaker
acrid ['ækrid] adj. kibe, terav
across [ə'krɔs] prep. risti üle, teisel
pool; adv. teisele poole
act [ækt] v. (operate) tegutse-
ma, talitama; etendama; n. (be-
haviour) toiming, akt; ~ing n.
(theat.) mäng; ~ive adj. tegev,
toimekas; ~ivity n. tegevus, ak-
tiivsus; ~or n. näitleja; ~ress
n. näitlejanna; ~ual adj. tõeli-
ne, aktuaalne; ~ually adv. tege-
likult, tõepoolest
acute [ə'kju:t] adj. terav
adapt [ə'dæpt] v. adapteerima, ko-
handama; ~ability n. kohanda-
tavus; ~ation n. kohanemine;
adapteerimine; (literary) viimist-
lemine
add [æd] v. lisama; liitma (up,
together); ~ition n. lisamine;
(math.) liitmine; in ~ition adv.
lisaks, peale selle; ~itional adj.
lisa-
address [ə'dres] n. aadress;(speech)
kõne; v. adresseerima, kellegi
poole pöörduma
adequate ['ædikwit] adj. võrdne,
adekvaatne

adhe|re [əd'hiə] v. liituma, kleepu-
ma, kellegi poole hoiduma; ~rent
n. pooldaja; ~sive adj. kleepuv
adjacent [ə'dʒeisənt] adj. külgnev,
lähedane
adjective ['ædʒiktiv] n. omadussõ-
na
adjoin [ə'dʒɔin] v. kokku puutuma,
ligi nihutama
adjourn [ə'dʒɜn] v. edasi lükkama;
~ment n. edasilükkamine
adjust [ə'dʒʌst] v. kohandama;
~ment n. kohandamine, regulee-
rimine
administ|er [əd'ministə] v. valitse-
ma, administreerima; ~ration n.
valitsemine, juhtimine; ~rator
n. valitseja, administraator
admirable ['ædmərəbl] adj. imet-
lusväärne, oivaline, suurepärane
admiral ['ædmərəl] n. admiral;
~ty n. admiraliteet
admir|ation [ædmi'reiʃən] n. imet-
lus; vaimustus; ~e v. imetlema;
~er n. austaja
admiss|ible [əd'misəbl] adj. vastu-
võetav,lubatav; ~ion n. (confes-
sion) tunnustamine; (entrance)
sissepääs
admit [əd'mit] v. lubama, tunnus-
tama; ~tance n. sissepääs; no
~tance! sisseminek keelatud!
admonish [əd'mɔniʃ] v. manitse-
ma, hoiatama
adopt [ə'dɔpt] v. (boy) lapsenda-
ma; (accept) vastu võtma; ~ion
n. lapsendus, adoptsioon; vastu-
võtmine
ador|able [ə'dɔrəbl] adj. jumalda-
tav; ~ation n. jumaldus

adorn [ə'dɔn] v. ehtima, kaunista-
ma
adroit [ə'drɔit] adj. osav, leidlik
adult ['ædʌlt] adj. täisealine; n.
täiskasvanu
adulter|ate [ə'dʌltəreit] v. võltsi-
ma; ~y n. abielurikkumine
advan|ce [əd'vɑns] v. edusamme
tegema; (plan) esitama; n. eda-
sijõudmine; ~ced adj. eesrindlik;
edasijõudnud; ~tage n. eelis; ka-
su; ~tageous adj. kasulik, tulus
adventur|e [əd'ventʃə] n. seiklus;
~er n. seikleja; ~ous adj. ohtlik;
seiklushimuline
adverb ['ædvəb] n. määrsõna, ad-
verb
advers|ary ['ædvəsəri] n. vasta-
ne, vaenlane; ~e adj. ebasoodus;
~ity n. ebaõnn; häda
advertise ['ædvətaiz] v. kuuluta-
ma; ~ment n. kuulutus; reklaam
advi|ce [əd'vais] n. nõuanne, nõu;
~se v. nõu andma; ~ser n. nõu-
andja
advocate ['ædvəkeit] n. (jur.) ad-
vokaat; pooldaja; v. propageeri-
ma, toetama
aerial ['ɛəriəl] n. antenn
aero|drome ['ɛərədroum] n. lennu-
väli, aerodroom; ~nautics n. ae-
ronautika; ~plane n. lennuk
affab|ility [æfə'biliti] n. lahkus,
sõbralikkus; ~le adj. lahke, sõb-
ralik
affair [ə'fɛə] n. asi, lugu
affect [ə'fekt] v. mõjuma;(indiffe-
rence, etc.) teesklema; (touch)
puutuma
affinity [ə'finiti] n. hõimlus

affirm [ə'fɜːm] v. tõendama

afflict [ə'flikt] v. kurvastama; ~ion n. häda, õnnetus

afford [ə'fɔːd] v. (give) võimaldama; (luxury) endale lubama

affront [ə'frʌnt] n. solvang; v. solvama

afoot [ə'fut] adv. jalgsi

aforesaid [ə'fɔːsed] adj. eespool öeldud

afraid [ə'freid] adj. kohkunud; be ~ of v. kartma

African [æ'frikən] adj. aafrika; n. aafriklane

after ['ɑːftə] prep. (place) taga; (according to) järel; (time) pärast; ~noon n. pärastlõuna; in the ~noon pärast lõunat; this ~noon adv. täna; ~wards adv. pärast, hiljem

again [ə'gein] adv. jälle, uuesti; ~ and ~ ikka, uuesti now and ~ aeg-ajalt; ~st prep. vastu

age [eidʒ] n. vanus, iga

agen|cy ['eidʒənsi] n. agentuur; (mediation) vahetalitus; ~da n. päevakord; ~t n. agent, tegur

aggravate ['ægrəveit] v. raskendama, raskeks muutma; rõhuma

aggress|ion [ə'greʃən] n. kallaletung, agressioon; ~ive adj. agressiivne; ~or n. agressor

aghast [ə'gɑːst] adj. hirmunud; hämmastunud

agil|e ['ædʒail] adj. väle, nobe; ~ity n. väledus, nobedus

agitat|e ['ædʒiteit] v. agiteerima; erutama; loksutama; ~ion n. agitatsioon; erutus; ~or n. agitaator

ago [ə'gou] adv. tagasi; a year ~ aasta tagasi; long ~ adv. ammu

agrarian [ə'greəriən] adj. põllunduslik, agraarne

agree [ə'griː] v. nõus olema (with) nõustuma (to); (be in harmony) ühilduma; ~able adj. meelepärane, meeldiv; ~ment n. kokkulepe, leping

agriculture ['ægrikʌltʃə] n. põllumajandus

ahead [ə'hed] adv. ees, eel, ette

aids [eidz] n. (med.) aids

aim [eim] v. (gun) sihtima (at); (fig.) taotlema (at); n. eesmärk; ~less adj. sihitu

air [ɛə] n. õhk, (look) vaade; (mus.) lauluviis; ~base n. lennubaas; ~craft n. lennuk(id); ~man n. lendur; ~plane n. lennuk; ~port n. lennuväli; ~raid n. õhurünnak; ~tight adj. hermeetiline

alarm [ə'lɑːm] n. alarm, häire; ~clock n. äratuskell

Albanian [æl'beiniən] adj. albaania; n. albaanlane

alcohol ['ælkəhɔl] n. alkohol

alert [ə'lɜːt] adj. valvas, väle; on the ~ erksalt valvel

Algerian [æl'dʒiəriən] adj. alžeeria; n. alžeerlane

alien ['eiliən] adj. välismaine, võõras; n. välismaalane; ~ate v. võõrandama

alight [ə'lait] v. maha astuma, väljuma, maanduma

align [ə'lain] v. rivistama; rivistuma, joonduma; ~ment n. rivistamine, rivistumine; joondumine alive [ə'laiv] *adj.* elus; elav

all [ɔl] *adj.* (*everybody*) kõik; terve, kogu; igasugune; ~ **night** terve öö; **after** ~ lõppude lõpuks; **not at** ~ mitte sugugi; ~ **right** hea küll; hästi; korras

allege [ə'ledʒ] *v.* väitma, kinnitama, viitama

alleviate [ə'li:vieit] *v.* kergendama

alley ['æli] *n.* (*garden*) allee; kõrvaltänav; **blind** ~ *n.* umbtänav

alli|ance [ə'laiəns] *n.* liit; ~**ed** *adj.* liidu-; (*related*) sugulas-

allot [ə'lɔt] *v.* (*time seats*) määrama; (*fin*) välja jagama; ~**ment** *n.* väljajagamine; osa; (*share*) jagu

allow [ə'lau] *v.* lubama; võimaldama; ~**ance** *n.* luba; (*money*) toetus; **make** ~**ance for** (*midagi*) arvesse võtma

alloy ['ælɔi] *n.* sulam

allude to [ə'lu:d tə] *v.* vihjama, mõista andma

allure [ə'ljuə] *v.* meelitama, võluma

allusion [ə'lu:ʒen] *n.* viide, vihje

ally ['ælai] *n.* liitlane; *v.* liitma

almighty [ɔl'maiti] *adj.* kõikvõimas

almond ['ɑːmənd] *n.* mandel

almost [ɔlmoust] *adv.* peaaegu

alms [ɑːmz] *n.* armuand

alone [ə'loun] *pred. adj.* üksi, üksinda; (*lonely*) üksik, üksildane; **let** ~ rahule jätma; rääkimata

along [ə'lɔŋ] *prep.* piki, pikuti; *adv.* edasi, kaasa; ~**side** *adv.* kõrvuti

aloof [ə'lu:f] *adv.* eemal

aloud [ə'laud] *adv.* valjusti; (*read*) kuuldavalt

alphabet ['ælfəbit] *n.* tähestik, alfabeet

already [ɔl'redi] *adv.* juba

also ['ɔːlsou] *adv.* samuti, ka

altar ['ɔːltə] *n.* altar

alter ['ɔːltə] *v.* muutma, muutuma; (*dress*) ümber tegema

alternat|e ['ɔːltəneit] *v.* vahelduma, vahelduma; ~**ing current** *n.* vahelduvvool; ~**ive** *n.* alternatiiv; teine võimalus

although [ɔl'ðou] *conj.* ehkki, kuigi, olgugi et

altitude ['æltitju:d] *n.* kõrgus

altogether [ɔltə'geðə] *adv.* täiesti, täitsa; (*on the whole*) üldiselt

aluminium [ælju'miniəm] *n.* alumiinium

always ['ɔːlwəz] *adv.* alati, ikka

amass [ə'mæs] *v.* koguma, kuhjama

amateur ['æmətə] *n.* isetegevus; asjaarmastaja

amaz|e [ə'meiz] *v.* hämmastama; ~**ement** *n.* hämmastus, imestus; ~**ing** *adj.* imestusväärne

ambassador [æm'bæsədə] *n.* saadik

amber ['æmbə] *n.* merevaik

ambigu|ity [æmbi'gjuiti] *n.* kahemõttelisus; ~**ous** *adj.* kahemõtteline

ambitio|n [æm'biʃn] *n.* auahnus; ~**us** *adj.* auahne

ambulance ['æmbjuləns] *n.* kiirabiauto; välilaatsaret

ambush ['æmbuʃ] *n.* varitsus

ameliorate [ə'mi:liəreit] *v.* parandama; paranema; melioreerima

amen ['ɑː'men] *n.* aamen

amend [ə'mend] v. paranema; parandama; ~s n. pl. heakstegemine; **make** ~s v. kompenseerima

American [ə'merikən] adj. ameerika; n. ameeriklane

amiable ['eimiəbl] adj. lahke; heasüdamlik

amid(st) [ə'mid(st)] prep. keskel, keset, seas

ammonia [ə'mouniə] n. ammoniaak

ammunition [æmju'niʃən] n. sõjamoon, laskemoon

amnesty ['æmnesti] n. amnestia; v. amnesteerima

among(st) [ə'mʌŋ(st)] prep. hulgas, seas, vahel; hulka, sekka, vahele

amorous ['æmərəs] adj. kergesti armuv, armunud

amount [ə'maunt] n. hulk; summa; ~ **to** v. võrduma

amphibian [æm'fibiən] n. amfiib; adj. amfiibne

ample [æmpl] adj. avar; (abundant) küllaldane; ~ify v. avardama, laiendama

amputate ['æmpjuteit] v. amputeerima

amuse [ə'mjuːz] v. meelt lahutama; ~ement n. meelelahutus; ~ing adj. naljakas

an [ən, æn] see a

anaemia [ə'niːmiə] n. kehvveresus, aneemia

analogy [ə'nælədʒi] n. analoogia, sarnasus

analyze ['ænəlaiz] v. analüüsima; ~is n. analüüs

anatomy [ə'nætəmi] n. anatoomia

ancestor ['ænsistə] n. esivanem

anchor ['æŋkə] n. ankur; v. ankurdama; kinnitama

ancient ['einʃənt] adj. (castle) vanaaegne, antiikne, põline

and [ænd, ənd] conj. ja, ning

anecdote ['ænikdout] n. anekdoot

anew [ə'njuː] adv. uuesti, jälle

angel ['eindʒəl] n. ingel

anger ['æŋgə] n. viha; v. vihastama

angle [æŋgl] n. nurk

Anglo-Saxon [æŋglou'sæksən] n. anglosaks

angry ['æŋgri] adj. vihane

angular ['æŋgjulə] adj. nurgeline

animal ['æniməl] n. loom

animate ['ænimeit] v. elustama; adj. hingestatud, vaimustatud; ~ion n. elustus

animosity [æni'mositi] n. vaenulikkus

ankle [æŋkl] n. pahkluu

annals [ænlz] n. pl. annaalid

annex [ə'neks] v. annekteerima; ~ation n. anneksioon

annihilate [ə'naiəleit] v. hävitama; tühistama

anniversary [æni'vəːsəri] n. aastapäev

announce [ə'nauns] v. kuulutama, teatama; ~ment n. kuulutus

annoy [ə'nɔi] v. tüütama, kiusama; ~ance n. pahameel; (object) takistus; ~ing adj. tüütav

annual ['ænjuəl] adj. aastane, igaaastane

annul [ə'nʌl] v. annulleerima

anomaly [ə'nɔməli] n. anomaalia

another [ə'nʌðə] adj., pron. teine, veel üks

answer ['ɑːnsə] *n.* vastus; *v.* vasta-
ma; (*purpose*) kokku sobima; ~
for *v.* vastutama
ant [ænt] *n.* sipelgas
antenna [æn'tenə] *n.* antenn
anthem ['ænθəm] *n.* hümn
ant-hill ['ænthil] *n.* sipelgapesa
anti-aircraft [ænti'eəkrɑːft] *adj.*
õhukaitse
anticipate [æn'tisipeit] *v.* ette ai-
mama; ennetama
antipathy [æn'tipəθi] *n.* antipaa-
tia, vastumeelsus
antiqu|ary [ænti'kwəri] *n.* antik-
vaar; ~arian *adj.* antikvaarne;
~ated *adj.* vananenud, igane-
nud; ~e *adj.* antiikne; ~ity *n.* va-
naaeg, antiikaeg
antler ['æntlə] *n.* hirvesarv
anvil ['ænvil] *n.* alasi
anxi|ety [æŋ'zaiəti] *n.* rahutus,
mure; ~ous *adj.* rahutu, murelik
any ['eni] *adj.* mõni, keegi; ~body
pron. keegi; igaüks, ükskõik kes;
~how *adv.* kuidagi; igatahes;
~one = ~body; ~where *adv.*
kusagil, kõikjal
apart [ə'pɑːt] *adv.* kõrval, kõrvale;
~ from arvestamata; ~ment *n.*
korter, tuba
apath|etic [æpə'θetik] *adj.* apaat-
ne, ükskõikne; ~y *n.* apaatia,
ükskõiksus
ape [eip] *n.* ahv
aperture ['æpətjuə] *n.* avaus, auk
apiece [ə'piːs] *adv.* tükikaupa
apolog|ize [ə'pɔlədʒaiz] *v.* vaban-
dust paluma (to, for); *n.* vaban-
dus

appalling [ə'pɔːliŋ] *adj.* kohutav,
kole
apparatus [æpə'reitəs] *n.* aparaat
appar|ent [ə'pærənt] *adj.* nähtav;
(*seeming*) näiv; ~ition *n.* ilmu-
tis; (*ghost*) viirastus
appeal [ə'piːl] *n.* üleskutse; (*jur.*)
apellatsioon; ~ to *v.* apelleerima,
palvega pöörduma
appear [ə'piə] *v.* ilmuma;
(*seem*) näima; ~ance *n.* ilmumi-
ne; (*looks*) välimus
appease [ə'piːz] *v.* rahustama; lepi-
tama
appendix [ə'pendiks] *n.* (*anat.*)
ussjätke; (*letter*) lisa
appetite ['æpitait] *n.* isu
applau|d [ə'plɔːd] *v.* aplodeerima,
plaksutama; ~se *n.* aplaus
apple [æpl] *n.* õun; ~tree *n.* õuna-
puu
appli|ance [ə'plaiəns] *n.* seadis,
abinõu; elektriseadis; ~cable
adj. rakendatav, sobiv; ~cation
n. kasutamine; avaldus
apply [ə'plai] *v.* kasutama; ~ to
v. pöörduma (*kellegi poole, mille-
gi saamiseks*)
appoint [ə'pɔint] *v.* määrama;
~ment *n.* määramine; kokkusaa-
mine (*lepitud ajal*)
appr|aise [ə'preiz] *v.* hindama;
~eciate *v.* väärtuslikuks pida-
ma; ~eciation *n.* hinnang
apprehen|d [æpri'hend] *v.* (*fear*)
pelgama; kartes ootama; vahista-
ma; ~sion *n.* kartus; vahistamine
apprentice [ə'prentis] *n.* õpipoiss
approach [ə'proutʃ] *v.* lähenema;
n. lähenemine; juurdepääs

appropriat|e [ə'prouprieit] *v.*
omastama; (*fin.*) assigneerima;
~ion *n.* omastamine; assigneeri-
mine

approv|al [ə'pru:vəl] *n.* heakskiit
~e *v.* heaks kiitma

approximate [ə'prɔksimit] *adj.* li-
gikaudne

apricot ['eiprikɔt] *n.* aprikoos

April ['eipril] *n.* aprill

apron ['eiprən] *n.* põll

apt [æpt] *adj.* andekas; (*inclined*)
kergesti kalduv; ~itude *n.* ande-
kus, kalduvus

Arab ['ærəb] *n.* araablane; ~ian
adj. araabia; ~ic *n.* araabia keel

arbit ra|ry ['ɑːbitrəri] *adj.* omavo-
liline; ~tion *n.* vahekohus

arc [ɑːk] *n.* kaar

arch [ɑːtʃ] *n.* võlvkaar; (*vault*) võlv

archbishop ['ɑːtʃ'biʃəp] *n.* arhipiis-
kop

architect ['ɑːkitekt] *n.* arhitekt

archives ['ɑːkaivz] *n.* arhiiv

ard|ent ['ɑːdənt] *adj.* innukas; pa-
lav; ~our *n.* innukus; palavus

area ['ɛəriə] *n.* pind; ala

Argentine ['ɑːdʒəntain] *adj.* argen-
tiina; *n.* argentiinlane

argu|e ['ɑːgjuː] *v.* vaidlema; ~ment
n. vaidlus; (*reason*) väide

arid ['ærid] *adj.* kuiv, põuane; vil-
jatu

arise [ə'raiz] *v.* tõusma, tekkima

aristocracy [æris'tɔkrəsi] *n.* aris-
tokraatia

arithmetic [ə'riθmətik] *n.* aritmee-
tika

arm [ɑːm] *n.* käsivars, käsi; relv;
~ament *n.* relvastus

armchair ['ɑːmtʃɛə] *n.* tugitool

Armenian [ɑː'minjən] *adj.* armee-
nia; *n.* armeenlane

armistice ['ɑːmistis] *n.* vaherahu

armour ['ɑːmə] *n.* soomus; raud-
rüü; soomusväed; *v.* soomustama;
~ed *adj.* soomustatud

armpit ['ɑːmpit] *n.* kaenlaauk

army ['ɑːmi] *n.* armee, sõjavägi

aromatic [ærə'mætik] *adj.* aro-
maatne, aromaatiline

around [ə'raund] *adv.* ümberringi

arouse [ə'rauz] *v.* äratama, esile
kutsuma

arrange [ə'reindʒ] *v.* korraldama;
~ment *n.* korraldamine; (*mus.*)
arranžeering

array [ə'rei] *v.* (sõjaväge) lahingu-
korda seadma; ehtima, riietama

arrears [ə'riəz] *n. pl.* maksuvõlad;
võlgnevus

arrest [ə'rest] *v.* arreteerima, vahis-
tama

arriv|al [ə'raivəl] *n.* saabumine,
saabunu; ~e *v.* saabuma

arrogan|ce ['ærəgəns] *n.* upsakus;
~t *adj.* upsakas

arrow ['ærou] *n.* nool

arson [ɑːsn] *n.* tulesüütamine

art [ɑːt] *n.* kunst

artery ['ɑːtəri] *n.* arter, tuiksoon

artful ['ɑːtful] *adj.* kaval; (*skilled*)
osav, oskuslik

artic|le ['ɑːtikl] *n.* (*printed*) artik-
kel; (*thing*) ese; ~ulation *n.* ar-
tikulatsioon; (*anat.*) liiges

artificial [ɑːti'fiʃəl] *adj.* kunstlik,
järeletehtud

artillery [ɑː'tiləri] *n.* suurtükivägi,
artilleeria

artisan [ɑːti'zæn] *n.* käsitööline

artist ['ɑːtist] *n.* kunstnik, artist

as [æz, əz] *adv.* nii, niisama; nagu; **work ~ a teacher** töötada õpetajana; **~ cold ~ ice** külm nagu jää; **~ a rule** tavaliselt; **~ if** paistab

ascen|d [ə'send] *v.* (*hill*) üles minema, tõusma; **~t** *n.* ülesminek, tõus

ascertain [æsə'tein] *v.* kindlaks tegema

ash [æʃ] *n.* tuhk; põrm

ashamed [ə'ʃeimd] *adj.* häbistatud; **be ~ of** *v.* häbenema

ashore [ə'ʃɔː] *adv.* kaldal; kaldale

ash-tray ['æʃtrei] *n.* tuhatoos

Asian ['eiʃən] *adj.* aasia; *n.* aasialane

ask [ɑːsk] *v.* küsima; (*beg*) paluma; **~ a question** küsimusi esitama

asleep [ə'sliːp] : **be ~** *v.* magama; **fall ~** *v.* uinuma

asparagus [əs'pærəgəs] *n.* spargel

aspect ['æspekt] *n.* ilme, vaade, aspekt, vaatenurk

asphalt ['æsfælt] *n.* asfalt

aspiration [æspi'reiʃən] *n.* taotlus, hõngus

ass [æs] *n.* eesel

assassin [ə'sæsin] *n.* palgamõrvar

assault [ə'sɔːlt] *n.* kallaletung; *v.* kallale tungima

assembl|e [ə'sembl] *v.* kogunema; **~y** *n.* kogu, assamblee; **~y line** *n.* konveieriliin

assent [ə'sent] *n.* nõusolek, *v.* nõustuma

assert [ə'sɑːt] *v.* kinnitama; (*rights*) väitma; **~ion** *n.* kinnitamine, väitmine

assess [ə'ses] *v.* (varandust) maksustama; hingama; **~ment** *n.* maksustamine

assets ['æsets] *n.* aktiva; eelis

assign [ə'sain] *v.* määrama; **~ment** *n.* määramine

assimilate [ə'simileit] *v.* assimileerima

assist [ə'sist] *v.* abistama; **~ at** osa võtma; **~ance** *n.* abi, toetus

associat|e [ə'souʃieit] *v.* assotsieerima; (*keep company*) seltsima; **~ion** *n.* ühing

assume [ə'sjuːm] *v.* eeldama; (*suppose*) oletama; (*usurp*) omandama

assur|ance [ə'ʃuərəns] *n.* kinnitus; enesekindlus, veendumus; **~e** *v.* kinnitama (of)

asthma ['æs(θ)mə] *n.* astma

astonish [əs'tɔniʃ] *v.* imestama; **~ment** *n.* imestus

astray [əs'trei] : **go ~** *v.* eksima

astronom|er [əs'trɔnəmə] *n.* astronoom; **~y** *n.* astronoomia

asunder [ə'sʌndə] *adv.* lahus, lahku

asylum [ə'sailəm] *n.* varjupaik (laste-, vanade-)kodu

at [æt] *prep.* -s, -l, (*millegi*) juures, ajal; **~ home** kodus; **~ a table** laua juures; **~ work** tööl; **~ peace** rahuajal

atheism ['eiθiizm] *n.* ateism

athlet|e ['æθliːt] *n.* atleet; **~ic** *adj.* atleetiline

atmosphere ['ætməsfiə] *n.* atmosfäär

atom ['ætəm] *n.* aatom; *adj.*
aatomi-

atroci|ous [ə'troʃəs] *adj.* julm, jõle;
~**ty** *n.* julmus, jõledus

attach [ə'tætʃ] *v.* kinnitama;
(*importance*) omistama; ~**ment**
n. kinnitus; (*affection*) kiindumus

attack [ə'tæk] *n.* atakk, valuhoog;
v. atakeerima, ründama

attain [ə'tein] *v.* saavutama;
~**ment** *n.* saavutus

attempt [ə'tempt] *n.* katse,
püüe; *v.* katsuma, püüdma

attend [ə'tend] *v.* tähele panema;
(*lessons*) osa võtma; hoolitsema;
(*serve*) teenindama; ~**ance** *n.*
juuresviibimine, osavõtmine; tee-
nindamine

attenti|on [ə'tenʃən] *n.* tähelepa-
nu; ~**ve** *adj.* tähelepanelik

attic ['ætik] *n.* pööning

attire [ə'taiə] *n.* ehted; *v.* ehtima

attitude ['ætitjuːd] *n.* poos, suhtu-
mine

attorney [ə'tɔːni] *n.* volinik

attract [ə'trækt] *v.* külge tõmba-
ma, kütkestama; ~**ion** *n.* külge-
tõmme, võlu; ~**ive** *adj.* külge-
tõmbav, veetlev, kütkestav

attribute ['ætribjuːt] *n.* atribuut,
tunnus; *v.* (*ascribe*) juurde kirju-
tama

auction ['ɔːkʃən] *n.* oksjon; ~**eer** *n.*
oksjonipidaja

audaci|ous [ɔː'deiʃəs] *adj.* julge;
jultunud; ~**ty** *n.* julgus; jultumus

audi|ble ['ɔːdibl] *adj.* kuuldav;
~**ence** *n.* publik; ~**torium** *n.*
auditoorium

augment [ɔːg'ment] *v.* suurenda-
ma, suurenema; ~**ation** *n.* suu-
rendamine

August ['ɔːgəst] *n.* august

aunt ['ɑːnt] *n.* tädi

auster|e [ɔːs'tiə] *adj.* karm, range;
~**ity** *n.* karmus, rangus

Australian [ɔːs'treiliən] *adj.* aust-
raalia; *n.* austraallane

Austrian ['ɔːstriən] *adj.* austria; *n.*
austerlane

authentic [ɔː'θentik] *adj.* tõeline;
(*reliable*) usaldatav; ~**ity** *n.* tõe-
lisus; usaldatavus

author ['ɔːθə] *n.* autor; ~**itative**
adj. autoriteetne, mõjuvõimas;
~**ity** *n.* autoriteet, võim; ~**ize** *v.*
volitama; ~**ship** *n.* autorsus

autocrat ['ɔːtəkræt] *n.* autokraat,
isevalitseja; ~**ic** *adj.* autokraat-
lik, isevalitsuslik

auto|graph ['ɔːtəgrɑːf] *n.* auto-
graaf; ~**matic** *adj.* automaatne;
~**nomy** *n.* autonoomia

autumn ['ɔːtəm] *n.* sügis; ~**al** *adj.*
sügisene

auxiliary [ɔːg'ziljəri] *adj.* abi-; ~
verb *n.* (*gr.*) abiverb

avail [ə'veil] *v.* kasuks olema; ~ o.s.
of ära kasutama; ~**able** *adj.* käe-
pärast olev

avalanche ['ævəlɑːnʃ] *n.* laviin, lu-
meveere

avenue ['ævinjuː] *n.* allee, puiestee,
prospekt

average ['ævəridʒ] *n.* keskmine
arv; on an ~ keskmiselt

aver|sion [ə'vɑːʃən] *n.* vastikus; ~**t**
v. (*war*) ära hoidma

aviat|ion [eivi'eiʃən] *n.* aviatsioon, lennundus; ~**or** *n.* lendur

avoid [ə'vɔid] *v.* vältima, hoiduma

avowal [ə'vauəl] *n.* ülestunnistus

await [ə'weit] *v.* ootama

awake [ə'weik] *v.* äratama, ärkama; *adj.* ärkvel

award [ə'wɔːd] *n.* tasu, auhind; he was ~**ed** teda autasustati

aware [ə'wɛə] *adj.* teadlik; be ~ of teadlik olema; become ~ of märkama

away [ə'wei] *adv.* eemale; far ~ kaugel; fly ~ *v.* ära lendama

awe [ɔː] *n.* aukartus; ~**ful** *adj.* hirmus

awkward ['ɔkwəd] *adj.* kohmakas; (*position*) ebasobiv

awning ['ɔːniŋ] *n.* varikatus

ax|e [æks] *n.* kirves; ~**es**, ~**is** *n.* telg, telgjoon

B

babble [bæbl] *v.* lällutama; (*brook*) vulisema

baby ['beibi] *n.* imik, beebi

bachelor ['bætʃələ] *n.* poissmees

back [bæk] *n.* selg, tagakülg; (*sport*) kaitsja; *adv.* tagasi, tahapoole; *v.* toetama; ~**bone** *n.* selgroog; ~**ward** *adj.* (*reverse*) tagurpidine; mahajäänud; *adv.* tagasi

bacon ['beikən] *n.* peekon

bad [bæd] *adj.* halb

badge [bædʒ] *n.* märk

badger ['bædʒə] *n.* mäger

bag [bæg] *n.* kott; (*woman's*) käekott; ~**gage** *n.* pagas

bail [beil] *n.* käendus, käendaja

bailiff ['beilif] *n.* pristav, kohtutäitur

bait [beit] *n.* sööt, peibutis

bak|e [beik] *v.* küpsetama, küpsema; ~**er** *n.* pagar; ~**er's shop** *n.* pagariäri

balanc|e ['bæləns] *n.* (*instrument*) kaalud; tasakaal; (*comm.*) bilanss; ~**ed** *adj.* tasakaalukas

balcony ['bælkəni] *n.* palkon, rõdu

bald [bɔːld] *adj.* kiilas, paljaspäine

bale [beil] *n.* (kauba)pall

ball [bɔːl] *n.* (*dance*) ball, tantsupidu; kera, pall; ~**bearing** *n.* (*tech.*) kuullaager

ballet ['bælei] *n.* ballett

balloon [bə'luːn] *n.* õhupall

ballot ['bælət] *n.* ballotaaž, hääletussedel, valimiskuulike; *v.* balloteerima, hääletama

balm [bɑːm] *n.* palsam

Baltic ['bɔːltik] *adj.* balti

bamboo [bæm'buː] *n.* bambus, pilliroog

ban [bæn] *n.* keeld; *v.* keelama

banana [bə'nɑːnə] *n.* banaan

band [bænd] *n.* bande, salk; (*mus.*) orkester; pael, lint, rihm; ~**age** *n.* side

bandmaster ['bændmɑːstə] *n.* kapellmeister

bang [bæŋ] *v.* paugatama, prantsatama

banish ['bæniʃ] *v.* pagendama; ~**ment** *n.* pagendus

banisters ['bænistəz] *n. pl.* trepikäsipuud

12

bank [bæŋk] *n.* (*river*) kallas; muldvall; pank; ~**er** *n.* pankur; ~**rup** *adj.* pankrotis, maksujõuetu; ~**ruptcy** *n.* pankrot

banner ['bænə] *n.* lipp

banquet ['bæŋkwit] *n.* pankett

bapti|sm ['bæptizm] *n.* ristimine; ~**ze** *v.* ristima

bar [bɑː] *n.* kang; (*piece*) latt; põikpuu; takistus; (*jur.*) advokatuur; (baari) lett

barbar|ian [bɑː'bɛəriən] *n.* barbar; ~**ous** *adj.* barbaarne

barbed wire ['bɑːbd waiə] *n.* okastraat

barber ['bɑːbə] *n.* habemeajaja, juuksur

bare [bɛə] *adj.* alasti, paljas; ~**foot** *adv.* paljajalu; ~**ly** *adv.* vaevalt

bargain ['bɑːgin] *n.* tehing, kasulik ost; **into the** ~ pealekauba

barge [bɑːdʒ] *n.* pargas

bark [bɑːk] *n.* (*bot.*) (puu)koor; haugatus; *v.* haukuma

barley ['bɑːli] *n.* oder

barn [bɑːn] *n.* küün, ait

barometer [bə'rɔmitə] *n.* baromeeter

barracks ['bærəks] *n.* kasarm; barakk

barrage ['bærɑːʒ] *n.* takistus; (*mil.*) takistustuli

barrel ['bærəl] *n.* tünn; (*mil.*) püssiraud

barricade [bæri'keid] *n.* barrikaad

barrier ['bæriə] *n.* barjäär; tõke

barter ['bɑːtə] *n.* vahetuskaubandus; *v.* vahetama

base [beis] *n.* baas, alus; ~**ment** *n.* kelder

bashful ['bæʃful] *adj.* häbelik

basic ['beisik] *adj.* põhiline

basket ['bɑːskit] *n.* korv

bass [beis] *n.* bass

bastard ['bæstəd] *n.* vallaslaps

bat [bæt] *n.* nahkhiir

bath [bɑːθ] *n.* suplemine; suplemispaik; vann; saun; **take a** ~ *v.* kümblema, vannis käima; ~**e** *v.* suplema; ~**room** *n.* vannituba; ~**tub** *n.* vann

battalion [bə'tæljən] *n.* pataljon

battery ['bætəri] *n.* (*mil., el.*) patarei

battle [bætl] *n.* lahing

bawdy ['bɔːdi] *adj.* nilbe, kõlvatu, rõve

bay [bei] *n.* (*geogr.*) laht; (*bot.*) loorber; *v.* (*bark*) haukuma

bayonet ['beiənit] *n.* tääk, bajonett

be [biː] *v.* olema; **there is (are)** on olemas

beach [biːtʃ] *n.* mererand; (*bathing*) supelrand

beacon ['biːkən] *n.* majakas, tuletorn

beak [biːk] *n.* nokk

beam [biːm] *n.* kiir; (*arch*) palk; *v.* (*shine*) särama

bean [biːn] *n.* uba

bear [bɛə] *n.* karu; *v.* kandma; (*endure*) välja viima; ~ **in mind** *v.* mäletama

beard [biəd] *n.* habe; ~**ed** *adj.* habemega

bear|er ['bɛərə] *n.* kandja; (*letter*) esitaja; ~**ing** *n.* (*manner*) käitumine; (*relation*) suhe

beast [biːst] *n.* loom, elajas

beat [biːt] v. (heart) peksma, taguma; lööma; (carpet) kloppima

beaut|iful ['bjutiful] adj. ilus, kaunis; ~y n. ilu, iludus

beaver ['biːvə] n. kobras, piiber

because [bi'kɔz] conj. sellepärast et, sest et; ~ of prep. (kellegi, millegi) pärast, tõttu

become [bi'kʌm] v. saama; (suit, morally) sobima; ~ing adj. sobiv, kohane

bed [bed] n. säng, voodi, ase; (garden) peenar; go to ~ v. magama minema; ~room n. magamistuba; ~clothes n. voodipesu

bee [biː] n. mesilane

beech [biːtʃ] n. pöök(puu)

beef [biːf] n. veiseliha

beehive ['biːhaiv] n. mesipuu, taru

beer [biə] n. õlu

beet [biːt] n. peet

beetle [biːtl] n. sitikas, põrnikas

beetroot ['biːtruːt] n. söögipeet

before [bi'fɔː] prep. enne; ~ the war enne sõda; adv. ees, ette; enne; conj. enne kui; ~ hand adv. varem; long ~ ammu aega enne

beg [beg] v. paluma; kerjama; ~gar n. kerjus

begin [bi'gin] v. algama; ~ner n. algaja; ~ning n. algus

behalf [bi'hɑːf] n. kasu, soodustus; on ~ of tema nimel; tema huvides

behave [bi'heiv] v. käituma

behind [bi'haind] prep. taga, järel; adv. taga; tagapool, tahapoole, järel, järele

being ['biːiŋ] n. olend; human ~ n. inimolend

Belgian ['beldʒən] adj. belgia; n. belglane

belie|f [bi'liːf] n. usk; ~ve v. uskuma

bell [bel] n. kell

bellow ['belou] v. möirgama; n. möire

bellows ['belouz] n. lööts; pl. kopsud

belly ['beli] n. kõht

belong : ~ to [bi'lɔŋ tə] v. kuuluma; ~ings n. omand, omandus; pl. asjad

below [bi'lou] adv. all, alla, allapoole; prep. (millegi) all, (millestki) allpool

belt [belt] n. vöö, rihm

bench [bentʃ] n. pink

bend [bend] v. painutama; n. painutus; käänak

beneath [bi'niːθ] prep. (millegi) all; (millestki) allpool; adv. all, allpool

bene|diction [beni'dikʃən] n. õnnistamine; ~faction n. heategevus; ~ficial adj. kasulik; ~fit n. kasu; abiraha; ~volent adj. heatahtlik

bent [bent] n. kalduvus

benumb [bi'nʌm] v. kangestama

bereave [bi'riːv] v. ilma jätma; ~ment n. kaotus

beret ['berei] n. barett

berry ['beri] n. mari

berth [bəːθ] n. magamisase (laevas, vagunis); (anchoring) ankrupaik

beseech [bi'siːtʃ] v. anuma

beside [bi'said] prep. kõrval, ääres; ~s adv. pealegi, peale selle

besiege [bi'siːdʒ] v. ründama

best [best] *adj.* parim, kõige parem; *adv.* paremini, kõige paremini; do one's ~ tegema kõik mis võimalik

bestial ['bestjəl] *adj.* loomalik

bet [bet] *n.* kihlvedu; *v.* kihla vedama

betray [bi'trei] *v.* reetma, ära andma; ~al *n.* reetmine

betrothal [bi'trouðəl] *n.* kihlus

better ['betə] *adj.* parem; *adv.* paremini

between [bi'twi:n] *adv.* vahel

beverage ['bevəridʒ] *n.* jook

beware [bi'wεə] *v.* hoiduma, ennast hoidma (*millegi, kellegi eest*)(of)

beyond [bi'jɔnd] *prep.*, *adv.* teisel pool; ~ doubt kahtlustamata; ~ me mulle ületamatu

Bible [baibl] *n.* piibel

bicycle ['baisikl] *n.* jalgratas

bid [bid] *v.* käskima; (*invite*) (külla) kutsuma; pakkuma

big [big] *adj.* suur

bigamy ['bigəmi] *n.* bigaamia, kaksikabielu

bigotry ['bigətri] *n.* usumäratsemine, julmus

bight [bait] *n.* merelaht

bilateral [bai'lætərəl] *adj.* kahekülgne, kahepoolne

bilberry ['bilbəri] *n.* mustikas; (*red*) pohl

bil|e [bail] *n.* sapp; sapisus; ~ious *adj.* sapine

bill [bil] *n.* nokk; arve (*poster*) afišš; veksel; (*pol.*) seaduseelnõu

billet ['bilit] *v.* majutama; *n.* majutamine

billiards ['biljədz] *n. pl.* piljard

bind [baind] *v.* siduma; (*book*) köitma; ~ing *n.* köide

biograph|er [bai'ɔgrəfə] *n.* biograaf, elulookirjutaja; ~y *n.* biograafia, elulugu

biology [bai'ɔlədʒi] *n.* bioloogia

birch [bə:tʃ] *n.* kask

bird [bə:d] *n.* lind

birth [bə:θ] *n.* sünd, sündimine; ~day *n.* sünnipäev

biscuit ['biskit] *n.* kuivik; küpsis; biskviitkook

bishop ['biʃəp] *n.* piiskop; (*chess*) oda

bit [bit] *n.* tükike; a ~ natuke; not a ~ sugugi

bitch [bitʃ] *n.* emane koer

bit|e [bait] *v.* (*dog*) hammustama; (*fish*) näkkama; *n.* hammustus; suupiste; (*fish*) näkkamine; ~ing *adj.* (*caustic*) salvav; lõikav; hammustav

bitter ['bitə] *adj.* mõru, kibe; ~ness *n.* mõrudus, kibedus

black [blæk] *adj.* must; ~berry *n.* põldmari; ~en *v.* mustama; ~mail *n.* šantaaž; *v.* šantažeerima; ~smith *n.* sepp

bladder ['blædə] *n.* põis

blade [bleid] *n.* (*razor*) tera

blame [bleim] *v.* laitma; *n.* laitus

blank [blæŋk] *n.* lünk; (*form*) plank

blanket ['blæŋkit] *n.* tekk

blast [blɑːst] *n.* tuulepuhang; plahvatus; *v.* lõhkama

bleach [bliːtʃ] *v.* valgendama; pleegitama

bleat [bliːt] *v.* möögima

bleed [bliːd] *v.* veritsema ~ing *n.* verejooks

blemish ['blemiʃ] *n.* plekk; *v.* rikkuma; häbistama

blend [blend] *n.* segu; *v.* segama

bless [bles] *v.* õnnistama; ~ing *n.* õnnistus; õndsalikkus

blind [blaind] *adj.* pime ~ness *n.* pimedus

blink [bliŋk] *v.* pilgutama; *n. pl.* hobuse silmaklapid

bliss [blis] *n.* õndsus, õnnejoovastus

blister ['blistə] *n.* vesivill

blizzard ['blizəd] *n.* lumetorm

block [blɔk] *n.* puuklots; kvartal; ~ up *v.* blokeerima, tõkestama; ~ade *n.* blokaad

blood [blʌd] *n.* veri

bloom [bluːm] *n.* (*flower*) õis, õitseaeg; *v.* õitsema

blossom ['blɔsəm] *n.* õis; *v.* õitsema

blot [blot] *v.* plekk; ~ting paper *n.* kuivatuspaber

blouse [blauz] *n.* pluus

blow [blou] *n.* hoop, löök; *v.* puhuma; nuuskama; ~ one's nose nina puhtaks nuuskama

blue|e [bluː] *adj.* sinine; (*light*) helesinine; ~ish *adj.* sinakas

blunder ['blʌndə] *n.* eksisamm; *v.* väärsamme tegema, komistama

blunt [blʌnt] *adj.* nüri; *v.* nürima, nüristama; ~ness *n.* nüridus, tuimus

blush [blʌʃ] *v.* punastama; *n.* (häbi)puna

boar [bɔː] *n.* kult, metssiga

board [bɔːd] *n.* tahvel; (*mar.*) parras; pansion; (*pol.*) nõukogu, juhatus; ~ing house *n.* pansion

boast [boust] *v.* kiitlema, hooplema; ~ of (*be proud*) uhke olema; ~er *n.* hoopleja, kiitleja; ~ful *adj.* kiitlev, hooplev; ~ing *n.* hooplemine, kiitlemine

boat [bout] *n.* paat; (*ship*) laev; ~race *n.* sõudevõistlus

bodice ['bɔdis] *n.* pihik

body ['bɔdi] *n.* keha; ~guard *n.* ihukaitse

boil [bɔil] *v.* keetma; keema; ~er *n.* boiler, (auru)katel

boisterous ['bɔistərəs] *adj.* tormakas, äge

bolt [boult] *n.* (*tech.*) polt; (*door*) riiv; *v.* poldistama, riivistama

bomb [bɔm] *n.* pomm; *v.* pommitama; ~ardment *n.* pommitus; ~er *n.* pommitaja

bond [bɔnd] *n.* obligatsioon; *pl.* (*fetters*) ahelad

bone [boun] *n.* kont, luu

bonfire [bɔn'faiə] *n.* lõke, lõkketuli

bonnet ['bɔnit] *n.* paeltega müts; (*mot.*) kapott

bonus ['bounəs] *n.* (*comm.*) preemia

bony ['bouni] *adj.* kondine, luine

book [buk] *n.* raamat; ~binder *n.* raamatuköitja; ~case *n.* raamatukapp; ~ing office *n.* piletikassa; ~keeper *n.* raamatupidaja; ~keeping *n.* raamatupidamine; ~shop *n.* raamatukauplus

boom [buːm] *n.* kõmin, buum

boot [buːt] *n.* saabas

booth [buːð] *n.* putka

border ['bɔːdə] *n.* piir; (*edge*) äär, serv; ~on *v.* piirnema

bore [bɔː] *n.* tüütu isik; ~**dom** *n.*
igavus; *v.* tüütama; puurima; ~**r**
n. puur

born [bɔːn] **:** be ~ *v.* sündima

borrow ['bɔrou] *v.* laenama; lae-
nuks võtma

bosom ['buzəm] *n.* rind, põu

boss [bɔs] *n.* boss; peremees, ette-
võtja; *v.* käsutama

botany ['bɔtəni] *n.* botaanika

both [bouθ] *pron. adj.* mõlemad; ~
he and ... nii tema kui ...

bother ['bɔðə] *v.* tülitama; tüüta-
ma

bottle [bɔtl] *n.* pudel

bottom ['bɔtəm] *n.* põhi; at the ~
põhjas

bough [bau] *n.* oks

bounce [bauns] *v.* (*back*) põrkama;
(üles) hüppama

bound [baund] *n.* hüpe, sööst; *v.*
hüppama, hüplema; *n.* (*mil.*) üle-
jooks; be ~ to kohustatud olema;
(*mar.*) siirduma

boundary ['baundəri] *n.* piir, raja

bouquet ['bukei] *n.* bukett, lille-
kimp

bow [bou] *n.* vibu; kaar; (*mus.*)
(viiuli) poogen; (*girl's*) lehv;
(*mar.*) (laeva, lennuki) nina;
kummardus; *v.* kummardama

bowels ['bauəlz] *n.* sisikond; sise-
mus

bowl [boul] *n.* kauss; vaas; (*sport*)
pall; ~**er** *n.* (*hat*) kõvakübar

box [bɔks] *n.* kast; karp; (*theat.*)
looź; kõrvakiil; *v.* (*sport*) poksi-
ma; ~**er** *n.* poksija; ~**ing** *n.* poks

box-office ['bɔksɔfis] *n.* (*theat.*) pi-
letikassa

boy [bɔi] *n.* poiss

boycott ['bɔikət] *n.* boikott; *v.* boi-
koteerima

boyish ['bɔiiʃ] *adj.* poisilik

brac|e [breis] *n.* (kinnitus)klamber;
tugi; *pl.* traksid; *v.* kinnitama, tu-
gevdama; ~**ing** *adj.* (*fig.*) ergu-
tav

bracket ['brækit] *n.* sulg

brag [bræg] *v.* kiitlema, hooplema

braid [breid] *n.* (*hair*) pats; punu-
tud pael, ääris

brain [brein] *n.* peaaju

brake [breik] *n.* pidur; *v.* pidurda-
ma

branch [brɑːntʃ] *n.* oks; (*science*)
haru; osakond; (*road*) harunemi-
ne, hargnemine

brand [brænd] *n.* (*comm*) märk,
sort; (*cattle*) põletusmärk; *v.*
häbimärgistama, sisse põletama;
~**y** *n.* konjak

brass [brɑːs] *n.* valgevask, messing;
~**band** *n.* puhkpilliorkester

brassiere ['bræsjeə] *n.* rinnahoidja

brave [breiv] *adj.* vapper; *v.* julgelt
vastu astuma; ~**ry** *n.* vaprus

brazen [breizn] *adj.* vaskne; häbe-
matu

Brazilian [brə'ziljən] *adj.* brasiilia;
n. brasiillane

breach [briːtʃ] *n.* (*gap*) läbimurre,
breśś; (*of duty*) (seaduse)rikkumi-
ne

bread [bred] *n.* leib

breadth [bredθ] *n.* laius

break [breik] *v.* (*resistance*) murd-
ma, purustama; lõhkuma; ~
down kokku varisema; *n.* avarii

breakfast ['brekfəst] *n.* hommiku-
eine; **have ~** hommikueinet söö-
ma

breast [brest] *n.* rind

breath [breθ] *n.* vaim; **~e** *v.* hin-
gama; **~ing** *n.* hingamine; **~ing-
space** *n.* hingetõmbeaeg; lühike
puhkus

breed [brɪd] *v.* (*zo., agr.*) sigita-
ma; aretama; kasvatama; **~ing** *n.*
aretamine; kasvatamine

breeze [brɪːz] *n.* kerge tuul; (*mar.*)
briis

brevity ['breviti] *n.* lühidus

brew [bruː] *v.* õlut pruulima; **~er**
n. õllepruulija; **~ery** *n.* õllevab-
rik

bribe [braib] *n.* altkäemaks; **~ry** *n.*
altkäemaksuvõtmine

brick [brik] *n.* telliskivi; **~layer** *n.*
müürsepp

bride [braid] *n.* pruut; **~groom**
n. peigmees; **~ and ~groom** *n.*
pruutpaar

bridge [bridʒ] *n.* sild

bridle [braidl] *n.* ratsmed; *v.* ohjel-
dama

brief [brɪːf] *adj.* lühike, lühi-(dalt);
~case *n.* portfell

brigad|e [bri'geid] *n.* brigaad; **~ier**
n. (*sõj.*) brigadir

bright [brait] *adj.* särav, ere;
~ness *n.* hiilgus, sära

brillian|ce ['briljəns] *n.* hiilgus, sä-
ra; **~t** *adj.* suurepärane

brim [brim] *n.* äär, serv; **to the ~**
ääreni

bring [briŋ] *v.* tooma; **~ up** *v.* üles
kasvatama

brink [briŋk] *n.* äär

brisk [brisk] *adj.* elav, nobe

bristle [brisl] *n.* harjas; *v.* turri aja-
ma

Brit|ish ['britiʃ] *adj.* briti; *n. pl.*
britlased; **~on** *n.* britlane

brittle [britl] *adj.* habras

broad [brɔːd] *adj.* lai; **~cast** *n.* raa-
diosaade; **~casting station** *n.*
raadiosaatejaam; **~en** *v.* laienda-
ma, avardama

brocade [brɔ'keid] *n.* brokaat

broker ['broukə] *n.* maakler

bronze [brɔnz] *n.* pronks

brooch [broutʃ] *n.* pross

brood [bruːd] *n.* pesakond; *v.* hau-
duma, mõtisklema

brook [bruk] *n.* oja

broom [bruːm] *n.* põrandahari

broth [brɔθ] *n.* puljong

brothel [brɔθl] *n.* lõbumaja

brother ['brʌðə] *n.* vend **~in-law**
n. õemees; naisevend, nääl; mehe-
vend, küdi

brow [brau] *n.* kulm

brown [braun] *adj.* pruun

bruise [bruːz] *n.* muljumishaav

brush [brʌʃ] *n.* hari; (*painter's*)
pintsel; *v.* harjama, pühkima;
~wood *n.* võsastik, padrik;
(*sticks*) risu

Brussels sprouts ['brʌslz
'sprauts] *n.* rooskapsas, brüsseli
kapsas

brut|al [bruːtl] *adj.* toores, elajalik;
~ality *n.* toorus, elajalikkus; **~e**
n. elajas

bubble [bʌbl] *n.* mull, vull; **dub-
ble-~** mullina täispuhutav näri-
miskumm

buck [bʌk] *adj.* isane; *n.* isahirv, isane jänes, pukk

bucket ['bʌkit] *n.* ämber

buckle [bʌkl] *n.* pannal; *v.* pannaldama

bud [bʌd] *n.* pung, idu; (*flower*) õienupp

budget ['bʌdʒit] *n.* büdžett

buffalo ['bʌfəlou] *n.* pühvel

buffet ['bʌfit] *n.* puhvet, einelaud

bug [bʌg] *n.* lutikas; (*insect*) putukas; ~bear *n.* hernehirmutis

bugle [bjuːgl] *n.* fanfaar, jahisarv

build [bild] *v.* ehitama, rajama *n.* kehaehitus; ~er *n.* ehitaja; ~ing *n.* ehitus, hoone

bulb [bʌlb] *n.* (*bot.*) sibul, mugul; (elektri)pirn

bulge [bʌldʒ] *n.* mõhn, kühm; *v.* punduma

bulk [bʌlk] *n.* maht; hulk; (*shape*) suur mass; mahutavus; ~y *adj.* kogukas

bull [bul] *n.* pull

bullet ['bulit] *n.* kuul

bulletin ['bulitin] *n.* bülletään

bully ['buli] *n.* huligaan; riiukukk

bump [bʌmp] *n.* müks; (*blow*) kloppimine; (*swelling*) muhk; ~ against *v.* kokku põrkama

bunch [bʌntʃ] *n.* kimp; (*flowers*) bukett

bundle [bʌndl] *n.* kimp, komps

bunk [bʌŋk] *n.* koi; koiku; nari

buoy [bɔi] *n.* poi (*ujuv meremärk*); *v.* veepinnal hoidma; ~ancy *n.* ujuvus, lõbusus, elavus

burden [bɜdn] *n.* koorem, kandam *v.* koormama

bureau ['bjuərou] *n.* büroo; kirjutuslaud

burglar ['bɜglə] *n.* murdvaras

burial ['beriəl] *n.* matus

burn [bɜn] *v.* põlema, põletama; *n.* (*med.*) tulehaav

burst [bɜst] *v.* lõhkema; lõhkuma; *n.* plahvatus; ~ into tears *v.* nutma puhkema; ~ into room *v.* sisse tormama

bury ['beri] *v.* matma

bus [bʌs] *n.* buss

bush [buʃ] *n.* põõsas

business ['biznis] *n.* bisnis; tegevus; ~like *adj* asjalik; ~man *n.* ärimees, bisnismen

bust [bʌst] *n.* büst, rinnakuju

bustle [bʌsl] *n.* askeldus *v.* askeldama

busy ['bizi] *adj.* (töös) kinni, tegevusrohke; (*line*) (telefoniliin on) kinni

but [bʌt] *conj.* aga, kuid, vaid; *adv.* ainult, vaid

butcher ['butʃə] *n.* lihunik

butler ['bʌtlə] *n.* ülemteener

butt [bʌt] *n.* jämedam ots; (*target*) märklaud; lasketiir; *v.* (*cow*) pusklema

butter ['bʌtə] *n.* või; ~fly *n.* liblikas; ~milk *n.* petipiim

button [bʌtn] *n.* nööp; nupp; *v.* nööpima; push the ~ *v.* nupule vajutama; ~hole *n.* nööpauk

buy [bai] *v.* ostma; ~er *n.* ostja

buzz [bʌz] *v.* sumisema, surisema; *n.* surin, sumin

by [bai] *prep.* kõrval, kõrvale; (*near*) ligi; juures; juurde; (*past*)

mööda, kaudu; ~ **my father** mi-
nu isa kaudu; ~ **day** päeval; ~
itself iseenesest; ~**-product** *n.*
kõrvalprodukt

C

cab [kæb] *n.* (*mot.*) takso; voorime-
hetroska
cabbage ['kæbidʒ] *n.* kapsas
cabin ['kæbin] *n.* (*mar.*) kajut, ka-
biin; onn, hurtsik
cabinet ['kæbinet] *n.* kapp; (*pol.*)
kabinet
cable [keibl] *n.* (*telephone*) kaabel;
tross; kaabeltelegramm
cabman ['kæbmən] *n.* taksojuht;
voorimees
cackle [kækl] *v.* kaagatama, kaagu-
tama
cafe ['kæfei] *n.* kohvik
cage [keidʒ] *n.* puur
cake [keik] *n.* kook; **cream**~ *n.*
tort
calamity [kə'læmiti] *n.* õnnetus,
häda
calculat|e ['kælkjuleit] *v.* arvesta-
ma; arvutama; ~**ion** *n.* arvestus,
arvutamine
calendar ['kælində] *n.* kalender
calf [kɑːf] *n.* vasikas; sääremari
call [kɔːl] *n.* hüüd; väljakutse; *v.*
kutsuma, hüüdma; (*name*) nime-
tama; ~**er** *n.* külastaja; ~ **for** *v.*
nõudma; (*person*) järele tulema;
~ **up** *v.* helistama; (telefoni teel)
välja kutsuma; (*mil.*) väeteenis-
tusse kutsuma

callous ['kæləs] *adj.* rakkus; (*fig.*)
paksunahaline, tundetu
calm [kɑːm] *adj.* rahulik, vaikne;
n. rahu, vaikus; *v.* rahustama;
~**down** *v.* rahunema
camel [kæml] *n.* kaamel
camera ['kæmərə] *n.* fotoaparaat;
~**man** *n.* fotoreporter; kinoope-
raator
camomile ['kæməmail] *n.* kummel
camouflage ['kæmuflɑːʒ] *n.* mas-
keering; *v.* maskeerima
camp [kæmp] *n.* laager
can [kæn] *n.* mannerg; (*tin*) plekk-
karp; *v.* konserveerima; võin,
saan, oskan
Canadian [kə'neidiən] *adj.* kanada;
n. kanadalane
canal [kə'næl] *n.* kanal
canary [kə'neəri] *n.* kanaarilind
cancel ['kænsəl] *v.* annulleerima,
tühistama; (*order*) ära jätma
cancer ['kænsə] *n.* (*med.*) vähktõbi
candid ['kændid] *adj.* avameelne
candidate ['kændideit] *n.* kandi-
daat
candied ['kændid] *adj.* suhkrustu-
nud
candle [kændl] *n.* küünal
candy ['kændi] *n.* kompvek
cane [kein] *n.* jalutuskepp; (*bot.*)
(pilli)roog
canoe [kə'nuː] *n.* kanuu, süst
canteen [kæn'tiːn] *n.* kasarmu-
pood; töölissöökla; (*flask*) plasku
canvas ['kænvəs] *n.* purje- või tel-
giriie; kanvaa; maal
cap [kæp] *n.* müts; (*peaked*) sirmiga
müts; vormimüts

capab|ility [keipə'biliti] *n.* võime; **~less** *adj.* (*imprudent*) ettevaatamatu; hooletu, kergemeelne

~le *adj.* võimeline

capacity [kə'pæsiti] *n.* (*space*) mahtuvus; (*fig*) võime; (*tech.*) võimsus, jõulisus

caress [kə'res] *n.* kallistus; *v.* kallistama

cape [keip] *n.* neem

cargo ['kɑːgou] *n.* laadung

carnival ['kɑːnivəl] *n.* karneval

capital ['kæpitl] *n.* (*city*) pealinn; (*tupe*) suurtäht; (*fin.*) kapital; *adj.* peamine

carol ['kærəl] *n.* jõululaul

carp [kɑːp] *n.* karpkala

carpenter ['kɑːpintə] *n.* puusepp

capric|e [kə'priːs] *n.* kapriis; **~ious** *adj.* kapriisne

carpet ['kɑːpit] *n.* (põranda)vaip

capsize [kæp'saiz] *v.* kummuli pöörama, pöörduma

carr|iage ['kæridʒ] *n.* vanker; (*rail.*) vagun; (*comm.*) vedu; (*bearing*) rüht; **~ier** *n.* kandja

captain ['kæptin] *n.* kapten

carrot ['kærət] *n.* porgand

capt|ivate ['kæptiveit] *v.* kütkestama, võluma; **~ive** *adj.* vangistatud; *n.* vang; **~ivity** *n.* vangipõli; **~ure** *n.* vangistamine; *v.* vangistama; vallutama; haarama

carry ['kæri] *v.* kandma; (*transport*) vedama; **~ on** *v.* jätkama; **~ out** *v.* täide viima

cart [kɑːt] *n.* kaarik; (*hand*) käru; *v.* vankris vedama

car [kɑː] *n.* auto; (*rail.*) vagun

cartoon [kɑː'tuːn] *n.* karikatuur; multiplikatsioom

caravan [kærə'væn] *n.* karavan

caraway ['kærəwei] *n.* köömen

cartridge ['kɑːtridʒ] *n.* padrun

carbon ['kɑːbən] *n.* (*chem.*) süsinik; **~-paper** *n.* kopeerpaber

carv|e [kɑːv] *v.* lõikama; tükeldama; **~ed** *adj.* lõikav

carburettor [kɑːbju'retə] *n.* karburaator

case [keis] *n.* juhtum, olukord; (*jur.*) kohtuasi; (*gr.*) kääne; (*box*) kast, (*trunk*) kohver; kest; (*cover*) vutlar; **in any ~** igal juhul, igatahes

card [kɑːd] *n.* (post-, mängu- *etc.*) kaart; **~board** *n.* papp, kartong

cardinal ['kɑːdinl] *adj.* peamine, põhiline; *n.* (*math.*) kardinaalarv; (*eccl.*) kardinal

cash [kæʃ] *n.* sularaha; **~ on delivery** *n.* lunamaks; **~ier** *n.* kassapidaja

card|-index ['kɑːdíndeks] *n.* kartoteek; **~sharper** *n.* sohitegija

cask [kɑːsk] *n.* vaat

cast [kɑːst] *v.* viskama; (*tech.*) valama; **~ion** *n.* malm

care [keə] *n.* hool, mure; **take ~ of** (*kellegi, millegi eest*) hoolitsema; **~fulness** *n.* hoolikus, hool

castle ['kɑːsl] *n.* loss; (*chess*) vanker

castrate [kæs'treit] *v.* kastreerima

career [kə'riə] *n.* karjäär; (*speed*) kivimurd

casual ['kæʒuəl] *adj.* juhuslik; **~ties** *pl.* (*mil.*) kaotused; **~ty** *n.* õnnetusjuhtum

care|ful ['keəful] *adj.* hoolas; (*thoughtful*) hoolikas; ettevaatlik;

cat [kæt] n. kass

catalogue ['kætələg] n. kataloog

catapult ['kætəpʌlt] n. katapult; (boy's) ragulka

cataract ['kætərækt] n. juga; (med.) läätsekae

catarrh [kə'tɑː] n. katarr

catastrophe [kə'tæstrəfi] n. katastroof; ~ic adj. katastroofiline

catch [kætʃ] v. püüdma, tabama; ~ a cold külmetuma

category ['kætigəri] n. kategooria

caterpillar ['kætəpilə] n. touk, röövik

cathedral [kə'θiːdrəl] n. katedraal, peakirik

Catholic ['kæθəlik] adj. katoliiklik, katoliku; n. katoliiklane

cattle [kætl] n. kari; kariloomad

Caucasian [kɔː'keiziən] adj. kaukaasia; n. kaukaaslane

cauliflower ['kɔliflauə] n. lillkapsas

cause [kɔːz] n. põhjus; v. põhjustama; ~ of peace n. rahuüritus

caution ['kɔːʃən] n. ettevaatus; (warning) hoiatus; v. hoiatama; ~ous adj. ettevaatlik

cavalry ['kævəlri] n. ratsavägi

cave [keiv] n. koobas

caviar ['kæviɑː] n. kalamari, kaaviar

cavity ['kæviti] n. õõnsus, õõs

cease [siːs] v. lakkama, lõppema

cede [siːd] v. loovutama

ceiling ['siːliŋ] n. lagi

celebrate ['selibreit] v. pühitsema; ~ation n. pühitsemine; ~ity n. kuulsus

celery ['seləri] n. seller

cell [sel] n. (biol.) rakk; kärjekann; (eccl.) kloostrikong; prison ~ n. vangikong; ~ar n. kelder

Celtic ['seltik, 'keltik] adj. keldi; n. keldi keel

cement [si'ment] n. tsement; v. tsement(eer)ima

cemetery ['semitri] n. kalmistu

censor ['sensə] n. tsensor; ~ship n. tsensuur

census ['sensəs] n. rahvaloendus

cent [sent] n. sent; per ~ n. protsent

central ['sentrəl] adj. tsentraalne; ~e n. tsenter

century ['sentʃəri] n. sajand

cereal ['siəriəl] n. puder

ceremonial [seri'mounjəl] n. tseremoniaal; adj. tseremoniaalne; stand on ~ies silmakirjalikult viisakas olema

certain [sɜːtn] adj. kindel; (some) keegi, mingi; I am ~ ma olen kindel; ~ty n. kindlus; kahtlematu tõsiasi

certificate [sə'tifikit] n. tunnistus; ~y v. tunnistama

cessation [se'seiʃən] n. lõppemine; lakkamine

chaff [tʃɑːf] n. (agr.) aganad, hekslid

chain [tʃein] n. kett

chair [tʃeə] n. tool; (univ.) kateeder; ~man n. esimees; ~woman n. esinaine

chalk [tʃɔːk] n. kriit

challenge ['tʃælindʒ] n. väljakutse; v. välja kutsuma

chamber ['tʃeimbə] n. kamber, tuba; (pol.) koda; ~maid n. toatüdruk

champagne [ʃæm'pein] n. šampanja, vahuvein

champion ['tʃæmpiən] n. tšempion; ~ of peace n. rahuvõitleja; ~ship n. meistrivõistlused, tšempionaat

chance [tʃɑːns] n. juhus, šanss; by ~ adv. juhuslikult; take a ~ v. riskima

chancellor ['tʃɑːnsələ] n. kantsler

change [tʃeindʒ] n. muutus, muudatus; vahetus; (rail.) ümberistumine; v. muutuma; (money) vahetama; (dress) ümber riietuma; ümber istuma; small ~ n. peenraha; ~able adj. muutuv, muutlik

channel [tʃænl] n. (jõe)säng; (sea) kanal

chapel ['tʃæpəl] n. kabel; kirik

chapter ['tʃæptə] n. peatükk

character ['kæriktə] n. karakter; (letter) täht; ~istic adj. iseloomustav

charge [tʃɑːdʒ] n. (load) laeng; (commission) ülesanne; (jur.) süüdistus; v. laadima; ülesandeks tegema; süüdistama

charit|able ['tʃæritəbl] adj. helde; ~y n. heldus, armuand

charm [tʃɑːm] n. võlu; v. võluma; ~ing adj. veetlev, võluv

chart [tʃɑːt] n. merekaart; ~er (pol.) n. põhikiri; v. (ship.) prahtima;

chase [tʃeis] v. taga ajama, jälitama; n. jaht; tagaajamine; jälitamine

chassis ['ʃæsi] n. šassii; auto kanderaamistik

chast|e [tʃeist] adj. (kõlbeliselt) puhas, kasin; ~ity n. puhtus, kasinus, karskus

chat [tʃæt] v. vestlema, juttu ajama; n. vestlus, jutuajamine

chatter ['tʃætə] v. vadistama, sädistama; n. vadin, sädin

cheap [tʃiːp] adj. odav; adv. odavalt

cheat [tʃiːt] n. pettus; (person) petis; v. petma

check [tʃek] v. (stop) pidurdama; (examine) kontrollima; n. (chess) šahh; ~ed ruuduline; ~mate n. šahh ja matt; ~room n. hoiuruum; (theat.) garderoob

cheek [tʃiːk] n. põsk

cheer [tʃiə] v. rõõmuhüüetega tervitama; ~ful adj. rõõmsameelne; ~less adj. nukrameelne; ~s n. pl. rõõmuhüüded

cheese [tʃiːz] n. juust

chem|ical ['kemikəl] adj. keemiline; ~icals n. pl. kemikaalid; ~ist n. keemik; (Brit.) apteeker; ~istry n. keemia

cheque [tʃek] n. pangatšekk

cherish ['tʃeriʃ] v. hellitama

cherry ['tʃeri] n. kirss

chess [tʃes] n. male(mäng); ~player n. malemängija

chest [tʃest] n. kirst, kast; rinnakorv; ~ of drawers n. kummut; ~nut n. kastan; adj. kastanpruun

chew [tʃuː] v. mäluma, närima

chicken ['tʃikin] n. kanapoeg; kanaliha

chief [tʃiːf] n. pealik, ülem, šeff; adj. peamine; ~**tain** n. (sugukonna) pealik

child [tʃaild] n. laps; ~**hood** n. lapsepõli, lapsepõlv; ~**ish** adj. lapsik, lapselik

chill [tʃil] n. jahedus; (med.) külmavärin; adj. jahe, külm; ~**y** adj. jahe

chimney ['tʃimni] n. korsten; ~**sweep** n. korstnapühkija

chin [tʃin] n. lõug

china ['tʃainə] n. portselan; portselannõud

Chinese ['tʃai'niːz] adj. hiina; n. hiinlane

chip [tʃip] n. laast, pilbas

chirp [tʃəp] v. sirtsuma, sädistama

chisel [tʃizl] n. peitel

chivalry ['ʃivəlri] n. rüütellikkus

chocolate ['tʃɔklit] n. šokolaad

choice [tʃɔis] n. valik; alternatiiv; adj. valitud

choir ['kwaiə] n. laulukoor

choke [tʃouk] v. lämmatama, lämbuma

choose [tʃuːz] v. valima

chop [tʃɔp] v. raiuma; n. karbonaad

chord [kɔd] n. (mus.) akord; (mänguriista) keel; vocal ~**s** n. pl. häälepaelad

chorus ['kɔrəs] n. koor; koorilaul

Christian ['kristjən] adj. kristlik; n. kristlane; ~ **name** n. eesnimi; ~**ity** n. kristlus

Christmas ['krisməs] n. jõulud; ~ **Eve** n. jõululaupäev; ~ **tree** n. jõulupuu

chroni|c ['krɔnik] adj. krooniline; ~**cle** n. kroonika

church [tʃətʃ] n. kirik; ~**yard** n. kalmistu

churn [tʃən] n. võimasin; v. võid tegema

cigar [si'gɑː] n. sigar; ~**ette** n. sigaret; pabeross

cinema ['sinimə] n. kino

cinnamon ['sinəmən] n. kaneel

cipher ['saifə] n. number; (zero) null; (code) šiffer; salakiri

circle [səkl] n. ring, ringjoon, sõõr; (theat.) rõdu

circu|it ['səkit] n. ringkäik; (detour) ümbersõit; short ~**it** n. lühiühendus; ~**lar** adj. tsirkulaarne; ~**late** v. tsirkuleerima, ringlema; ~**lation** n. tsirkulatsioon; ringvool; vereringe; (newspaper) tiraaž

circumstance ['səkəmstəns] n. asjaolu

circus ['səkəs] n. tsirkus

citizen ['sitizn] n. kodanik; linlane; ~**ship** n. kodakondsus

city ['siti] n. (suur)linn

civil ['sivil] adj. kodanlik; (polite) viisakas; ~**ian** n. eraisik; ~**ization** n. tsivilisatsioon; ~**ize** v. tsiviliseerima

clad [klæd] adj. rõivastatud

claim [kleim] v. nõudma; pretendeerima; n. nõue; pretensioon

clamber ['klæmbə] v. ronima

clamp [klæmp] n. klemm; pitskruvi; v. pitskruviga kinnitama

clan [klæn] n. klikk, klann

clang [klæŋ] n. kõla; v. kõlama

clap [klæp] n. plaks; v. plaksutama

clash [klæʃ] n. kokkupõrge; v. kokku põrkama

clasp [klɑːsp] n. käepigistus; (buckle) pannal; v. embama; pannaldama

class [klɑːs] n. klass; ~ify v. klassifitseerima; ~room n. klassiruum

clatter ['klætə] v. (dishes) kolistama

clause [klɔːz] n. (lepingu) punkt; (jur.) klausel; (gr.) osalause

claw [klɔː] n. küüs

clay [klei] n. savi

clean [kliːn] adj. puhas; v. puhastama; ~ up v. korda seadma; ~er n. koristaja; ~ly adj. puhtustarmastav; ~ness n. puhtus; ~se v. puhastama

clear [kliə] adj. (distinct) selge, klaar; pilvitu

clench [klentʃ] v. kokku pigistama

clergy ['klɜːdʒi] n. vaimulikkond; ~man n. kirikuõpetaja

clerk [klɑːk] n. kontoriametnik; sekretär

clever ['klevə] adj. tark; (skilful) osav; ~ness n. tarkus; osavus; kavalus

client ['klaiənt] n. klient

cliff [klif] n. (ranna)kaljud

climate ['klaimit] n. kliima

climb [klaim] v. ronima

cling to [kliŋ] v. kinni haarama

clinic ['klinik] n. kliinik

clip [klip] n. klamber; näpits; v. klambriga koos hoidma; ~ing n. (ajalehe) väljalõige; v. (hair) pügama, kärpima; välja lõikama

cloak [klouk] n. mantel; kate

clock [klɔk] n. kell; at two o'~ kell kaks

clod [klɔd] n. (mulla)kamakas, (savi)pank

cloister ['klɔistə] n. klooster

close [klouz] v. sulgema; sulguma; (end) lõpetama; n. lõpp; adj. (connection) tihe; (near) lähedane; ~ly adv. tihedasti, lähedalt

cloth [klɔθ] n. riie; table-~ n. laudlina; ~e v. riietama, rõivastama; katma; ~es n. pl. riided, rõivad

cloud [klaud] n. pilv; ~y adj. pilvine

clove [klouv] n. nelk

clover ['klouvə] n. ristik(hein)

clown [klaun] n. kloun

club [klʌb] n. klubi; (sport) hokikepp; kaigas, nui

clue [kluː] n. (fig.) (saladuse) võti; juhtlõng

clums|iness ['klʌmzinis] n. kohmakus; ~y adj. kohmakas, saamatu

clutch [klʌtʃ] v. haarama; n. (tech.) sidur; pl. küüned

coach [koutʃ] n. tõld; (rail.) reisivagun; treener; ~man n. voorimees, kutsar

coal [koul] n. süsi; ~mine n. söekaevandus

coarse [kɔːs] adj. jäme; jämedakoeline; ~ness n. jämedus

coast [koust] n. (mere)rand; ~guard n. rannakaitse

coat [kout] n. palitu; ~ing n. kiht

coax [kouks] v. meelitama

cobbler ['kɔblə] n. kingsepp

cock [kɔk] n. kukk; (rifle) püssikukk; ~chafer n. maipõrnikas;

~roach *n.* prussakas; ~tail *n.* kokteil

coco|a ['koukou] *n.* kakao; ~nut *n.* kookospähkel

cod [kɔd] *n.* tursk

code [koud] *n.* (*jur.*) koodeks; kood

cod-liver oil ['kɔdlivər 'oil] *n.* kalamaksaõli

coexist ['kouig'zist] *v.* kooseksisteerima; ~ence *n.* kooseksisteerimine

coffee ['kɔfi] *n.* kohv; ~-pot *n.* kohvikann

coffin ['kɔfin] *n.* puusärk

cog [kɔg] *n.* (hammasratta) hammas

cognition [kɔg'niʃən] *n.* teadmine; tunnetamine

cog-wheel ['kɔgwiːl] *n.* hammasratas

cohe|rent [kou'hiərənt] *adj.* tihedalt seostatud; koherentne; ~sion *n.* sidusus

coil [kɔil] *v.* (rõngasse) kerima; mähkima; *n.* traatspiraal; (*el.*) traatmähis, pool

coin [kɔin] *n.* münt; metallraha; *v.* müntima; ~age *n.* müntimine

coincide [kouin'said] *v.* kokku sattuma; ühte langema; ~nce *n.* ühtelangemine, kokkusattumus

coke [kouk] *n.* koks

cold [kould] *adj.* külm; *n.* külm; (*med.*) külmetus; ~ness *n.* külmus

collaborat|e [kə'læbəreit] *v.* koos töötama; osalema; ~ion *n.* kaasatöötamine; koostöö

collapse [kə'læps] *n.* (*wall*) kokkuvarisemine; nurjumine; (*med.*)

nõrkemine; *v.* kokku varisema; nurjuma

collar ['kɔlə] *n.* krae; ~bone *n.* rangluu

colleague ['kɔliːg] *n.* kolleeg; töökaaslane

collect [kə'lekt] *v.* korjama; kogunema; koguma; ~ion *n.* (*tax*) kogu; (*stamps*) kollektsioon; korjandus; ~or *n.* koguja, kollektsionäär

collier ['kɔljə] *n.* söekaevur; (*ship*) söelaev

collision [kə'liʒən] *n.* kokkupõrge; kollisioon

colloquial [kə'loukwiəl] *adj.* kõnekeelne

colonel [kɛːnl] *n.* polkovnik

colon|ial [kə'louniəl] *adj.* koloniaalne; ~ist *n.* kolonist, asunik; ~ize *v.* koloniseerima, asustama

colour ['kʌlə] *n.* värv; värving; ~ed *adj.* värviline; neeger; ~s *n.* (*flag*) lipp

colt [koult] *n.* varss; sälg

column ['kɔləm] *n.* sammas; kolonn

comb [koum] *n.* kamm; *v.* kammima

combat ['kɔmbət] *n.* võitlus *v.* võitlema

combin|ation [kɔmbi'neiʃən] *n.* kombinatsioon; koondis; ~e *v.* kombineerima, ühendama

combustible [kəm'bʌstibl] *adj.* süttiv, põletatav

come [kʌm] *v.* tulema, saabuma; ~ about *v.* juhtuma; ~ back *v.* tagasi tulema; ~ in *v.* sisse tulema

comedy ['kɔmidi] *n.* komöödia

comet ['kɔmit] *n.* komeet

comfort ['kʌmfət] n. lohutus; (con-
venience) mugavus; ~able adj.
mugav

comic ['kɔmik] adj. koomiline, nal-
jakas; ~s pl. koomiks, humorist-
lik pildisari

comma ['kɔmə] n. koma; inverted
~s n. pl. jutumärgid

command [kə'mænd] n. käsk, ko-
mando; ~ant n. komandant; ~er
n. komandör, ülem; ~ment n.
(eccl.) jumala käsk

comment ['kɔment] v. kommen-
teerima; n. kommentaar; seletus;
~ary n. kommentaar

commerc|e ['kɔmæs] n. kauban-
dus; ~ial adj. kaubanduslik

commission [kə'miʃən] n. komis-
jon; ülesandeks tegemine; out of
~ korrast ära; ~er n. komisjoni
liige; komissar

commit [kə'mit] v. üle andma; toi-
me panema; ~tee n. komitee

commodity [kə'mɔditi] n. tarbeai-
ne; tarbeese

common ['kɔmən] adj. ühine;
(ordinary) tavaline; ~sense n.
terve mõistus; House of C~s n.
alamkoda; House of C~wealth
n. (Briti) Rahvaste Ühendus

commotion [kə'mouʃən] n. rahu-
tus; segadus

commun|icate [kə'mjuːnikeit] v.
teatama; suhtlema, läbi käima;
~ication n. teadaanne; ~ism n.
kommunism; ~ist n. kommunist;
~ity n. kogukond; ühtsus; koos-
lus

compan|ion [kəm'pænjən] n. kaas-
lane, seltsimees, kompanjon; ~y
n. seltskond; kompanii; meeskond

compar|able ['kɔmpərəbl] adj.
võrreldav; ~ative adj. võrdlev;
suhteline; ~e v. võrdlema; ~ison
n. võrdlus

compartment [kəm'pɑːtmənt] n.
osakond; kupee

compass ['kʌmpəs] n. kompass;
~es n. sirkel

compassion [kəm'pæʃən] n. kaas-
tunne

compel [kəm'pel] v. sundima

compensat|e ['kɔmpenseit] v.
kompenseerima; hüvitama; ~ion
n. kompensatsioon, hüvitus, tasu

compet|e [kəm'piːt] v. (comm.)
konkureerima; (sport) võistlema;
~ence n. kompetentsus; ~ent
adj. kompetentne, asjatundlik;
~ition n. võistlus, konkurents;
konkurss; ~itor n. konkurent;
võistleja

compile [kəm'pail] v. koostama;
(fakte) koguma

complain [kəm'plein] v. kaebama;
~t n. kaebus; häda

complet|e [kəm'pliːt] adj. täielik;
(finished) lõpetatud; v. lõpule vii-
ma; täiendama; ~ely adv. täiesti,
täitsa; ~ion n. viimistlemine; lõ-
puleviimine

complex ['kɔmpleks] adj. keerukas;
n. kompleks; ~ion n. jume; ilme;
~ity n. keerukus, komplitseeritus

compliance [kəm'plaiəns] n. järe-
leandmine; nõustumine

complicat|e ['kɔmplikeit] v. kompl-
litseerima, keerukaks tegema;

~ed *adj.* keerukas, komplitseeritud; ~ion *n.* keerukus; komplikatsioon

component   [kəm'pounənt]   *n.* koostisosa; *adj.* liidetav

compos|e [kəm'pouz] *v.* koostama; (*mus.*) looma; ~er *n.* helilooja; ~ition *n.* koostamine; ~ure *n.* rahu; külmaverelisus

compound ['kɔmpaund] *adj.* kokkupandud,   segatud;   (*word, interest*) keerukas

comprehen|d [kɔmpri'hend] *v.* aru saama; (*comprise*) sisaldama; ~sion *n.* arusaamine, sisaldus; ~sive *adj.* laiahaardeline, avar

compress [kəm'pres] *v.* kokku suruma; *n.* (*med.*) kompress

comprise [kəm'praiz] *v.* sisaldama

compromise   ['kɔmprəmaiz]   *n.* kompromiss; *v.* kompromissi saavutama; (*name*) kompromiteerima

compuls|ion [kəm'pʌlʃən] *n.* sundus; ~ory *adj.* sunduslik

computer [kəm'pju:tə] *n.* kompuuter, arvuti

comrade ['kɔmrid] *n.* seltsimees

concave ['kɔn'keiv] *adj.* nõgus

conceal [kən'si:l] *v.* peitma, varjama; ~ment *n.* peitmine, varjamine; (*place*) varjupaik

concede [kən'si:d] *v.* järele andma; (*admit*) nõus olema

conceit [kən'si:t] *n.* upsakus; auahnus; ~ed *adj.* ennast täis

conceiv|able   [kən'si:vəbl]   *adj.* mõeldav, kujuteldav; ~e *v.* välja mõtlema; (*imagine*) kujutlema

concentrat|e   ['kɔnsentreit]   *v.* kontsentreerima, koondama, keskendama; ~ion *n.* kontsentratsioon, keskendus; ~ion camp *n.* koonduslaager

conception [kən'sepʃən] *n.* (*concept*) mõiste; (*artistic*) kujutlus; (*biol.*) eostumine

concern [kən'sən] *v.* (*kellessegi*) puutuma; *n.* huvi; (*anxiety*) mure; kontsern; ~ed *v.* huvitatud olema; ~ing *prep.* (*kellegi, millegi*) suhtes

concert ['kɔnsət] *n.* kontsert; ~ed *adj.* kooskõlastatud

concession [kən'seʃən] *n.* järeleandmine; kontsessioon

concise [kən'sais] *adj.* kokkusurutud, tihe; lühike

conclu|de [kən'klu:d] *v.* järeldama; lõpetama; ~ding *adj.* lõplik; ~sion *n.* järeldus; lõpptulemus; (rahu) sõlmimine; ~sive *adj.* lõplik, otsustav

concord ['kɔŋkɔːd] *n.* üksmeel; ~ance *n.* (*opinions*) üksmeelsus

concrete ['kɔŋkri:t] *adj.* konkreetne; *n.* betoon

condemn [kən'dem] *v.* hukka mõistma; ~ation *n.* hukkamõist

condition [kən'diʃən] *n.* tingimus; (*state*) olukord; seisund ~al *adj.* tingiv

condole [kən'doul] *v.* kaastunnet avaldama

conduct [kən'dʌkt] *v.* juhtima; saatma; (*mus.*) dirigeerima; *n.* käitumine; ~er *n.* konduktor; dirigent

cone [koun] *n.* koonus; käbi

confectioner [kən'fekʃənə] n. kon-
diiter
confederation [kənfede'reiʃən] n.
föderatsioon, riikide ühendus
confer [kən'fə:] : ~ **with** v. aruta-
ma, nõu pidama; ~ **to** v. andma
~**ence** n. nõupidamine
confess [kən'fes] v. üles tunnista-
ma; (eccl.) pihtima; ~**ion** n. üles-
tunnistus
confide [kən'faid] v. (secret) usal-
dama; ~**nce** n. usaldus; (cer-
tainty) n. enesekindlus; ~**nt** adj.
veendunud, kindel; ~**ntial** adj.
(document) salajane
confine|d [kən'faind] adj. piiratud;
(prison) vangistatud; ~ **to bed**
(haiguse tõttu) sunnitud voodis
olema; ~**ment** n. piiramine; van-
gistus; ~**s** pl. võimaluste piir
confirm [kən'fə:m] v. kinnitama;
~**ation** n. kinnitus; konfirmat-
sioon
confiscat|e ['konfiskeit] v. konfis-
keerima; ~**ion** n. konfiskeerimine
conflict ['konflikt] n. konflikt
conform [kən'fə:m] v. kohandama,
kohanduma; ~**ity** n. vastavus;
ühtivus
confound [kən'faund] v. segi ajama
confront [kən'frʌnt] v. vastamisi
seadma
confus|e [kən'fju:z] v. (muddle) segi
ajma; (embarrass) hämmaldama;
~**ion** n. segadus; hämmeldus
congratulat|e [kən'grætjuleit] v.
õnnitlema (on); ~**ion** n. õnnitlus
congress ['kongres] n. kongress;
~**man** n. kongresmen

conjecture ['kən'dʒektʃə] n. ole-
tus; v. oletama
conjunction [kən'dʒʌŋkʃən] n.
(gr.) sidesõna; **in** ~ **with** seoses
(millegagi)
conjure ['kʌndʒe] v. nõiduma; ~**r**
n. nõid; (theat.) silmamoondaja
connect [kə'nekt] v. ühendama;
ühinema; ~**ion, connexion** n.
seos; ühendamine
conquer ['konkə] v. vallutama;
~**erer** n. vallutaja; ~**est** n. val-
lutus
consci|ence ['konʃəns] n. südame-
tunnistus; ~**entious** adj. kohuse-
tundlik; ~**ously** adv. teadlikult;
~**ousness** n. teadvus
consent [kən'sent] v. nõustuma; n.
nõusolek, luba
consequen|ce ['konsikwəns] n. ta-
gajärg; (importance) tähtsus; tu-
lemus; ~**tly** adv. järelikult, niisiis
conserv|ation [konsə'veiʃən] n.
säilitamine, konserveerimine;
~**ative** adj. konservatiivne; n.
konservaator; ~**e** v. alal hoidma
consider [kən'sidə] v. arvama;
(think to be) arvestama, kaalut-
lema; ~**able** adj. märkimisväär-
ne; ~**ate** adj. teisi arvestav, tä-
helepanelik; ~**ation** n. kaalutlus;
vaatlemine; ~**ing** prep. (midagi)
arvestades
consist [kən'sist] v. koosnema (**of**);
seisnema (**in**); ~**ency** n. järje-
kindlus; ~**ent** adj. järjekindel
consol|ation [konsə'leiʃən] n. lohu-
tus; ~**e** v. lohutama
consonant ['konsənənt] n. kaas-
häälik, konsonant

consort ['kɔnsɔːt] *n.* abikaasa; (*mar.*) saatelaev

conspicuous [kən'spikjuəs] *adj.* silmatorkav, märgatav

conspira|cy [kən'spirəsi] *n.* vandenõu, salasepitsus; ~**tor** *n.* salasepitseja

constant ['kɔnstənt] *adj.* püsiv

constellation [kɔnstə'leiʃən] *n.* tähtkuju

consternation [kɔnstə'neiʃən] *n.* masendus; tardumus

constitu|ent [kən'stitjuənt] *adj.* (*part*) koostisse kuuluv; (*pol.*) seadusandlik; ~**te** *v.* moodustama, rajama; ~**tion** *n.* konstitutsioon; ~**tional** *adj.* konstitutsiooniline

constrain [kən'strein] *v.* sundima; ~**t** *n.* sundus

construct [kən'strʌkt] *v.* ehitama; ~**ion** *n.* (*action*) ehitamine; (*building*) ehitis; ~**ive** *adj.* konstruktiivne; ülesehitav

construe [kən'struː] *v.* (*interput*) tõlgendama

consul ['kɔnsəl] *n.* konsul; ~**ate** *n.* konsulaat

consult [kən'sʌlt] *v.* konsulteerima; (*book*) järele vaatama

consum|e [kən'sjuːm] *v.* (*goods, food*) tarvitama; tarbima; (*time*) raiskama; ~**er** *n.* tarbija; ~**ption** *n.* tarbimine; (*med.*) tiisikus

contact ['kɔntækt] *n.* kokkupuude; **come into** ~ kokku puutuma

contagi|on [kən'teidʒən] *n.* nakkus; ~**ous** *adj.* nakatav; nakkav

contain [kən'tein] *v.* sisaldama; mahutama; ~**er** *n.* anum; konteiner

contemplat|e ['kɔntempleit] *v.* kaalutlema, mõtisklema; ~**ion** *n.* mõtisklemine; kaalutlemine

contemporary [kən'tempərəri] *adj.* kaasaegne

contempt [kən'tempt] *n.* põlastus; ~**ible** *adj.* põlastatav; ~**uous** *adj.* põlastav, põlglik

contend [kən'tend] *v.* võitlema; (*sport*) võistlema; (*affirm*) väitma

content [kən'tent] *adj.* rahul; *v.* rahuldama; ~ **ment** *n.* rahulolek

content ['kɔntənt] *n.* (*wessel*) sisaldus, sisaldis; ~**s** *pl.* sisu

contention [kən'tenʃən] *n.* vaidlus; (*assertion*) väitmine

contentment [kən'tentmənt] *n.* rahulolek

contest ['kɔntest] *n.* (*sport*) võistlus; konkurss

continent ['kɔntinənt] *n.* tagasihoidlikkus; kontinent, mander

continu|al [kən'tinjuəl] *adj.* alatine, pidev, kestev; ~**ous** *adj.* pidev; jätkuv

contract [kən'trækt] *n.* leping; *v.* (*shrink*) kokku tõmbuma; ~**ion** *n.* kokkusurutus; (*muscle*) kokkutõmbumine

contradict [kɔntrə'dikt] *v.* vastu rääkima; *n.* vasturääkimine; ~**ory** *adj.* vasturääkiv

contrary ['kɔntrəri] *adj.* vastupidine; **on the** ~ *adv.* vastupidi

contrast [kən'trɑːst] *n.* kontrast, vastand

contribut|e [kən'tribjuːt] v. kaasa
aitama; (*writer*) kaastööd tegema
(to); (*money*) toetama; ~ion n.
panus; toetus, kontributsioon; ar-
tikkel

contriv|ance [kən'traivəns] n. leiu-
tis; leiutamine; seadis; ~e v. leiu-
tama; toime tulema (to do)

control [kən'troul] n. kontroll; juh-
timine; võim; v. juhtima; kontrol-
lima

controversy ['kɔntrəvəːsi] n. vaid-
lus; poleemika

convenie|nce [kən'viːniəns] n. so-
bivus; mugavus; ~nt adj. sobiv

convent ['kɔnvənt] n. nunnakloos-
ter; ~ion n. kokkutulek; (*party*)
kongress; (*pol.*) konvent; ~ional
adj. konventsionaalne

convers|ation [kɔnvə'seiʃən] n.
vestlus; ~e v. vestlema

conver|sion [kən'vəːʃən] n. kon-
versioon; ümberpööramine; ~t
v. (ümber) pöörama, vahetama;
muutma (into)

convex ['kɔnveks] adj. kumer

convey [kən'vei] v. (*import*) edasi
andma; edasi toimetama; ~ance
n. edasiandmine; vedu; ~er, ~or
n. (*tech.*) konveier

convict [kən'vikt] v. süüdi mõist-
ma; ~ion n. (*belief*) veendumus;
süüdimõistmine

convince [kən'vins] v. veenma (of)

convoy ['kɔnvɔi] v. konvoeerima,
valve all saatma; n. (*mar.*) kon-
voi; (*route*) autokolonn

cook [kuk] n. kokk; v. toitu valmis-
tama

cool [kuːl] adj. jahe, vilu; v. jahuta-
ma; ~ down v. jahtuma; ~ness
n. jahedus

cooper ['kuːpə] n. püttsepp

co-operat|e [kou'ɔpəreit] v. koos
töötama; ~ion n. koostöö

co-ordinate [kou'ɔːdineit] v. koor-
dineerima

cope with [koup] v. toime tulema,
hakkama saama

copeck ['koupek] n. kopikas

copper ['kɔpə] n. vask; vaskraha

copy ['kɔpi] n. koopia; ärakir-
ri; (*book*) eksemplar; v. kopeeri-
ma; maha kirjutama; rough ~
n. mustand; ~-book n. vihik;
~right n. autoriõigus

coral ['kɔrəl] n. korall

cord [kɔːd] n. nöör; pael; vocal ~s
n. pl. häälepaelad

cordial ['kɔːdiəl] adj. südamlik

core [kɔː] n. südamik; tuum

cork [kɔːk] n. kork; v. korgiga sul-
gema; ~screw n. korgitõmbaja

corn [kɔːn] n. teravili

corner ['kɔːnə] n. nurk

coronation [kɔrə'neiʃən] n. krooni-
mine

corporal ['kɔːpərəl] adj. füüsiline,
kehaline; n. (*mil.*) kapral; jefrei-
tor

corporation [kɔːpə'reiʃən] n. kor-
poratsioon

corps [kɔː] n. korpus; ~s n. surnu-
keha

correct [kə'rekt] adj. korrektne; v.
korrigeerima, parandama; ~ion
n. parandus; ~ness n. õigus

correspond [kɔris'pɔnd] *v.* vastama, vastavuses olema; kirjavahetuses olema (**with**); ~**ence** *n.* vastavus; kirjavahetus, korrespondents; ~**ent** *n.* korrespondent, kirjasaatja

corridor ['kɔridɔ] *n.* koridor

corrupt [kə'rʌpt] *v.* (*deprave*) kõlvatule teele viima; rikkuma; *adj.* rikutud, kõlvatu; ~**ion** *n.* (*action*) moraalne laostumine; moonutamine; korruptsioon

cosmetic [kɔz'metik] *n.* kosmeetikavahend; kosmeetika

cosmic ['kɔzmik] *adj.* kosmiline

Cossack ['kɔsæk] *n.* kasakas; *adj.* kasaka-

cost [kɔst] *n.* hind, kulu; *v.* maksma; **at any** ~ iga hinna eest; ~**ly** *adj.* kallis; (*valuable*) hinnaline

costume ['kɔstjuːm] *n.* kostüüm

cosy ['kouzi] *adj.* mugav, mõnus

cot [kɔt] *n.* lastevoodi; ~**tage** *n.* kotedž, väike maamaja; (*summer*) suvila

cotton [kɔtn] *n.* puuvill; puuvillriie; ~ **wool** *n.* vatt

couch [kautʃ] *n.* kušett

cough [kɔf] *n.* köha; *v.* köhima

council ['kaunsil] *n.* nõukogu; ~**lor** *n.* nõuandja

counsel ['kaunsəl] *n.* nõu; *v.* nõu andma; **take** ~ **with** (*kellegagi*) nõu pidama ~**lor** *n.* nõuandja

count [kaunt] *v.* arvutama; loendama; ~ **upon** (*kellelegi, millelegi*) lootma; *n.* krahv

countenance ['kauntinəns] *n.* näoilme; (*composure*) enesevalitsemine

counter|balance [kauntə'bæləns] *n.* vastukaal; ~**feit** *n.* võlts; *adj.* võltsitud, järeletehtud; ~**revolution** *n.* kontrrevolutsioon

countess ['kauntlis] *n.* krahvinna

countless ['kauntlis] *adj.* arvutu, loendamatu

country ['kʌntri] *n.* (*pol.*) maa; (*scenery*) maastik; (*village*) küla, maakoht; (*homeland*) kodumaa; ~**man** *n.* maamees; (*compatriot*) kaasmaalane

county ['kaunti] *n.* krahvkond; ringkond

couple [kʌpl] *n.* paar; *v.* ühendama, siduma; sidurdama

courage ['kʌridʒ] *n.* julgus; ~**ous** *adj.* julge, vapper, vahva

courier ['kuriə] *n.* kiirkäskjalg

course [kɔːs] *n.* (*mar.*) kurss; käik; suund; (*univ.*) kursus; **of** ~ muidugi

court [kɔːt] *n.* õu, hoov; (*jur.*) kohus; (*sport*) mänguväljak; *v.* kurameerima; ~**eous** *adj.* viisakas; ~**esy** *n.* viisakus; ~**martial** *n.* sõjakohus; ~**ship** *n.* kurameerimine; ~**yard** *n.* õu, hoov

cousin [kʌzn] *n.* onupoeg, tädipoeg, onutütar, täditütar

cover ['kʌvə] *v.* katma; (*conceal*) varjama; *n.* kate; (*mil.*) kaitse; (*dinner*) lauaserviis

covetous ['kʌvitəs] *adj.* ihaldav, himustav

cow [kau] *n.* lehm

coward ['kauəd] *n.* argpüks; ~**ice** *n.* argus; ~**ly** *adj.* arg

cowboy ['kaubɔi] *n.* kauboi

cower ['kauə] *v.* kükitama

coy [kɔi] *adj.* häbelik

crab [kræb] *n.* krabi

crack [kræk] *n.* lõhe, pragu; raksatus; *v.* lõhenema; praksuma; ~le *v.* ragisema; *n.* ragin

cradle [kreidl] *n.* häll

craft [krɑːft] *n.* osavus; (*slyness*) kavalus; (*trade*) kunstkäsitöö; ~sman *n.* kunstkäsitööline; ~y *adj.* kaval

crag [kræg] *n.* kalju

cram [kræm] *v.* täis toppima; (*learn*) pähe tuupima

cramp [kræmp] *n.* (*med.*) kramp; klamber

cranberry ['krænbəri] *n.* jõhvikas

crane [krein] *n.* kurg; (*tech.*) tõstekraana

crank [kræŋk] *n.* (*tech.*) vänt; väntvõll; veider inimene

crash [kræʃ] *n.* raksatus, avarii; krahh; *v.* kokku varisema; kokku põrkama

crate [kreit] *n.* pakk-kast; korvpakend

crater ['kreitə] *n.* kraater; (*mil.*) mürsulehter

crave [kreiv] (**for**) *v.* ihaldama, himustama

crawl [krɔːl] *v.* roomama

crayfish ['kreifiʃ] *n.* jõevähk; langust

craz|e [kreiz] *n.* hullus; ~y *adj.* ogar, hull

creak [kriːk] *n.* kriuks; *v.* kriuksuma

cream [kriːm] *n.* koor; kreem; ice-~*n.* jäätis; **wipped** ~ *n.* vahukoor

crease [kriːs] *n.* volt; (*wrinkle*) korts

creat|e [kriː'eit] *v.* looma; ~ion *n.* loomine, looming; ~ive *adj.* loov; loominguline; ~or *n.* looja; ~ure *n.* olend, olevus, loom, elukas

credit ['kredit] *n.* usaldus; (*fin.*) krediit; **on** ~ võlgu ostma; **do** ~ **to au tegema**; ~or *n.* kreeditor, võlausaldaja

credulous ['kredjuləs] *adj.* kergeusklik

creed [kriːd] *n.* usutunnistus; *pl.* veendumused

creek [kriːk] *n.* väike laht, abajas

creep [kriːp] *v.* roomama; ~er *n.* ronitaim, vääntaim

crescent [kresnt] *n.* poolkuu

crest [krest] *n.* tutt; (laine-, mäe-, kuke-)hari

crevice ['krevis] *n.* lõhe, pragu

crew [kruː] *n.* (*mar.*) meeskond, ekipaaž; (*artillery*) arvestus

crib [krib] *n.* lapsevoodi; sõim; (*school*) spikker; *v.* spikerdama

cricket ['krikit] *n.* (*sport*) kriket; (*zo.*) kilk

crime [kraim] *n.* kuritegu, roim

Crimean [krai'miən] *adj.* krimmi

criminal ['kriminl] *n.* kurjategija, roimar; *adj.* (*law*) kriminaalne

crimson [krimzn] *adj.* tumepunane

cripple [kripl] *n.* vigane, sant; *v.* vigaseks tegema

crisis ['kraisis] *n.* kriis

crisp [krisp] *adj.* (*food*) krõbe; krässus; (*air*) elustav

critic ['kritik] *n.* kriitik; ~al *adj.* kriitiline; ~ism *n.* kriitika; ~ize *v.* kritiseerima

croak [krouk] *v.* (*frog*) krooksuma; (*crow*) kraaksuma; vaakuma

crochet ['krouʃei] *v.* heegeldama; ~**hook** *n.* heegelnõel

crockery ['krɔkəri] *n.* savinõud

crocodile ['krɔkədail] *n.* krokodill

crooked ['krukid] *adj.* kõver

crop [krɔp] *n.* saak; vili; (*zo.*) pugu

cross ['krɔs] *n.* rist; *v.* ristama; ristuma; (risti) üle minema; **be ~ with** *v.* olema pahane (*kellegi peale*); ~**roads** *n.* risttee; ~**wise** *v.* ristjoont tõmbama

crow [krou] *n.* vares; kukelaul; *v.* kirema; koogama

crowbar ['kroubɑː] *n.* raudkang

crowd [kraud] *n.* rahvahulk; *v.* tunglema; ~**ed** *adj.* rahvast täis

crown [kraun] *n.* (*king's, bot., fin.*) kroon; hambakroon; pealagi; *v.* kroonima

crude [kruːd] *adj.* (*raw*) toores; (*unfinished*) töötlemata; (*manners*) jäme

cruel ['kruːil] *adj.* julm, karm; ~**ty** *n.* julmus, karmus

cruise [kruːz] *n.* (*mar.*) meresõit; ~**r** *n.* (*mar.*) ristleja

crumb [krʌm] *n.* raasuke; (*soft bread*) leiva pehme sisu; ~**le** *v.* pudenema

crumple [krʌmpl] *v.* kortsutama, kortsuma

crunch [krʌntʃ] *v.* krigisema; ragisema

crusade [kruːˈseid] *n.* ristisõda

crush [krʌʃ] *v.* puruks lööma; puruks litsuma; (*small pieces*) pihustama

crust [krʌst] *n.* koorik, kooruke; (maa)koor

crutch [krʌtʃ] *n.* kark

cry [krai] *v.* karjuma; hüüdma; (*weep*) nutma; *n.* hüüd; nutt

crystal [kristl] *n.* kristall; *adj.* kristalne; *v.* kristalliseerima

cub [kʌb] *n.* karu- (*või mõne teise metslooma*) poeg; hundikutsikas

cub|e [kjuːb] *n.* kuup; ~**ic** *adj.* kuubitaoline

cuckoo ['kukuː] *n.* kägu

cucumber ['kjuːkəmbə] *n.* kurk

cuddle [kʌdl] *v.* kaissu pugema; kaisus hoidma

cudgel ['kʌdʒəl] *n.* kaigas, nui

cue [kjuː] *n.* märgusõna, mõistatuse võti; (*theat.*) repliik; tiiter; (*billiards*) kii, piljardikepp

cuff [kʌf] *n.* mansett; ~**link** *n.* mansetinööp

culprit ['kʌlprit] *n.* süüalune, süüdlane

cult [kʌlt] *n.* kultus; ~**ivate** *v.* kultiveerima; (*land*) harima; ~**ivator** *n.* kultivaator; (*person*) harija; ~**ural** *adj.* kultuurne; ~**ure** *n.* kultuur

cumbersome ['kʌmbəsəm] *adj.* tülikas, koormav; (*unwieldy*) kogukas

cunning ['kʌniŋ] *adj.* kaval; *n.* kavalus

cup [kʌp] *n.* tass; (*sport*) karikas; ~**board** *n.* kapp

cupola ['kjuːpələ] *n.* kuppel

curb [kəːb] *n.* kangvaljad; ohjeldamisvahend *v.* ohjeldama

curd [kəd] n. kohupiim; ~le v. (milk) kalgenduma; (blood) hüübima

cure [kjuə] v. ravima; n. ravi

curi|osity [kjuəri'ɔsiti] n. uudishimu; (thing) kurioosum; ~ous adj. uudishimulik

curl [kəl] n. lokk; kihar; ~y adj. kähar; v. lokkima, kähardama

currant ['kʌrənt] n. sõstar

curren|cy ['kʌrənsi] n. valuuta; ~t adj. käibiv; (opinion) ringlev; n. vool; hoovus

curse [kəs] v. needma, vanduma

curt [kət] adj. lühendatud; ~ail v. lühendama, kärpima

curtain ['kətin] n. kardin; (theat.) eesriie

curts(e)y ['kətsi] n. kniks, reveranss

curve [kəv] n. kaar, kurv; (math.) kõverjoon

cushion ['kuʃən] n. sohvapadi

custody ['kʌstədi] n. valve; into ~ vahi alla

custom ['kʌstəm] n. komme; (habit) harjumus; ~s n. tollimaks; ~s office n. tollimaja; ~er n. tellija, klient

cut [kʌt] v. lõikama; n. (fashion) lõige; (wound) sisselõige; ~ down v. (tree) maha raiuma; ~ off v. ära lõikama

cutlery ['kʌtləri] n. pl. terariistad

cutlet ['kʌtlit] n. kotlet; karbonaad

cutter ['kʌtə] n. (fashion) juurdelõikaja; lõikeriist; lõikenuga; (mar.) kaater

cutting ['kʌtiŋ] n. (action) lõikamine; raiumine; adj. terav, salvav

cycl|e [saikl] n. tsükkel; (bicycle) jalgratas; ~ist n. jalgrattur; ~one n. tsüklon

cylinder ['silində] n. silinder

cynical ['sinikəl] adj. häbematu, jultunud, küüniline

cypress ['saipris] n. küpress

czar [zɑ] n. tsaar

Czech [tʃək] adj. tšehhi; n. tšehh; ~oslovak adj. tšehhoslovakkia

D

dad(dy) [dæd] n. isa, taat

daffodil ['dæfədil] n. kollane nartsiss

dagger ['dægə] n. pistoda

daily ['deili] adj. igapäevane; adv. iga päev, päeviti

dainty ['deinti] n. maiuspala; adj. maitsev; (pretty) peen

dairy ['deəri] n. meierei; (shop) piimakauplus

daisy ['deizi] n. kirikakar

dam [dæm] n. pais, tamm; v. tammistama

damage ['dæmidʒ] n. vigastus; (abstract) kahjustus; kahju; v. vigastama; kahjustama

damn [dæm] n. needus, vandesõna; v. needma; kiruma

damp [dæmp] n. niiskus; adj. niiske; v. niiskeks tegema

danc|e ['dɑns] v. tantsima; n. tants; (party) tantsuõhtu; ~er n. tantsija; ~ing adj. tantsuline

dandy ['dændi] n. moenarr

Dane [dein] n. taanlane

danger ['deindʒə] *n.* oht; ~ous *adj.* ohtlik

dangle [dæŋgl] *v.* kõlkuma, ripnema

Danish ['deiniʃ] *adj.* taani; *n.* taani keel

dar|e [dɛə] *v.* julgema; ~ing *adj.* julge, kartmatu; *n.* julgus, kartmatus

dark [dɑːk] *adj.* pime, tume; *n.* pimedus; **in the** ~ pimeduses; ~en *v.* pimendama, pimestama; ~ness *n.* pimedus

darling ['dɑːliŋ] *adj.* armas, kallis

darn [dɑːn] *v.* nõeluma, parandama

dart [dɑːt] *n.* viskoda; sööst; *v.* (oda) heitma; (*glance*) pilku heitma; tormama

dash [dæʃ] *v.* tormama, sööstma; (*fling*) virutama; (*splash*) märjaks pritsima; (*destroy*) purustama; ~ing *adj.* hoogne; osav

date [deit] *n.* kuupäev; tähtaeg; **out of** ~ *adj.* vanamoeline; **up to** ~ *adj.* ajakohane, moodne; (*bot.*) *n.* dattel

dative ['deitiv] *n.* alaleütlev kääne

daub [dɔːb] *v.* määrima; võõpama; (*paint*) pintseldama; *n.* pintseldus

daughter ['dɔːtə] *n.* tütar; ~ **in law** *n.* minia, pojanaine

daunt [dɔːnt] *v.* kohkuma; ~less *adj.* kohkumatu

dawn [dɔːn] *n.* koit; *v.* koitma

day [dei] *n.* päev; **the other** ~ neil päevil; ~break *n.* koidik; ~light *n.* päevavalgus; **on the** ~time päeval

daze [deiz] *v.* kurdiks tegema

dazzl|e [dæzl] *v.* pimestama; ~ing *n.* pimestav valgus

dead [ded] *n.* surnu; *adj.* surnud; *adv.* põhjalikult; **he is** ~ **ta on** surnud; ~lock *n.* ummik; ~ly *adj.* surmav

deaf [def] *adj.* kurt; ~ening *adj.* kõrvulukustav; ~ness *n.* kurtus

deal [diːl] *n.* hulk; (*part*) osa; toiming; äritehing; *v.* kauplema; ~er *n.* kaupmees; ~ing *n.* *pl.* ärisuhted; läbikäimine

dean [diːn] *n.* dekaan; (*eccl.*) kiriku, kloostri eestseisja, prior

dear [diə] *adj.* armas, kallis; ~ness *n.* kallidus; ~th *n.* nappus, puudus

death [deθ] *n.* surm ; ~rate *n.* suremus

debate [di'beit] *n.* vaidlus, debatt, arutlus; *v.* vaidlema, debateerima

debit ['debit] *n.* deebet

debris ['debriː] *n.* rusud, varemed

debt [det] *n.* võlg; ~or *n.* võlgnik

decade ['dekeid] *n.* dekaad; aastakümnend

decaden|ce ['dekədəns] *n.* dekadents, langus; ~t *adj.* dekadentlik

decay [di'kei] *n.* kõdunemine, lagunemine; *n.* kõdunema, lagunema

deceit [di'siːt] *n.* pettus; ~ful *adj.* petlik

deceive [di'siːv] *v.* petma

December [di'sembə] *n.* detsember

decen|cy ['diːsnsi] *n.* viisakus, korralikkus; ~t *adj.* korralik, viisakas

deception [di'sepʃən] *n.* pettus

decide [di'said] *v.* otsustama; ~d *adj.* (*resolute*) kahtlematu, kindel

decis|ion [di'siʒən] *n.* otsus; (*quality*) meelekindlus; ~**ive** *adj.* otsustav; (*tone*) kindel

deck [dek] *n.* (*mar.*) laevalagi; on ~ pardal

declar|ation [deklə'reiʃən] *n.* deklaratsioon, avaldus; (*war*) kuulutus; ~**e** *v.* kuulutama; teatama

declension [di'klenʃən] *n.* käänamine

declin|ation [dekli'neiʃən] *n.* keeldumine; äraütlemine; ~**e** *v.* keelduma, käänama; (*refuse*) ära ütlema; *n.* (*decay*) langus

decompos|e [di:kəm'pouz] *v.* lagunema, mädanema; ~**ition** *n.* lagunemine

decorat|e ['dekəreit] *v.* dekoreerima, kaunistama; (*mil.*) autasustama; ~**ion** *n.* kaunistus; orden; aumärk; ~**ive** *adj.* kaunistav, dekoratiivne

decoy [di'kɔi] *n.* peibutis; *v.* peibutama

decrease [di'kri:s] *n.* vähenemine; *v.* vähenema; kahanema

decree [di'kri:] *n.* dekreet; käskkiri; *v.* dekreteerima; määrama

dedicat|e ['dedikeit] *v.* pühendama; ~**ion** *n.* pühendus

deduc|e [di'dju:s] *v.* dedutseerima; (*formula*) järeldama; ~**t** *v.* ära võtma, maha arvama; ~**tion** *n.* deduktsioon; (*inference*) järeldus; mahaarvamine

deed [di:d] *n.* tegu; (*jur.*) akt; dokument; (*heroic*) kangelastegu

deem [di:m] *v.* arvama

deep [di:p] *adj.* sügav; (*sound*) madal; (*wood*) tihe; ~**en** *v.* süvendama; süvenema

deer [diə] *n.* hirv

default [di'fɔ:lt] *n.* (*absence*) puudumine; ~ **of payment** *n.* mittemaksmine

defeat [di'fi:t] *n.* kaotus, lüüasaamine; *v.* nurja ajama; ~**ism** *n.* lüüasaamispoliitika

defect [di'fekt] *n.* puudus; defekt; (*flaw*) rike; ~**ive** *adj.* defektiivne, puudulik

defence [di'fens] *n.* kaitse; ~**less** *adj.* kaitsetu

defend [di'fend] *v.* kaitsma; ~**ant** *n.* kaebealune; ~**er** *n.* kaitsja

defensive [di'fensiv] *n.* kaitsepositsioon; *adj.* kaitsev

defer [di'fə:] *v.* (*postpone*) edasi lükkama; ~**ment** *n.* edasilükkamine

defian|ce [di'faiəns] *n.* väljakutse; **in ~ce of** hoolimata; ~**t** *adj.* väljakutsuv

deficien|cy [di'fiʃənsi] *n.* puudujääk; ~**t** *adj.* puuduv

defin|e [di'fain] *v.* defineerima; ~**ite** *adj.* kindlaksmääratud; ~**ition** *n.* definitsioon; täpsus

deform [di'fɔ:m] *v.* moonutama; deformeerima; ~**ity** *n.* moonutus

defy [di'fai] *v.* välja kutsuma; (*description*) mitte alistuma

degenerat|e [di'dʒenəreit] *v.* degenereeruma; *adj.* degenereerunud; ~**ion** *n.* degeneratsioon

degrad|ation [degrə'deiʃən] *n.* degradatsioon; (*teenistuses*) alandamine; ~**e** *v.* degradeerima; alandama

degree [di'gri:] *n.* (*univ., thermo-meter*) kraad, aste

deign [dein] *v.* suvatsema

deity ['di:iti] *n.* jumalus

deject|ed [di'dʒektid] *adj.* nukker; masendunud; ∼ion *n.* masendus

delay [di'lei] *n.* viivitus; (*respite*) edasilükkamine; *v.* viivitama, edasi lükkama

delegat|e ['deligeit] *n.* delegaat; saadik; ∼ion *n.* delegatsioon; (*action*) delegeerimine

deliberat|e [di'libəreit] *adj.* (*intentional*) ettekavatsetud, sihilik; (*unhurried*) kiirustamatu; *v.* kaalutlema; ∼ion *n.* kaalutlus; nõupidamine

delic|acy ['delikəsi] *n.* delikaatsus; (*tenderness*) õrnus; kõditamine; ∼ate *adj.* delikaatne; õrn; kõditav; ∼ious *adj.* (*tasty*) maitsev; tore

delight [di'lait] *n.* (*enjoyment*) nauding; vaimustus; *v.* nautima, vaimustuma; be ∼ed with olema vaimustatud; ∼ful *adj.* võluv, armas, hurmav; (*sweet*) magus, õndsalik

delinquent [di'liŋkwent] *n.* õiguserikkuja; kurjategija

delirious [di'liriəs] *v.* sonima, jampsima; *adj.* soniv, jampsiv

deliver [di'livə] *v.* (*supply*) kätte toimetama; (*free*) vabastama; ∼ance *n.* vabastamine; ∼y *n.* kättetoimetamine; (*handing over*) üleandmine; (*med.*) sünnitus

deluge ['delju:dʒ] *n.* veeuputus

demand [di'mænd] *n.* nõue; *v.* nõudma

demeanour [di'mi:nə] *n.* käitumine

democra|cy [di'mɔkrəsi] *n.* demokraatia; people's ∼cy *n.* rahvademokraatia; ∼t *n.* demokraat; ∼tic *adj.* demokraatlik

demoli|sh [di'mɔliʃ] *v.* hävitama; ∼tion *n.* hävitamine

demon ['di:mən] *n.* deemon

demonstrat|e ['demənstreit] *v.* demonstreerima; (*math.*) tõestama; ∼ion *n.* demonstratsioon; tõendus; (*math.*) tõestus

demoralize [di'mɔrəlaiz] *v.* demoraliseerima

demur [di'mə:] *v.* (*object*) vastu väitma; *n.* vastuväide

den [den] *n.* koobas; (*thieves'*) salaurgas

denial [di'naiəl] *n.* eitamine; (*refusal*) äraütlemine

denomination [dinɔmi'neiʃən] *n.* nimetus; (*eccl.*) usutunnistus

denote [di'nout] *v.* tähendama; (*indicate*) osutama

denounce [di'nauns] *v.* süüdistama; (*inform*) salakaebust esitama

dens|e [dens] *adj.* tihe; rumal; ∼ity *n.* tihedus; rumalus

dent [dent] *n.* täke, sälk

dent|al ['dentəl] *adj.* hamba-; ∼ist *n.* hambaarst

denunciation [dinʌnsi'eiʃən] *n.* salakaebus

deny [di'nai] *v.* eitama; (*refuse*) ära ütlema

depart [di'pɑːt] v. lahkuma; ära
sõitma; ~**ment** n. osakond; ha-
ru; ministeerium; ~**ment store**
n. kaubamaja; ~**ure** n. ärasõit,
lahkumine
depend [di'pend] v. olenema, sõltu-
ma (on); usaldama; (rely) lootma
jääma; ~**able** adj. usaldusväär-
ne; ~**ence** n. sõltuvus; ~**ent** adj.
sõltuv
depict [di'pikt] v. kujutama
deplor|able [di'plɔːrəbl] adj. kur-
vastav; (result) kahetsusväärne;
~**e** v. kahetsema
deport [di'pɔːt] v. asumisele saat-
ma; ~**ation** n. asumisele saatmi-
ne
depos|e [di'pouz] v. troonilt tõu-
kama; ametist kõrvaldama; (jur.)
vande all tunnistama; ~**it** n. (ad-
vance) sissemaks; (bank) hoius;
(geol.) lasund
depot ['depou] n. ladu; (rail.) de-
poo
depreciat|e [di'priːʃieit] v. alavää-
ristama; ~**ion** n. alavääristamine
depress [di'pres] v. rõhuma, alla
suruma; ~**ion** n. depressioon; loi-
dus; (geogr.) madalik
depriv|ation [dipr(a)i'veiʃən] n.
kaotus; ilmajäämine; ~**e** v. kao-
tama; ilma jätma (of)
depth [depθ] n. sügavus; tihedus
deputy ['depjuti] n. deputaat, rah-
vasaadik; asetäitja
deri|de [di'raid] v. pilkama; ~**sion**
n. pilkamine
deriv|ative [di'rivətiv] v. tuletis;
~**e** v. tuletama (from); tootma;
(benefit) välja võtma

descen|d [di'send] v. alla laskuma,
alla tulema; pärinema; ~**dant** n.
järeltulija; ~**t** n. allalaskumine;
(slope) nõlv; põlvnemine
descri|be [dis'kraib] v. kirjeldama;
~**ption** n. kirjeldus
desert [dezt] n. (geogr.) kõrb; adj.
tühi; asustamata; v. maha jät-
ma, hülgama; deserteerima; ~**er**
n. desertöör; ~**ion** n. deserteeri-
mine; ~**s** n. pl. teened
deserve [di'zæv] v. väärima
design [di'zain] n. (pattern) mus-
ter; plaan; kava; kavand;
(intention) (taga)mõte; v. projek-
teerima; ~**ate** v. määrama, osu-
tama; ~**ation** n. määramine
desir|able [di'zaiərəbl] adj. soovi-
tav; ~**e** n. soov, ihaldus
desk [desk] n. kirjutuslaud
desolat|e ['desəleit] adj. (forsaken)
mahajäetud; laastatud; ~**ion** n.
üksildus; laastamine
despair [dis'pɛə] n. meeleheide v.
meelt heitma
desperate ['despərit] adj. meele-
heitlik; hulljulge
despise [dis'paiz] v. põlgama
despite [dis'pait] prep. hoolimata
despot ['despɔt] n. despoot; ~**ic**
adj. despootlik
dessert [di'zæt] n. dessert, magus-
toit
destin|ation [desti'neiʃən] n. siht-
koht; ~**e** v. määrama (for, to);
~**y** n. saatus
destitute ['destitjuːt] adj. puudu-
ses, hädas, paljas olev (of)
destroy [dis'trɔi] v. purustama;
~**er** n. (mar.) eskaadri-miinilaev

39

destructi|on [dis'trʌkʃən] *n.* purustus; ~ve *adj.* purustav

detach [di'tætʃ] *v.* eraldama, eralduma; ~ment *n.* eraldatus; (*mil.*) väesalk

detail ['diːteil] *n.* detail; üksikasi; ~s *n.* (*trivial*) pisiasi

detain [di'tein] *v.* kinni pidama

detect [di'tekt] *v.* avastama; tabama; ~ive *n.* detektiiv; *adj.* detektiiv-

deter [di'təː] *v.* hirmutama

deteriorate [di'tiəriəreit] *v.* halvendama; halvenema

determin|ation [ditæmi'neiʃən] *n.* (*firm will*) meelekindlus; määramine; ~e *v.* (*decide*) otsustama; määrama; ~ed *adj.* kindlameelne

deterrent [di'terənt] *n.* hirmutusvahend

detour [di'tuə] *n.* ümbersõit; kõrvaltee

detriment ['detrimənt] *n.* kahju; ~al *adj.* kahjulik

devastat|e ['devəsteit] *v.* laastama; rüüstama; ~ion *n.* laastamine; rüüstamine

develop [di'veləp] *v.* arendama; arenema; (*photo*) ilmutama; ~ment *n.* arenemine; (*event*) sündmus; ilmutamine

device [di'vais] *n.* (*tech.*) seade, leiutis; (*method*) võte

devil ['devil] *n.* kurat; ~ish *adj.* kuratlik

devise [di'vaiz] *v.* välja mõtlema; (*jur.*) pärandama

devoid [di'vɔid] *adj.* (*millestki*) ilma olev (**of**)

devot|e [di'vout] *v.* pühendama; ~ed *adj.* ustav; ~ion *n.* ustavus; pühendamine

devour [di'vauə] *v.* õgima; ahnelt sööma

devout [di'vaut] *adj.* jumalakartlik; (*sincere*) avameelne

dew [djuː] *n.* kaste

dexteri|ty [deks'teriti] *n.* osavus; ~ous *adj.* osav

diagnosis [daiəg'nousis] *n.* diagnoos

diagram ['daiəgram] *n.* diagramm; skeem

dial ['daiəl] *n.* numbrilaud; *v.* telefoninumbrit valima

dialect ['daiəlekt] *n.* dialekt, murre

dialogue ['daiələg] *n.* dialoog

diameter [dai'æmitə] *n.* diameeter

diamond ['daiəmənd] *n.* teemant; ~s *adj.* (*cards*) ruutumast

diaphragm ['daiəfræm] *n.* diafragma

diary ['daiəri] *n.* päevik

dictat|e [dik'teit] *v.* dikteerima; käskima; ~ion *n.* (*pol.*) diktaat, dikteerimine; (*action*) etteütlus; ~or *n.* diktaator; ~orship *n.* diktatuur

dictionary ['dikʃənəri] *n.* sõnaraamat

die [dai] *n.* täring, vürfel; *v.* suremа; ~ **down** *v.* (*sound*) hääbuma

diet ['daiət] *n.* (*med.*) dieet; toit

differ ['difə] *v.* erinema; ~ence *n.* erinevus; (*math.*) vahe; (*discord*) lahkuminek; ~ent *adj.* erinev, lahkuminev; ~ently *adv.* teisiti

difficult ['difikəlt] *adj.* raske; ~y *n.* raskus

diffident ['difidənt] *adj.* häbelik; tagasihoidlik

dig [dig] *v.* kaevama

digest [dai'dʒest] *v.* seedima; *n.* (*literary*) kogumik; ~ion *n.* seedimine

dignity ['digniti] *n.* auväärsus

dike [daik] *n.* kaitsetamm

dilate [dai'leit] *v.* laienema; laiuma

dilemma [di'lemə] *n.* dilemma

diligen|ce ['dilidʒəns] *n.* usinus; ~t *adj.* usin

dilute [dai'ljuːt] *v.* vedeldama

dim [dim] *adj.* hämar, tuhm; (*vague*) ebaselge

dimension [di'menʃən] *n. pl.* suurus; mõõtmine; (*math.*) mõõde

dimin|ish [di'miniʃ] *v.* vähendama; vähenema; ~utive *adj.* vähendav; (*tiny*) miniatuurne; ~utive *n.* (*gr.*) vähendussõna

dimple [dimpl] *n.* lohuke

din [din] *n.* müra, lärm

dine [dain] *v.* lõunastama; ~r *n.* lõuna(s)taja; restoranvagun

dining ['dainiŋ] : ~-car *n.* restoranvagun; ~-room *n.* söökla; söögituba

dinner-jacket ['dinədʒækit] *n.* smoking

dip [dip] *v.* sukeldama; sukelduma; (*pen*) sisse kastma

diploma [di'ploumə] *n.* diplom; ~cy *n.* diplomaatia; ~t *n.* diplomaat; ~tic *adj.* diplomaatiline

direct [di'rekt] *adj.* sirge; (*first -hand*) otsekohene; *v.* suunama; (*control*) juhtima; ~ion *n.* suund; direktsioon; ~or *n.* juhataja; (*film*) režissöör; ~ory *n.* aadressi- *või* telefoniraamat

dirt [dət] *n.* mustus ~y *adj.* must; määrdunud

disabled [dis'eibld] *adj.* töö-, võistlus- *või* võitlusvõimetu

disadvantage [disəd'vɑːntidʒ] *n.* kahju; ~ous *adj.* kahjulik

disagree [disə'griː] *v.* mitte nõustuma; I ~ with you ma ei ole teiega nõus; ~able *adj.* ebameeldiv; ~ment *n.* lahkarvamus; mittenõustumine

disappear [disə'piə] *v.* kaduma; ~ance *n.* kadumine

disappoint [disə'point] *v.* pettuma; ~ment *n.* pettumus

disapprov|al [disə'pruːvəl] *n.* pahakspanek; ~e *v.* mitte heaks kiitma

disarm [dis'ɑːm] *v.* desarmeerima; desarmeeruma; ~ament *n.* desarmeerimine

disast|er [di'zɑːstə] *n.* häda; katastroof; ~rous *adj.* hävitav; katastroofiline

disband [dis'bænd] *v.* (*mil.*) laiali saatma; laiali minema

discard [dis'kɑːd] *v.* (*dismiss*) kõrvale heitma

discern [di'səːn] *v.* taipama

discharge [dis'tʃɑːdʒ] *v.* tühjendama; (*dismiss*) vallandama; *n.* tühjakslaadimine; vallandamine; elektrilaeng

discipl|e [di'saipl] *n.* jünger, järelkäija; ~ine *n.* distsipliin; *v.* distsiplineerima

41

disclos|e [dis'klouz] *v.* ilmutama, paljastama; **~ure** *n.* paljastamine; avalikuks tegemine

discomfort [dis'kʌmfət] *n.* ebamugavus; **~able** *adj.* ebamugav

disconnect [diskə'nekt] *v.* lahutama, eraldama

discontent [diskən'tent] *n.* rahulolematus; **~ed** *adj.* rahulolematu

discord ['diskɔːd] *n.* lahkheli; (*mus.*) dissonants

discount ['diskaunt] *n.* (*deduction*) hinnaalandus; (*bank*) diskonto; **rate of ~** *n.* diskontoprotsent

discourage [dis'kʌridʒ] *v.* araks tegema; heidutama

discover [dis'kʌvə] *v.* avastama; **~y** *n.* avastus

discredit [dis'kredit] *v.* mitte usaldama; diskrediteerima; *n.* diskrediteerimine; kahtlus

discreet [dis'kriːt] *adj.* tagasihoidlik; peenetundeline

discretion [dis'kreʃən] *n.* tagasihoidlikkus; ettevaatlikkus; (*choise*) äranägemine, suva

discrimination [diskrimi'neiʃən] *n.* (*jur.*) diskrimineerimine; diskriminatsioon

discus ['diskəs] *n.* ketas

discuss [dis'kʌs] *v.* arutama; **~ion** *n.* arutlus, diskussioon

disdain [dis'dein] *v.* põlgama; *n.* põlgus, põlastus

disease [di'ziːz] *n.* haigus; **~d** *adj.* haige

disfigure [dis'figə] *v.* moonutama; inetuks tegema

disgrace [dis'greis] *n.* häbi; (*king's*) ebasoosing; *v.* teotama, häbistama; **~ful** *adj.* häbistav

disguise [dis'gaiz] *v.* maskeerima; *n.* maskeering

disgust [dis'gʌst] *n.* vastikus; *v.* vastikust tekitama; **~ing** *adj.* vastik

dish [diʃ] *n. pl.* sööginõud

dishearten [dis'hɑːtn] *v.* masendama

dishonest [dis'ɔnist] *adj.* ebaaus

dishonour [dis'ɔnə] *n.* teotus; autus; *v.* häbistama

disillusioned [disi'luːʒənd] *adj.* purustatud illusioonidega

desinterested [dis'intristid] *adj.* omakasupüüdmatu

disk [disk] *n.* ketas

dislike [dis'laik] *v.* põlgama; *n.* sallimatus

dislodge [dis'lɔdʒ] *v.* paigalt nihutama; välja tõrjuma

dismal ['dizməl] *adj.* sünge; nukker

dismantle [dis'mæntl] *v.* paljastama; demonteerima; (*ship*) desarmeerima

dismiss [dis'mis] *v.* vallandama; (*meeting*) laiali saatma; minna laskma; **~al** *n.* laialisaatmine; vallandamine

dismount [dis'maunt] *v.* demonteerima

disobe|dience [disə'biːdjəns] *n.* sõnakuulmatus; **~dient** *adj.* sõnakuulmatu; **~y** *v.* sõnakuulmatu olema

disorder [dis'ɔːdə] *n.* korratus, segadus; *v.* segama; **~ly** *adj.* korratu

dispatch [dis'pætʃ] v. ära saatma; n. ärasaatmine; (message) kiirteade, depešš

dispel [dis'pel] v. laiali ajama

dispense [dis'pens] v. välja jagama

disperse [dis'pəːs] v. hajutama; levitama

displace [dis'pleis] v. ümber paigutama; ~ment n. ümberpaigutamine; (mar.) väljasurve

display [dis'plei] v. (exhibit) välja panema; näitama; esile tooma; n. näitus; väljapanek; kuvar

displeas|e [dis'pliːz] v. pahandama; ~ure n. pahameel

dispos|al [dis'pouzəl] n. korraldus; paigutus; at your ~al teie käsutuses; ~e v. mõjutama; ~ition n. korrastus

dispute [dis'pjuːt] v. vaidlema; disputeerima

disqualify [dis'kwɔlifai] v. diskvalifitseerima

disquiet [dis'kwaiət] n. rahutus; v. rahutuks tegema

disregard [disri'gɑd] v. ignoreerima; n. hoolimatus

dissatisfaction [dissætis'fækʃən] n. rahulolematus

dissen|sion [di'senʃən] n. lahkarvamus; lahkheli

dissipat|e ['disipeit] v. (disperse) hajutama; (money) pillama; ~ion n. hajutamine; pillamine; raiskamine

dissolve [di'zɔlv] v. lahustama; lahustuma; (parl.) laiali saatma; likvideerima; (agreement) tühistama

distan|ce ['distəns] n. (sport) distants, kaugus, vahemaa; in the ~ce adv. eemal; ~t adj. kauge; eemalolev

distil [dis'til] v. (chem.) destilleerima; utma; ~lation n. destillatsioon; utmine

distinct [dis'tiŋkt] adj. (clear) selge; (different) erinev; ~ion n. erinevus; vahetegemine; (social) väljapaistvus; ~ive adj. eristav

distinguish [di'tiŋgwiʃ] v. eristama, vahet tegema; ~ed adj. suursugune, väljapaistev

distort [dis'tɔːt] v. moonutama; ~ion n. moonutamine

distress [dis'tres] v. kurvastama; n. häda; ahastus; ~ing adj. kurvastav

distribut|e [dis'tribjuːt] v. jaotama; levitama; ~ion n. jaotus; väljajagamine

district ['distrikt] n. ringkond; piirkond

distrust [dis'trʌst] v. umbusaldama; n. umbusaldus

disturb [dis'təːb] v. rahu rikkuma; segama, häirima; ~ance n. rahurikkumine, rahutus

ditch [ditʃ] n. kraav

div|e [daiv] v. vette hüppama; sukelduma; (av.) pikeerima; ~er n. tuuker; vettehüppaja; ~ing n. pl. (sport) vettehüpped

diverge [dai'vəːdʒ] v. lahknema; eri suundadesse kulgema

diver|sion [dai'vəːʃən] n. meelelahutus; (of attention) petteoperatsioon; ~sity n. mitmekesisus;

~t v. meelt lahutama; tähelepanu kõrvale juhtima

divide [di'vaid] v. jagama; jagunema (into); lahutama; ~nd (comm.) n. dividend

divin|e [di'vain] adj. jumalik; n. teoloog; ~ity n. jumalus; teoloogia

division [di'viʒən] n. jagamine; jaotus; (mil.) divisjon, diviis

divorce [di'vɔːs] n. abielulahutus; v. (court) abielu lahutama

dizzy ['dizi] adj. (height) peadpööritav; I feel ~ mu pea käib ringi

do [duː] v. tegema; (act) tegutsema; toimima; that will ~ aitab; how ~ you ~? tere, tervist! we ~ not know me ei tea; ~ come! tulge ometi!

dock [dɔk] n. (mar.) dokk; (jur.) süüpink

doct|or ['dɔktə] n. arst, doktor; ~rine n. doktriin, õpetus

document ['dɔkjumənt] n. dokument; ~ary adj. dokumentaalne

dodge [dɔdʒ] v. kõrvale põiklema; n. kavalus, riugas

dog [dɔg] n. koer; ~ged adj. kangekaelne

dogma ['dɔgmə] n. dogma

dole [doul] n. abiraha; (Brit.) töötute abiraha

doleful ['doulful] adj. kurb, murelik, nukker

doll [dɔl] n. nukk

dollar ['dɔlə] n. dollar

domain [də'mein] n. valdus; omand; ala; valdkond

dome [doum] n. kuppel

domestic [də'mestik] adj. kodune; (inland) kodumaine

domin|ate ['dɔmineit] v. valitsema; ~ation n. valitsemine; ~ion n. võimupiirkond; (British) dominioon

don [dɔn] v. riietuma

donation [dou'neiʃən] n. annetus; annetamine

donkey ['dɔŋki] n. eesel

doom [duːm] v. hukka mõistma; n. saatus; hukatus

door [dɔː] n. uks; ~step n. lävi; ~way n. ukseava

dormitory ['dɔːmitri] n. magamistuba; ühiselamu

dose [dous] n. doos

dot [dɔt] n. punkt; pl. mõttepunktid; v. punkti peale panema; ~ted line n. punktiirjoon

dot|e [dout] v. lapsikuks muutuma; **become a ~ard** v. aru kaotama

double [dʌbl] adj. kahekordne; topelt-; kaksik-; paaris; n. (person) teisik; ~-breasted kahe nööbireaga (mantel, pintsak); ~cassette set ['dʌbl'kæsət set] n. kahekassetiline magnetofon

doubt [daut] n. kahtlus; v. kahtlema; ~ful adj. kahtlane; ~less adv. kahtlemata; arvatavasti

dough [dou] n. tainas; sõõrik

dove [dʌv] n. tuvi

down [daun] n. pl. udusuled; adj. pehme; adv. all; alla; ~ with ! maha! up and ~ üles ja alla; ~fall n. kukkumine; ~hill adv. mäest alla; n. mäekallak; ~right

sirge; ~**stairs** *adv.* alumisele kor-
rusele; alumisel korrusel; ~**wards**
adv. allapoole; alla
dowry ['dauəri] *n.* kaasavara;
(*talent*) loomulik anne
doze [douz] *v.* tukkuma; suikuma
dozen [dʌzn] *n.* tosin
draft [drɑːft] *n.* projekt; (*rough
copy*) mustand; (*comm.*) tratt;
(*bill*) käskveksel; kavand; *v.* ka-
vandama, visandama
drag [dræg] *v.* tassima; vedama;
~ **on** (*time*) venima; ~ **out** ve-
nitama
dragon ['drægən] *n.* draakon; ~-
fly *n.* kiil
drake [dreik] *n.* isapart
drama ['drɑːmə] *n.* draama; ~**tic**
adj. dramaatiline; ~**tist** *n.* dra-
maturg
drape [dreip] *v.* drapeerima
drastic ['dræstik] *adj.* drastiline;
(*measures*) järsk; käre
draught [drɑːft] *n.* (*current*) tõmb-
etuul; (*chimney*) õhutõmbus;
vedamine; (*drinking*) lonks;
(*mar.*) laeva vees-istumise süga-
vus
draw [drɔː] *v.* tõmbama; (*drawings*)
joonistama; (*tech.*) joonestama;
(*attract*) köitma; (*sport, in game*)
viiki mängima; ~**back** *n.* puu-
dus; ~**er** *n.* (*box*) sahtel; ~**ing** *n.*
joonistus; (*tech.*) joonis
dread [dred] *n.* hirm; *v.* kartma;
~**ful** *adj.* hirmus
dream [driːm] *n.* unenägu; **day-**~
n. unistus; ~**er** *n.* unistaja; ~**y**
adj. unistav

dredge [dredʒ] *n.* ekskavaator;
(*mar.*) põhjavõrk
drench [drentʃ] *v.* läbimärjaks saa-
ma
dress [dres] *n.* kleit; *v.* riietama;
riietuma; (*wound*) haava kinni si-
duma; ~**er** *n.* köögikapp; ~**ing**
n. (haava) sidumine; ~**maker** *n.*
õmbleja; ~ **rehearsal** *n.* pea-
proov
drift [drift] *v.* (*mar.*) triivima;
(*snow*) kuhjama; sihitult liikuma;
n. triivimine; hang; suund
drill [dril] *n.* (*tech.*) puurimisma-
sin; (*mil.*) mehaaniline õppeharr-
jutus; *v.* puurima; drillima
drink [driŋk] *v.* jooma; *n.* jook; **let
us have a** ~ joome pitsi; ~**er** *n.*
(*heavy*) joodik
drip [drip] *v.* tilkuma
drive [draiv] *v.* (*cattle*) ajama;
(*car*) juhtima; (*go*) sõitma; (*take*)
vedama; ~ **mad** *v.* hulluks aja-
ma; ~**r** *n.* juht
drizzle [drizl] *v.* tibama
drone [droun] *v.* (*insect*) sumise-
ma; (*motor*) põrisema; *n.* sumin,
põrin; isamesilane
droop [druːp] *v.* longu vajuma;
närtsima
drop [drɔp] *n.* tilk; *v.* tilkuma; (*fall*)
kukkuma; pillama
drought [draut] *n.* põud
drown [draun] *v.* uputama; **be**
~**ed** uppuma
drowsy ['drauzi] *adj.* unine; uima-
ne
drudgery ['drʌdʒəri] *n.* vaev; üks-
luine töö

drug [drʌg] *n.* droog; narkootikum; ~gist *n.* rohukaupmees; apteeker

drum [drʌm] *n.* trumm; *v.* trummi lööma; ~mer *n.* trummilööja

drunk [drʌŋk] *adj.* purjus; ~ard *n.* joodik; ~enness *n.* purjusolek

dry [drai] *adj.* kuiv; kuivanud; *v.* kuivatama; kuivama; ~ness *n.* kuivus

dual ['djuːəl] *adj.* kahekordne; kaksik-

dubious ['djuːbiəs] *adj.* kahtlane

duchess ['dʌtʃis] *n.* hertsoginna

duck [dʌk] *n.* part; *v.* sukelduma, vee alla suruma; ~ling *n.* pardipoeg

due [djuː] *adj.* (*proper*) vajalik, kohane; **the train is** ~ rong peab saabuma; *n.* liikmemaks; koondus; (*kellelegi*) kuuluv osa

duel [djuəl] *n.* duell

dugout ['dʌgaut] *n.* blindaaž

duke [djuːk] *n.* hertsog; ~dom *n.* hertsogkond

dull [dʌll] *adj.* tuhm; (*knife*) nüri; (*person*) nürimeelne; igav

duly [djuːli] *adv.* õieti (*nagu kord ja kohus*); (*in time*) õigel ajal

dumb [dʌm] *adj* tumm; ~ness *n.* tummus, keeletus

dummy ['dʌmi] *n.* mannekeen; (*mil.*) makett; (*figure-head*) võltsisik, variisik

dump [dʌmp] *n.* (*place*) prügimägi; (*mil.*) ladu; *v.* hooletult laduma, viskama;

dunce [dʌns] *n.* puupea; lollpea

dune [djuːn] *n.* düün, liivaluide

dung [dʌŋ] *n.* sõnnik

dungeon [dʌn(d)ʒ(ə)n] *n.* vangla

dupe [djuːp] *n.* tobu; *v.* ninapidi vedama

duplicat|e ['djuːplikit] *n.* duplikaat; koopia; *v.* duplitseerima; kahekordistama; ~or *n.* kopeerimismasin

dur|able ['djuərəbl] *adj.* vastupidav; ~ation *n.* kestus, vältus; ~ing *prep.* kestel; vältel

dusk [dʌsk] *n.* hämarik

dust [dʌst] *n.* tolm; ~bin *n.* prügikast; ~er *n.* tolmulapp; ~y *adj.* tolmune

Dutch [dʌtʃ] *adj.* hollandi; *n.* hollandi keel; ~man *n.* hollandlane

duty ['djuːti] *n.* kohus; kohustus; (*comm.*) toll; (*mil.*) teenistuskohustus; **on** ~ valvel; **off** ~ teenistusvaba

dwarf [dwɔːf] *n.* kääbus

dwell [dwel] *v.* elama, asuma; ~er *n.* elanik; ~ing *n.* elamu

dye [dai] *n.* värv; *v.* värvima; ~r *n.* värvija

dynam|ic [dai'næmik] *adj.* dünaamiline; ~ics *n.* dünaamika; ~ite *n.* dünamiit; ~o *n.* dünamo

dynasty ['dinəsti] *n.* dünastia

dysentery ['disntri] *n.* düsenteeria

E

each [iːtʃ] *pron.* igaüks; ~other teineteist

eager ['iːgə] *adj.* innukas; **be** ~ **to** + *inf.* *v.* ihaldama, väga tahtma; ~ness *n.* innukus

eagle ['iːgl] *n.* kotkas

ear [iə] *n.* kõrv; (*bot.*) viljapea
earl [ɑl] *n.* krahv
early ['ɑli] *adj.* varajane; *adv.* vara
earn [ɑn] *v.* teenima; ära teenima
earnest ['ɑnist] *adj.* tõsine; aus; in
~ tõsiselt
earnings ['ɑniŋz] *n.* töötasu
ear-ring ['iəriŋ] *n.* kõrvarõngas
earth [ɑθ] *n.* maa; ~en *adj.* muld-
ne; ~enware *n.* savinõud ~ly
adj. maine
ease [iz] *n.* kergus; be at ~ tund-
ma ennast mugavalt, sundima-
tult; be ill at ~ tundma ennast
ebamugavalt; at ~! vabalt! with
~ kergusega, sundimatult
easiness ['izinis] *n.* kergus
east [ist] *n.* ida; *adj.* idapoolne; ~
of ida poole; The Far E~ Kaug-
Ida; E~er *n.* lihavõtted; ~ern
adj. idamaine
easy ['izi] *adj.* kerge; (*manners*)
hõlbus; (*chair*) mugav; ~-going
adj. muretu
eat [it] *v.* sööma; ~ up ära sööma;
~able *adj.* söödav; ~ables *n. pl.*
söögikraam, toit
eaves [ivz] *n.* katuseräästas
ebb [eb] *n.* mõõn
ebony ['ebəni] *n.* eebenipuu
eccentric [ik'sentrik] *adj.* ekst-
sentriline, veider; ~icity *n.* ekt-
sentrilisus, veidrus
ecclesiastical [iklizi'æstikəl] *adj.*
kiriklik; (*clerical*) vaimulik
echo ['ekou] *n.* kaja; vastukaja; *v.*
kajama; vastukajana kordama

economic   e.g.

economic [ikə'nɔmik] *adj.* öko-
noomiline; ~ical *adj.* ökonoom-
ne; kokkuhoidlik; ~ics *n.* öko-
noomika, majandusteadus; ~y *n.*
ökonoomika, majandus
ecstasy ['ekstəsi] *n.* ekstaas
eddy ['edi] *n.* keeris
edge [edʒ] *n.* (*table*) äär; (*wood*)
serv, veer; (*knife*) tera; ~ing *n.*
ääris
edible ['edibl] *adj.* söödav
edict ['idikt] *n.* käskkiri
edifice ['edifis] *n.* ehitis; ~ying
adj. õpetlik
edit ['edit] *v.* redigeerima; (*book*)
toimetama; ~ion *n.* väljaanne;
~or *n.* toimetaja; väljaandja;
~orial *n.* juhtkiri
educate ['edjukeit] *v.* kasvatama;
~ed *adj.* haritud; ~ion *n.* kas-
vatus, haridus
eel [il] *n.* angerjas
efface [i'feis] *v.* joonde ajama; ~
oneself ennast tagaplaanile jät-
ma
effect [i'fekt] *n.* efekt, toime;
(*consequence*) tagajärg; bad ~
halb mõju; take ~ *v.* jõustuma;
~ive *adj.* efektne; maksev; ~ual
adj. efektiivne
effeminate [i'feminit] *adj.* naiselik;
naisestunud
efficacious [efi'keiʃəs] *adj.* efek-
tiivne, tõhus, mõjus; ~y *n.* efek-
tiivsus, tõhusus, mõjusus
efficiency [i'fiʃənsi] *n.* osavus; töö-
jõudlus; ~t *adj.* osav; tööjõuline
effort ['efət] *n.* pingutus
e.g. ['i'dʒi] näiteks

egg [eg] n. muna; **fried** ∼s praetud muna; **scrambled** ∼s n. omlett; ∼-**shell** n. munakoor

egois|m ['egouizm] n. egoism; ∼t n. egoist; ∼tic adj. egoistlik

Egyptian [i'dʒipʃən] adj. egiptuse; n. egiptlane

eight [eit] num. kaheksa; ∼een kaheksateist; ∼eenth kaheksateistkümnes; ∼h kaheksas; ∼y kaheksakümmend

either [i'aiðə, 'iːðə] adj. üks või teine; kumbki; **I can't do it** ∼ mina ka ei saa seda teha; ∼ ... or ... kas ... või ...

elaborate [i'læbəreit] v. välja töötama; viimistlema

elapse [i'læps] v. mööduma

elastic [i'læstik] adj. elastne, vetruv; n. (tape) kummipael; ∼ity n. elastsus, vetruvus

elbow ['elbou] n. küünarnukk

eld|er ['eldə] n. leedripuu; adj. vanem; ∼erly adj. elatanud; ∼est adj. vanim

elect [i'lekt] v. eelistama; valima; ∼ion n. valimine; ∼or n. valija; ∼oral adj. valimis-

electri|c(al) [i'lektik(əl)] adj. elektriline; ∼cian n. elektrotehnik; ∼city n. elekter; ∼fy v. elektrifitseerima

elegan|ce ['eligəns] n. elegantsus, väline lihv; ∼t adj. elegantne, peen

element ['elimənt] n. element; stiihia; ∼al adj. stiihiline; ∼ary adj. elementaarne; ∼ary school n. algkool

elephant ['elifənt] n. elevant

elevat|ed ['eliveitid] adj. kõrgendatud; ∼ion n. ülestõstmine; kõrgendik; ∼or n. elevaator; lift

eleven [i'levn] num. üksteist; ∼th üheteistkümnes

eliminate [i'limineit] v. kõrvaldama

elk [elk] n. põder

elm [elm] n. jalakas

eloquen|ce ['eləkwəns] n. kõneosavus; ∼t adj. väljendusrikas

else [els] adv. veel, muu, teine; **what** ∼? mis veel? **somebody** ∼ keegi teine; **or** ∼ või; muidu

elusive [i'l(j)uːsiv] adj. (answer) kõrvalepõiklev

emancipation [imænsi'peiʃən] n. emantsipatsioon

embankment [im'bæŋkmənt] n. (rail.) raudteetamm; (river) kaldaäärne tänav

embargo [em'bɑːgou] n. embargo

embark [im'bɑːk] v. (laevale) lastima

embarrass [im'bærəs] v. raskendama; (confuse) piinlikkust valmistama; ∼ing adj. raskevõitu; ∼ment n. kitsikus; piinlikkus

embassy ['embɑːsi] n. saatkond

embezzle [im'bezl] v. (võõrast raha) omandama; raiskama; ∼ment n. raiskamine

emblem ['embləm] n. embleem

embody [im'bɔdi] v. (include) sisaldama; kehastama

embrace [im'breis] v. kaisutama; (comprise) hõlmama; n. kaisutus

embroider [im'brɔidə] v. tikkima; ∼y n. tikkimine

embryo ['embriou] *n.* embrūo, loode

emerald ['emərəld] *n. smaragd;* smaragdroheline värvus

emerge [i'mɐdʒ] *v.* pinnale kerkima

emergency [i'mɐdʒənsi] *n.* hädaolukord, ohtlik juhtum

emigra|nt ['emigrənt] *n.* emigrant; ~te *v.* emigreerima; ~tion *n.* emigratsioon

eminen|ce ['eminəns] *n. (geogr.)* kõrgendik; kõrgeausus; kõrgepühalikkus; ~t *adj.* silmapaistev

emit [i'mit] *v.* eritama; erituma

emotion [i'mouʃən] *n.* erutus; ~al *adj.* emotsionaalne; *(exciting)* erutav

emperor ['empərə] *n.* keiser; imperaator

empha|sis ['emfəsis] *n.* emfaas, rõhk; ~size *v.* rõhutama, toonitama; ~tic *adj.* tunderõhuline

empire ['empaiə] *n.* impeerium

employ [im'plɔi] *v. (give work)* tööle rakendama; *(use)* rakendama; ~ee *n.* ametnik; ~er *n.* tööandja; ~ment *n.* töö, teenistus; *(use)* rakendus; **full** ~ment *n.* täiskoormus

empower [im'pauə] *v.* volitama

empress ['empris] *n.* keisrinna

empt|iness ['emptinis] *n.* tühjus; ~y *adj.* tühi; *v.* tühjendama

enable [i'neibl] *v.* võimaldama

enact [i'nækt] *v.* seadustama; *(theat.)* osa mängima; ~ment *n.* seadus

enamel [i'næml] *n.* email; *v.* email(eer)ima

encamp [in'kæmp] *v.* laagrisse asuma; ~ment *n.* laager

enchant [in'tʃɑnt] *v.* võluma; ~ment *n.* võlu

encircle [in'sɐkl] *v.* ümbritsema; piirama

enclos|e [in'klouz] *v. (document)* juurde lisama; *(fence in)* *(millegagi)* ümbritsema; ~ure *n.* lisand; *(agr.)* tarandik

encore [ɔŋ'kɔ] bis! korrata!

encounter [in'kauntə] *v.* (ootamatult) kohtama; *n.* kohtumine; *(mil.)* kokkupõrge

encourage [in'kʌridʒ] *v. (person)* ergutama; *(person, action)* julgustama; ~ment *n.* ergutus, julgustus

encroach [in'kroutʃ] : ~ **upon** *v.* sisse tungima; ~ment *n.* sissetungimine

encumber [in'kʌmbə] *v.* koormama; *(block up)* tõkestama

end [end] *n.* lõpp; *v.* lõpetama; lõppema; **in the** ~ lõppude lõpuks

endanger [in'deindʒə] *v.* ohustama

endeavour [in'devə] *v.* taotlema; *n.* taotlus

end|ing ['endiŋ] *n.* lõpposa; ~less *adj.* lõpmatu

endur|ance [in'djuərəns] *n.* vastupidavus; enesevalitsus; ~e *v.* vastu pidama

enemy ['enimi] *n.* vaenlane; *adj.* vaenulik

energetic [enə'dʒetik] *adj.* energiline

engage [in'geidʒ] *v.* kohustama; *(hire)* palkama; **become** ~d *v.* kihlama; ~ment *n.* kokkulepe;

kihlumine; (date) kokkusaamine; (mil.) kokkupõrge

engender [in'dʒendə] v. tekitama

engine ['endʒin] n. masin; mootor; (rail.) vedur; ~er n. insener; mehaanik

English ['iŋgliʃ] adj. inglise ~man n. inglane; ~woman n. inglanna

engrav|e [in'greiv] v. graveerima; ~ing n. gravüür

enhance [in'hɑːns] v. tõstma; suurendama

enjoy [in'dʒɔi] v. nautima; I ~ed the book raamat meeldis mulle

enlarge [in'lɑːdʒ] v. suurendama; suurenema; ~ment n. suurendus

enlighten [in'laitn] v. (vaimu) valgustama

enlist [in'list] v. värbama; astuma (in)

enliven [in'laivn] v. elustama

enmity ['enmiti] n. vaen

ennoble [i'noubl] v. õilistama

enormous [i'nɔːməs] adj. hiiglasuur

enough [i'nʌf] adj. küllaldane; adv. küllalt

enrage [in'reidʒ] v. maruvihaseks tegema

enrich [in'ritʃ] v. rikastama; rikastuma

enrol(l) see enlist

ensign ['ensain] n. (mar.) lipp; (badge) rinnamärk; n. (naval rank) alamleitnant

ensue [in'sjuː] v. tulenema; tulemuseks saama; järgnema

ensure [in'ʃue] v. (success) garanteerima, tagama; kindlustama; ~ against kindlustama millegi (kellegi) vastu

entail [in'teil] n. põlispärand

entangle [in'tæŋgl] v. sassi ajama; raskustesse kiskuma

enter ['entə] v. (room) sisenema, sisse tulema; (school) sisse astuma; (name) sisse kandma

enterpris|e ['entəpraiz] n. ettevõte; (quality) ettevõtlikkus; ~ing adj. ettevõtlik

entertain [entə'tein] v. (amuse) lõbustama; (guests) kostitama; ~ment n. meelelahutus; kostitamine

enthusias|m [in'θjuːziæzm] n. entusiasm, vaimustus; ~tic adj. entusiastlik

entice [in'tais] v. meelitama; ahvatlema

entire [in'taiə] adj. terve; ~ly adv. täielikult

entitled [in'taitld] v. : be ~ to (millelegi) õigust omama

entrails ['entreilz] n. pl. sisikond; soolestik

entrance ['entrəns] n. sissekäik

entreat [in'triːt] v. paluma; ~y n. palve

entrust [in'trʌst] v. usaldama

entry ['entri] n. sissekäik; (in book) sissekanne; ~ permit n. sissesõiduluba

enumeration [injuːmə'reiʃən] n. loetelu; loendus

envelop [in'veləp] v. sisse pakkima; mähkima; ~e n. ümbrik

envious ['enviəs] adj. kade (of)

environ [in'vaiərən] v. ümbritsema; **~ment** n. (social) ümbrus; keskkond; **~s** n. pl. linna ümbruskond

envoy ['envɔi] n. saadik

envy ['envi] n. kadedus; v. kadestama

epidemic [epi'demik] n. epideemia; adj. epideemiline

episode ['episoud] n. episood

epoch ['iːpɔk] n. epohh

equal ['iːkwəl] adj. võrdne; v. võrdsustama; n. võrdne isik; **~ity** n. võrdsus; **~ize** v. tasakaalustama

equat|ion [i'kweiʃən] n. võrrand; **~or** n. ekvaator

equilibrium [iːkwi'libriəm] n. tasakaal

equip [i'kwip] v. varustama; **~ment** n. varustus

equivalent [i'kwivələnt] n. ekvivalent; adj. ekvivalentne

era ['iərə] n. ajajärk

eradicate [i'rædikeit] v. välja juurima

erase [i'reiz] v. maha pühkima; kustutama

erect [i'rekt] v. (arch.) püstitama

err [əː] v. eksima

errand ['erənd] n. ülesanne; run **~s** v. jooksupoisiks olema

error ['erə] n. viga, eksitus

eruption [i'rʌpʃən] n. purse; (med.) lööve

escalator ['eskəleitə] n. eskalaator

escape [is'keip] v. põgenema; (avoid) vältima; n. põgenemine

escort [is'kɔːt] v. eskort(eer)ima; n. eskort

especially [is'peʃəli] adv. eriti

essay ['esei] n. kirjand; (a try) katsetus

essen|ce ['esns] n. põhiolemus; **~tial** adj. oluline, vajalik

establish [is'tæbliʃ] v. (set up) asutama, rajama; kohale seadma; **~ment** n. rajamine, asutamine

estate [is'teit] n. (landed) mõis; (real) vara

esteem [is'tiːm] v. austama; n. austus

estimate ['estimeit] n. hinnang; (fin.) eelarve; v. hindama

Estonian [es'tounjən] adj. eesti; n. eestlane; eesti keel

etc. = **et cetera** [it'set(ə)rə] jne., ja nõnda edasi

etching ['etʃiŋ] n. ofort

etern|al [i'təːnl] adj. igavene; **~ity** n. igavik

ether ['iːθə] n. eeter; **~eal** adj. eeterlik; õhuline

etiquette [eti'ket] n. etikett

European [juərə'piːən] adj. euroopa; n. eurooplane

evacuat|e [i'vækjueit] v. evakueerima; **~ion** n. evakueerimine

evade [i'veid] v. kõrvale hoiduma; (law) vältima

evaporat|e [i'væpəreit] v. aurama; aurustama; **~ion** n. aurustamine; äraauramine; aur

evasi|on [i'veiʒən] n. kõrvalepõiklemine (of); **~ve** adj. kõrvalepõiklev

eve [iːv] n. eelõhtu; on the **~** of (millegi) eelpäeval; Christmas **~** n. jõuluõhtu

even ['iːvən] adj. (development)
ühetasane; võrdne; (number) paa-
ris; adv. isegi, koguni

evening ['iːvniŋ] n. õhtu

event [i'vent] n. sündmus; (out-
come) tulemus; in the ~ of mil-
legi puhul

ever ['evə] adv. kunagi; as ~ nagu
alati; for ~ adv. igavesti; ~green
adj. igihaljas

every ['evri] adj. iga; ~ other day
adv. ülepäeviti; ~body, ~one n.
pl. kõik; ~day adj. igapäevane;
~where adv. kõikjal, igal pool

eviden|ce ['evidəns] n. silmanähta-
vus; (jur.) tõendus; (piece) tõend;
~t adj. ilmne

evil [iːvl] adj. kuri, paha; n. kurjus

evolution [iːvə'luːʃən] n. evolut-
sioon

ewe [juː] n. (ema)lammas

ewer ['juː(:)ə] n. kann

exact [ig'zækt] adj. täpne; v. nõud-
ma; ~ing adj. nõudlik; ~itude
n. täpsus

exaggerat|e [ig'zædʒəreit] v. liial-
dama; ~ion n. liialdus

exalt [ig'zɔːlt] v. ülistama; (in rank)
kõrgendama; ~ation n. vaimus-
tuspuhang

examin|ation [igzæmi'neiʃən] n.
läbivaatamine; uurimine; eksam;
v. läbi vaatama; eksamineerima

example [ig'zɑːmpl] n. näide; for ~
näiteks

exceed [ik'siːd] v. ületama; ~ing
adj. teisi ületav; ebatavaline; äär-
mine

excel [ik'sel] v. parem olema; eri-
nema; ~lence n. üleolek; ~lent
adj. oivaline; suurepärane

except [ik'sept] v. välja arvama;
prep. välja arvatud; ~ion n.
erand; ~ional adj. erakordne

excess [ik'ses] n. (surplus) ülemä-
är; ekstsess; in ~ of rohkem kui;
~ fare n. lisamaks ~ive adj. ü-
lemäärane

exchange [iks'tʃeindʒ] n. vahetus;
(fin.) börs; bill of ~ n. veksel;
foreign ~rate n. valuutakurss

excite [ik'sait] v. ärritama; ~ment
n. ärritus

excla|im [iks'kleim] v. hüüatama;
~mation n. hüüatus

exclu|de [iks'kluːd] v. välja jätma;
välja sulgema; välistama; ~sion
n. väljajätmine; ~sive adj. välis-
tav; (circle) ligipääsmatu

excursion [iks'kəːʃən] n. ekskur-
sioon

excuse [iks'kjuːz] n. vabandus; v.
vabandama; ~ me! vabandage!

execut|e ['eksikjuːt] v. sooritama;
täide viima; (criminal) hukkama;
~ion n. täideviimine; hukkami-
ne; ~ioner n. täidesaatja; timu-
kas; kohtutäitur; ~ive adj. täide-
saatev

exemplify [ig'zemplifai] v. näiteks
olema

exempt [ig'zempt] v. vabastama;
~ion n. vabastus

exercise ['eksəsaiz] n. harjutus;
treening; harjutamine; v. harjuta-
ma; treenima

exert [ig'zɑːt] v. tarvitama; jõudu rakendama; ∼**ion** n. tarvitamine; (use) kasutamine

exhale [iks'heil] v. aurama; välja hingama

exhaust [ig'zɔːst] v. (fig.) kurnama; (subject) ammendama; n. (tech.) heitgaas; ∼**ion** n. kurnamine; ∼**ive** adj. põhjalik; ammendav

exhibit [ig'zibit] v. (comm.) välja panema; eksponeerima; n. eksponaat; ∼**ion** n. näitus

exile ['eksail] n. väljasaatmine; pagendus n. (person) pagulane; v. välja saatma

exist [ig'zist] v. olema; ∼**ence** n. eksisteerimine; olemasolu

exit ['eksit] n. väljapääs

exotic [ig'zɔtik] adj. eksootiline

expan|d [iks'pænd] v. paisuma; paisutama; ∼**se** n. avarus; ulatus; ∼**sion** n. paisumine

expect [iks'pekt] v. ootama; ∼**ation** n. ootus

expedi|ent [iks'pɪːdiənt] adj. sobiv, otstarbekas; n. (häda)abinõu; ∼**tion** n. ekspeditsioon

expel [iks'pel] v. välja ajama

expend [iks'pend] v. kulutama; ∼**iture** n. kulutus; pl. (expenses) kulud

expens|e [iks'pens] n. kulu; kulutus; **travelling** ∼**es** n. pl. reisikulud; ∼**ive** adj. kallis, kulukas

experience [iks'piəriəns] n. kogemus; (emotional) läbielamus; v. kogema; läbi elama; ∼**d** adj. kogenud, vilunud

experiment [iks'perimənt] n. eksperiment; katse; ∼**al** adj. eksperimentaalne

expert ['ekspɑt] n. ekspert, asjatundja

expire [iks'paiə] v. (term) lõppema; välja hingama

expla|in [iks'plein] v. selgitama; seletama; ∼**nation** n. seletus; selgitus

explode [iks'ploud] v. õhku laskma; lõhkema; lõhkama; (with laughter) pahvatama

exploit ['eksploit] n. (feat) kangelastegu; v. ekspluateerima; ∼**ation** n. ekspluatatsioon

explor|ation [eksplɔ'reiʃen] n. uurimine; ∼**e** v. uurima; ∼**er** n. uurija

explosi|on [iks'plouʒən] n. plahvatus; ∼**ve** adj. plahvatav; n. lõhkeaine

export ['ekspɔt] n. eksport; väljavedu; v. eksporteerima, välja vedama; ∼**er** n. eksportöör

expos|e [iks'pouz] v. (goods, photo) eksponeerima; kaitsetuks jätma; (unmask) paljastama; ∼**ition** n. ekspositsioon, näitus; (school) seletus; ∼**ure** n. paljastus; (photo) säritus

express [iks'pres] v. väljendama; n. (rail.) ekspress; ∼**ion** n. väljendamine; ∼**ive** adj. väljendusrikas; ∼**ly** adv. kategooriliselt; kindlasõnaliselt; (on purpose) sihilikult, meelega

expulsion [iks'pʌlʃən] n. väljaajamine

exquisite ['ekskwizit] *adj.* peen; oi-
valine
exten|d [iks'tend] *v.* ulatama; ula-
tuma; sirutama; (*term, leave*) pi-
kendama; ~**sion** *n.* väljasirutus;
pikendus; *n.* (*arch.*) juurdeehitus;
~**t** *n.* ulatus; (*degree*) määr
exterior [iks'tiəriə] *n.* välimus; *adj.*
välispidine
exterminat|e [iks'tæmineit] *v.* hä-
vitama; ~**ion** *n.* hävitamine
extinct [iks'tiŋkt] *adj.* (*zo.*) välja-
surnud
extinguish [iks'tiŋgwiʃ] *v.* kustu-
tama; ~**er** *n.* (*device*) kustutus-
seadis, -vahend
extra ['ekstrə] *adj.* (*additional*)
täiendav, lisa-; (*special*) ekstra; *n.*
eriväljaanne
extract [iks'trækt] *v.* väljavõtteid
tegema, ekstraheerima; (*tooth*)
välja tõmbama; *n.* (*chem.*) ekst-
rakt
extraordinary [iks'trɔdnri] *adj.*
(*session*) erakorraline; harukord-
ne
extrem|e [iks'triːm] *adj.* äärmine;
~**ity** *n.* äärmus; *pl.* (*anat.*) jäse-
med
exult [ig'zʌlt] *v.* juubeldama;
~**ation** *n.* juubeldus
eye [ai] *n.* silm; (*needle*) nõe-
lasilm; ~**brow** *n.* silmakulm;
~**lash** *n.* silmaripse; ~**lid** *n.* sil-
malaug; ~**sight** *n.* silmanägemi-
ne; ~**witness** *n.* pealtnägija

F

fable [feibl] *n.* valm
fabric ['fæbrik] *n.* (*textile*) riie;
(*structure*) ehitus
fabulous ['fæbjuləs] *adj.* uskuma-
tult tore; muinasjutuline
face [feis] *n.* nägu; esikülg; (*ap-
pearance*) välimus; grimass; *v.*
(*truth*) näkku vaatama
facilit|ate [fə'siliteit] *v.* kergenda-
ma; ~**y** *n.* (*ease*) kergus; *pl.* soo-
dustused
fact [fækt] *n.* fakt; in ~ tegelikult;
~**ion** *n.* (*pol.*) fraktsioon; klikk;
~**or** *n.* faktor; ~**ory** *n.* vabrik
faculty ['fækəlti] *n.* võime; (*univ.*)
fakulteet, teaduskond
fad|e [feid] *v.* (*flower*) närtsima;
(*colour*) pleegitama; (*tech.*) vai-
buma; ~**ing** *n.* (*radio*) feeding;
signaali tugevuse kõikumine
fail [feil] *v.* ebaõnnestuma; (*exami-
nation*) läbi kukkuma; he is ~**ed**
in his enterprise ta ettevõte
ebaõnnestus; ~**ure** *n.* ebaõnnes-
tumine; nurjumine; hädavares
faint [feint] *adj.* nõrk; (*idea*) ähma-
ne; *v.* minestama; *n.* minestus
fair [feə] *n.* (*comm.*) laat, mess; *adj.*
kaunis; (*hair*) blond, hele; (*just*)
õiglane; ~**ly** (*rather*) küllalt; õig-
laselt; ~**ness** *n.* õiglus
fairy ['feəri] *n.* fee, võlur; ~**land** *n.*
muinasmaa; ~**tale** *n.* muinasjutt
faith [feiθ] *n.* usk; (*trust*) usaldus;
in good ~ *adv.* ausalt; ~**ful** *adj.*

ustav, truu; ~less *adj.* truudusetu; reetlik

falcon ['fɔːlkən] *n.* pistrik

fall [fɔːl] *v.* kukkuma; *n.* kukkumine; (*season*) sügis; juga; kosk; ~ **asleep** *v.* magama jääma; ~ **back** *v.* taganema; ~ **ill** *v.* haigeks jääma; ~ **in love** *v.* armuma

false [fɔːls] *adj.* vale; (*wrong*) ekslik; (*note, money*) võlts; ~**hood** *n.* vale; valetamine (*insincerity*) valskus

falter ['fɔːltə] *v.* (*going*) komistama; (*speaking*) kogelema

familiar [fə'miliə] *adj.* (*known*) tuttav; (*intimate*) lähedane; (*forward*) familiaarne; be ~ **with** hästi tundma; ~**ity** *n.* lähedane tutvus; familiaarsus; ~**ize** *o.s. v.* tutvustama

family ['fæmili] *n.* perekond; *adj.* perekondlik

famine ['fæmin] *n.* nälg

famous ['feiməs] *adj.* kuulus

fan [fæn] *n.* lehvik; (*electric*) ventilaator; föön; entusiast; ~**atic** *n.* fanaatik; *adj.* fanaatiline; ~**aticism** *n.* fanaatilisus

fancy ['fænsi] *n.* mõttekujutlus; fantaasia; (*liking*) harrastus (for); *v.* kujutlema

fang [fæŋ] *n.* (*wolf's*) kihv; (*snake's*) mürgihammas

fantas|tic [fæn'tæstik] *adj.* fantastiline; ~**y** *n.* fantaasia

far [fɑː] *adj.* kauge; *adv.* kaugel; F~ **East** *n.* Kaug-Ida; as ~ **as** kuni; niipalju kui; so ~ siiani; ~**away** *adj.* kauge

fare [feə] *n.* (*rail.*) sõiduraha; (*food*) toit; ~**well** *n.* hüvastijätt; hüvasti!

farm [fɑːm] *n.* farm, talu, majand; **collective** ~ *n.* kolhoos ~**er** *n.* farmer; **collective** ~**ing** *n.* põllumajandus

farth|er ['fɑːðə] *adv.* kaugemal; *adj.* kaugem; ~**est** *adj.* kõige kaugemal; *adj.* kaugeim

fascinat|e [fæsi'neiʃən] *v.* võluma; ~**ing** *adj.* võluv; ~**ion** *n.* võlu

fashion ['fæʃən] *n.* mood; (*way*) kuju; viis; ~**able** *adj.* moodne

fast [fɑːst] *adj.* (*quick*) kiire, nobe; *adv.* kiiresti, kindlasti; (*hold*) tugevasti; ~**en** *v.* kinni panema; *n.* paast; *v.* paastuma

fastidious [fæs'tidiəs] *adj.* nõudlik; kapriisne; valiv

fat [fæt] *adj.* rasvane; (*person*) paks

fat|al [feitl] *adj.* (*day*) saatuslik, fataalne; (*wound*) surmav; ~**e** *n.* (*destiny*) saatus; surm

father ['fɑːðə] *n.* isa; ~**-in-law** *n.* äi; ~**land** *n.* isamaa; ~**ly** *adj.* isalik

fathom ['fæðəm] *n.* meresüld; *v.* sügavust mõõtma

fatigue [fə'tiːg] *n.* väsimus; *v.* väsitama

fatten [fætn] *v.* nuumama; rasvuma

fault [fɔːlt] *n.* puudus; viga; (*guilt*) süü; **find** ~ **with** *v.* norima (*kellegi kallal*); ~**less** *adj.* eksimatu, veatu; ~**y** *adj.* vigane, defektne

favour ['feivə] *n.* poolehoid; soodustus; **do a ~** teenet osutama; **~able** *adj.* soodus; **~ite** *adj.* lemmik-; *n.* favoriit

fear [fiə] *n.* kartus; hirm; **~ful** *adj.* hirmus, kole; **~less** *adj.* julge, kartmatu

feast [fiːst] *n.* (*banquet*) pidusöök; pidustus; (*holiday*) püha

feat [fiːt] *n.* kangelastegu

feather ['feðə] *n.* sulg; sulestik; **~y** *adj.* sulgjas; sulgne; (*snow*) suletaoline

feature ['fiːtʃə] *n.* iseloomustav joon; *pl.* näojooned; **~ film** *n.* kunstiline film

February ['februəri] *n.* veebruar

federa|l ['fedərəl] *adj.* föderaalne; **~tion** *n.* föderatsioon

fee [fiː] *n.* (*doctor's*) honorar; töötasu; (*member's*) liikmemaks

feeble [fiːbl] *adj.* nõrk, jõuetu

feed [fiːd] *v.* söötma, toitma; *n.* sööt, toit **~ on** *v.* toituma;

feel [fiːl] *v.* tundma; (*touch*) puudutama; tunduma; **I ~ like eating** ma tahan süüa; **~er** *n.* katsesarv, kombits; **~ing** *n.* tunne; tundmus

feign [fein] *v.* teesklema; **~ death** surnut simuleerima; **~ an excuse** ettekäänet välja mõtlema

felicity [fi'lisiti] *n.* õndsus

fell [fel] *v.* langetama; maha raiuma

fellow ['felou] *n.* kaaslane, seltsiline; poiss, mees; **old ~** vana sõber; **~-traveller** *n.* reisikaaslane

felt [felt] *n.* vilt

female ['fiːmeil] *adj.* emane; *n.* emasloom; naine

feminine ['feminin] *adj.* (*womanlike*) naiselik; naise-

fence [fens] *n.* aed, tara; *v.* (*sport*) vehklema; **~ in** *v.* aiaga piirama, tarastama

ferment ['fəːmənt] *n.* ferment; *v.* käärima; kääritama; **~ation** *n.* käärimine

fern [fəːn] *n.* sõnajalg

feroci|ous [fə'rouʃəs] *adj.* julm; metsik; **~ty** *n.* julmus; metsikus

ferry ['feri] *n.* üleveoparv; (*place*) ülevedu; *v.* parvetama; üle vedama

fertil|e ['fəːtail] *adj.* viljakas; **~ity** *n.* viljakus; **~ize** *v.* (*soil*) väetama; (*biol.*) viljastama; **~izer** *n.* väetis

ferv|ent ['fəːvənt] *adj.* tuline, innukas; **~our** *n.* tulisus, kirglikkus

festiv|al ['festivəl] *n.* pidu; pidutsemine (*theat., pol.*) festival; **~e** *adj.* pidulik

fetch [fetʃ] *v.* millegi järele minema; (*thing, person*) tooma

fetter ['fetə] *n.* ahel; kammits; *pl.* vangirauad; *v.* aheldama

feud [fjuːd] *n.* vaen

feudal [fjuːdl] *adj.* feodaalne; **~ism** *n.* feodalism

fever ['fiːvə] *n.* palavik; **~ish** *adj.* palavikuline

few [fjuː] *adj.* vähesed, vähe; **a ~** mõned; **quite a ~** küllalt palju; **~er** vähem

fiance [fi'ɑːnsei] *n.* peigmees; **~e** *n.* pruut

fibr|e ['faibə] *n.* kiud; kude; **~ous** *adj.* kiuline; kiudne

fiction ['fikʃən] n. väljamõeldis; ilukirjandus

fiddle [fidl] n. viiul

fidelity [fi'deliti] n. truudus, ustavus (to)

fidget ['fidʒit] v. nihelema; ~y adj. nihelev

field [fi:ld] n. põld; **in this** ~ sellel tegevusväljal; **oil-**~ n. naftaleiukoht

fierce [fiəs] adj. äge; metsik; ~ness n. ägedus; metsikus

fiery ['faiəri] adj. tuline; süttiv; (tech.) originaalile vastav

fife [faif] n. vilepill

fif|teen [fif'ti:n] num. viisteist; ~th viies; ~tieth viiekümnes; ~ty viiskümmend

fig [fig] n. viigimari; viigipuu

fight [fait] n. võitlus; (boy's) kaklus; (mil.) lahing; v. võitlema; kaklema; sõdima; ~er n. võitleja; hävitaja

figure ['figə] n. kuju; (arithmetic) number; (person) isiksus; (in book) joonis

filament ['filəmənt] n. kiud; (el.) hõõgniit

file [fail] n. (tech.) viil; kiirköitja; kartoteek; arhiiv; v. viilima; arhiivi andma; kartoteeki paigutama; **newspaper** ~ ajalehtede kaust

fill [fil] v. täitma; täituma

film [film] n. film; (photo) filmilint

filter ['filtə] n. filter; kurn; v. filtreerima; kurnama

filth [filθ] n. mustus, roojus; (fig.) sopp; ropendamine; ~y adj. must; roojane; (joke) paha

fin [fin] n. uim; loib

final [fainl] adj. lõplik; (victory) otsustav; (sport) finaalne; n. finaal; ~ly adv. lõpuks; lõplikult

financ|e [fai'næns] n. pl. rahandus; finantsid; rahalised vahendid; v. finantseerima; ~ier n. finantseerija

find [faind] v. leidma; n. leid; ~ **out** v. selgeks tegema; ~ing n. leid; (jury's) otsus

fine [fain] n. (jur.) trahv; v. trahvima; adj. tore; (arts) peen; (sand) peenike; elegantne

finger ['fiŋgə] n. sõrm

finish ['finiʃ] v. lõpetama; lõppema; (polish) viimistlema; n. lõpp; (sport) finiš

Finn [fin] n. soomlane; ~ish adj. soome; n. soome keel

fir [fə:] n. kuusk

fire ['faiə] n. tuli; (damaging) tulekahju; v. tulistama; **be on** ~ v. põlema; ~-**arm** n. tulirelv; ~-**brigade** n. tuletõrjekomando; ~**fly** n. jaanimardikas; ~**man** n. tuletõrjuja; (stoker) katlakütja; ~**place** n. kamin; ~**proof** adj. tulekindel; ~**works** n. ilutulestik

firm [fə:m] adj. püsiv; kindel; (durable) tugev; ~ness n. püsivus; kindlus; firma

first [fə:st] num. esimene; **at** ~ adv. algul; esiteks; kõigepealt; ~-**class** adj. esmaklassiline

fish [fiʃ] n. kala; v. (ongle) õngitsema; kalastama; ~**erman** n. kalamees; ~**ery** n. kalapüük; ~**ing-rod** n. õngeritv

fissure ['fiʃə] n. pragu; lõhe

fist [fist] n. rusikas

fit [fit] n. (med.) hoog; pl. krambid; adj. sobiv, kohane, kõlblik; v. sobima; ~ on v. selga proovima; ~ out v. varustama; ~ness n. sobivus

five [faiv] num. viis; ~ hundred viissada

fix [fiks] v. (fasten) fikseerima, kinnitama; ~ed adj. (look) fikseeritud, kindel; (star) liikumatu

flag [flæg] n. lipp

flail [fleil] n. koot, pint

flake [fleik] n. helve(s), räitsakas; snow~ n. lumehelve(s)

flame [fleim] n. leek; v. leegitsema

flank [flæŋk] n. (anat.) külg; tiib; (mil.) flank; v. flankeerima

flannel [ˈflænl] n. flanell

flap [flæp] n. laksatus; (pocket) klapp; (lapel) hõlm; v. plaksuma, laksatama; (of wing) lehvima

flare [fleə] n. lõke; loit; v. loitma; ~ up v. lõkkele lööma

flash [flæʃ] n. sähvatus

flask [flɑːsk] n. plasku

flat [flæt] n. (home) korter; adj. lame; (even) tasane; (plate) madal; ~-iron n. triikraud; ~ten v. lamendama; tasandama

flatter [ˈflætə] v. meelitama; ~er n. meelitaja; ~y n. meelitus

flavour [ˈfleivə] n. maitse, maik; v. vürtsitama; ~ing n. vürts, maitseaine

flaw [flɔː] n. (crack) mõra; (fig.) puudus

flax [flæks] n. (bot.) lina

flay [flei] v. nülgima; ~er n. nülgija

flea [fliː] n. kirp

flee [fliː] v. põgenema, ära jooksma

fleet [fliːt] n. (mar.) laevastik, flotill

fleeting [ˈfliːtiŋ] adj. põgus

flesh [fleʃ] n. ihu; (biol.) liha; ~y adj. lihav

flexible [ˈfleksibl] adj. painduv

flicker [ˈflikə] v. vilkuma; võbisema; n. vilkumine; võbin

flier [flaiə] n. lendur

flight [flait] n. lend; (flock) parv; (formation) rühm; põgenemine

flimsy [ˈflimzi] adj. õhuke, hõre, habras, vilets

flinch [flintʃ] v. (from pain) võpatama

fling [fliŋ] v. pilduma; (rush) loopima; n. vise

flint [flint] n. tulekivi

flirt [flɜːt] v. flirtima; ~ation n. flirt

float [flout] v. ujuma; n. (raft) parv; (fishing) ujuk; ~ing adj. ujuv

flock [flɔk] n. (herd) kari; (flight) parv; v. karjas (parves) liikuma

flog [flɔg] v. peksma; piitsutama

flood [flʌd] n. üleujutus; kõrgvesi; (tide) tõus; valing; v. üle ujutama

floor [flɔː] n. põrand; (storey) korrus; **ground** ~ esimene korrus

florist [ˈflɔrist] n. lillekaupmees; lilleaednik

flounder [ˈflaundə] n. (zo.) lest v. siplema, rabelema

flour [ˈflauə] n. jahu

flourish [ˈflʌriʃ] v. edenema (prosper) õitsema; (brandish) vehkima; n. (writing) suletõmme

flow [flou] v. voolama; n. vool; hoovus; (tide) tõus; tulv; ülevoolavus

flower [ˈflauə] n. õis; v. õitsema

fluctuat|e ['flʌktjueit] v. kõikuma; **~ion** n. kõikumine

fluent ['fluːənt] adj. (speech) sorav, ladus; **speak ~ French** vabalt prantsuse keelt rääkima

fluff [flʌf] n. udusulg; **~y** adj. udemeline; (hair, pillow) kohevil olev

fluid ['fluːid] adj. vedel; n. vedelik

flute [fluːt] n. flööt

flutter ['flʌtə] v. (flag) lehvima; (tremble, heart) põksuma; (wing's) siputama

fly [flai] n. kärbes; v. lendama; (kite) lendu laskma; **~ing** adj. lendav; lennu-

foam [foum] n. vaht; **~y** adj. vahutav

focus ['foukəs] n. (phys.) fookus; (fig.) tulipunkt

fodder ['fɔdə] n. loomasööt

foe [fou] n. vaenlane

fog [fɔg] n. udu; **~gy** adj. udune

fold [fould] n. (pen) lambatara; volt; v. kokku panema, voltima; **~er** n. kiirköitja; **~ing** adj. (chair) kokkupandav

foliage ['fouliːdʒ] n. lehestik

folk [fouk] n. inimesed; rahvas; adj. rahva-; **~lore** n. folkloor

follow ['fɔlou] v. järgema; (speaker, target) jälgima; **~er** n. pooldaja, järgneja; järelkäija; **~ing** adj. järgmine

folly ['fɔli] n. meeletus

fond [fɔnd]: **be ~ of** v. armastama (kedagi, midagi)

food [fuːd] n. toit; sööt; **~stuffs** n. pl. toiduained

fool [fuːl] n. lollpea, tola; (jester) narr; v. narritama; **~ish** adj. rumal

foot [fut] n. jalg; jalam; (math.) jalg (pikkusmõõt); **~ball** n. jalgpall; **~ball player** n. jalgpallur; **~hold** n. tugipunkt; **~path** n. jalgrada; **~step** n. samm; **~wear** n. pl. jalanõud

for [fɔː, fə] prep. eest, ees; pärast, jaoks, heaks; -ks; asemel; sest et; jooksul; **~ life** eluajaks

forbear [fɔːˈbeə] v.· hoiduma (from)

forbid [fəˈbid] v. keelama

force [fɔːs] n. jõud; vägivald; v. (to do) sundima; peale sundima (upon); (mil.) forsseerima; **armed ~s** n. relvastatud jõud; **~d** adj. (labour) sunnitud; (smile) teeseldud

fore|boding [fɔːˈboudiŋ] n. (feeling) eelaimus; ettetähendus; **~cast** n. ennustus; v. ennustama; **~father** n. esivanem; **~ground** n. esiplaan; **~head** n. laup, otsaesine

foreign ['fɔrin] adj. välismaine; **F~ Office** n. välisministeerium; **~ trade** n. väliskaubandus; **~er** n. välismaalane

fore|man ['fɔːmən] n. töödejuhataja; eestööline; **~most** adj. eespoolseim; tähtsaim; **~see** v. ette nägema; **~sight** n. ettenägemine; (prudence) ettenägelikkus

forest ['fɔrist] n. mets

forestall ['fɔːstɔːl] v. ette jõudma

forester ['fɔristə] n. metsavaht, metsnik

forever [fər'evə] adv. alatiseks

forfeit ['fɔːfit] n. kaotus; v. kaotama, minetama

forge [fɔːdʒ] v. taguma; (document) võltsima; sepitsema; n. (smithy) sepikoda; ~ry n. võltsing

forget [fə'get] v. unustama; ~ful adj. unustaja; ~-me-not n. meelespea; lõosilm

forgive [fə'giv] v. andestama, andeks andma; ~ness n. andestus

fork [fɔːk] n. kahvel; (agr.) hang; v. (road) hargnema

form [fɔːm] n. vorm, kuju; (document) blankett; (seat) pink; v. kujundama, moodustama; ~al adj. ametlik; ~ality n. formaalsus; ~ation n. kujundamine; formeerimine

former ['fɔːmə] adj. endine; ~ly adj. varemalt, vanasti

formidable ['fɔːmidəbl] adj. kohutav; (huge) grandioosne

formula ['fɔːmjulə] n. valem; vormel; ~te v. formuleerima

forsake [fə'seik] v. maha jätma

fort [fɔːt] n. fort, kindlustus

forth|coming [fɔːθ'kʌmiŋ] adj. eelseisev; ~with adv. otsekohe

fortieth ['fɔːtiːθ] num. neljakümnes

forti|fication [fɔːtifi'keiʃən] n. kindlustus; ~fy v. kindlustama, kinnitama; ~tude n. meelekindlus

fortress ['fɔːtris] n. kindlus

fortun|ate ['fɔːtʃənit] adj. õnnelik; õnnestunud; ~ately adv. õnneks; ~e n. saatus; (money) varandus

forty ['fɔːti] num. nelikümmend

forward ['fɔːwəd] adj. eesrindlik; adv. edasi; v. (letter) edasi toimetama; (plan) esile tõstma

foster ['fɔstə] v. kasvatama; (fig.) hellitama; ~-child n. kasulaps

foul [faul] adj. jälk; (weather) tormine; (play) ebaaus; (crime) nurjatu

found [faund] v. rajama; ~ation n. rajamine; (arch.) vundament; (fig.) alus; ~er n. rajaja, asutaja

foundry ['faundri] n. valukoda; - tehas

fountain ['fauntin] n. purskkaev, fontään; ~-pen n. täitesulepea

four [fɔː] num. neli; ~-engined adj. neljamootoriline; ~teen num. neliteist; ~teenth neljateistkümnes; ~th neljas

fowl [faul] n. kodulind

fox [fɔks] n. rebane

fract|ion ['frækʃən] n. (math.) murd; (small part) osake; ~ure n. (med.) (luu)murd; v. murdma

frag|ile ['frædʒail] adj. habras, nõrk, õrn; ~ment n. kild; (literary) fragment

fragran|ce ['freigrəns] n. meeldiv lõhn, aroom; ~t adj. healõhnaline

frail [freil] adj. habras; (person) nõrk

frame [freim] n. raam; ~works n. raamistik; kehaehitus; v. (fig.) looma; raamima

frank [fræŋk] adj. avameelne; ~ness n. avameelsus

frantic ['fræntik] adj. pöörane, meeletu

fratern|al [frə'tæːnl] *adj.* vennalik; ~**ity** *n.* vendlus

fraud [frɔːd] *n.* pettus; ~**ulent** *adj.* petlik

free [friː] *adj.* vaba; (*city*) sõltumatu; *v.* vabastama; ~ **of charge** *adv.* tasuta; ~**dom** *n.* vabadus; ~**mason** *n.* vabamüürlane; ~**thinker** *n.* vabamõtleja

freeze [friːz] *v.* külmuma; külmetama; tarduma

freight [freit] *n.* (*load*) veos, praht; (*pay*) veoraha; ~**er** *n.* kaubalaev

French [frentʃ] *adj.* prantsuse keel; ~**man** *n.* prantslane

frenzy ['frenzi] *n.* meeletus

frequen|cy ['friːkwənsi] *n.* sagedus; ~**t** *adj.* sage; sageli

fresh [freʃ] *adj.* värske; (*weather*) jahe; ~**ness** *n.* värskus; jahedus; ~ **water** mage vesi; joogivesi

friction ['frikʃən] *n.* hõõrumine; hõõrdumine; friktsioon

Friday ['fraidi] *n.* reede

friend [frend] *n.* sõber; sõbranna; ~**liness** *n.* sõbralikkus; ~**ly** *adj.* sõbralik; sõprus-; ~**ship** *n.* sõprus

fright [frait] *n.* kohkumine; (*fear*) hirm; hirmutis; ~**en** *v.* hirmutama; ~**ful** *adj.* hirmus

fringe [frindʒ] *n. pl.* narmad; (*hair*) tukk

frisk [frisk] *v.* kepsutama; ~**y** *adj.* kepslev; elav

frivolous ['frivələs] *adj.* kergemeelne, (*matter*) tühine

fro [frou] : **to and** ~ *adv.* edasitagasi

frock [frɔk] *n.* kleit; (*eccl.*) munga-või preestrikuub

frog [frɔg] *n.* konn

from [frɔm] *prep.* -st; -lt (*millestki, milleltki*); ~ **London** Londonist; **far** ~ **the town** linnast kaugel; ~ **morning till evening** hommikust õhtuni

front [frʌnt] *n.* esikülg, fassaad; (*mil.*) front; *adj.* frondi-; **in** ~ **of** ees, ette

frontier ['frʌntjə] *n.* piir

frost [frɔst] *n.* külm; pakane; **hoar** ~ *n.* härmatis; ~**ed** *adj.* härmane; jäätunud; (*glass*) matt (klaas); ~**y** *adj.* jäine; (*fig.*) külm

froth [frɔθ] *n.* vaht; *v.* vahutama; vahustama

frown [fraun] *n.* kuri pilk; kulmukortsutus; *v.* kulmu kortsutama

frugal ['fruːgəl] *adj.* (*meal*) tagasihoidlik; vaesevõitu

fruit [fruːt] *n.* puuvili; vili; ~**ful** *adj.* viljakas; ~**less** *adj.* viljatu

frustrate [frus'treit] *v.* nurja ajama; petma

fry [frai] *v.* praadima; ~**ing-pan** *n.* praepann

fuel [fjuəl] *n.* kütteaine; põletusaine

fugitive ['fjuːdʒitiv] *n.* põgenik; *adj.* põgenev

fulfil [ful'fil] *v.* täitma; teostama; ~**ment** *n.* täitmine

full [ful] *adj.* täis; täielik; ~**stop** *n.* punkt; ~**ness** *n.* täius; küllus; ~**y** *adv.* täiesti; täielikult

fumble [fʌmbl] *v.* (*rummage*) kobama (**for**); (*walking*) kobades liikuma

fume [fjuːm] *n.* aur

fun [fʌn] *n.* nali; **just for ~** nalja-
pärast

function ['fʌŋkʃən] *n.* funktsioon;
v. funktsioneerima

fund [fʌnd] *n.* fond; **~amental**
adj. põhiline

funeral ['fjuːnərəl] *n.* matus

funnel [fʌnl] *n.* lehter; (*smoke-
stack*) korsten

funny ['fʌni] *adj.* (*ridiculous*) nal-
jakas; (*odd*) veider

fur [fəː] *n.* karusnahk

furious ['fjuəriəs] *adj.* (*person*) ma-
ruvihane; raevukas

furnace ['fəːnis] *n.* (*tech.*) sulatus-
ahi; **blast-~** *n.* kõrgahi; malmi-
sulatusahi

furni|sh ['fəːniʃ] *v.* varustama;
(*room*) möbleerima; **~ture** *n.*
mööbel

furrow ['fʌrou] *n.* vagu; *v.* vaosta-
ma

further ['fəːðə] *adj.* edasine; *adv.*
edaspidi; *v.* soodustama; **~more**
peale selle

furtive ['fəːtiv] *adj.* salajane, varg-
ne, põgus

fury ['fjuəri] *n.* raev

fus|e [fjuːz] *v.* (*melt*) sulatama; su-
lama; (*unite*) liituma; *n.* (*el.*)
kaitsekork; **~ion** *n.* liitumine; su-
lam

fuss [fʌs] *n.* askeldus; sekeldus; *v.*
askeldama; sekeldama; **~y** *adj.*
askeldav; sekeldav

futil|e ['fjuːtail] *adj.* tühine; **~ity** *n.*
tühisus; tühiasi

future ['fjuːtʃə] *n.* tulevik

gable [geibl] *n.* katuseviil

gag [gæg] *n.* (suu)tropp; (*theat.*)
näitleja poolt omavoliliselt vahe-
lepandud sõnad; *v.* suud kinni
toppima; vaigistama

gaiety ['geiəti] *n.* lõbusus

gain [gein] *v.* (*win*) võitma; (*ac-
quire*) saavutama; omandama; *n.*
võit; (*profit*) kasu

gait [geit] *n.* kõnnak

gale [geil] *n.* torm; marutuul

gall [gɔl] *n.* sapp; (*sore spot*) kulu-
tatud (valusaks hõõrutud) koht

gallant ['gælənt] *adj.* vapper;
(*polite*) galantne; **~ry** *n.* vahvus;
galantsus

gallery ['gæləri] *n.* galerii; (*theat.*)
ülemine rõdu

gallon ['gælən] *n.* gallon

gallop ['gæləp] *n.* galopp *v.* galop-
pima

gallows ['gælouz] *n.* võllas

galvanize ['gælvənaiz] *v.* galvani-
seerima

gamble [gæmbl] *n.* hasartmäng;
(*fig.*) riskantne tegu; **~r** *n.*
(hasart)mängija; aferist

game [geim] *n.* mäng; jahiloom,
uluk

gander ['gændə] *n.* isahani

gang [gæŋ] *n.* (*criminals*); jõuk;
(*workers*) brigaad; **~ster** *n.*
gangster; **~way** *n.* laevatrepp,
maabumistrepp; käik

gap [gæp] *n.* lõhe; (*blank*) tühik

gape [geip] v. haigutama; (wound, hole) irevil olema

garage ['gærɑːʒ] n. garaaž

garbage ['gɑːbidʒ] n. prügi

garden [gɑːdn] n. aed; ~er n. aednik; ~ing n. aiandus

gargle [gɑːgl] v. kuristama

garland ['gɑːlənd] n. girland

garlic ['gɑːlik] n. küüslauk

garment ['gɑːmənt] n. rõivas

garnish ['gɑːniʃ] n. garneering; v. garneerima

garret ['gærit] n. pööning; katusekamber

garrison ['gærisn] n. garnison

garter ['gɑːtə] n. sokihoidja

gas [gæs] n. gaas; (Am.) bensiin; v. gaasiga mürgitama; ~eous adj. gaasiline, gaasitaoline; ~olene n. gasoliin; (Am.) bensiin

gasp [gɑːsp] v. hingeldama; n. hingeldus

gate [geit] n. värav; ~way n. väravaalune

gather ['gæðə] v. korjama; (conclude) järeldama (from); ~ing n. kogunemine

gaunt [gɑːnt] adj. kõhn

gauntlet ['gɑːntlit] n. raudkinnas; kinnas

gauze [gɑːz] n. marli

gay [gei] adj. lõbus; (colours) kirev

gaze [geiz] n. tähelepanelik vaade; pilk

gear [giə] n. masinseade; ülekandemehhanism; (mot.) käik; ülekanderatas

gelatine [dʒelə'tiːn] n. želatiin

gem [dʒem] n. vääriskivi

gender ['dʒendə] n. (gr.) sugu

general ['dʒenərəl] adj. üldine; (usual) tavaline; n. kindral; in ~ adv. üldiselt; ~ize v. üldistama; ~ly adv. üldiselt, tavaliselt

generate ['dʒenəreit] v. tekitama; ~ion n. sugupõlv

generosity [dʒenə'rɔsiti] n. (nobleness) suuremeelsus; heldus; ~us adj. suuremeelne, helde

genial ['dʒiːnjəl] adj. (welcome) lahke, leebe

genius ['dʒiːnjəs] n. geenius; (talent) geniaalsus; (spirit) vaim

gentle [dʒentl] adj. pehme; (quiet) vagune; (character) leebe; ~man n. härrasmees, džentelmen; ~ness n. pehmus; leebus

gentry ['dʒentri] n. alamaadel

genuine ['dʒenjuin] adj. tõeline, ehtne, loomulik; (sincere) võltsimatu

geography [dʒi'ɔgrəfə] n. geograaf; ~ic adj. geograafiline; ~y n. geograafia

geological [dʒiə'lɔdʒikəl] adj. geoloogiline; ~ist n. geoloog; ~y n. geoloogia

geometry [dʒi'ɔmitri] n. geomeetria

Georgian ['dʒɔːdʒiən] adj. gruusia; n. grusiinlane; gruusia keel

germ [dʒəːm] n. mikroob; (embryo) loode

German ['dʒəːmən] adj. saksa; n. sakslane; saksa keel

germinate ['dʒəːmineit] v. idanema

gesture ['dʒestʃə] n. žest

get [get] v. (*obtain*) muretsema; (*receive; become*) saama; saavutama; (*to a place*) jõudma; ~ **unexpectedly** v. ootamatult sattuma (into); ~ **up** v. tõusma; ~ **tired** v. väsima

ghastly ['gɑːstli] adj. õudne

ghost [goust] n. (*eccl.*) vaim

giant ['dʒaiənt] n. hiiglane; (*fig.*) gigant

giddiness ['gidinis] n. peapööritus; ~y adj. (*height*) peadpööritav; kergemeelne; mõtlematu

gift [gift] n. kink, and; (*talent*) andekus; ~ed adj. andekas

gigantic [dʒai'gæntik] adj. hiiglaslik

giggle [gigl] v. itsitama; n. itsitus; naerukihin

gild [gild] v. kuldama

gill [gil] n. (kala) lõpus

ginger ['dʒindʒə] n. ingver; ~bread n. piparkook

Gipsy ['dʒipsi] n. mustlane

giraffe [dʒi'rɑːf] n. kaelkirjak

gird [gəːd] v. vöötama; ~le n. vöö

girl [gəːl] n. tütarlaps; tüdruk; neiu; ~hood n. tütarlapsepõli; ~ish adj. tütarlapselik

give [giv] v. andma; ~ **in** v. järele andma; ~ **up** v. loobuma

glacial ['gleisiəl] adj. (*geogr.*) jääaegne; ~er n. jääliustik

glad [glæd] adj. (*news*) rõõmus; **I am** ~ ma olen rõõmus; ~ness n. rõõm

glance [glɑːns] n. pilk; v. pilku heitma

gland [glænd] n. nääre

glasnost ['glæsnɔst] n. avalikkus, glasnost

glass [glɑːs] n. (*drinking*) klaas; (*mirror*) peegel; ~es n. pl. prillid; ~works n. klaasivabrik; ~y adj. klaasine; klaasitaoline

glaze [gleiz] n. glasuur; v. glasuurima; (*window*) klaasima; ~ier n. klaas(is)sepp

gleam [gliːm] n. nõrk kiirgus; (*fig.*) nõrk valgus; v. nõrgalt kiirgama

glean [gliːn] v. järelkorjama

glide [glaid] v. libisema; (*av.*) planeerima; n. libisemine; planeerimine; ~er n. plaaner; purilennuk

glimmer ['glimə] n. helk, kuma; v. helkima; vilkuma

glimpse [glimps] n. (*brief view*) vilksatus; põgus pilk; **catch a** ~ v. vilksamisi nägema

glisten, glitter [glisn, 'glitə] v. sädelema, hiilgama

globe [gloub] n. (*sphere*) kera; (*earth*) maakera; (*map*) gloobus

gloom [gluːm] n. süngus; ~y adj. sünge

glorify ['glɔːrifai] v. ülistama; ~ious adj. tore; ~y n. kuulsus

gloss [glɔs] n. läige; v. läikivaks tegema; ~y adj. läikiv; sile

glove [glʌv] n. kinnas

glow [glou] v. õhetama; hõõguma; n. õhetus, hõõgus; kuma; (*flush*) puna

glue [gluː] n. liim; v. liimima

glutton [glʌtn] n. õgard, söömar

gnat [næt] n. sääsk

gnaw [nɔː] v. närima

go [gou] *v.* käima, minema; (*by transport*) sõitma; ~ **by** *v.* mööduma; ~ **in** *v.* sisse minema; sisse mahtuma; ~ **on** *v.* jätkama

goal [goul] *n.* eesmärk; (*sport*) värav; ~**-keeper** *n.* (*sport*) väravavaht

goat [gout] *n.* kits

god [gɔd] *n.* jumal; ~**child** *n.* ristitütar; ristipoeg; ~**dess** *n.* jumalanna; ~**mother** *n.* ristiema

golf [golf] *n.* golf; *v.* golfi mängima

good [gud] *adj.* hea, kena; *n.* hüvang, heaolu; ~**s** *n.* kaup; ~ **day!** ~ **afternoon!** tere päevast! ~ **morning!** tere hommikust! ~ **night!** head ööd! ~ **-bye!** head aega! ~ **-for -nothing** *adj.* kasutu; ~ **-natured** *adj.* lahke

goose [guːs] *n.* hani; ~**berr|y, -ies** *n.* karusmari, tikerber

gorge [gɔːdʒ] *n.* (*geogr.*) mäekuru

gorgeous [ˈgɔːdʒəs] *adj.* hiilgav, uhke

gospel [ˈgɔspəl] *n.* evangeelium

gossip [ˈgɔsip] *n.* klatš; *v.* klatšima; *n.* klatšija

gout [gaut] *n.* podagra

govern [ˈgʌvən] *v.* valitsema; juhtima; ~**ess** *n.* guvernant; ~**ment** *n.* valitsus; (*management*) valitsemine; *v.* or *n.* kuberner

gown [gaun] *n.* kleit; ametirüü

grab [græb] *v.* kahmama; haarama; *n.* kahmamine

grac|e [greis] *n.* graatsia; elegantsus; (*favour*) heasoovlikkus; (*prayer*) palve; ~**eful** *adj.* graatsiline, elegantne; ~**ious** *adj.* armuline

grad|e [greid] *n.* (*degree*) aste; (*quality*) sort; *v.* sorteerima; ~**ual** *adj.* astmeline; ~**uate** *v.* (*tech.*) gradueerima; õppeasutust lõpetama

graft [grɑːft] *v.* (*bot.*) pookima; *n.* pookimine; *n.* (*Am.*) altkäemaks; *v.* altkäemaksu võtma

grain [grein] *n.* teravili

grammar [ˈgræmə] *n.* grammatika

gram [græm] *n.* gramm

granary [ˈgrænəri] *n.* viljaait

grand [grænd] *adj.* grandioosne; võimas; üllas; ~**daughter** *n.* poja- või tütretütar; ~**father** *n.* vanaisa; ~**mother** *n.* vanaema; ~**son** *n.* poja- või tütrepoeg

granite [ˈgrænit] *n.* graniit

grant [grɑːnt] *v.* annetama; (*admit*) lubama; (*fin.*) subsideerima

grape|s [greips] *pl. n.* viinamarju; ~**fruit** *n.* greipfruut

graphic [ˈgræfik] *adj.* graafiline; (*fig.*) näitlik

grasp [grɑːsp] *v.* (kinni) haarama; (*understand*) taipama; *n.* haare; taipamine

grass [grɑːs] *n.* rohi; (*plot*) muru; (*field*) karjamaa; ~**hopper** *n.* rohutirts

grateful [ˈgreitful] *adj.* tänulik

gratif|ication [ˌgrætifiˈkeiʃən] *n.* rahuldus; ~**y** *v.* rahuldama

grating [ˈgreitiŋ] *n.* trellid; võre

gratitude [ˈgrætitjuːd] *n.* tänulikkus

grave [greiv] *n.* haud; *adj.* tõsine; tähtis; (*dignified*) kaalukas

gravit|ation [grævi'teiʃən] *n.* gravitatsioon, raskustung; ~**y** *n.* tõsidus; (*phys.*) raskus

gravy ['greivi] *n.* lihakaste

gray [grei] *see* grey

graze [greiz] *v.* (*agr.*) karjamaal sööma; karjatama

greas|e [gri:s] *n.* rasv; (*lubricant*) määre; *v.* (rasvaga) määrima; õlitama; ~**y** *adj.* rasvane; õline

great [greit] *adj.* tähtis; (*difference*) suur; **that is** ~ see on haruldane; **G**~-**Britain** Suurbritannia; ~-**grandfather** *n.* vanavanaisa; ~**ness** *n.* ülevus; (*size*) suurus

greed [gri:d] *n.* ahnus; aplus; ~**y** *adj.* ahne

Greek [gri:k] *n.* kreeklane; kreeka keel; *adj.* kreeka

green [gri:n] *adj.* roheline; ~**grocer** *n.* aedviljamüüja; ~**ish** *adj.* rohekas

greet [gri:t] *v.* tervitama; ~**ing** *n.* tervitus

grey [grei] *adj.* hall; (*hair*) hallijuukseline; ~**hound** *n.* hurdakoer

grief [gri:f] *n.* kurbus; südamevalu

griev|ance ['gri:vəns] *n.* kurbus; kaebus; ~**e** *v.* kurvastama; ~**ous** *adj.* kibe; valus; (*crime, pain*) ränk

grill [gril] *n.* grill, röst; *v.* (liha) röstima

grim [grim] *adj.* karm, halastamatu

grimace [gri'meis] grimass; *v.* grimasse tegema

grin [grin] *v.* irvitama; *n.* irvitus

grind [graind] *v.* (*axe*) teritama; (*coffee*) jahvatama; (*teeth*) krigistama; ~**stone** *n.* käiakivi

grip [grip] *v.* haarama; pigistama; *n.* haare; (*handle*) käepide

grit [grit] *n.* liivatera; ~**s** *pl.* kaerakruubid

groan [groun] *v.* oigama; *n.* oie

grocer ['grousə] *n.* toidukaupade müüja; ~**y** *n.* toiduainete kauplus

groom [gru:m] *n.* tallipoiss; *v.* (*horse*) hobuse eest hoolitsema; **well** ~**ed** *adj.* puhas, korras, elegantne

groove [gru:v] *n.* renn; vagu; rattarööbas

grope [group] *v.* kobamisi otsima (**for**); ~ **one's way** kobamisi liikuma

gross [grous] *adj.* kogu-; bruto; (*coarse*) jäme, labane; *n.* (*number*) gross; **in** ~ hulgi

ground [graund] *n.* maapind; (*reason*) põhjus; *v.* põhjendama; ~**less** *adj.* alusetu

group [gru:p] *n.* grupp; *v.* grupeerima

grouse [graus] *n.* põldpüü; (*black*) teder

grove [grouv] *n.* metsasalu

grow [grou] *v.* kasvama; (*become*) järk-järgult muutuma; kasvatama

growl [graul] *v.* vurisema

grown-up ['grounʌp] *n.* täiskasvanu

growth [grouθ] *n.* kasv

grudge [grʌdʒ] *n.* salaviha; **have a** ~ **against** kellegi vastu salaviha kandma; he ~s a bit of bread tal on kahju isegi leivaraasukesest

gruff [grʌf] *adj.* kare; jäme

grumble ['grʌmbl] *v.* nurisema; *n.* nurin; ~r *n.* nuriseja

grunt [grʌnt] *v.* röhkima; *n.* röhkimine

guarantee [gærən'tiː] *n.* (*person*) garant; garantii; *v.* garanteerima, kindlustama (**against**)

guard [gɑːd] *v.* valvama; *n.* (*protection*) valve; (*single*) valvur; (*on duty*) konvoi; kaardivägi; ~ian *n.* hooldaja

guess [ges] *v.* mõistatama, oletama; *n.* oletus

guest [gest] *n.* külaline

guid|ance ['gaidəns] juhtimine; ~e *v.* juhtima; *n.* teejuht; giid; (*book*) juhend

guile [gail] *n.* kavalus; salakavalus

guilt [gilt] *n.* süü; süüdiolek; ~y *adj.* süüdi; ~less *adj.* süütu

guitar [gi'tɑː] *n.* kitarr

gulf [gʌlf] *n.* (*geogr.*) merelaht

gulp [gʌlp] *n.* suur suutäis, neelatus; *v.* kugistama, neelatama; at one ~ ühe sõõmuga

gum [gʌm] *n.* kummivaik, kumm, närimiskumm; *v.* kleepima; kleepuma

gun [gʌn] *n.* (*rifle*) püss; (*cannon*) kahur; (*pistol*) revolver; ~ner *n.* suurtükiväelane; kuulipildur; ~powder *n.* püssirohi

gurgle [gəgl] *n.* vulin; *v.* vulisema

gush [gʌʃ] *n.* hoogne voolus; purse; *v.* purskama

gust [gʌst] *n.* puhang; pahvak; hoog; purse

gut [gʌt] *n.* soolikas

gutter ['gʌtə] *n.* räästarenn

gymnas|ium [dʒim'neiziəm] *n.* võimla; kõrgem keskkool; ~tic *adj.* võimlemis-; ~tics *n.* võimlemine

H

habit ['hæbit] *n.* harjumus; (*custom*) komme; ~ation *n.* elamu; ~ual *adj.* harjumuslik; tavaline

hack [hæk] *n.* sälk; kõblas; kirka

hag [hæg] *n.* nõiamoor

haggard ['hægəd] *adj.* kurnatud

hail [heil] *n.* rahe; it ~s sajab rahet

hair [heə] *n.* juuksed; ~cut *n.* juukselõikus; ~do *n.* soeng; ~dresser *n.* juuksur

half [hɑːf] *n.* pool; *adj.* poolik; pool-; ~way *adv.* poolel teel

hallow ['hælou] *v.* pühitsema; pühaks pidama

halt [hɔːlt] *n.* peatus; *v.* peatuma; peatama

ham [hæm] *n.* sink; (*whole*) kints

hamlet ['hæmlit] *n.* külake(ne)

hammer ['hæmə] *n.* haamer; (*big*) vasar; ~ in *v.* taguma; sisse lööma

hammock ['hæmək] *n.* võrkkiik

hamper ['hæmpə] *v.* takistama; tõkestama

hand [hænd] *n.* käsi; *v.* kätte andma; ~ over üle andma; at ~, on ~ *adv.* (*within reach*) käepärast; (*available*) saadaval; on the other ~ teiselt poolt; ~bag *n.* (raha)kott; ~ful *n.* peotäis

handicap ['hændikæp] *n.* takistus; kehaline *või* füüsiline puue; (*sport*) händikäp

handkerchief ['hæŋkətʃif] *n.* taskurätik

handle [hændl] *n.* käepide; *v.* (*touch*) puudutama; (*treat*) kohtlema

handsome ['hænsəm] *adj.* nägus; (*sum*) korralik

handwriting ['hændraitiŋ] *n.* käekiri

hang [hæŋ] *v.* rippuma; riputama; (üles) pooma; *n.* (*jur.*) poomine; drapeering; ~man *n.* timukas

haphazard ['hæp'hæzəd] *n.* juhus; juhuslikkus; *adj.* juhuslik; at ~ *adv.* juhuslikult

happen ['hæpən] *v.* juhtuma; ~ing *n.* sündmus; juhtumus

happ|iness ['hæpinis] *n.* õnn; ~y *adj.* õnnelik; (*lucky*) õnnestunud

harass ['hærəs] *v.* tülitama; häirima

harbour ['hɑːbə] *n.* sadam

hard [hɑːd] *adj.* kõva, vali; (*difficult*) raske; ~-boiled (*egg*) *adj.* kõvakskeedetud; ~ly *adv.* vaevalt; ~ness *n.* kõvadus; ~ship *n.* puudus; (elu)raskus

hardy ['hɑːdi] *adj.* julge

hare [hɛə] *n.* jänes

harlot ['hɑːlət] *n.* hoor, libu

harm [hɑːm] *n.* häda, viga, kahju; *v.* kahjustama; ~ful *adj.* kahjulik

harmonious [hɑː'mouniəs] *adj.* harmooniline; (*mus.*) kooskõlaline; üksmeelne

harness ['hɑːnis] *n. pl.* rakmed; *v.* rakendama; rakmestama

harp [hɑːp] *n.* harf

harrow ['hærou] *n.* äke; *v.* äestama

harsh [hɑːʃ] *adj.* (*climate*) karm; (*surface*) kare; (*voice*) kime

harvest ['hɑːvist] *n.* (*yield*) saak; (*action*) lõikus; *v.* vilja koristama

hast|e [heist] *n.* rutt; ~en *v.* ruttama, kiirustama; ~y *adj.* ruttav

hat [hæt] *n.* kübar

hatch [hætʃ] *v.* (*hen*) hauduma; *n.* pesakond; (*mar.*) luuk

hatchet ['hætʃit] *n.* kirveke

hat|e [heit] *v.* vihkama; ~eful *adj.* vastik; ~red *n.* vihkamine

haughty ['hɔːti] *adj.* kõrk, upsakas

haul [hɔːl] *v.* tassima; tirima; *n.* tassimine; tirimine; (*catch*) saak

haunch [hɔːntʃ] *n.* kints

have [hæv] *v.* (*possibility, idea, etc.*) omama; they ~ a house neil on maja; they ~ no house neil ei ole maja; I ~ a headache mu pea valutab; they ~ come nad on tulnud

haven [heivn] *n.* sadam

hawk [hɔːk] *n.* kull

hay [hei] *n.* hein; ~making *n.* heinategu

hazard ['hæzəd] *n.* risk; *v.* (*life*) risk(eer)ima; ~ous *adj.* riskantne; ohtlik

haze [heiz] *n.* kerge udu; udusus

hazel-nut ['heizlnʌt] *n.* metspähkel

hazy ['heizi] *adj.* udune

he [hi] *pron.* tema, ta (meessoost)

head [hed] *n.* pea; (*leader*) juht; pea-; ~ache *n.* peavalu; ~light

n. (car.) esilatern; ~line n. (newspaper) pealkiri; ~long adj. järelemõtlematu; ~quarters n. staap, peakorter

heal [hiːl] v. terveks saama, paranema; ravima; ~th n. tervis; ~thy adj. terve

heap [hiːp] n. hunnik, kuhi; ~ up v. kuhjama

hear [hiə] v. (witness) kuulama; kuulma; (learn) kuulda saama; ~ing n. (sense) kuulmine; (jur.) ülekuulamine

heart [hɑːt] n. süda; by ~ pähe; peast; ~en v. julgustama

hearth [hɑːθ] n. kodukolle

hearty ['hɑːti] adj. südamlik, siiras; (meal) rikkalik

heat [hiːt] n. kuumus; v. kuumutama, soojendama

heath [hiːθ] n. nõmm; kanarbik

heathen ['hɪðən] n. pagan; adj. paganlik

heating ['hiːtiŋ] n. kütmine

heave [hiːv] v. tõstma; (waves) tõusma, kerkima

heaven [hevn] n. (sky) taevas; taevalaotus; ~ly adj. taevalik

heav|iness ['hevinis] n. raskus; ~y adj. raske; (rain, blow) tugev

hedge [hedʒ] n. hekk, põõsastara; ~hog n. siil

heed [hiːd] n. tähelepanu; take ~ of v. tähele panema, märkama; ~less adj. tähelepanematu

heel [hiːl] n. (anat.) kand; konts

heifer ['hefə] n. mullikas

height [hait] n. kõrgus; (geogr.) kõrgustik; ~en v. kõrgendama

heir [eə] n. pärija; ~ess n. pärijanna

helicopter ['helikɔptə] n. helikopter

hell [hel] n. põrgu

helm [helm] n. tüür, rool

helmet ['helmit] n. kiiver

help [help] v. aitama; abistama; n. abi; ~ yourself! (at table) võtke ise!; ~er n. abiline; teenija; ~less adj. abitu; ~! ~! appi! appi!

hem [hem] n. (sewing) ääris, palistus; v. ääristama, palistama

hemisphere ['hemisfiə] n. poolkera

hemp [hemp] n. kanep

hen [hen] n. kana

hence [hens] adv. siit; (from now) nüüdsest peale; (therefore) järelikult ~forth adv. edaspidi, tulevikus

her [hɑː] pron. teda; temale, talle; tema, ta (naissoost); ~ son was ... tema poeg oli...; she likes ~ son ta armastab oma poega; by ~ tema poolt; with ~ temaga

herald ['herəld] n. sõnumitooja; v. sõnumit tooma; kuulutama

herb [hɑːb] n. rohttaim; (med.) ravimtaim; (cul.) vürtsitaim

herd [hɑːd] n. kari; (horses) hobusekari; ~sman n. karjane

here [hiə] adv. siin; (hither) siia; ~ I am! siin ma olen! ~after adv. tulevikus; ~by adv. (jur., comm.)
seega; (thus) niisiis; ~with adv. siinjuures, sellega

heredit|ary [hi'reditəri] adj. pärilik, päritud; ~y n. pärilikkus

here|sy ['herəsi] n. ketserlus; heresia; ~**tic** n. ketser; hereetik
heritage ['heritidʒ] n. pärand
hermit ['hæmit] n. erak, üksiklane
hero ['hiərou] n. kangelane; ~**ic** adj. kangelaslik; ~**ine** n. heroiin; ~**ism** n. kangelaslikkus
heron ['herən] n. haigur
herring ['heriŋ] n. heeringas
hers [hɜːz] pron. tema oma(d) (naise kohta)
herself [hɜːˈself] pron. (emphatic) (tema) ise; (ise)ennast (naiste kohta)
hesitat|e ['heziteit] v. kõhklema; ~**ion** n. kõhklus
hew [hjuː] v. raiuma
hide [haid] v. peitma; peidus olema; n. loomanahk
high [hai] adj. kõrge; (official) kõrgel asuv; adv. kõrgel, kõrgelt; ~**ly** adv. kõrgel määral, ääretult; H~**ness** n. (Tema) Kõrgus (tiitlina); ~**way** n. peatee
hill [hil] n. küngas; kõrgendik; **down**~ adv. mäest alla; ~**y** adj. künklik; mägine
him [him] pron. teda, temale, talle (meeste kohta); **by** ~ iseseisvalt; **with** ~ temaga; ~**self** iseennast; (emphatic) tema ise
hind [haind] adj. tagumine; (zo.) emapõder
hind|er ['hində] v. takistama; ~**rance** n. takistus, tõke
Hindu ['hin'duː] n. hindu; adj. hindi
hinge [hindʒ] n. (door, window) ukse-, aknahing; (tech.) šarniir

hint [hint] n. mõistaandmine, vihje; v. mõista andma, vihjama
hip [hip] n. (anat.) puus
hire ['haiə] v. (worker) palkama; (thing) üürima; n. palk, üür
his [hiz] pron. tema, ta, (tema) oma (meeste kohta)
hiss [his] v. sisisema; (catcall, theat.) välja vilistama
histor|ian [his'tɔːriən] n. ajaloolane; ~**ical** adj. ajalooline; ~**y** n. ajalugu
hit [hit] v. lööma; (aim) tabama; n. löök; tabamus; lööklaul või -number
hither ['hiðə] adv. siia; ~**to** adv. senini, seniajani
hive [haiv] n. taru, mesipuu
hoard [hɔːd] v. varuma; n. varu
hoarfrost ['hɔːˈfrɔst] n. härmatis
hoar|se [hɔːs] adj. kähisev; ~**y** adj. härmane, härmas; (hair) hall
hobby ['hobi] n. (toy) "lemmikratsu"; lemmiktegevus, -ajaviide
hockey ['hɔki] n. hoki; **ice**~ n. jäähoki
hoe [hou] n. kõblas; v. kõplama
hog [hog] n. siga
hoist [hɔist] v. üles tõmbama; heiskama; n. tõstuk; (Am.) lift
hold [hould] v. hoidma; (positions) pidama; kinni hoidma; (contain) mahutama; ~**er** n. (owner) pidaja; ~**ing** n. pidamine; valdamine
hole [houl] n. auk
holiday ['hɔlədi] n. (eccl.) püha; (day off) puhkepäev; (leave) puhkus; pl. koolivaheaeg

hollow ['holou] *adj.* õõnes; (*cheek*) kume; seest tühi; *n.* (*tree*) puuõõnsus

holly ['hɔli] *n.* okastamm; astelpõõsas

holy ['houli] *adj.* püha; pühitsetud

home [houm] *n.* kodu; ~**land** *n.* kodumaa; kodukolle; (*asylum*) varjupaik; *adv.* koju; **at** ~ **kodus**; ~**less** *adj.* kodutu; H~-**Office** *n.* Siseministeerium; ~ **trade** *n.* sisekaubandus; ~**work** *n.* kodutöö

honest ['ɔnist] *adj.* aus; ~**y** *n.* ausus

honey ['hʌni] *n.* mesi; ~**comb** *n.* (mee)kärg; ~**moon** *n. pl.* mesinädalad

honorary ['ɔnərəri] *adj.* au-; ~ **office** *n.* auamet

honour ['ɔnə] *n.* lugupidamine, austus; (*mil.*) orden; *v.* austama; ~**able** *adj.* (*person*) auväärne; (*task*) austav

hood [hud] *n.* (*of coat*) kapuuts

hoof [hu:f] *n.* kabi; sõrg

hook [huk] *n.* haak; konks; ~**ed** *adj.* kõver

hoop [hu:p] *n.* rõngas

hoot [hu:t] *v.* tuututama; huilgama; *n.* tuututus; heilutus; ~**er** tuututaja; (*tech.*) auruvile

hop [hɔp] *v.* hüplema; *n.* hüpe; (*bot.*) humal

hope [houp] *n.* lootus; *v.* lootma (**for**); ~**ful** *adj.* lootusrikas; (*talented*) paljutõotav; ~**less** *adj.* lootusetu

horizon [hə'raizn] *n.* horisont; ~**tal** *adj.* horisontaalne

horn [hɔːn] *n.* sarv; ~**ed** *adj.* sarviline

horr|ible, ~**id** ['hɔribl, 'hɔrid] *adj.* hirmus, kole; ~**ify** *v.* kohutama; ~**or** *n.* jubedus, õud(s)us

horse [hɔːs] *n.* hobune; **on** ~**back** hobuse seljas, ratsa; ~**man** *n.* ratsanik; ~-**power** *n.* hobujõud; ~**shoe** *n.* hobuseraud

hose [houz] *n.* voolik

hospita|ble ['hɔspitəbl] *adj.* külalislahke; ~**l** *n.* haigla, hospidal; ~**lity** *n.* külalislahkus

host [houst] *n.* peremees; ~**age** *n.* pant; ~**el** *n.* ühiselamu; ~**ess** *n.* perenaine

hostil|e ['hɔstail] *adj.* vaenulik; ~**ity** *n.* vaenulikkus; sõjategevus

hot [hɔt] *adj.* kuum; (*weather, day*) palav

hotel [hou'tel] *n.* hotell, võõrastemaja

hothouse ['hɔthaus] *n.* kasvuhoone

hound [hound] *n.* jahikoer

hour ['auə] *n.* tund; ~**ly** *adj.* igatunniline; *adv.* iga tund, tunniti

house [haus] *n.* maja; *v.* majutama; H~ **of Commons** *n.* alamkoda; ~**hold** *n.* (*people*) pere; *pl.* (*affairs*) majapidamine; ~**keeper** *n.* majapidajanna; ~**wife** *n.* koduperenaine

how [hau] *adv.* kuidas; ~ **many**, ~ **much?** kui palju? ~**ever** *conj.* siiski, ometi; *adv.* ükskõik kuidas

howl [haul] *v.* vinguma, uluma

hue [hjuː] *n.* värvivarjund, värving

hug [hʌg] *v.* embama; *n.* embus

huge [hjuːdʒ] *adj.* hiiglasuur

hull [hʌl] n. (mar.) (laeva) kere; (bot.) kest; v. kestendama, lüdima

hum [hʌm] v. sumisema; n. sumin; ~ and haw kogeldes rääkima

human ['hjuːmən] adj. inimlik; ~e adj. humanitaarne; ~ity n. (mankind) inimkond; humaansus

humble [hʌmbl] adj. väljapaistmatu; (condition) tagasihoidlik; v. (pride) vaigistama

humidity [hjuː'miditi] n. niiskus

humiliat|e [hjuː'milieit] v. alandama; ~ing adj. alandlik; ~ion n. alandus

humo|rous ['hjuːmərəs] adj. humoristlik; ~ur n. huumor; (mood) tuju; sense of ~ur n. huumorimeel

hump [hʌmp] n. küür; v. kääru tõmbama; ~back n. küürakas; ~backed adj. küüruline, küürakas

hundred ['hʌndrəd] num. sada; ~s pl. sajalised; ~th num. sajandik; sajas; ~weight n. tsentner

Hungarian [hʌŋ'geəriən] adj. ungari; n. ungarlane, ungari keel

hung|er ['hʌŋgə] n. nälg; v. nälgima; ~ry adj. näljane

hunt [hʌnt] v. jahti pidama; ~er n. jahimees, kütt; ~ing n. jaht; küttimine

hurdle [hɜːdl] n. tõke; ~race n. tõkkejooks

hurl [hɜːl] v. virutama; n. hoogne vise

hurricane [hʌrikən] n. raju

hurr|iedly ['hʌridli] adv. kiiruga; ~y v. kiirustama, ruttama

hurt [hɜːt] v. vigastama; valutama

husband ['hʌzbənd] n. abikaasa (mees)

husk [hʌsk] n. kest; kõlu

hustle [hʌsl] v. (push) tõuklema; (hurry) ruttama

hut [hʌt] n. hütt

hyacinth ['haiəsinθ] n. hüatsint

hybrid ['haibrid] n. hübriid

hydrogen ['haidridʒən] n. vesinik; adj. vesiniku-

hygiene ['haidʒiːn] n. hügieen

hymn [him] n. kirikulaul

hyphen [haifn] n. sidekriips

hypocri|sy [hi'pɔkrəsi] n. silmakirjalikkus; ~te n. silmakirjatseja

hypothesis [hai'pɔθisis] n. hüpotees

hysteri|a [his'tiəriə] n. hüsteeria; ~cal adj. hüsteeriline

I

I [ai] pron. mina, ma

ice [ais] n. jää; ~berg n. (ujuv) jäämägi; ~-breaker n. jäälõhkuja; ~-cream n. jäätis; I~landic adj. islandi; n. islandi keel

icicle ['aisikl] n. jääpurikas

idea [ai'diə] n. idee, mõte; (notion) ettekujutus; ~l adj. ideaalne; n. ideaal

identi|cal [ai'dentikəl] adj identne; ~fy v. identifitseerima; ~ty n. identsus

idiom ['idiəm] n. idioom, idiomaatiline väljend; (dialect) keelemurre

idiot ['idiət] n. idioot

idle [aidl] adj. laisklev; tegevusetu; ~ness n. tegevusetus

idol [aidl] n. väärjumal; iidol

if [if] conj. kui, kas; **as ~** just nagu, otsekui

ignoble [ig'noubl] adj. alamast soost

ignor|ance ['ignərəns] n. teadmatus; (lack of information) asjatundmatus; ~ant adj. asjatundmatu; ~e v. ignoreerima

ill [il] adj. (sick) haige; paha; adv. halvasti; n. halbus; paha; õnnetus

illegal [i'li:gəl] adj. ebaseaduslik

illiterate [i'litərit] adj. kirjaoskamatu

illness ['ilnis] n. haigus

illuminat|e [i'lju:mineit] v. valgustama; ~ion n. valgustus

illusion [i'lu:ʒən] n. illusioon

illustr|ate ['iləstreit] v. illustreerima; ~ation n. illustratsioon; ~ious adj. kuulus

image ['imidʒ] n. (ideal) kuju; (concrete) kujund; (likeness) peegelpilt

imagin|able [i'mædʒinəbl] adj. kujutletav; ~ary adj. kujutletav; ~ation n. kujutlus; ~e v. kujutlema; ette kujutama

imitat|e ['imiteit] v. (copy) imiteerima; (try to be like) jäljendama; ~ion n. imitatsioon; jäljend

immediate [i'mi:djət] adj. (quick) viivitamatu; (direct) otsene

immense [i'mens] adj. mõõtmatu; tohutu; ~ly adv. ääretult

immigra|nt ['imigrənt] n. imigrant; ~tion n. immigratsioon

imminent ['iminənt] adj. varsti juhtuv; ähvardavalt ligiolev

immortal [i'mɔ:tl] adj. suremätu; ~ity n. suremätus

immovable [i'mu:vəbl] adj. liikumatu; (property) kinnis-

immunity [i'mju:niti] n. (med., pol.) immuunsus

impart [im'pɑ:t] v. teatama; ~ial adj. erapooletu; ~iality n. erapooletus

impatien|ce [im'peiʃəns] n. kannatamatus; ~t adj. kannatamatu

impediment [im'pedimənt] n. takistus

impel [im'pel] v. sundima; (propel) liikuma panema

impending [im'pendiŋ] adj. (danger) ähvardav; eelolev

imperative [im'perətiv] adj. käskiv; (gr.) käskiv kõneviis

imperfect [im'pɑ:fikt] adj. ebatäiuslik; ~ion n. ebatäiuslikkus

imperial [im'piəriəl] adj. keiserlik; ülim; (emperor's) imperaatorlik; ~ism n. imperialism

imperious [im'piəriəs] adj. kõrk; (necessity) pakiline; käskiv

impersonal [im'pɑ:sənəl] adj. impersonaalne, isikuta

impertinent [im'pɑ:tinənt] adj. jultunud; häbematu

impetuous [im'petjuəs] adj. tormakas

implement ['implimənt] n. tööriist; v. täitma

implic|ate ['implikeit] v. (person) asjadesse segama; (imply) kaasa arvama; ~it adj. mõeldav; kaasa arvatud; (obedience) tingimatu

impolite [impə'lait] *adj.* ebaviisakas

import [im'pɔt] *v.* sisse vedama; importima; *n.* sissevedu; import; ~**ation** *n.* sissevedu; import

importan|ce [im'pɔtəns] *n.* tähtsus; ~**t** *adj.* tähtis

impos|e [im'pouz] *v.* määrama; (*fine*) peale panema (**upon**); (*decision*) peale sundima (**upon**); ~**ing** *adj.* aukartustäratav

impossib|ility [impɔsi'biliti] *n.* võimatus; ~**le** *adj.* võimatu

impostor [im'pɔstə] *n.* petis

impress [im'pres] *v.* (*people*) muljet jätma; (*imprint*) tembeldama; (*fig.*) jäädvustama; suruma, vajutama; ~**ion** *n.* mulje, jälg; trükk; ~**ive** *adj.* mõjukas

imprint *see* **impress**

imprison [im'prizn] *v.* vangistama; ~**ment** *n.* vangistus

improbab|ility [imprɔbə'biliti] *n.* ebatõenäolisus; ~**le** *adj.* ebatõenäoline

improper [im'prɔpə] *adj.* ebasünnis; kõlbmatu; (*indecent*) kõlvatu

improve [im'pruv] *v.* parandama; paranema; ~**ment** *n.* parandamine; paranemine

impruden|ce [im'prudəns] *n.* mõtlematus; ettevaatamatus; ~**t** *adj.* mõtlematu; ettevaatamatu

impuls|e [impʌls] *n.* impulss; ~**ion** *n.* tõukejõud; ~**ive** *adj.* impulsiivne; (*impelling*) ergutav

impunity [im'pjuːniti] *n.* karistamatus; **with** ~ karistamatult

impur|e [im'pjuə] *adj.* ebapuhas, must; *n.* mustus

in [in] *prep. adv.* sees, sisse; seas, hulgas; ~ **the street** tänaval; ~ **summer** suvel; ~ **my opinion** minu arvates; **come** ~**!** (tulge) sisse!

inability [inə'biliti] *n.* võimetus

inaccessible [inæk'sesəbl] *adj.* ligipääsmatu

inaccurate [in'ækjurit] *adv.* ebatäpne

inadequate [in'ædikwit] *adj.* puudulik, mittevastav

inanimate [in'ænimit] *adj.* elutu; hingetu

inaudible [in'ɔdibl] *adj.* mittekuuldav, kuuldamatu

inaugurat|e [i'nɔgjureit] *v.* (*exhibition*) pidulikult avama; ~**ion** *n.* pidulik avamine

incalculable [in'kælkjuləbl] *adj.* loendamatu

incapable [in'keipəbl] *adj.* võimetu, andetu

incendiary [in'sendjəri] *adj.* süütav; *n.* süütaja

incence ['insens] *n.* (*eccl.*) viiruk

inch [intʃ] *n.* toll

incident ['insidənt] *n.* juhtum; *adj.* kaasaskäiv (**to**); ~**al** *adj.* juhuslik; *n. pl.* juhuslikud kulud; kõrvalised asjad

incite [in'sait] *v.* õhutama

inclin|ation [inkli'neiʃən] *n.* kallakus; (*fig.*) kalduvus; ~**e** *v.* kallutama; kalduma; **be** ~**ed to ...** ... kalduvusega olema

inclose *see* **enclose**

inclu|de [in'klɪːd] *v.* sisaldama; kaasa arvama; **~ding** *prep.* kaasa arvatud; **~sion** *n.* kaasaarvamine; **~sive** *adj.* kaasaarvatav, kaasaarvatud

income ['inkəm] *n.* tulu

incomparable [in'kɔmpərəbl] *adj.* võrratu; võrreldamatu

incompatible [inkəm'pætibl] *adj.* ühtesobimatu

incompetent [in'kɔmpitənt] *adj.* asjatundmatu

incomplete [inkəm'pliːt] *adj.* ebatäiuslik; (*unfinished*) lõpetamata

incomprehensible [inkɔmpri'hensibl] *adj.* arusaamatu

inconceivable [inkən'sɪːvəbl] *adj.* mõeldamatu

inconsisten|cy [inkən'sistənsi] *n.* järjekindlusetus; **~t** *adj.* järjekindlusetu; (with); vastuoluline

inconvenien|ce [inkən'vɪnjəns] *n.* ebamugavus; **~t** *adj.* ebamugav

incorporate [in'kɔːpəreit] *v.* inkorporeerima; ühte liitma

incorrect [inkə'rekt] *adj.* ebaõige

incorrigible [in'kɔridʒibl] *adj.* parandamatu

increase [in'krɪːs] *v.* suurendama; suurenema; *n.* suurenemine

incred|ible [in'kredibl] *adj.* uskumatu; **~ulous** *adj.* umbusklik

incur [in'kəː] *v.* (*danger*) sattuma; (*suspicion*) endale kaela kutsuma; (*losses*) kannatama

incurable [in'kjuərəbl] *adj.* ravimatu

indebted [in'detid] *adj.* võlguolev (to); võlgadega koormatud

indecent [in'dɪːsnt] *adj.* kõlbmatu

indeed [in'dɪːd] *adv.* tõepoolest; kas tõesti?

indefinite [in'definit] *adj.* umbmäärane; määramatu

indemnity [in'demniti] *n.* kompensatsioon

independen|ce [indi'pendəns] *n.* iseseisvus; **~t** *adj.* iseseisev

index ['indeks] *n.* indeks; (*math., comm.*) näitarv, suhtarv

Indian ['indjən] *adj.* india; *n.* hindu; **Red ~** *n.* indiaanlane, punanahk

indicat|e ['indikeit] *v.* osutama; **~ion** *n.* osutamine

indictment [in'daitmənt] *n.* süüdistus

indifferen|ce [in'difrəns] *n.* ükskõiksus; **~t** *adj.* ükskõikne; tähtsusetu

indigestion [indi'dʒestʃən] *n.* seedimatus

indigna|nt [in'dignənt] *adj.* nõrdinud; **~tion** *n.* nõrdimus

indirect [indi'rekt] *adj.* kaudne

indispensable [indis'pensəbl] *adj.* hädavajalik (to, for)

indistinct [indis'tiŋkt] *adj.* ebaselge

individual [indi'vidjuəl] *adj.* individuaalne; *n.* indiviid; **~ity** *n.* individuaalsus

Indo-Chinese ['indou'tʃainə] *adj.* indo-hiina

indolent ['indələnt] *adj.* loid

indoor ['indɔː] *adj.* (*plants, games*) tubane, toa-, sise-; *adv.* majas; kodus

induce [in'djuːs] *v.* esile kutsuma; põhjustama; ~**ment** *n.* põhjustamine; peibutis

indulge [in'dʌldʒ] *v.* (*child*) hellitama; ~ in *v.* mõnulema, vaba voli andma; ~**nce** *n.* (*too much*) hellitamine; (*lenience*) järeleandmine; ~**nt** *adj.* leplik; järeleandlik

industr|ial [in'dʌstriəl] *adj.* tööstuslik; ~**ious** *adj.* töökas; ~**y** *n.* tööstus; töökus, usinus

ineffective [ini'fektiv] *adj.* mõjutu; kehtetu

inefficient [ini'fiʃənt] *adj.* (*person*) võimetu; saamatu; (*machine*) ebarentaabel

inequality [iniː'kwɔliti] *n.* ebavõrdsus

inert [i'nəːt] *adj.* inertne; loid

inevitable [in'evitəbl] *adj.* paratamatu

inexhaustible [inig'zxstəbl] *adj.* ammendamatu; tühjendamatu

inexorable [in'eksərəbl] *adj.* järeleandmatu

inexpensive [iniks'pensiv] *adj.* odav

infallible [in'fæləbl] *adj.* eksimatu

infam|ous ['infəməs] *adj.* häbiväärne; ~**y** *n.* nurjatus; alatus

infan|cy ['infənsi] *n.* lapsepõli; ~**t** *n.* alaealine

infantry ['infəntri] *n.* jalavägi; *adj.* jalaväe

infatuated [in'fætjueitid] *adj.* meeletult armunud

infect [in'fekt] *v.* nakatama; ~**ion** *n.* nakkus; ~**ious** *adj.* nakkav, nakkuslik

infer [in'fəː] *v.* järeldama; ~**ence** *n.* järeldus

inferior [in'fiəriə] *adj.* alaväärtuslik; (*in rank*) alluv; ~**ity** *n.* alaväärsus

infernal [in'fəːnl] *adj.* põrgulik

infest [in'fest] *v.* kihama; nuhtluseks olema; **to be** ~**ed with bugs** lutikatest kubisema

infinit|e ['infinit] *adj.* lõpmatu; ~**y** *n.* lõpmatus

infirmity [in'fəːmiti] *n.* jõuetus

inflam|e [in'fleim] *v.* süütama; süttima; (*med.*) põletikku tekitama; ~**mation** *n.* süttimine; põletik

inflection [in'flekʃən] *n.* painutus; käänd, kurv; (*in speech*) intonatsioon; (*gr.*) fleksioon

inflexible [in'fleksibl] *adj.* paindumatu

inflict [in'flikt] *v.* (*wound, pain, blow*) tekitama (**upon**)

influen|ce ['influəns] *v.* mõjutama; *n.* mõju, toime (**on, upon**); ~**tial** *adj.* mõjukas

influenza [influ'enzə] *n.* gripp

inform [in'fɔːm] *v.* informeerima; teadustama (**of**) (*denounce*) salakaebust esitama (**against**); ~**al** *adj.* mitteametlik; ~**ation** *n.* informatsioon; teade (**on, about**); salakaebus (**on, about**)

infringement [in'frindʒment] *n.* (*law*) rikkumine; üleastumine

infuriate [in'fjuərieit] *v.* maruvihaseks tegema

ingen|ious [in'dʒiːnjəs] *adj.* leidlik; ~**uity** *n.* leidlikkus

ingratitude [in'grætitjuːd] *n.* tänamatus

ingredient [in'grɪdiənt] n. ingredient, koostisosa

inhabit [in'hæbit] v. asustama; ~ant n. elanik

inhale [in'heil] v. sisse hingama

inherent [in'hiərənt] adj. omane

inherit [in'herit] v. pärima, ~ance n. pärandus

inhuman [in'hjuːmən] adj. ebainimlik

initia|l [i'niʃəl] adj. alg-; n. pl. initsiaalid; (name) algustähed; ~te v. algatama (into); pühendama; ~tive n. algatus, initsiatiiv

inject [in'dʒekt] v. süstima; ~ion n. (med.) süst

injunction [in'dʒʌŋkʃən] n. (jur.) korraldus, käsk

injur|e [in'dʒə] v. (wound) vigastama; (moral) solvama; (harm) kahjustama; ~ious adj. kahjulik; solvav; ~y n. vigastus; ülekohus; solvang

injustice [in'dʒʌstis] n. ülekohus

ink [iŋk] n. tint; ~stand n. tindipott; tindipotialus

inland ['inlənd] n. sisemaa; adj. sise-; ~ trade n. sisekaubandus

inlet ['inlet] n. (small) laht

inn [in] n. võõrastemaja

inner ['inə] adj. sisemine, sise-

innocen|ce ['inəsns] n. süütus; ~t adj. süütu

innovation [inou'veiʃən] n. uuendus

innumerable [i'njuːmərəbl] adj. loendamatu

inoffensive [inə'fensiv] adj. kahjutu

inopportune [in'ɔpətjuːn] adj. mitteõigeaegne; ajakohatu

inqui|re [in'kwaiə] v. uurima; pärima (kellegi kohta); ~ry n. küsitlus; teade; järelepärimine; (jur.) uurimine; ~sitive adj. uudishimulik; (prying) teadmishimuline

insan|e [in'sein] adj. hullumeelne; ~ity n. hullumeelsus

inscri|be [in'skraib] v. peale, sisse kirjutama; ~ption n. pealkiri

insect ['insekt] n. putukas

insensible [in'sensibl] adj. tundetu; (unconscious) meelemärkusetu

inseparable [in'sepərəbl] adj. (friends) lahutamatu

insert [in'sət] v. sisse panema; (advertisement) paigutama; ~ion n. vahelekirjutus; (ad) kuulutus

inside [in'said] n. sisekülg; adj. sisemine; adv. seespool

insight ['insait] n. intuitsioon; (fig.) taip

insignificant [insig'nifikənt] adj. tähtsusetu

insinuat|e [in'sinjueit] v. mõista andma; insinueerima; kavalalt sisse poetama; ~ion n. insinuatsioon; mõistaandmine

insist [in'sist] v. kindlalt nõudma; ~ence n. (quality) kindel nõudmine; ~ent adj. pealekäiv

insolen|ce ['insələns] n. ülbus; ~t adj. ülbe

insoluble [in'sɔljubl] adj. lahustamatu; (problem) lahendamatu

inspect [in'spekt] v. üle vaatama; (officially) inspekteerima; ~ion *n.* ülevaatus; inspektsioon; ~or *n.* inspektor; järelevaataja

inspir|ation [inspə'reiʃən] *n.* inspiratsioon; loominguline innustus; ~e *v.* innustama, inspireerima

install [in'stɔːl] *v.* sisse seadma; (*el.*) monteerima; ~ation *n.* sisseseadmine; monteerimine

instalment [in'stɔːlmənt] *n.* (*fin.*) osamaks; by ~ *adv.* osakaupa

instance ['instəns] *n.* näide; for ~ näiteks

instant ['instənt] *n.* hetk; *adj.* (*need*) kiire, käesolev; (*comm.*) jooksev (*kuu kohta*); ~aneous *adj.* silmapilkne

instead [ins'ted] *adv.* selle asemel ~ of (*millegi, kellegi*) asemel

instinct ['instiŋkt] *n.* instinkt, loomusund; ~ive *adj.* instinktiivne

institut|e ['institjuːt] *v.* rajama; (*control, system*) kehtestama; määrama; ellu kutsuma; ~ion *n.* õppeasutus; instituut; asutamine

instruct [in'strʌkt] *v.* õpetama; ~ion *n.* õpetus; ~ive *adj.* õpetlik; ~or *n.* õpetaja; instruktor

instrument ['instrumənt] *n.* instrument; (*tool*) tööriist; muusikariist; vahend

insufficient [insə'fiʃənt] *adj.* puudulik, mittejätkuv, piisamatu

insula|r ['insjulə] *adj.* saareline; ~te *v.* isoleerimine

insult [in'sʌlt] *v.* solvama; *n.* solvamine; solvang

insur|ance [in'ʃuərəns] *n.* kindlustus; ~e *v.* kindlustama

insur|gent [in'sɐdʒənt] *n.* ülestõusnu; mässaja; ~rection *n.* ülestõus; mäss

intact [in'tækt] *adj.* (*untouched*) puutumatu; (*undamaged*) rikkumatu

integral ['intigrəl] *adj.* terviklik; (*math.*) integraalne; *n.* integraal

intell|ect ['intilekt] *n.* intellekt; mõistus; ~ectual *adj.* intellektuaalne; mõistuspärane; *n.* intelligent; *pl.* intelligents; ~igence *n.* arukus; (*mil.*) luure; ~igent *adj.* arukas

intend [in'tend] *v.* kavatsema; (*destine*) määrama

intens|e [in'tens] *adj.* intensiivne; pingeline; (*pain, desire*) tugev; ~ify *v.* intensiivistama; tugevdama; ~ity *n.* intensiivsus; tugevus; ~ive *adj.* intensiivne

intent [in'tent] *n.* kavatsus; ~ion *n.* kavatsus; eesmärk; ~ional *adj.* kavatsetud; tahtlik; ~ionally *adj.* sihilik; meelega tehtud

inter|cept [intə'sept] *v.* tabama; ~change *v.* vahetama; ~changeable *adj.* vahetatav; vaheldumisi tarvitatav; ~course *n.* suhtlemine; vahekord

interest ['intrist] *n.* huvi; (*fin.*) protsendid; ~ed *n.* huvitatud isik; be ~ed (in) *v.* huvitatud olema; ~ing *adj.* huvitav

interfere [intə'fiə] *v.* vahele segama (in); takistama (with); ~nce *n.* vahelesegamine; takistus

interior [in'tiəriə] *adj.* sisemine; *n.* sisemus; (*pol.*) *pl.* siseasjad; sisemaine

78

inter|lude ['intəluːd] *n.* (*theat.*) interluudium; ~**mediate** *adj.* vahepealne; (*in degree*) keskmine; ~**mission** *n.* vaheaeg, antrakt; ~**mittent** *adj.* vahelduv

internal [in'tɛnl] *adj.* sisemine

inter|national [intə'næʃənl] *adj.* rahvusvaheline; ~**pret** *v.* tõlgendama; ~**pretation** *n.* tõlgendaja; (*transla-tor*) suuline tõlkija; ~**rogation** *n.* küsimus; ülekuulamine; ~**rupt** *v.* katkestama; ~**ruption** *n.* katkestus; ~**section** *n.* läbilõikamine; ~**val** *n.* vaheaeg; (*mus.*) intervall; ~**vention** *n.* vaheleastumine; interventsioon; ~**view** *n.* intervjuu; vestlus; *v.* intervjueeri-ma

intestine [in'testin] *n. pl.* sooled

intima|cy ['intiməsi] *n.* intiimsus, lähedus; ~**te** *adj.* intiimne, lähedane

intimidate [in'timideit] *v.* hirmutama

into *see* in

intolera|ble [in'tɔlərəbl] *adj.* väljakannatamatu

intrepid [in'trepid] *adj.* kartmatu

intricate ['intrikit] *adj.* keeruline, keerukas

intrigue [in'triːg] *n.* intriig; salase-pitsus

introduc|e [intrə'djuːs] *v.* sisse juhtima (into); (*present*) tutvustama (to); ~**tion** *n.* sissejuhatus; tutvustus

intrude [in'truːd] *v.* sisse tungima; peale sundima (into, upon)

intuition [intju'iʃən] *n.* intuitsioon

invade [in'veid] *v.* (*mil.*) (vägivaldselt) sisse tungima; ~r *n.* intervent; sissetungija

invalid ['invəli(ː)d] *n.* invaliid; *adj.* invaliidne; (*jur.*) maksvusetu; kehtetu

invaluable [in'væljuəbl] *adj.* hindamatu; ääarvamatult kallis

invasion [in'veiʒən] *n.* sissetung; röövvallutus

invent [in'vent] *v.* leiutama; ~**ion** *n.* leiutamine; ~**or** *n.* leiutaja; ~**ory** *n.* inventar, vara

invest [in'vest] *v.* investeerima; (*fin.*) mahutama; ~**igate** *v.* uurima; ~**igation** *n.* uurimistöö; ~**ment** *n.* (*fin.*) kapitalimahutus; ~**or** *n.* kapitalimahutaja; investeerija

invisible [in'vizibl] *adj.* nähtamatu

invit|ation [invi'teiʃən] *n.* (külla)kutse; ~**e** *v.* (külla) kutsuma

invoice ['invɔis] *n.* faktuur; saateleht

invoke [in'vouk] *v.* appi hüüdma; manama

involuntary [in'vɔləntəri] *adj.* instinktiive; tahtmatu

involve [in'vɔlv] *v.* (*include*) sisaldama; (*entangle*) keerukaks tegema; (*bring into*) kaasa kiskuma

inward ['inwəd] *adj.* sisemine; vaimne; *adv.* sissepoole; ~**ly** (*in the mind*) sisemiselt; ~s *pl.* sisikond

iris ['aiəris] *n.* (silma) vikerkest; (*bot.*) võhumõõk, iiris

Irish ['aiəriʃ] *adj.* iiri; *n.* iiri keel; the ~ iirlased; ~**man** *n.* iirlane; ~**woman** *n.* iirlanna irksome ['əksəm] adj. tüütu

iron ['aiən] n. raud; adj. raudne; ~s pl. käe-, jalarauad; n. triikraud; v. triikima

iron|ic [ai'rɔnik] adj. irooniline; ~y n. iroonia

irregular [i'regjulə] adj. irregulaarne; korrapäratu; ~ity n. irregulaarsus; korrapäratus

irresistible [iri'zistəbl] adj. vastupandamatu

irresponsible [iris'pɔnsibl] adj. vastutamatu; vastutustundetu

irrigat|e ['irigeit] v. niisutama; ~ion n. (kunstlik) niisutamine; irrigatsioon

irrita|ble ['iritəbl] adj. ärrituv; ärritatav; ~te v. ärritama; ~tion n. ärritus

island ['ailənd] n. saar

isolat|e ['aisəleit] v. isoleerima; ~ion n. isolatsioon

Israeli [iz'riəli] adj. iisraeli; n. iisraellane

issue ['isju] n. (typ.) väljaanne; väljalase; (result) tulemus; v. väljuma; välja andma; tulenema; (game) lõppema (in)

it [it] pron. tema; see; ~ is you see oled sina; ~ is late on hilja; ~ snows sajab lund

Italian [i'tæljən] adj. itaalia; n. itaallane; itaalia keel

itch [itʃ] v. sügelema; n. sügelus

item ['aitəm] n. punkt; artikkel

itinerary [ai'tinərəri] n. reisiplaan; matkakava

its [its] pron. tema, selle (oma); (selle) oma

itself [it'self] pron. (tema, see) ise; by ~ adv. ise; iseseisvalt

ivory ['aivəri] n. elevandiluu

ivy ['aivi] n. luuderohi

J

jab [dʒæb] n. torge; täke; v. suskama; torkama

jack [dʒæk] n. (tech.) tungraud; (mar.) meremees; lipp; v. tungrauaga tõstma

jackal ['dʒækɔl] n. šaakal

jacket ['dʒækit] n. jakk; jopp; (book's) ümbris; (tech.) masinakate

jagged ['dʒægid] adj. hambuline; sakiline

jail [dʒeil] n. vangla; ~er n. vangivaht

jam [dʒæm] n. (fruit's, berry's) moos, keedis; liiklusummik; v. pigistama; tõkestama

January ['dʒænjuəri] n. jaanuar

Japanese [dʒæpə'niːz] adj. jaapani; n. jaapanlane; jaapani keel; the ~ pl. jaapanlased

jar [dʒɑ] n. purk; v. krigisema; (somebody's nerves) ebameeldivalt mõjuma; riivama

jaundice ['dʒɔːndis] n. (med.) kollatõbi

javelin ['dʒævlin] n. oda

jaw [dʒɔ] n. (anat.) lõualuu; pl. lõuad

jazz [dʒæz] n. džäss; ~band n. džässbänd; džässorkester

jealous ['dʒeləs] *adj.* armukade; ~y *n.* armukadedus

jeer [dʒiə] *v.* mõnitama (at)

jelly ['dʒeli] *n.* želee, tarretis

jerk [dʒɜk] *n.* nõksatus; (*pushing*) tõuge; (*pulling*) raksatus; (*of muscle*) tõmblus

jest [dʒest] *v.* naljatama (at); *n.* nali; ~er *n.* narr

jet [dʒet] *n.* juga; *adj.* reaktiiv-

Jew [dʒuː] *n.* juut; ~ess *n.* juuditar

jewel ['dʒuːil] *n.* kalliskivi; ~ler *n.* juveliir, kullassepp; ~lery *n. pl.* väärisehted

Jewish ['dʒuːiʃ] *adj.* juudi

jingle ['dʒiŋgl] *v.* (*coins, keys*) kõlisema; kõlistama; *n.* kõlin

job [dʒob] *n.* töö, amet; *v.* maakleriks olema; juhutõid tegema

jockey ['dʒɔki] *n.* džoki

join [dʒoin] *v.* ühendama; (*person*) ühinema; (*member's*) (liikmeks) astuma; ~er *n.* tisler; ~t *n.* (*anat.*) liiges; ühenduskoht

joint venture ['dʒɔint 'ventʃə] *n.* ühisettevõte

joke [dʒouk] *n.* nali; anekdoot; *v.* naljatama

jolt [dʒoult] *n.* tõuge; *v.* raputama; ~ing *n.* raputus

jot [dʒɔt] *v.* (kiirelt ja lühidalt) kirja panema; **not a** ~ mitte raasugi

journal ['dʒɜːnəl] *n.* žurnaal; (*record*) päevik; ~ist *n.* žurnalist, ajakirjanik

journey ['dʒɜːni] *n.* reis, teekond

jovial ['dʒouviəl] *adj.* rõõmsameelne

joy [dʒɔi] *n.* rõõm; ~ful, ~ous *adj.* rõõmus

jubilee ['dʒuːbiliː] *n.* juubel

judge [dʒʌdʒ] *n.* kohtunik; (*fig.*) hindaja; *v.* hindama; otsustama; ~ment *n.* arvamus, otsus

judicial [dʒuː'diʃəl] *adj.* kohtu-; kohtulik; erapooletu

jug [dʒʌg] *n.* kann

juggle [dʒʌgl] *v.* žongleerima; ~r *n.* žonglöör

juic|e [dʒuːs] *n.* mahl; ~y *adj.* mahlane

July [dʒuː'lai] *n.* juuli

jump [dʒʌmp] *v.* hüppama; kargama; *n.* hüpe; ~er *n.* hüppaja; (*garment*) džemper

junction ['dʒʌŋkʃən] *n.* ühendus; (*rail.*) sõlmjaam

June [dʒuːn] *n.* juuni

jungle [dʒʌŋgl] *n.* džungel

junior ['dʒuːnjə] *adj.* noorem, juunior

jurisdiction [dʒuəris'dikʃən] *n.* jurisdiktsioon

jur|or ['dʒuərə] *n.* vandekohtunik; ~y *n.* vandekohus; (*arts*) žürii

just [dʒʌst] *adj.* õiglane; (*exact*) täpne; ~ **enough!** küllalt! he has ~ **come** ta tuli alles praegu; ~ice *n.* õiglus; (*jur.*) õigusemõistmine

justif|ication [dʒʌstifi'keiʃən] *n.* õigeksmõistmine; ~y *v.* õigeks mõistma

jut [dʒʌt] *n.* eend; midagi väljaulatuvat; ~ **out** *v.* välja ulatuma

juvenile ['dʒuːvinail] *n.* nooruk; *adj.* nooruslik

K

keel [kiːl] *n.* kiil

keen [kiːn] *adj.* terav; (*eager*) kirglik; **be ~ on** (*millestki*) kirglikult huvitatud olema

keep [kiːp] *v.* hoidma; (*money, secret*) säilitama; **~ laughing** vahetpidamatult naerma; **~ silence** *v.* vaikima; **he kept me waiting** ta laskis mul oodata; **~ to** (*millestki*) kinni pidama; **~ up** *v.* toetama; (*ülal või alal*) hoidma

kennel [kenl] *n.* koerakuut

kernel [kaːnl] *n.* tuum; tera

kerosene ['kerəsiːn] *n.* petrooleum

kettle [ketl] *n.* katel; **tea-~** *n.* teekatel

key [kiː] *n.* võti; (*piano, typewriter*) klahv; **~-board** *n.* klaviatuur; **~-hole** *n.* võtmeauk

kick [kik] *v.* (*horse*) põtkama; (*person*) jalaga lööma; *n.* jalahoop

kid [kid] *n.* kitseke; laps; põngerjas; **~nap** *v.* inimesi röövima

kidney ['kidni] *n.* (*anat.*) neer

kill [kil] *v.* tapma; (*animals*) surmama; **~er** *n.* tapja

kilo(gram) [kiːlou] *n.* kilo (gramm); **~meter** *n.* kilomeeter

kin [kin] *n.* sugulane; **the next of ~** *pl.* lähimad sugulased

kind [kaind] *adj.* heasüdamlik; lahke; **would you be so ~** kas te oleksite nii lahke; *n.* sort; sugu; liik

kindle [kindl] *v.* sütitama; süttima

kindness ['kaindnis] *n.* heasüdamlikkus; lahkus

king [kiŋ] *n.* kuningas; **~'s** *adj.* kuninglik; **~dom** *n.* kuningriik

kiss [kis] *v.* suudlema; *n.* suudlus

kit [kit] *n.* (*mil.*) isiklik varustus; **~bag** *n.* seljakott

kitchen ['kitʃin] *n.* köök

kite [kait] *n.* paberlohe; (*zo.*) harksaba

kitten [kitn] *n.* kassipoeg

knack [næk] *n.* osavus

knave [neiv] *n.* kelm

knead [niːd] *v.* (*dough*) sõtkuma

knee [niː] *n.* põlv; **~l** *v.* põlvitama; **~l down** põlvili langema

knell [nel] *n.* matuse- *või* hingekell

knife [naif] *n.* nuga; *v.* (*stab*) pussitama; noaga lõikama

knight [nait] *n.* rüütel; (chess) ratsu; **~hood** *n.* rüütelkond

knit [nit] *v.* kuduma; **~ted** *adj.* kootud

knob [nɔb] *n.* (*radio*) nupp; (*door*) ümmargune käepide

knock [nɔk] *v.* koputama; lööma; *n.* koputus; löök; **~ at a door** uksele koputama; **~ down** jalust maha lööma; **~ out** (*sport*) nokauti lööma

knot [nɔt] *n.* sõlm; oks

know [nou] *v.* teadma (**of**); (*recognize*) ära tundma

knowledge ['nɔlidʒ] *n.* teadmine; teadmised; **have a good ~ of** hästi teadma; **to the best of my ~** minu teada

knuckle [nʌkl] *n.* (*finger's*) sõrmenukk

kopeck ['koupek] *n.* kopikas
Koran [kɔ'rɑːn] *n.* koraan
Korean [kə'riən] *n.* korealane; korea keel
Kremlin ['kremlin] *n.* Kreml
Krishna ['kriʃnə] *n.* Krišna
krone ['krounə] *n.* kroon (*rahaühik*)

L

label [leibl] *n.* märgis, etikett
laboratory [lə'bɔrətəri] *n.* laboratoorium
labour ['leibə] *n.* töö; *adj.* tööliis-; leiboristlik; **L~ Party** Leiboristlik Partei
lace [leis] *n.* pits; (*string*) kingapael; (*braid*) galoon; kardpael; *v.* kinni nöörima; pitsiga kaunistama
lack [læk] *n.* puudus; *v.* puuduma; **he ~s patience** tal puudub kannatus
lacquer ['lækə] *n.* lakk; lakkima
lad [læd] *n.* noormees
ladder ['lædə] *n.* redel
laden [leidn] *adj.* laaditud; lastitud
lady ['leidi] *n.* daam; proua; (*rank*) leedi
lag [læg] *v.* maha jääma; *n.* mahajäämine; **~gard** *n.* mahajääja
lagoon [lə'guːn] *n.* laguun
lake [leik] *n.* järv
lamb [læm] *n.* tall; talleliha; **~skin** *n.* tallenahk
lame [leim] *adj.* lonkav, lombakas
lament [lə'ment] *v.* hädaldama; kurtma; **~able** *adj.* kurb;

~ation *n.* hädaldamine; hädakaebus
lamp [læmp] *n.* lamp; (*pocket, street*) latern
land [lænd] *n.* (*country*) maa; (*agr.*) maapind; by **~** maad mööda; *v.* (*av.*) maanduma; (*mar.*) maabuma; **~ing** *n.* maabumine; maandumine; **~lady** *n.* (nais-) majaomanik; **~lord** *n.* suurmaaomanik; majaomanik **~mark** *n.* pöördepunkt; (*guide*) orientiir; **~owner** *n.* maaomanik; **~scape** *n.* maastik
lane [lein] *n.* kõrvaltänav
language ['læŋgwidʒ] *n.* keel
languish ['læŋgwiʃ] *v.* igatsema (for); raugema
lap [læp] *n.* (*coat*) hõlm; (*nature's*) rüpp; (*mother's*) süli; (*sport*) ring; etapp; *v.* (*dog*) lakkuma, larpima; lihvima
lard [lɑːd] *n.* pekk; searasv; *v.* pekkima
large [lɑːdʒ] *adj.* suur, avar; **~scale** *adj.* laiaulatuslik
lark [lɑːk] *n.* lõoke
larva ['lɑːvə] *n.* tõuk, larv
larynx ['læriŋks] kõri
lash [læʃ] *n.* (*whip*) piitsarihm; (*eye*) silmaripse; *v.* piitsutama
lass [læs] *n.* tütarlaps
last [lɑːst] *adj.* viimane, viimne; *v.* kestma; **~ night** eile õhtul; **~ week** möödunud nädalal; **~ but one** eelviimane; **at ~!** viimaks! lõpuks!
latch [lætʃ] *n.* (ukse)link

late [leit] *adj.* hiline; (*dead*) hiljuti surnud; be ~ *v.* hilinema (**for**); ~ly *adv.* hiljuti

lateral ['lætərəl] *adj.* külgmine, külje-; *n.* kõrvalharu

lathe [leið] *n.* treipink

lather ['læðə] *n.* seebivaht; *v.* seebitama

Latin [lætin] *n.* ladina keel; *adj.* ladina

latitude ['lætitjʊd] *n.* (*geogr.*) laius

latter ['lætə] *adj.* viimane; (*part*) teine

lattice ['lætis] *n.* võre

Latvian ['lætviən] *adj.* läti; *n.* läti keel; lätlane

laugh [lɑːf] *n.* naer; *v.* naerma; ~ter *n.* naer

launch [lɔːntʃ] *v.* (*mar.*) (laeva dokist, paati laevalt) vette laskma; (*rocket*) (kosmoseraketti) välja saatma

laundry ['lɔːndri] *n.* pesumaja; puukoda

laurel ['lɔrəl] *n.* loorber

lava ['lɑːvə] *n.* laava

lavatory ['lævətəri] *n.* väljakäik; klosett

lavender ['lævində] *n.* lavendel

lavish ['læviʃ] *v.* (*liberal*) heldekäeliselt jagama; (*money*) pillama; *adj.* (*abundant*) külluslik

law [lɔː] *n.* seadus; (*science*) õigusteadus; ~ful *adj.* seaduslik; ~less *adj.* seadusetu

lawn [lɔːn] *n.* muru; muruplats

law|suit ['lɔːsjuːt] *n.* kohtuprotsess; ~yer *n.* jurist; advokaat

lay [lei] *v.* panema; (*egg*) munema; ~ **aside**, ~ **by** kõrvale panema; ~ **off** (*workers*) (ajutiselt töölt) vabastama; (*dress*) ära võtma; ~er *n.* kiht

laz|iness ['leizinis] *n.* laiskus; ~y *adj.* laisk

lead [liːd] *v.* (*manage, direct*) juhtima; viima; *n.* seatina; ~en *adj.* tina-; tinane

leader ['liːdə] *n.* juht; (*pol.*) liider; ~ship *n.* juhtimine

leaf [liːf] *n.* leht; ~let *n.* leheke; lendleht

league [liːg] *n.* liiga; liit

leak [liːk] *n.* lekk; *v.* lekkima; ~ **out** *v.* vett läbi laskma; välja immitsema

lean [liːn] *v.* toetuma; toetama (**against, on**); ~ **out** *v.* välja paistma; *adj.* kõhn, lahja

leap [liːp] *v.* hüppama; *n.* hüpe; ~year *n.* liigaasta

learn [lən] *v.* õppima; (*get to know*) teada saama; ~ed *adj.* õpetatud; tark; teaduslikku haridust omav

lease [liːs] *n.* rent; *v.* välja rentima

leash [liːʃ] *n.* (*dog*) rihm; koerakari; jahikoerad

least [liːst] *adj.* kõige väiksem; *adv.* kõige vähem; **at** ~ vähemalt

leather ['leðə] *n.* nahk; *adj.* nahkne; nahk-; naha-

leave [liːv] *v.* (*room*) lahkuma; jätma; (*friends*) maha jätma; (*by transport*) sõitma (**for**); ~ **it to me** jätke see mulle; *n.* (*holiday*) puhkus; (*consent*) luba

leaven [levn] *n.* juuretis; pärm

lecture ['lektʃə] n. loeng; v. loengut pidama; ~r n. lektor

ledge [ledʒ] n. serv; eend; veer

lee [liː] n. (side) tuulevarjuline koht; tuulevari

leech [liːtʃ] n. kaan; vereimeja

left [left] adj. vasak; on or to the ~ vasakule (of)

leg [leg] n. jalg, (furniture) alus

legacy ['legəsi] n. pärandus

legal ['liːgəl] adj. legaalne; juriidiline; (lawful) seaduslik

legion ['liːdʒən] n. leegion

legislati|on [ledʒis'leiʃən] n. seadusandlus; ~ve adj. seadusandlik

legitimate [li'dʒitimit] adj. seaduslik; v. seadustama

leisure ['leʒə] n. vaheaeg; jõudeaeg

lemon ['lemən] n. sidrun; ~ade n. limonaad

lend [lend] v. laenama; (money) laenuks andma

length [leŋθ] n. pikkus; (time) kestus; at ~ pikalt ja laialt; ~en v. pikendama; pikenema

lens [lenz] n. luup; läätsklaas

leprosy ['leprəsi] n. leepra, pidalitõbi

less [les] adj. vähem; ~ important adj. vähemtähtis; more or ~ enam-vähem; ~en v. vähendama; vähenema

lesson [lesn] n. õppetund

let [let] v. laskma, lubama; (room) üürile andma; ~ him think that! las ta mõtleb sedamoodi! ~ me work! lase mind töötada! ~ us go! hakkame minema! ~ down (lower) alla laskma; ~ in

sisse laskma; ~ out välja laskma; ~ know teatama

letter ['letə] n. kirjatäht; (writing) kiri; ~-box n. kirjakast

lettuce ['letis] n. lehtsalat

level [levl] n. tase; adj. tasane, lame; v. tasandama

lever ['liːvə] n. kang; hoob

levy ['levi] n. (taxes) sissenõudmine; (mil.) värbamine; v. sisse nõudma; värbama

liab|ility [laiə'biliti] n. (comm.) vastutus; pl. kohustused; ~le adj. vastutav (for); (subject to) kohustatud (to); kalduv (midagi tegema) (to do)

liar ['laiə] n. valetaja

libel ['laibəl] n. laimukiri

liber|al ['libərəl] adj. (pol.) liberaalne; (generous) helde; n. liberaal; ~ate v. vabastama; ~ty n. vabadus; pl. (privilege) eesõigused

librar|ian [lai'breəriən] n. raamatukoguhoidja; ~y n. raamatukogu

licence ['laisəns] n. (comm.) luba; tunnistus; driving ~ n. juhiluba

lick [lik] v. lakkuma

lid [lid] n. kaas; (eye) silmalaug

lie [lai] v. lamama; ~ down pikali heitma; n. vale; v. valetama

lieutenant [lef'tenənt] n. leitnant

life [laif] n. elu; ~-boat n. päästepaat; ~less adj. elutu; ~long adj. eluaegne; ~time n. eluiga

lift [lift] v. tõstma; n. tõste; (tech.) lift; give a ~ sõidukile peale võtma

light [lait] *adj.* kerge; *n.* valgus; valgustus *adj.* valge, hele; *v.* (*kindle*) süütama; süttima

lighten ['laitn] *v.* kergendama; välku lööma

lighthouse ['laithaus] *n.* majakas

like [laik] *v.* armastama; meeldima; tahtma; I ~ her face ta nägu meeldib mulle; he ~d the film film meeldis talle; *adj.* sarnane, taoline, võrdne; and the ~ ja muud selletaolist; ~ that sedaviisi; ~ly *adv.* arvatavasti; *adj.* tõenäoline; ~ness *n.* sarnasus (to)

lilac ['lailək] *n.* sirel

lily ['lili] *n.* liilia; ~ of the valley *n.* maikelluke

limb [lim] *n.* (keha)liige

lime [laim] *n.* lubi; ~stone *n.* lubjakivi

lime-tree ['laimtriː] *n.* pärn

limit ['limit] *n.* piir; piirjoon; *v.* piirama; kitsendama; time~ *n.* võimalik tähtaeg; ~ation *n.* piiramine

limp [limp] *v.* lonkama; *adj.* tahtejõuetu; nõrk; närbunud

line [lain] *n.* joon; (*typ.*) rida; (laeva-, raudtee-, õhu)liin; *v.* (*paper*) lineerima; jooni tõmbama; (*coat*) voodердама

linen ['linin] *n.* linane riie, pesu; *adj.* linane

linger ['liŋgə] *v.* viivitama

lining ['lainiŋ] *n.* vooder

link [liŋk] *n.* lüli; *v.* ühinema; lülitama

linseed-oil ['linsiːd'oil] *n.* linaseemneõli

lion ['laiən] *n.* lõvi

lip [lip] *n.* huul; ~stick *n.* huulepulk

liqu|eur [li'kjuə] *n.* liköör; ~id *adj.* vedel; *n.* vedelik; ~or *n.* alkohoolne jook

list [list] *n.* nimestik, nimekiri

listen [lisn] *n.* kuulama; ~ in raadiot kuulama; ~er *n.* kuulaja

litera|l ['litərəl] *adj.* sõnasõnaline; ~ry *adj.* kirjanduslik; ~ture *n.* kirjandus

litter ['litə] *n.* (*straw*) allapanu; kanderaam; (*fig.*) prügi; (*young*) pesakond; *v.* alla panema; prahti täis ajama

little [litl] *adj.* väike; *adv.* (*quantity*) vähe; a ~ *adv.* pisut, natuke

live [liv] *v.* elama

live [laiv] *adj.* elav (*cartridge*) energiline; ~liness *n.* elavus, erkus; ~ly *adj.* elav, erk

liver ['livə] *n.* (*anat.*) maks

livery ['livəri] *n.* livree

living ['liviŋ] *adj.* elav, elusolev; *n.* eluviis; (*livelyhood*) elatis

lizard ['lizəd] *n.* sisalik

load [loud] *n.* koorem; *v.* koormama; (*rifle*) laadima

loaf [louf] *n.* leivapäts; *v.* logelema

loan [loun] *n.* laen; ~-word *n.* laensõna

loathe [louð] *v.* jälestama, põlastama

lobby ['lɔbi] *n.* eesruum, vestibüül; *pl.* (*parl.*) kuluaarid

lobster ['lɔbstə] *n.* merivähk, homaar

loca|l ['loukəl] *adj.* kohalik, lokaalne; ~lity *n.* koht, asukoht; ~te asukohta kindlaks määrama;

~tion *n.* asukoht; (*target*) asuko-
ha kindlaksmääramine

lock [lɔk] *n.* (*curl*) lokk; lukk; lüüs;
v. lukustama; ~smith *n.* lukus-
sepp

locomotive ['loukəmoutiv] *n.* ve-
dur, lokomotiiv

locust ['loukəst] *n.* rändrohutirts

lodg|e [lɔdʒ] *v.* majutama; aseta-
ma; korteris üürnikuna elama; *n.*
(*hunt*) väravavahimaja; ~er *n.*
üürnik; ~ing *n.* elukoht; korter;
üürituba

loft [lɔft] *n.* (*attic*) pööning; (*agr.*)
lakk; ~y *adj.* (*mountain*) kõrge;
(*fig.*) suursugune

log [lɔg] *n.* (puu)halg; palk

logic ['lɔdʒik] *n.* loogika; ~al *adj.*
loogiline

loin [lɔin] *n.* (*cul.*) filee osa; (*anat.*)
puus; niue

loiter ['lɔitə] *v.* logelema, vedelema

lonel|iness ['lounlinis] *n.* üksindus;
~y *adj.* üksik; üksildane

long [lɔŋ] *adj.* pikk; pikaajaline;
adv. kaua; *v.* igatsema, ihaldama
(for); ~ing *n.* igatsus; *adj.* igat-
sev

longitude ['lɔndʒitjuːd] *n.* (*geogr.*)
pikkuskraad; pikkus

look [luk] *v.* vaatama; (*seem*) välja
nägema; *n.* pilk; (*appearance*) vä-
limus; väljanägemine; ~ after *v.*
järele vaatama; ~ for otsima; ~
forward to rõõmuga ootama; ~
over üle vaatama; be on the ~
out ettevaatlik olema; valvel ole-
ma

loom [luːm] *n.* kangasteljed; *v.* näh-
tavale tulema

loop [luːp] *n.* silmus; ~hole *n.* (*fig.*)
laskeava

loose [luːs] *adj.* (*moral*) ohjeldama-
tu; (*screw*) lõtv; (*clothing*) vaba;
(*hair*) vallandatud; (*tooth*) logi-
sev

lord [lɔːd] *n.* lord; (*of the manor*)
isand, valitseja; (*the Lord*) jumal

lorry ['lɔri] *n.* veoauto; (*rail.*) plat-
vormvagun

lose [luːz] *v.* kaotama; ~ one's way
v. eksima

loss [lɔs] *n.* kaotus; kahju; at a ~
raskes olukorras viibima

lot [lɔt] *n.* loos; (*destiny*) saatus;
(*agr.*) . maatükk; a ~ palju; suur
hulk; ~tery *n.* loterii

loud [laud] *adj.* valjuhääline; (*co-
lour*) kriiskav; *adv.* valjusti;
~speaker *n.* valjuhääldi

louse [laus] *n.* täi

love [lʌv] *n.* armastus; *v.* armasta-
ma; fall in ~ armuma (with);
~liness *n.* kaunidus; ~ly *adj.* ar-
mas, kaunis; ~r *n.* armuke; *pl.* ar-
munud

low [lou] *adj.* madal; (*character,
voice*) nõrk; *adv.* madalalt; tasa-
selt; ~er *adj.* alumine, madalam;
~land *n.* madalik; madalmaa

loyal ['lɔiəl] *adj.* lojaalne; truu; ~ty
n. lojaalsus; ustavus

lubrica|nt ['l(j)ubrikənt] *n.* määre;
~te *v.* määrima

luck [lʌk] *n.* õnn; õnnelik juhus;
bad ~ *n.* ebaõnn; ~y *adj.*
(*person*) õnnelik

ludicrous ['luːdikrəs] *adj.* naljakas

luggage ['lʌgidʒ] *n.* pagas

lukewarm ['luːkwɔːm] *adj.* leige

lull [lʌl] v. uinutama; ~aby n. hällilaul

lumber ['lʌmbə] n. koli; (timber) saematerjalid

luminous ['luːminəs] adj. helendav, särav

lump [lʌmp] kamakas; (sugar) tükk

lunatic ['luːnətik] n. vaimuhaige

lunch [lʌntʃ] n. lantš, keskpäevaeine; v. lantši sööma

lung [lʌŋ] n. kops

lure ['ljuə] n. (fig.) ahvatlus; (bait) peibutis; v. meelitama, ahvatlema

lurk [ləːk] v. luurama

luscious ['lʌʃəs] adj. (fruit) mahlakas; maitsev

lust [lʌst] n. iharus; himu

lustr|e ['lʌstə] n. lüster; (of fame) sära; ~ous adj. särav, läikiv

luxur|iant [lʌg'zjuəriənt] adj. vohav, lopsakas; ~ious adj. luksuslik; ~y n. luksus

lynx [links] n. ilves

lyric|al ['lirikəl] adj. lüüriline; ~s n. pl. lüürika

M

machine [mə'ʃiːn] n. masin; adj. masina-; ~-gun n. kuulipilduja; ~ry n. pl. masinad; mehhanism; masinaosad

mad [mæd] adj. hull; (rabid, furious) marutõbine

madam ['mædəm] n. madam; proua

mad|den [mædn] v. hulluks tegema; ~man n. hull; ~ness n. hullus; marutõbi

magazine [mægə'ziːn] n. ajakiri; (depot) laskemoonaladu; padrunisalv

maggot ['mægət] n. tõuk

magic ['mædʒik] n. nõiakunst; ~al adj. maagiline; ~ian n. maag, nõid

magistrate ['mædʒistreit] n. rahukohtunik

magnet ['mægnit] n. magnet; ~ic adj. magnetiline

magnificen|ce [mæg'nifisəns] n. suurepärasus, toredus; ~t adj. suurepärane

magni|fy ['mægnifai] v. suurendama; ~tude n. suurus

mahogany [mə'hɔgəni] n. mahagonipuu

maid [meid] n. neiu, tütarlaps; neitsi; (servant) teenijatüdruk; ~en adj. neitsilik; (name) neiu-; (fig.) esik-

mail [meil] n. post; adj. posti-; v. postiga saatma; n. soomusrüü

maim [meim] v. vigastama

main [mein] adj. peamine; n. (pipe) magistraal; ~land n. manner või mander; ~ly adv. peamiselt

maint|ain [mein'tein] v. säilitama; (contact) alal hoidma; (opinion) toetama; ~enance n. säilitamine; ~enance work jooksev remont

maize [meiz] n. mais, kukuruus

majest|ic [mə'dʒestik] adj. suursugune; M~y n. suursugusus

major ['meidʒə] *adj.* suurem, täht-
sam; *n.* (*mil.*) major; ~**-general**
n. kindralmajor; ~**ity** *n.* enamus
make [meik] *v.* tegema; (*impres-
sion*) looma; (*math.*) koostama;
n. (*product*) toode; (*style*) ku-
ju; mudel; (*brand*) tüüp; kauba-
märk; ~ **up** *v.* (*total*) moodusta-
ma; (*woman*) minkima, jumesta-
ma; ~**r** *n.* vabrikant; looja; val-
mistaja; ~**shift** *n.* asetäide; aju-
tine abinõu
malaria [mə'lɛəriə] *n.* malaaria
male [meil] *adj.* isane, meessoost;
n. mees; (*zo.*) isasloom
malic|e ['mælis] *n.* kurjus; ~**ious**
adj. kuri; kuritahtlik
malignant [mə'lignənt] *n.* (*med.*)
pahaloomuline
malt [mɔlt] *n.* linnased
mammal ['mæməl] *n.* (*zo.*) imetaja
mammoth ['mæməθ] *n.* mammut;
adj. hiiglasuur
man [mæn] *n.* mees; (*general
sense*) inimene
manage ['mænidʒ] *v.* juhtima;
(*problem, person*) toime tulema;
~**ment** *n.* juhatus; direktsioon;
~**r** *n.* juht; korraldaja
mandat|e ['mændeit] *n.* mandaat;
volikiri; ~**ory** *n.* volinik
mane [mein] *n.* (*horse*) lakk
manger ['meindʒə] *n.* sõim
manhood ['mænhud] *n.* mehisus
mania ['meiniə] *n.* maania
manicure ['mænikjuə] *n.* mani-
küür
manifest ['mænifest] *adj.* ilm-
ne, silmanähtav; *v.* ilmutama;

~**ation** *n.* manifestatsioon; ilmu-
tus; ~**o** *n.* manifest
man|kind [mæn'kaind] *n.* inim-
kond; ~**ly** *adj.* mehine
mannequin ['mænikin] *n.* manne-
keen
manner ['mænə] *n.* maneer; mee-
tod, stiil, käitumisviis; *pl.* kom-
bed, harjumused
manoeuvre [mə'nuːvə] *n.* manöö-
ver; *v.* manööverdama
manor ['mænə] *n.* mõis
manpower ['mænpauə] *n.* inim-
jõud
mansion ['mænʃən] *n.* suur maja;
härrastemaja
mantle [mæntl] *n.* mantel; (*fig.*)
kate; ümbris
manual ['mænjuəl] *n.* juhtimine;
õpik; *adj.* käsi-, käe; (*work*) füüsi-
line
manufacture [mænju'fæktʃə] *n.*
töötlemine; tootmine; *v.* tootma;
~**r** *n.* vabrikant
manure [mə'njuə] *n.* väetis; *v.* väe-
tama
manuscript ['mænjuskript] *n.* kä-
sikiri
many ['meni] *adj.* palju, paljud;
how ~? kui palju? mitu?
map [mæp] *n.* kaart; (*town*) plaan;
v. kaardistama; planeerima
maple [meipl] *n.* vaher
mar [mɑː] *v.* rikkuma
marble [mɑːbl] *n.* marmor; *adj.*
marmor-
march [mɑːtʃ] *n.* marss; *v.* marssi-
ma
March [mɑːtʃ] *n.* märts
mare [mɛə] *n.* mära

89

margin ['mɑdʒin] n. (edge) serv, äär; ~ of safety (tech.) tugevus-varu

mari|ne [mə'rïn] adj. mere-; n. laevastik; merejalaväelane; ~ner n. meremees; ~time adj. mere-; (town) mereäärne

mark [mɑk] n. märk; tunnusmärk; (school) hinne; (target) siht; v. märkima; tähistama; ~ed adj. märgatav, silmatorkav

market ['mɑkit] n. turg

marmalade ['mɑməleid] n. marmelaad; apelsinikeedis

marr|iage ['mæridʒ] n. abielu; (ceremony) pulm; ~ied adj. abielus; ~y v. abielluma

march [mɑtʃ] n. soo

marshal ['mɑʃəl] n. (mil.) marssal

marten ['mɑtin] n. kärp

martyr ['mɑtə] n. märter, kanna-taja

marvel ['mɑvəl] n. ime; ~lous adj. imestusväärne

masculine ['mɑskjulin] adj. mees-soost

mash [mæʃ] n. (cul.) püree, sulp; ~ed potatoes n. kartulipuder; v. puruks pigistama; pudrustama

mask [mɑsk] n. mask; v. maskeeri-ma

mason [meisn] n. müürsepp; massoon

masquerade [mæskə'reid] n. mas-keraad

mass [mæs] n. mass; hulk; adj. massiline; v. koguma

massacre ['mæsəkə] n. massiline tapmine; veresaun

massage ['mæsɑʒ] n. massaaž; v. masseerima

massive ['mæsiv] adj. massiivne; tihke

mast [mɑst] n. mast

master ['mɑstə] n. (expert) meis-ter; (owner, ruler) peremees; (teacher) õpetaja; ~ly adj. meis-terlik adv. meisterlikult; ~ship, ~y n. meisterlikkus

mat [mæt] n. põrandamatt

match [mætʃ] n. partii; abielupar-tii; võistlus; (sport) matä; tule-tikk; ~maker n. kosjasobitaja

mate [meit] n. (fellow) kaaslane; (zo.) isasloom; emasloom; (mar.) kapteni abi

material [mə'tiəriəl] n. materjal; aine; (textile) riie; adj. materiaal-ne; (essential) oluline

mathematics [mæθi'mætiks] n. matemaatika

matrimony ['mætriməni] n. abielu

matter ['mætə] n. (substance) aine; (affair) asi; v. oluline olema; at a ~ of fact õigupoolest; what is the ~? milles asi?

mattress ['mætris] n. madrats

matur|e [mə'tjuə] adj. (fruit, age) küps; (plan) valminud; v. küpse-ma; ~ity n. küpsus

mausoleum [mɑsə'liəm] n. mauso-leum

maximum ['mæksiməm] n. maksi-mum; adj. maksimaalne

may [mei] v. tohin, võin; ~ I ask...? kas ma tohin küsida...? he ~ have said so võib-olla ta ütles nii

May [mei] n. mai

maybe ['meibi] adv. võib-olla

mayor [mɛə] n. meer, linnapea

maze [meiz] n. labürint

me [miː] pron. mind; mulle (see I)

meal [miːl] n. söök; jahu

mean [miːn] adj. (average) keskmine; alatu; väiklane; n. kesktee; keskmine arv; v. (signify) tähendama; (imply) arvama; (intend) kavatsema; ~ing n. tähendus, mõte; ~ingless adj. mõttetu

means [miːnz] n. abinõu; jõukus; rikkus; by ~ of abil

meant for [miːnt fx] mõeldud (kellegi) jaoks

mean|time, ~while [miːn'taim, ~wail] adv. samal ajal; vahepeal

measles ['miːzlz] n. pl. leetrid

measure ['meʒə] n. (tailor's) mõõt; (fig.) määr; v. mõõtma; mõõtu võtma; ~ment n. (action) mõõtmine; pl. (size) mõõtmed

meat [miːt] n. liha

mechanic [mi'kænik] n. mehhaanik; ~al adj. mehhaaniline; ~s n. mehhaanika

medal [medl] n. medal

meddle [medl] v. (end vahele) segama

mediat|e ['miːdieit] v. vahetalitajaks olema; sobitama; ~ion n. sobitamine; ~or n. sobitaja; vahetalitaja

medical ['medikəl] adj. meditsiiniline; (doctor's) arstiteaduslik; ~ officer n. sõjaväearst; ~ student n. meditsiiniüliõpilane

medicine ['medsin] n. meditsiin; (drug) ravim

medieval [medi'iːvəl] keskaegne

meditat|e ['mediteit] v. mõtisklema; mediteerima; ~ion n. mõtisklus

Mediterranean [meditə'reinjən] adj. Vahemere-

medium ['miːdiəm] n. (means) vahend; (phys.) keskkond; adj. keskmine

meek [miːk] adj. vagur; leebe; ~ness n. vagurus; leebus

meet [miːt] v. kohtama; kohtuma; (wishes) rahuldama; ~ing n. (gathering) koosolek; miiting; kohtumine

melancholy ['melənkəli] n. kurvameelsus; adj. nukker; kurb

melody ['melədi] n. meloodia

melon ['melən] n. melon

melt [melt] v. (metal) sulatama; (snow) sulama; lahustama; lahustuma

member ['membə] n. liige; ~ship n. liikmeksolemine; liikmeskond

membrane ['membrein] n. membraan

memor|able ['memərəbl] adj. mälestusväärne; ~ial n. mälestussammas; ~ize v. mälestust jäädvustama; pähe õppima; ~y n. mälu

menace ['menəs] n. ähvardus; v. ähvardama

mend [mend] v. parandama; paranema

ment|al ['mentl] adj. vaimne; (disease) hingeline; ~ion v. mainima; n. mainimine, vihje

menu ['menjuː] n. menüü

merchan|dise ['mɑːtʃəndaiz] n. kaup; ~t n. kaupmees

merci|ful ['mɑːsiful] *adj.* armuline; ~less *adj.* halastamatu

mercury ['mɑːkjuri] *n.* elavhõbe

mercy ['mɑːsi] *n.* halastus; (*quarters*) arm

mere [miə] *adj.* ilmne; ei miski muu kui ...; ~ly *adv.* (*only*) ainult, üksnes

merge [mɑːdʒ] *v.* liitma; liituma; ~r *n.* liitmine, ühendamine

merit ['merit] *n.* teene; *v.* väärima

merr|iment ['merimənt] *n.* lõbustus; ~y *adj.* lõbus; ~y-go-round *n.* karussell

mesh [meʃ] *n.* silmus; võrk

mess [mes] *n.* segadus; (*mil.*) ühislaud; ühissöök

mess|age ['mesidʒ] *n.* läkitus; (*information*) sõnum; ~enger *n.* käskjalg; sõnumiviija, -tooja

metal [metl] *n.* metall; (*road*) kivikillustik; ~lic *adj.* metalliline; metall-

meteor ['miːtiə] *n.* meteoor

meter ['miːtə] *n.* mõõtja; mõõduriist; water~ *n.* veemõõtja

method ['meθəd] *n.* meetod

metre ['miːtə] *n.* meeter

metropoli|s [mi'trɔpəlis] *n.* pealinn; ~tan *adj.* pealinna-

mew [mjuː] *v.* näuguma; *n.* näugumine

Mexican ['meksikən] *adj.* mehhiko; *n.* mehhiklane

micro|phone ['maikrəfoun] *n.* mikrofon; ~scope *n.* mikroskoop

midday ['middei] *n.* keskpäev

middle [midl] *adj.* keskmine; kesk-; *n.* keskpaik; ~aged *adj.* keskealine; M~ Ages *n.* keskaeg

midge [midʒ] *n.* kihulane

mid|night ['midnait] *n.* kesköö; ~wife *n.* ämmaemand

might *see* may [mait] *n.* võimsus; vägevus; ~y *adj.* vägev, võimukas

migrat|e [mai'greit] *v.* rändama; migreerima; ~ion *n.* rändamine; migratsioon

mild [maild] *adj.* (*weather, temper*) pehme; (*cigar*) mahe; mõõdukas

mile [mail] *n.* miil

milit|ant ['militənt] *adj.* võitlev, sõdiv; ~ary *adj.* sõjaväeline; *n. pl.* sõjaväelased; ~ia *n.* miilits; maakaitsevägi

milk [milk] *n.* piim; *adj.* piima-; *v.* lüpsma; ~maid *n.* lüpsja; the M~y Way Linnutee

mill [mil] *n.* veski; (*factory*) vabrik; *v.* jahvatama; (*tech.*) freesima; ~er *n.* mölder

millet ['milit] *n.* hirss

million ['miljən] *num.* miljon; ~aire *n.* miljonär

millstone ['milstoun] *n.* veskikivi

mimic ['mimik] *v.* jäljendama; järele aimama; ~ry *n.* imiteering; järeletegemine; (*zo.*) mimikri

mince [mins] *v.* tükeldama, peeneks hakkima; *n.* hakkliha; (*walking*) eputavalt kõndima

mind [maind] *n.* mõistus; (*opinion*) arvamus; change one's ~ *v.* ümber mõtlema; keep in mind *v.* meeles pidama; never ~! pole viga! pole tähtis! I don't ~ ma ei ole selle vastu; mul pole midagi selle vastu; ~ful *adj.* hoolas

mine [main] *pron.* minu oma; *n.*
šaht; (*mil.*) miin; *v.* (*coal*) kae-
vandama; mineerima; ~r *n.* kae-
vur; minöör; ~ral *n.* mineraal;
adj. mineraalne

mini|ature ['minjətʃə] *n.* minia-
tuur; *adj.* miniatuurne; ~mum
n. miinimum

minist|er ['ministə] *n.* minister;
(*envoy*) saadik; (*eccl.*) preester;
~ry *n.* ministeerium

mink [miŋk] *n.* naarits

minor ['mainə] *adj.* väiksem; vä-
hemtähtis; *n.* (*under age*) alaea-
line; ~ity *n.* vähemus

mint [mint] *n.* rahapada; *v.* münti-
ma

minus ['mainəs] *n.* miinus

minute ['minit] *n.* minut; record
the ~s *v.* protokollima; *adj.*
(*detailed*) üksikasjaline; (*tiny*) pi-
sitilluke, pisike

mirac|le ['mirəkl] *n.* ime; ~ulous
adj. imestusväärne; imepärane

mire ['maiə] *n.* (*mud*) pori; (*slush*)
muda

mirror ['mirə] *n.* peegel

mirth [mɛθ] *n.* rõõm; lõbusus

mischie|f ['mistʃif] *n.* naljatemp;
koerus; pahategu; ~vous *adj.*
üleannetu; (*naughty*) vallatu

miser ['maizə] *n.* ihnur; ihnuskoi

miser|able ['mizərəbl] *adj.* õnnetu
(*object*) haletsusväärne; (*squalid*)
vilets; (*nasty*) halb; ~y *n.* õnne-
tus; (*poverty*) viletsus

mis|fortune [mis'fɔːtʃən] *n.* õnne-
tus; häda; ~giving *n.* paha ai-
mus; ~hap *n.* ebaõnn; ~lead

v. eksiteele viima; ~placed *adj.*
ebasobiv

miss [mis] *n.* miss, preili;
v. (*opportunity*) mööda laskma;
mitte tabama; (*mother, friends*)
puuduolekut tundma; (*lecture*)
puuduma; ~ing *n.* mittetabami-
ne; ~ the mark *v.* märgist möö-
da laskma; ~ the train rongist
maha jääma

missile : guided ~ ['gaidid 'misail]
n. reaktiivmürsk; juhitav rakett

missing ['misiŋ] *adj.* puuduv; tead-
mata kadunud

mission ['miʃən] *n.* missioon; (*task*)
ülesanne; ~ary *n.* misjonär

mist [mist] *n.* udu; (*haze*) ähmasus;
v. uduvihma sadama

mistake [mis'teik] *n.* viga; be ~n
v. eksima

Mister ['mistə] *n.* mister, härra

mistletoe ['misltou] *n.* (*plant*)
puuvõõrik

mistress ['mistris] *n.* (*house*) pere-
naine; (*school*) naisõpetaja; mis-
sis, proua

mistrust [mis'trʌst] *n.* umbusal-
dus; *v.* umbusaldama

misty ['misti] *adj.* udune

misunderstand ['misʌndə'stænd]
v. valesti aru saama; ~ing *n.* aru-
saamatus

misuse [mis'juːz] *v.* kuritarvitama;
n. kuritarvitus

mitten [mitn] *n.* labakinnas

mix [miks] *v.* (*kokku*) segama; se-
gunema; ~ up *v.* segi ajama;
~ture *n.* segu

moan [moun] *n.* oie; *v.* oigama

moat [mout] *n.* vallikraav

mob [mɔb] n. rahvahulk; rahvako-
gunemine; lihtrahvas

mobi|le ['moubail] adj. mobiilne;
liikuv; ~ity n. mobiilsus; liikuvus

mock [mɔk] v. välja naerma; pilka-
ma; ~ery n. pilge; mõnitus

mode [moud] n. viis; (fashion)
mood

model ['mɔdel] n. modell; (fig.)
mudel; adj. eeskujulik; n. manne-
keen; v. modelleerima

moderat|e ['mɔdəreit] adj. mõõ-
dukas; keskpärane; v. mõõdukaks
tegema; ~ion n. mõõdukus

modern ['mɔdən] n. nüüdisaeg-
ne; (language) uudne, moodne

modest ['mɔdist] adj. tagasihoid-
lik; n. tagasihoidlikkus

modif|ication [mɔdifi'keiʃən] n.
erikuju; modifikatsioon; ~y v.
modifitseerima, muutma

Mohammedan [mou'hæmidən] n.
muhame(e)dlane; adj. muhamedi

moist [mɔist] adj. niiske; ~ure n.
niiskus

mole [moul] n. (zo.) mutt; (break-
water) kaitsetamm, muul

moment ['moumənt] n. moment;
hetk; ~ary adj. silmapilkne, het-
keline; ~ous adj. ülitähtis, kaa-
lukas

monarch ['mɔnək] n. monarh; ~y
n. monarhia

monastery ['mɔnəstri] n. klooster

Monday ['mʌndi] n. esmaspäev

money ['mʌni] n. raha; ~ order n.
rahakaart; postimaksutäht

Mongol ['mɔŋgɔl] n. mongol; mon-
goli keel; adj. mongoli

monk [mʌŋk] n. munk

monkey ['mʌŋki] n. ahv

mono|gram ['mɔnəgræm] n. mo-
nogramm; ~poly n. monopol;
~tonous adj. monotoonne, ühe-
tooniline; ~tony n. monotoonsus

monst|er ['mɔnstə] n. monstrum;
koletis; ~rous adj. kole

month [mʌnθ] n. kuu; ~ly adj. iga-
kuune

monument ['mɔnjumənt] n. monu-
ment; ausammas; ~al adj. monu-
mentaalne

mood [muːd] n. tuju; (gr.) moodus;
kõneviis

moon [muːn] n. kuu; ~light n.
kuuvalgus

moor [muə] n. (geogr.) raba,
nõmm; v. ankrut heitma; ~ings
n. ankurduskoht

moose [muːs] n. (zo.) põder

mop [mɔp] n. narmashari; põ-
randalapp; v. (sweat) pühkima;
(floor) (põrandat) pesema

moral ['mɔrəl] adj. moraalne; kõl-
beline; n. moraal; ~e n. moraal;
kõlbeline seisukord; ~s n. eetika

morbid ['mɔːbid] adj. haiglane

more [mɔː] adj. rohkem, enam, veel;
~ complicated veel keerukam;
~ or less enam-vähem; once ~
veel kord; ~ over adv. peale selle

morning ['mɔːniŋ] n. hommik; adj.
hommikune

morsel ['mɔːsəl] n. tükike

mortal [mɔːtl] adj. surelik; (wound,
enemy) surmav; ~ity n. surelik-
kus; suremus

mortar ['mɔːtə] n. (kitchen) müü-
ser, uhmer; mört; (mil.) mortiir;
trench ~ n. miinipilduja

mortgage ['mɔːgidʒ] n. kinnisvara pantimine; hüpoteek; v. kinnisvara pantima

mortify ['mɔːtifai] v. alandama, solvama; (flesh) (liha) suretama

mosque [mɔsk] n. mošee

mosquito [məs'kiːtou] n. (tropical) moskiito; sääsk

moss [mɔs] n. sammal; ~y adj. samblaga kaetud

most [moust] adj. kõige rohkem, kõige enam; the ~ complicated kõige keerulisem; a ~ complicated väga või üsna keerukas; three at ~ kõige rohkem kolm; ~ly adv. enamasti, suuremalt osalt

moth [mɔθ] n. ööliblikas; koi; clothes-~ n. riidekoi

mother ['mʌðə] n. ema; ~ of pearl n. pärlmutter; ~-in-law n. (husband's mother) ämm; ~ly adj. emalik

motif [mo(u)'tiːf] n. viis; põhimõte; juhtmõte

motion ['mouʃən] n. liikumine; (parl.) ettepanek; ~less adj. liikumatu

motive ['moutiv] n. motiiv; põhjus; ~power liikumapanev jõud

motley ['mɔtli] adj. kirev

motor ['moutə] n. mootor; adj. motoorne; ~car n. auto; ~cycle n. mootorratas; ~ist n. autosõitja

mottled [mɔtld] adj. kirju; täpiline

motto ['mɔtou] n. deviis

mould [mould] n. (biol.) hallitus; valamisvorm; v. hallitama; vormima; ~er n. vormija

mound [maund] n. küngas; grave ~ n. hauaküngas

mount [maunt] n. (horse) ratsahobune; v. kerkima; hobuse selga istuma; (tech.) monteerima

mountain ['mauntin] n. mägi; ~eer n. alpinist; (dweller) mägilane; ~ous adj. mägine

mourn [mɔːn] v. leinama (over); kurvastama; (wear black) leinariideid kandma; ~ful adj. kurblik; ~ing n. lein

mouse [maus] n. hiir; ~trap n. hiirelõks

moustache [məs'tɑːʃ] n. pl. vurr(ud), vunts(id)

mouth [mauθ] n. suu; (geogr.) jõesuue; ~piece n. (mus.) huulik; (fig.) kõnetoru

mov|e [muːv] v. liikuma; (affect) liigutama; (change abode) kolima; n. liigutus; (games) käik; ~ement n. liikumine; ~ing adj. liikuv; liigutav

mow [mou] v. niitma; ~er niitja; (machine) niidumasin

much [mʌtʃ] adj. palju; very ~ adv. väga palju; how ~? kui palju?

mud [mʌd] n. pori; (slime) muda; ~dle v. (mix up) segama; n. segadus, korratus; ~dy adj. porine, mudane

muffle [mʌfl] v. mähkima; (sound) summutama

mug [mʌg] n. kruus

mulberry ['mʌlbəri] n. mooruspuu mari; mooruspuu

mule [mjuːl] n. muul

multi|ple ['mʌltipl] *adj.* mitme-
kordne; arvukas; ~plication *n.*
korrutamine; ~ply *v.* korrutama;
paljundama; paljunema; ~tude
n. rohkus
mumble [mʌmbl] *v.* pobisema
mummy ['mʌmi] *n.* muumia
municipal [mju'nisipəl] *adj.* mu-
nitsipaalne, linna-
munition [mju'niʃən] *n.* sõjamoon;
~ factory *n.* sõjatehas
murder ['mədə] *n.* mõrv; *v.* mõr-
vama; ~er *n.* mõrvar; ~ous *adj.*
surmav
murmur ['məmə] *v.* (*stream*) vuli-
sema; (*wood*) kohisema; (*whisper*)
sosistama; *n.* vulin; kohin; sosin
musc|le [mʌsl] *n.* muskel, lihas;
~ular *adj.* muskliline
muse [mjuz] *v.* mõtisklema; süga-
valt järele mõtlema
museum [mju'ziəm] *n.* muuseum
mushroom ['mʌʃrum] *n.* seen
music ['mjuzik] *n.* muusika; *pl.*
(*score*) noodid; ~al *adj.* muusi-
kaline; ~ian *n.* muusik(ant); he-
lilooja
musk [mʌsk] *n.* muskus
must [mʌst] : I ~ *v.* ma pean; I ~
have forgotten ma olen arvata-
vasti unustanud
mustard ['mʌstəd] *n.* sinep
mute [mjut] *adj.* (*dumb*) tumm;
(*silent*) sõnatu; hääletu; *n.* (*mus.*)
sordiin
mutilate ['mjutileit] *v.* moonuta-
ma; vigastama; sandistama
mutiny ['mjutini] *n.* ülestõus;
mäss

mutter ['mʌtə] *v.* sumisema; pomi-
sema; *n.* sumin; pomin
mutton [mʌtn] *n.* lambaliha; *adj.*
lamba-
mutual ['mjutjuəl] *adj.* vastastiku-
ne; ~ aid *n.* vastastikune abi
muzzle [mʌzl] (*zo.*) (looma)
suu; (*instrument*) suukorv; (*mil.*)
(tulirelva) suue
my [mai] *pron.* minu, mu, minu
oma
myrtle [mətl] *n.* mirt
myself [mai'self] *pron.* mina ise;
mind ennast; end
myst|erious [mis'tiəriəs] *adj.* sa-
lapärane; ~ery *n.* salapärasus;
~ify *v.* müstifitseerima
myth [miθ] *n.* müüt; ~ology *n.*
mütoloogia

N

nag [næg] *v.* norima (at)
nail [neil] *n.* nael (*anat.*) küüs; *v.*
naelutama (on, up, down)
naked ['neikid] *adj.* paljas, alasti;
~ness *n.* paljasolek
name [neim] *n.* nimi; Christian ~
eesnimi; sur~ perekonnanimi; *v.*
(*call*) nimetama; määrama; by ~
nime järgi; in the ~ of smb. kel-
legi nimel; ~less *n.* nimetu; ~ly
adv. nimelt
nap [næp] *n.* lühike uinak; take a
~ uinakut tegema
napkin ['næpkin] *n.* salvrätik; suu-
rätik; mähe
narcissus [nɑ'sisəs] *n.* nartsiss

narcotic [nɑː'kɔtic] *n.* narkooti-kum; *adj.* narkootiline

narrative ['nærətiv] *adj.* jutustav; *n.* jutt

narrow ['nærou] *adj.* kitsas; ~**ness** *n.* kitsus

nasal ['neizəl] *adj.* nina-; (*voice*) nasaalne; *n.* ninahäälik

nasty ['nɑːsti] *adj.* pahur; halb

nation ['neiʃən] *n.* rahvus; ~**al** *adj.* rahvuslik, natsionaalne; (*debt, anthem*) riiklik; ~**ality** *n.* rahvuslik kuuluvus; (*citizenship*) kodakonsus

native ['neitiv] *adj.* sünnipärane; kodumaine; *n.* pärismaalane

natur|al ['nætʃərəl] *adj.* loomulik; (*resources*) looduslik; ~**alist** *n.* looduseuurija; ~**e** *n.* loodus; natuur; loomus; (*quality*) karakter, tüüp

naught|iness ['nɔːtinis] *n.* üleannetus; ~**y** *adj.* üleannetu; **be** ~**y** *v.* jonnima; üleannetu olema

nausea ['nɔːsiə] *n.* jälkus; merehaigus; iiveldus; ~**te** *v.* iiveldust tekitama

nautical ['nɔːtikəl] *adj.* laevanduse-; (*school*) mere-

naval ['neivəl] *adj.* mere-; mereväe-, laevastiku-

naviga|ble ['nævigəbl] *adj.* laevatav; ~**te** *v.* laevaga sõitma; (*steer*) laeva või lennukit juhtima; ~**tion** *n.* (*steering*) navigatsioon; laevandus; laevasõit; ~**tor** *n.* navigaator; meresõitja

navy ['neivi] *n.* meresõjalaevastik; merevägi

near [niə] *adv.* ligidal, lähedal, juures; *prep.* (kellegi, millegi) ligidal, lähedal; juures; ligidale, lähedale, juurde; ~**by** *adj.* lähedalasuv; ~**ly** *adv.* peaaegu; ~**sighted** *adj.* lühinägelik

neat [niːt] *adj.* korralik; puhas; ~**ness** *n.* korralikkus

necess|ary ['nesisəri] *adj.* vajalik, hädavajalik; ~**ity** *n.* hädavajalik-kus

neck [nek] *n.* kael; ~**lace** *n.* kaelakee; ~**tie** *n.* lips

need [niːd] *n.* vajadus; (*necessity*) tarve; puudus; **you** ~ **not** (**have**) **come** teil pole (polnud) tarvis tulla

needle [niːdl] *n.* nõel

need|less ['niːdlis] *adj.* tarbetu; ~**y** *adj.* abivajav; vaene

negative ['negətiv] *adj.* negatiivne; eitav

negl|ect [ni'glekt] *v.* hooletusse jätma; *n.* (*state*) hooletussejätmine; (*action*) tähelepanematus; ~**igence** *n.* hooletus; ~**igent** *adj.* hooletu

negotiat|e [ni'gouʃieit] *n.* läbi rääkima; ~**ions** *n.* läbirääkimine

negro ['niːgrou] *n.* neeger; *adj.* neegri-

neigh [nei] *v.* hirnuma; *n.* hirnumine

neighbour ['neibə] *n.* naaber; ~**hood** *n.* naabrus; ~**ing** *adj.* naabri-

neither ['naiðə] *adj.* ei kumbki; *conj.* ei ka, ega; ~... **nor** ... ei ... ega ...; **I saw** ~ **him nor his**

wife ma ei näinud ei teda ega te-
ma naist; ~ of us keegi meist
nephew ['nevju:] *n.* vennapoeg; õe-
poeg
nerv|e [nɜv] *n.* närv; ~ous *adj.*
(*irritable*) närviline; ~ousness
n. närvilisus
nest [nest] *n.* pesa; *v.* pesa ehitama
net [net] *n.* (*fish, hair, tennis*) võrk;
adj. neto-, puhas-; ~weight *n.*
netokaal; puhaskaal
nettle [netl] *n.* nõges
network ['netwɜk] *n.* võrgustik;
translatsioonivõrk
neuter ['nju:tə] *adj.* (*gr.*) kesk-
soost; *n.* kesksugu; (*biol.*) sugutu
neutral ['nju:trəl] *adj.* erapoole-
tu; ~ity *n.* neutraliteet; ~ize *v.*
neutraliseerima
never ['nevə] *adv.* ei iialgi; ~the-
less *adv.* sellele vaatamata, siiski
new [nju:] *adj.* uus; ~born *adj.*
vastsündinud; ~ly *adv.* hiljuti
news [nju:z] *n.* uudis; (*information*)
teade; ~paper *n.* ajaleht; ~reel
n. kinokroonika
next [nekst] *adj.* järgmine; (*nea-
rest*) lähim; *adv.* järgnevalt; *prep.*
(*kellegi, millegi*) kõrval, kõrvale,
lähedal, lähedale; ~-door *adj.*
otseses naabruses asuv; ~ year
järgmisel aastal; ~ of kin lähe-
dased sugulased
nice [nais] *adj.* (*fine*) kena; (*sweet*)
armas, meeldiv; (*subtle*) peen;
~ty *n.* täpsus, peenus
niche [nitʃ] *n.* nišš
nickel [nikl] *n.* nikkel; *v.* nikeldama
nickname ['nikneim] *n.* hüüdnimi
niece [ni:s] *n.* vennatütar; õetütar

night [nait] *n.* öö; **good** ~! head
ööd! **last** ~ eile õhtul; ~ingale
n. ööbik; ~ly *adj.* öine; igaöine;
öhtune; *adv.* igal öösel (õhtul);
~mare *n.* luupainaja
nimble [nimbl] *adj.* kiire, nobe; tai-
bukas
nine [nain] *num.* üheksa; ~teen
üheksateist; ~teenth üheksa-
teistkümnes; ~tieth üheksaküm-
nes; ~ty üheksakümmend
ninth [nainθ] *num.* üheksas
nip [nip] *v.* näpistama; *n.* näpistus;
~ in the bud algastmel lämma-
tama (pidurdama)
nitrogen ['naitrədʒən] *n.* lämmas-
tik
no [nou] *adv.* ei, mitte; *pron.* mitte
ükski, mitte mingi; *n.* eitus; keel-
dumine; **there is** ~ **doubt** ei ole
mingit kahtlust
nob|ility [nou'biliti] *n.* aadlisei-
sus; suuremeelsus; ~le *adj.* suu-
remeelne; ~leman *n.* aadlik
nobody ['noubədi] *pron.* ei keegi
nocturnal [nɔk'tɜnl] *adj.* öine
nod [nɔd] *v.* noogutama; *n.* noogu-
tus
nois|e [nɔiz] *n.* kära; lärm; **make a**
~ *v.* lärmama; ~y *adv.* lärmakalt
nomad ['nɔməd] *n.* nomaad; rän-
dur; ~ic *adj.* rändav
nomina|l ['nɔminəl] *adj.* nominaal-
ne; (*roll*) nimeline; ~te *v.* (*pol.*)
kandidaati esitama; (*appoint*)
määrama, nimetama; ~tion *n.*
esitamine; määramine, nimetami-
ne
nondescript ['nɔndiskript] *adj.*
ebamäärane; raskesti kirjeldatav

none [nʌn] *pron.* ei keegi; ei midagi; *adv.* mitte sugugi

nonsense ['nɔnsəns] *n.* mõttetus; rumalus, lollus

non-stop ['nɔn'stɔp] *adj.* peatuseta; (*av.*) vahemaandumiseta

nook [nuk] *n.* mugav nurgake

noon [nuːn] *n.* keskpäev, lõuna

noose [nuːs] *n.* silmus; püünis

nor [nɔː] *conj.* ega, ei ka, ka mitte; neither ... ~... ei ... ega ...

norm [nɔːm] *n.* norm; ~al *adj.* normaalne

north [nɔːθ] *n.* põhi; *adj.* põhjapoolne; ~ of (*millestki*) põhja pool; ~-east *n.* kirre; *adj.* kirdepoolne; kirde-; ~ern *adj.* põhjapoolne; ~ward(s) põhja poole; ~west *n.* loe; *adj.* loodepoolne, loode-

Norwegian [nɔː'wiːdʒən] *adj.* norra; *n.* norralane; norra keel

nose [nous] *n.* nina; (*flair*) haistmismeel; *v.* haistma; nuhkima; ~dive *v.* pikeerima

nostril ['nɔstril] *n.* ninasõõre

not [nɔt] *adv.* ei, mitte; he is ~ at home teda ei ole kodus

nota|ble ['noutəbl] *adj.* tähelepanuväärne; simapaistev inimene; ~ry *n.* notar; ~tion *n.* ülesmärkimine; märgisüsteem

notch [nɔtʃ] *n.* sälk; *v.* sälgustama

note [nout] *n.* märge, märkus; (*pol.*, *mus.*) noot; *v.* üles märkima; (*notice*) märkama; ~book *n.* märkmik; ~d *adj.* tuntud, kuulus; ~worthy *adj.* tähelepanuväärne

nothing ['nʌðiŋ] *pron.* ei midagi, mitte midagi; for ~ asjata, tasuta; with ~ mitte millegagi

notice ['noutis] *v.* tähele panema; *n.* (*poster*) teadaanne; (*attention*) tähelepanu; (*to quit*) hoiatus; ~able *adj.* märgatav

notify ['noutifai] *v.* kuulutama

notion ['nouʃən] *n.* mõiste

notorious [nou'tɔːriəs] *adj.* tuntud (*halvas tähenduses*)

notwithstanding [nɔtwiθ'stændiŋ] *prep.* millelegi vaatamata; *adv.* siiski

nought [nɔːt] *n.* null; bring to ~ hävitama; come to ~ hävima

noun [naun] *n.* nimisõna

nourish ['nʌriʃ] *v.* toitma; ~ment *n.* toitmine; toit

novel ['nɔvəl] *adj.* uus; ebatavaline; *n.* romaan; ~ist *n.* romaanikirjanik; ~ty *n.* uudsus; uudis

November [nou'vembə] *n.* november; *adj.* novembri-

novice ['nɔvis] *n.* algaja

now [nau] *adv.* nüüd, praegu; just ~ just praegu; äsja; up to ~ senini; seniajani; ~adays *adv.* praegusel ajal, tänapäeval

nowhere ['nouweə] *adv.* mitte kusagil; mitte kuhugi

nozzle ['nɔzl] *n.* (*tech.*) tila; nokk; väljalaskeava

nucle|ar ['njuːkliə] *adj.* tuuma-, aatomi-; ~us *n.* tuum

nude [njuːd] *adj.* alasti, paljas

nuisance ['njuːsns] *n.* nuhtlus; (*person*) tüütu inimene

null [nʌl] *adj.* maksvusetu; ~ity *v.* tühistama

numb [nʌm] *adj.* tuim, kangestu-
nud
number ['nʌmbə] *n.* arv, num-
ber; *v.* nummerdama; arvestama,
loendama; ~ **among** (*millegi,
kellegi*) hulka lugema; ~**less** *adj.*
loendamatu, lugematu
numer|al ['njuːmərəl] *n.* (*gr.*) arv-
sõna; ~**ous** *adj.* rohkearvuline
nun [nʌn] *n.* nunn
nurse [nəːs] *n.* (*med.*) meditsiini-
õde; põetaja; *v.* (*patient*) põe-
tama; (*child*) hoidma; imetama;
wet-~ *n.* imetaja; ~**ry** *n.* laste-
tuba; **day** ~**ry** *n.* sõim
nut [nʌt] *n.* (*bot.*) pähkel; mut-
ter; ~**cracker** *n. pl.* pähklitan-
gid; (*zo.*) pähklimänsak; ~**meg**
n. muskaatpähkel
nutrition [njuːˈtriʃən] *n.* toit; toit-
mine
nutshell ['nʌtʃel] *n.* pähklikoor
nylon ['nailən] *n.* nailon; *pl.* nailon-
sukad
nymph [nimf] *n.* nümf

O

oak [ouk] *n.* tamm; *adj.* tamme-
oar [ɔ] *n.* aer
oasis [ou'eisis] *n.* oaas, kõrbesaar
oath [ouθ] *n.* vanne, vandetõotus
oatmeal ['outmiːl] *n.* kaerajahu;
kaerapuder
oats [outs] *n.* kaer
obedien|ce [ə'biːdjəns] *n.* sõnakuu-
lelikkus, kuulekus; ~**t** *adj.* sõna-
kuulelik

obey [ə'bei] *v.* sõna kuulama; alis-
tuma
object ['ɔbdʒikt] *n.* objekt; ese;
(*aim*) eesmärk; (*gr.*) sihitis; *v.*
vastu väitma; ~**ion** *n.* vastuväi-
de; ~**ive** eesmärk; (*photo*) objek-
tiiv; *adj.* objektiivne
oblig|ation [ɔbliˈgeiʃən] *n.* kohus-
tus; ~**atory** *adj.* kohustuslik; ~**e**
v. kohustama; ~**ing** *adj.* teenis-
tusvalmis
oblique [ə'bliːk] *adj.* viltune; (*gr.*)
kaudne kõneviis
oblivion [ə'bliviən] *n.* unustus
oblong ['ɔblɔŋ] *adj.* pikergune
obscen|e [ɔb'siːn] *adj.* rõve, häbitu;
~**ity** *n.* rõvedus, häbitus
obscur|e [ob'skjuə] *adj.* pime;
(*unknown*) tundmatu; *v.* pimen-
dama; ~**ity** *n.* pimedus; tundma-
tus
observ|ance [əb'zævəns] *n.* kin-
nipidamine; ~**ation** *n.* vaatlus;
(*gift*) tähelepanelikkus; (*remark*)
märkus; ~**atory** *n.* observatoo-
rium; ~**e** *v.* vaatlema; (*law, cus-
tom, rite*) kinni pidama; märka-
ma; ~**er** *n.* vaatleja
obsolete ['ɔbsəlit] *adj.* vananenud
obstacle ['ɔbstəkl] *n.* takistus
obstina|cy ['ɔbstinəsi] *n.* kange-
kaelsus; ~**te** *adj.* kangekaelne
obtain [əb'tein] *v.* saama; kätte
saama
obvious ['ɔbviəs] *adj.* ilmne, selge
occasion [ə'keiʒən] *n.* (soodne) ju-
hus; (*cause*) põhjus; võimalus; *v.*
põhjustama; **festive** ~ *n.* pidu;
~**al** *adj.* juhuslik; *adv.* harva

occup|ation [ɔkju'peiʃən] *n.* tegevus(ala); elukutse; (*mil.*) okupatsioon; **~y** *v.* okupeerima

occur [ə'kə:] *v.* juhtuma, toimuma; **it ~red to him, that ...** talle tuli pähe, et ...; **~rence** *n.* juhtum, sündmus

ocean ['ouʃən] *n.* ookean

October [ɔk'toubə] *n.* oktoober

odd [od] *adj.* imelik; (*math.*) paaritu; (*left over*) liigne; **forty ~ roubles** nelikümmend rubla millegagi; **~ity** *n.* veidrus; **~s** *n.* ülekaal; **be at ~s** *v.* tülitsema

odious ['oudiəs] *adj.* vihatav, talumatu, vastik

odour ['oudə] *n.* lõhn

of [ɔv, əv] *prep:* **a piece ~ bread** tükike leiba; **the roof ~ the house** maja katus; **one ~ them** üks nendest

off [ɔ(:)f] *adv.* ära, eemale; *prep.* pealt; *adj.* kaugeim; **hands ~!** käed eemale! **I must be ~** ma pean minema; **wash ~** puhtaks pesema

offen|ce [ə'fens] *n.* solvang; (*jur.*) süütegu; **~d** *v.* solvama; **~der** *n.* solvaja; seaduserikkuja

offer ['ɔfə] *v.* pakkuma; *n.* pakkumine

offhand ['ɔfhænd] *adv.* ettevalmistamatult

offic|e ['ɔfis] *n.* kontor; ametikoht; ministeerium; **~e hours** *n.* tööaeg; **~er** *n.* (*mil.*) ohvitser; **~ial** *adj.* ametlik; *n.* ametnik

offspring ['ɔfspriŋ] *n.* võsu; järeltulija

often [ɔfn] *adv.* tihti, sageli

oil [ɔil] *n.* õli; (*petroleum*) nafta; *v.* määrima; õlitama; **~cloth** *n.* vakstu; linoleum; **~-industry** *n.* naftatööstus; **~-paint** *n.* õlivärv; **~y** *adj.* õline; libekeelne

O.K. [ou'kei] hea küll

old [ould] *adj.* vana; **grow ~** *v.* vananema; **~ age** *adj.* vanadus-; **~ man** *or* **woman** vana mees *või* naine

olive ['ɔliv] *n.* oliiv

Olympic games [o'limpik geims] *n.* olümpiamängud

omi|ssion [ə'miʃən] *n.* väljajätmine; (*by neglect*) tegematajätmine; **~t** *v.* vahele jätma

on [ɔn] *prep.* peal, peale; **~ Sunday** pühapäeval; **~ the first of May** esimesel mail; **go ~** *v.* jätkama

once [wʌns] *adv.* üks kord; **~ more** veel kord

one [wan] *num.* üks; **~ another** üksteist; **no ~** ei keegi

oneself [wʌn'self] *pron.* ise; ennast; **by ~** iseseisvalt, omaette

onion ['ʌnjən] *n.* sibul

only ['ounli] *adj.* ainus, ainuke

onset ['ɔnset] *n.* rünnak, kallaletung

onward(s) ['ɔnwəd(z)] *adv.* edasi; ees

ooze [u:z] *v.* immitsema; *n.* vedel pori; immitsus

opaque [ou'peik] *adj.* läbipaistmatu

open ['oupən] *adj.* avatud; (*frank*) avalik; avameelne; **~ing** *n.* avaus; (*action*) avamine

opera ['ɔpərə] *n.* ooper; **~-house** *n.* ooperiteater

operat|e ['ɔpəreit] v. tegutsema;
(comm., mil., med.) opereerima;
töötama; ~ion n. tegevus, toi-
ming; operatsioon.

opinion [ə'pinjən] n. arvamine, ar-
vamus

opium ['oupjəm] n. oopium

opportun|e ['ɔpətjuːn] adj. soodus;
sobiv; ~ity n. soodne võimalus,
paras juhus

oppos|e [ə'pouz] v. vastu olema,
vastu võitlema; ~ite adj. vastas-
olev; n. vastand; prep. (millegi)
vastas, vastu; ~ition n. vastu-
olek; (pol.) opositsioon

oppress [ə'pres] v. rõhuma; suru-
ma; ~ion n. rõhumine, surve;
~ive adj. rõhuv, suruv

optic|al ['ɔptikəl] adj. optiline;
~ian n. optik; ~s n. optika

option ['ɔpʃən] n. valikuõigus; valik

or [x, ə] conj. või, ehk; ~ else või
vastasel korral; või muidu

oral ['xrəl] adj. suuline

orange   ['ɔrindʒ]   n.   apelsin;
(colour) oranž

orator ['ɔrətə] n. oraator

orbit ['xbit] n. orbiit; (anat.) sil-
makoobas

orchard ['xtʃəd] n. viljapuuaed

orchestra ['xkistrə] n. orkester

orchid ['xkid] n. orhidee

ordain [x'dein] v. ette määrama;
(eccl.) vaimulikku ametisse pühit-
sema

ordeal [x'diːl] n. raske katsumus

order ['xdə] n. kord; (command)
käsk; (comm.) tellimus; (decora-
tion, brotherhood) orden; v. käs-
kima; tellima; money ~ n. ra-
haline postiülekanne; in ~ to
(selleks) et; ~ly adj. korralik;
korrapärane

ordin|ance ['xdinəns] n. dekreet,
käsk; ~ary adj. tavaline; (ave-
rage) harilik

ordnance ['xdnəns] n. suurtükivä-
gi

ore [x] n. maak

organ ['xgən] n. organ; elund;
(mus.) orel; ~ic adj. orgaaniline;
~ization n. organisatsioon; ~ise
v. organiseerima

orient ['xriənt] n. idamaa; ~ate v.
orienteerima; orienteeruma

origin ['ɔridʒin] n. päritolu; ~al
adj. esialgne; (text) ehtne; n.
algupärand; ~ate v. tekkima
(from)

ornament ['xnəmənt] n. kaunistus,
ehis; v. kaunistama; ~al adj. de-
koratiivne

orphan ['xfən] n. orb, vaenelaps

orthodox ['xθədɔks] adj. õigeusk-
lik, ortodokse

ostentatious   [ɔsten'teiʃəs]   adj.
hooplev

ostrich ['ɔstritʃ] n. jaanalind

other ['ʌðə] adj. teine, muu; every
~ day ülepäeviti; the ~ day mõ-
ni teine päev; ~wise conj. mui-
du, vastasel korral

otter ['ɔtə] n. saarmas

ought [xt] : you ~ to sa peaksid
(te peaksite) + inf.

ounce [auns] n. unts

our(s) [ˈauə(z)] *pron.* meie, meie oma(d); **~selves** (meie) ise; (meid) ennast, endid

out [aut] *prep. mst* ~ **of** välja, esile; (*millegi*) seest; tõttu; (*millestki*) eemal; **he went ~ of the home** ta läks majast välja; *adv.* väljas; välja; ära; ~ **of turn** väljaspool järjekorda; ~ **with him!** visake ta välja! **the fire is ~** tuli on kustunud; *adj.* väline, välis-

out|side [ˈautsaid] *adj.* väline; äärmine; *n.* väliskülg; *adv.* väljas; *prep.* väljaspool; **~skirts** *n.* äärelinn; **~standing** *adj.* silmapaistev; (*debt*) võlguolev; **~ward** *n.* väline; välispidine

oven [ˈʌvn] *n.* praeahi; (*tech.*) ahi

over [ˈouvə] *prep.* (*millegi*) üle, kohal; *adv.* (*across*) üle; (*more than*) üleliia, liialt; **all** ~ üleni, täiesti; **all** ~ **world** kogu maailmas; **~alls** *n.* tööülikond; **~board** *adv.* üle parda; **~coat** *n.* palitu; **~come** *v.* ületama; **~crowded** *adj.* ületäidetud; **~do** *v.* liialdama; (*meat*) üle küpsetama; **~estimate** *v.* üle hindama; **~flow** *v.* üle ujutama; *n.* üleujutus; (*fig.*) üleküllus; **~grown** *adj.* (*wall, path*) kinnikasvanud; rohtunud

overhead [ˈouvəˈhed] *adj.* üleval asetsev; *adv.* ülal; ~ **wires** *n.* õhujuhe; ~ **expenses** *n. pl.* üldkulud, lisakulud

over|hear [ˈauvəˈhiə] *v.* salaja pealt kuulama; (*unintentionally*) kogemata kuulama; **~look** *v.* üle vaatama; (*condone*) läbi sõrmede vaatama, andestama; (*miss*) mitte märkama; **~night** *adv.* kogu öö; (*night before*) eelmisel õhtul; **stay ~night** *v.* ööbima; **~power** *v.* jagu saama, võitma; **~seas** *adj.* meretagune; *adv.* üle mere; **~sight** *n.* hooletusviga; **~take** *n.* järele jõudma; (*storm*) tabama; **~throw** *v.* kukutama; ümber lükkama; **~time** *n.* ületunnid; *adv.* üle aja; *adj.* ületunniline

overture [ˈouvətjuə] *v.* (*mus.*) avamäng; ettepanek

over|turn [ouvəˈtɜːn] *v.* ümber lükkama; ümber pöörama; **~whelm** *v.* rusuma; **~work** *v.* ülejõu töötama; liigse tööga kurnama; *n.* lisatöö

owe [ou] *v.* võlgnema; **I ~ you two dollars** ma võlgnen teile kaks dollarit; **I ~ him much** ma võlgnen talle palju

owing to [ˈouiŋ tu] *prep.* tõttu, tänu (*millelegi*)

owl [aul] *n.* öökull

own [oun] *adj.* oma, enda; *v.* (*posses*) omama, valdama; (*admit*) omaks tunnistama; **~er** *n.* omanik; **~ership** *n.* omand; (*right*) omandiõigus

ox [ɔks] *n.* härg

oxygen [ˈɔksidʒən] *n.* hapnik

oyster [ˈɔistə] *n.* auster

P

pace [peis] *n.* (*step*) samm; (*speed*) tempo; käik; (*horse's*) allüür; *v.* sammuma; ~ **off** *v.* sammudega mõõtma

pacif|ic [pə'sifik] *adj.* rahulik; ~y *v.* rahustama, lepitama

pack [pæk] *n.* (*bale*) kimp, pamp, (*bundle*) pakk, komps; *v.* pakkima; (karpi) täis toppima; ~**age** *n.* pakend, (*cigarettes*) pakk; ~**et** *n.* pakike, komps, (*letters*) kimp

pact [pækt] *n.* pakt

pad [pæd] *n.* pehme polster, padjand; *v.* polsterdama

paddle [pædl] *n.* mõla; *v.* (mõla abil) sõudma; ~**wheel** *n.* vesiratta laba

padlock ['pædlɔk] *n.* tabalukk, ripplukk

pagan ['peigən] *n.* pagan; *adj.* paganlik

page [peidʒ] *n.* lehekülg; paaž

pail [peil] *n.* pang, ämber

pain [pein] *n.* valu; *v.* valu tegema; **take** ~**s** *v.* hoolega püüdma; ~**staking** *adj.* püüdlik

paint [peint] *n.* värv; *v.* (*wall, lips*) värvima; (*picture*) maalima; ~**er** maaler; (*artist*) maalikunstnik; ~**ing** *n.* maal; (*art*) maalikunst; (*dying*) värvus

pair [peə] *n.* paar; *v.* paaritama; paari panema; paari moodustama; ~ **of scissors** *n. pl.* käärid

palace ['pælis] *n.* palee

palate ['pælit] *n.* suulagi; (*fig.*) maitse

pal|e [peil] *n.* teivas; ~**lid** *adj.* kahvatu; ~**lor** *n.* kahvatus

palm [pɑːm] *n.* (*bot.*) palm; (*anat.*) pihk, peopesa

paltry ['pɔːltri] *adj.* armetu, vilets

pamper ['pæmpə] *v.* hellitama

pamphlet ['pæmflit] *n.* brošüür

pan [pæn] *n.* pann; ~**cake** *n.* pannkook

pane [pein] *n.* aknaklaas, aknaruut

panel [pænl] *n.* paneel; uksetahvel

pang [pæŋ] *n.* (*pain*) piste; ~**s of remorse** südametunnistuse piin

panick ['pænik] *n.* paanika; *adj.* paaniline

pansy ['pænzi] *n.* (*bot.*) võõrasema

paper ['peipə] *n.* paber; **news**~ *n.* ajaleht; *adj.* paberlik, paberi-

par : at ~ [æt 'pɑː] *adj.* (*fin.*) nominaalväärtuses; **on a** ~ pariteedi alusel

parab|le ['pærəbl] *n.* mõistujutt; ~**ola** *n.* parabool

parachut|e ['pærəʃuːt] *n.* langevari; ~**ist** *n.* parašütist

parade [pə'reid] *n.* paraad; **make a** ~ **of** uhkeldama; ~**-ground** *n.* õppeväljak

para|dise ['pærədais] *n.* paradiis; ~**dox** *n.* paradoks; ~**graph** *n.* lõik; (*jur.*) paragrahv; ~**llel** *n.* paralleel *adj.* paralleelne; ~**lyse** *v.* halvama, paralüseerima; ~**lysis** *n.* halvatus; ~**mount** *adj.* esmajärguline; ~**pet** *n.* parapett; rinnatis (*mil.*) kaitsevall; ~**site** *n.* parasiit

parcel [pɑːsl] *n.* pakk; (*postal*) pos-
tipakk; (*land*) maatükk

parch [pɑːtʃ] *v.* kõrvetama; ~ing
heat kõrvetav kuumus; ~ed lips
kuivanud, lõhenenud huuled

pardon [pɑːdn] *n.* andestus; (*jur.*)
armuandmine; *v.* andestama, va-
bandama, armu andma; I beg
your ~! palun vabandust! ~?
vabandust, kuidas te ütlesite?

pare [pɛə] *v.* (*trim*) maha lõikama
(away, off); (*peel*) koorima

parent|al [pə'rentəl] *adj.* vanemlik;
~s *n. pl.* vanemad

parish [ˈpæriʃ] *n.* kihelkond; *adj.*
kihelkonna-

park [pɑːk] *n.* park; *v.* (*car*) parki-
ma; ~ing area *n.* parkimiskoht;
no ~ing! parkimine keelatud!

parliament [ˈpɑːləmənt] *n.* parla-
ment; ~ary *adj.* parlamentaarne,
parlamendi-

parlour [ˈpɑːlə] *n.* võõrastetuba;
(*hotel*) vastuvõtutuba

parrot [ˈpærət] *n.* papagoi

parsley [ˈpɑːsli] *n.* petersell

parson [pɑːsn] *n.* kirikuõpetaja

part [pɑːt] *n.* osa, jagu; (*theat.*) roll;
v. lahutama (from), lahku mi-
nema; jaotama; loobuma (with);
take ~ osa võtma; ~ial *adj.* osa-
line; (*biased*) erapoolik; ~iality
n. erapoolikus (for)

particip|ant [pɑːˈtisipənt] *n.*
osavõtja; ~ate *v.* osa võtma;
~ation *n.* osavõtt; ~le *n.* (*gr.*)
partitsiip, kesksõna

partic|le [ˈpɑːtikl] *n.* osake; ~ular
adj. eriline; (*special*) iseäralik;

(*exacting*) nõudlik; *pl. n.* lähe-
mad üksikasjad

part|ing [ˈpɑːtiŋ] *n.* lahkumine;
adj. lahkumis-; lahkuv; *n.* (*hair*)
lahk; ~isan *n.* pooldaja; (*mil.*)
partisan; ~ition *n.* jaotus; (*wall*)
vahesein; ~ly *adv.* osalt, osaliselt;
~ner *n.* (*sport, theat.*) partner;
(*comm.*) kaasosanik, kaaslane

partridge [ˈpɑːtridʒ] *n.* põldpüü

party [ˈpɑːti] *n.* (*pol.*) partei; *adj.*
parteiline, partei-; *n.* erakond;
evening ~ *n.* pidu, oleng; din-
ner ~ pidulik õhtusöök

pass [pɑːs] *v.* (*go by*) mööduma; lä-
bi minema; (*holiday*) veetma; ek-
samit sooritama; ~port *n.* pass;
(*permit*) luba; ~age *n.* (*way*) lä-
biminek; (*crossing*) läbisõit, üle-
sõit; vahekäik; (*from book*) lõik;
~enger *n.* reisija; *adj.* reisi-

pass|ion [ˈpæʃən] *n.* kirg; ~ionate
adj. kirglik; ~ive *adj.* passiivne;
(*gr.*) passiiv

passport [ˈpɑːspɔːt] *n.* pass

past [pɑːst] *prep.* (*kellestki, millest-
ki*) mööda; *adv.* mööda; möödas;
adj. möödunud; (*gr.*) mineviku-;
n. minevik; ten ~ two kümme
minutit kaks läbi

paste [peist] *n.* (*glue*) kliister;
(*dough*) taigen; (*cosmetic*) pasta;
v. kleepima

pastime [ˈpɑːstaim] *n.* ajaviide

pastor [ˈpɑːstə] *n.* kirikuõpetaja

pastry [ˈpeistri] *n.* küpsis, kook

pasture [ˈpɑːstʃə] *n.* karjamaa

pat [pæt] *v.* patsutama; *n.* patsu-
tus; (*of butter*) (või)kamakas

patch [pætʃ] *n.* paik, laik; *v.* paikama, lappima

patent ['peitənt] *n.* patent; *adj.* patenteeritud, patent-; (*obvious*) ilmne; ~-**leather** *n.* lakknahk

paternal [pə'tɜːnl] *adj.* isalik

path [pɑːθ] *n.* jalgtee, teerada

patien|ce ['peiʃəns] *n.* kannatus; ~**t** *adj.* kannatlik; (*med.*) patsient

patriot ['peitriət] *n.* patrioot; ~**ic** *adj.* patriootiline

patrol [pə'troul] *n.* patrull; *v.* patrullima

patron ['peitrən] *n.* kaitsja; eestseisja; ~**age** *n.* kaitse, eestkostmine; ~**ize** *v.* kaitsma, hooldama, patroneerima

patter ['pætə] *v.* (*rain*) ladistama, plagisema; vudima

pattern ['pætən] *n* (*model*) mudel; (*tailoring*) lõige; (*design*) muster; (*sample*) näidis

patty ['pæti] *n.* pirukas

pause [pɔːz] *n.* paus, vaikimisaeg; *v.* vahet pidama; peatuma

pave [peiv] *v.* sillutama; ~**ment** *n.* sillutis; (*sidewalk*) kõnnitee

paw [pɔː] *n.* käpp

pawn [pɔːn] *n.* pant; (*chess*) ettur; *v.* pantima; ~**shop** *n.* pandimaja

pay [pei] *v.* maksma, tasuma; *n.* palk, töötasu; ~**ment** *n.* maksmine, tasu

pea [piː] *n.* hernes; *adj.* herne-

peace [piːs] *n.* rahu; ~**able**, ~**ful** *adj.* rahulik, vaikne

peach [piːtʃ] *n.* persik, virsik

peacock ['piːkɔk] *n.* paabulind

peak [piːk] *n.* (*geogr.*) mäetipp; (*of cap*) mütsinokk

peal [piːl] *n.* (*bells*) kellahelin; (*thunder*) kärgatus; *v.* helisema; kärgatama

peanut ['piːnʌt] *n.* maapähkel

pear [pɛə] *n.* pirn

pearl [pɜːl] *n.* pärl; *adj.* pärli-

peasant ['pezənt] *n.* talupoeg; *adj.* talupoja-; ~ **woman** *n.* talunaine

peat [piːt] *n.* turvas; *adj.* turba-

pebble [pebl] *n.* veerkivi, rannakivi

peck [pek] *v.* nokkima; *n.* nokahoop

peculiar [pi'kjuːliə] *adj.* eriline; (*strange*) imelik; ~**ity** *n.* iseärasus; veidrus

pedal [pedl] *n.* pedaal

pedestal ['pedistl] *n.* pjedestaal

pedestrian [pi'destriən] *n.* jalakäija; *adj.* jalgsi-, jala-

pedlar ['pedlə] *n.* rändkaupmees

peel [piːl] *n.* koor, kest; *v.* koorima; ~**ings** *n. pl.* koored

peep [piːp] *v.* piiluma; vargsi pilku heitma; ~ **in** (*millegi sisse*) pilku heitma

peer [piə] *v.* tähelepanelikult silmitsema; *n.* (*title*) peer, lord; (*equal*) võrdne isik; ~**less** *adj.* võrratu

peg peg] *n.* pulk

pen [pen] *n.* sulg, kirjutussulg, suletöö; (agr.) väike karjatara; *v.* (karja) tarasse ajama

penal [piːnl] *adj.* nuhtlus-, karistus-; (*battalion*) trahvi-; ~**ty** *n.* trahv; ~**ty kick** *n.* (*sport*) karistuslöök

pencil [pensl] *n.* pliiats

pendulum ['pendjuləm] n. pendel

penetrat|e ['penitreit] v. läbi tungima; läbi imbuma (into, through); ~ion n. läbitungivus; läbiimbuvus

penholder ['penhouldə] n. sulepea

peninsula [pi'ninsjulə] n. poolsaar

penitent ['penitənt] adj. patukahetseja; ~iary n. parandusmaja

penny ['peni] n. penn

pension ['penʃən] n. pension; ~er n. pensionär

pensive ['pensiv] adj. mõtlik

people [piːpl] n. inimesed; (nation) rahvas; v. rahvastama

pepper ['pepə] n. pipar; v. pipardama

perambulator [pə'ræmbjuleitə] n. lapsevanker

perceive [pə'siːv] v. tajumine; v. tajuma

per cent [pə'sent] n. protsent; five ~ viis protsenti

percentage [pə'sentidʒ] n. protsendimäär

percepti|ble [pə'septibl] adj. tajutav; ~on n. tajumine; tajuvus

perch [pɐtʃ] n. (zo.) ahven; õrs; v. õrrel istuma

perestroika [perest'rɔikə] n. perestroika, ümberehitus, ümberkorraldus

perfect ['pəfikt] adj. (absolute) täielik; (excellent) täiuslik; v. täiuslikuks tegema; ~ion n. täiuslikkus

perfid|ious [pə'fidiəs] adj. salakaval; reetlik; ~y n. salakavalus; reetlikkus

perform [pə'fɔːm] v. täitma; esitama; ~ance n. täitmine; ettekanne; (show, acting) etendus; (cinema) seanss; (sport) saavutus; ~er n. täitja

perfume ['pəfjuːm] n. parfüüm; (liquid) lõhnaõli; v. lõhnastama, parfümeerima

perhaps [pə'hæps] adv. võib-olla

peril ['peril] n. oht; ~ous adj. ohtlik

period ['piəriəd] n. periood; (full stop) lõpppunkt; ~ical adj. perioodiline; n. ajakiri

perish ['periʃ] v. hukkuma; ~able goods kergestiriknevad kaubad

perjur|er ['pədʒərə] n. valetunnistaja; ~y n. valetunnistus

permanen|ce ['pəmənəns] n. püsivus; ~t adj. püsiv

permi|ssion [pə'miʃən] n. luba; ~t v. lubama; n. (pass) kirjalik luba; pääsmik

pernicious [pə'niʃəs] adj. hävitav, ohtlik

perpetua|l [pə'petjuəl] adj. igavene; pidev; ~te v. jäädvustama

perplex [pə'pleks] v. hämmeldama; ~ity n. hämmeldus; (situation) kitsikus

persecut|e ['pəsikjuːt] v. jälitama; ~ion n. jälitamine

persever|ance [pəsi'viərəns] n. järeleandmatus; ~e v. püsiv olema

Persian ['pəʃən] adj. pärsia; n. pärsia keel; pärslane

persist [pə'sist] v. kindlaks jääma (in); ~ence n. kangekaelsus; ~ent adj. kangekaelne; järelejätmatu

person [pɜːsn] *n.* isik; inimene; ~age *n.* (*theat.*) personaaž, tegelane; (*pol.*) tähtis isik; ~al *adj.* isiklik; ~ality *n.* isiksus; ~ify *v.* personifitseerima; kehastama; ~nel *n.* isikuline koosseis; *pl.* kaardid

perspective [pə'spektiv] *n.* perspektiiv; *adj.* perspektiivne

persua|de [pə'sweid] *v.* veenma; ~sion *n.* veenmine; (*belief*) veendumus; (*power*) veenvus; ~sive *adj.* veenev

perver|se [pə'vɜːs] *adj.* loomuvastane; (*wrong*) paheline; rikutud; ~sion *n.* loomuvastasus; ~t *v.* (kõlbeliselt) rikkuma

pessimist ['pesimist] *n.* pessimist; ~ic *adj.* pessimistlik

pest [pest] *n.* (*agr.*) kahjur; nuhtlus; (*fig.*) katk; ~er *v.* tüütama; ~ilence *n.* katk; epideemia

pet [pet] *n.* lemmik; (*animal*) lemmikloom; *v.* hellitama; paitama; ~name *n.* meelitusnimi

petition [pi'tiʃən] *n.* palvekiri, petitsioon; *v.* paluma (for)

petrol ['petrəl] *n.* bensiin; ~eum *n.* petrooleum; (*raw oil*) nafta

petticoat ['petikout] *n.* alusseelik

petty ['peti] *adj.* pisi-, tähtsusetu; (*mean*) väiklane

pewter ['pjuːtə] *n.* (*utensils*) tinast lauanõud

phantom ['fæntəm] *n.* fantoom; viirastus; *adj.* viirastuslik

phase [feiz] *n.* faas

pheasant [feznt] *n.* faasan

phenomen|al [fi'nɔminəl] *adj.* fenomenaalne; ~on *n.* fenomen; haruldane nähtus

philosoph|er [fi'lɔsəfə] *n.* filosoof; ~y *n.* filosoofia

photograph ['foutəgrœf] *n.* foto; ~er *n.* fotograaf; ~ic *adj.* fotograafiline; ~y *n.* fotokunst; fotograafia

phrase [freiz] *n.* fraas; kõnekäänd; *pl.* sõnakõlksud; *v.* sõnastama

physic|al ['fizikəl] *adj.* füüsiline, kehaline; ~ian *n.* arst; ~ist *n.* füüsik; ~s *n.* füüsika

pian|ist ['piənist] *n.* pianist; ~o *n.* klaver; tiibklaver; **cottage** ~o *n.* tahvelklaver; **grand** ~o *n.* kontsertklaver

pick [pik] *v.* (*gather*) korjama; (*pluck*) noppima; *n.* (*choice*) valik; (*tool*) kirka; ~ **out** *v.* välja korjama; valima; ~ **up** *v.* üles korjama, tõstma, hankima; ~ed *adj.* (*choice*) välja valitud

pickle [pikl] *n.* marinaad; *v.* marineerima

pickpocket ['pikpɔkit] *n.* taskuvaras

picnic ['piknik] *n.* piknik

picture ['piktʃə] *n.* pilt; portree; (*image*) kujutis; *v.* kujutlema; (*describe*) kirjeldama; **the** ~**s** *n.* kino; ~**sque** *adj.* koloriitne; maaliline

pie [pai] *n.* pirukas

piece [piːs] *n.* tükk; pala; ese; **by the** ~ tükkhaaval; **break to** ~**s** tükkideks lõhkuma

pier [piə] *n.* (*mar.*) kai; sadamasild; (*arch.*) (akendevaheline) seinaosa

pierc|e [piəs] v. läbi lööma, läbi pistma, läbi tungima; ~**ing** adj. läbitungiv; läbistav (voice) läbilõikav

piety ['paiəti] n. jumalakartus

pig [pig] n. siga

pigeon ['pidʒin] n. tuvi

pike [paik] n. (zo.) haug

pile [pail] n. virn, kuhi; ~ **up** v. virna moodustama

pilgrim ['pilgrim] n. palverändur; ~**age** n. palverännak

pill [pil] n. pill, ravimkuulike

pillage ['pilidʒ] n. röövimine; rüüstamine; v. röövima, rüüstama

pillar ['pilə] n. piilar, tugipost

pillow ['pilou] n. padi; ~**-case** n. padjapüür

pilot ['pailət] n. piloot, lendur; (mar.) loots; v. piloteerima; (ship) lootsima

pin [pin] n. nööpnõel; (hair) juuksenõel; v. (nööp- või juuksenõelaga) kinnitama

pincers ['pinsəz] n. pl. tangid

pinch [pintʃ] v. näpistama; (shoe) pigistama; n. näpistus; (of salt) näputäis

pine [pain] v. kõhnuma; otsa jääma (away); n. (bot.) mänd; ~**apple** n. ananass; ~**cone** n. männikäbi

pink [piŋk] n. roosa värvus; (bot.) nelk

pint [paint] n. pint

pioneer [paiə'niə] n. pioneer

pious ['paiəs] adj. jumalakartlik

pipe [paip] n. toru; (smoker's) piip; (mus.) vile; ~**line** n. naftajuhe; ~**r** n. torupillimängija

pira|cy ['paiərəsi] n. piraatlus; ~**te** n. piraat

pistol [pistl] n. püstol; revolver

pit [pit] n. kaevand; (min.) šaht; (theat.) parter

pitch [pitʃ] n. (arch.) kõrgus; (mus.) helikõrgus; vise; v. (throw) pilduma, viskama; (tent) üles lööma; (ship) kõikuma; n. pigi; v. pigitama

pitcher ['pitʃə] n. kann

pitfall ['pitfɔːl] n. lõks, püünis

pit|iful ['pitiful] adj. haletsemisväärne; (compassionate) kaastundlik ~**iless** adj. halastamatu; ~**y** n. kaastunne; it is a ~**y** väga kahju; what a ~**y**! kui kahju!

pitted ['pitid] adj. (face) rõugearmiline

pivot ['pivət] n. pöördetelg; pöördepunkt

placard ['plækɑːd] n. plakat

place [pleis] n. koht; v. (put) asetama; (lodge, locate) paigutama

placid ['plæsid] adj. rahulik, vaikne; häirimatu; muretu

plague [pleig] n. katk; taud; (fig.) häda

plaid [plæd] n. pleed; (matrial) šoti riie

plain [plein] adj. (simple) lihtne; (clear) selge; arusaadav; (uncomely) tavaline; n. (geogr.) lauskmaa, tasandik

plainti|ff ['pleintif] n. kaebaja, hageja; ~**ve** adj. kaeblik

plait [plæt] n. (juukse)pats, palmik; v. palmima, palmitsema

plane [plein] *adj.* tasapinnaline; si-
le; *n.* tasapind; (*tool*) höövel; *v.*
hööveldama; *n.* (*av.*) lennuk

planet ['plænit] *n.* planeet

plank [plæŋk] *n.* plank; laud; *v.*
laudadega katma

plant [plɑːnt] *n.* (*bot.*) taim; is-
tik; tehas; *v.* istutama; ~ation
n. plantatsioon; istandus; ~er *n.*
plantaator

plaster ['plɑːstə] *n.* plaaster; krohv;
v. krohvima; ~cast *n.* kips

plastic ['plæstik] *adj.* plastiline; *n.*
plastmass

plat|e [pleit] *n.* (*dish*) taldrik;
(*photo*) fotoplaat; silver ~e *n.*
pl. lauahõbe; ~eau *n.* kiltmaa,
platoo; ~ form *n.* (*rail.*) plat-
vorm, perroon, tribüün; ~ form
ticket *n.* perroonipilet

platinum ['plætinəm] *n.* plaatina

platoon [plə'tuːn] *n.* (*mil.*) rühm

play [plei] *n.* mäng; (*theat.*) näi-
dend; *v.* mängima (jalgpalli, kla-
verit); ~er *n.* mängija; muu-
sikant; ~ful *adj.* (*joking*) val-
latu; ~ground *n.* spordiväljak;
~thing *n.* mänguasi

plead [pliːd] *v.* (kohtus) kaitsma;
~ ignorance teadmatult end õi-
gustama; ~ guilty ennast süüdi
tunnistama; ~ not guilty ennast
mitte süüdi tunnistama

pleas|ant [pleznt] *adj.* meeldiv; ~e
v. meeldima; ~e! palun!; ~ure *n.*
nauding

pledge [pledʒ] *n.* pant, (*fig.*) taga-
tis; (*promise*) lubadus; ~ oneself
endale kohustuseks tegema

plent|iful ['plentiful] *adj.* külluslik;
~y *n.* küllus; ~y of *adv.* küllalt,
rohkesti

plight [plait] *n.* raske olukord

plod [plɔd] *v.* (*walking*) vaevaliselt
käima; (*toil*) visalt töötama (at)

plot [plɔt] *n.* vandenõu; (*literary*)
visand; faabula; maalapp; *v.* sa-
lasepitsema; intrigeerima

plough [plau] *n.* ader, sahk; *v.*
kündma, vaostama; ~man *n.*
kündja; ~share *n.* adrahõlm

pluck [plʌk] *n.* (*flowers*) noppima;
kitkuma; *n.* (*courage*) julgus; ~
up courage julgust koguma

plug [plʌg] *n.* punn; (*el.*) pistik; *v.*
punniga sulgema; sisse lülitama
(in)

plum [plʌm] *n.* ploom; *adj.* ploomi-

plumb [plʌm] *n.* (*mar.*) tinalood;
järsak; ~er *n.* veevärgitööline

plume [pluːm] *n.* (ehis)sulg

plump [plʌmp] *adj.* tüse, paks; *v.*
(*fatten*) tüsenema; (*drop down*)
potsti maanduma

plunder ['plʌndə] *n.* röövimine;
röövsaak; *v.* röövima

plunge [plʌndʒ] *n.* sukeldus; *v.* su-
kelduma; sukeldama

plural ['pluərəl] *n.* (*gr.*) mitmus;
~ity *n.* pluraalsus, paljus; hääl-
teenamus

plus [plʌs] *n.* pluss

ply [plai] *v.* (*tool*) usinasti tööta-
ma; (*with questions*) peale käima;
(*ship*) kurseerima

pneumonia [njuː'mouniə] *n.* kop-
supõletik

poach [poutʃ] *v.* salaküttima; ~er
n. salakütt

pocket ['pɔkit] n. tasku; v. tasku(sse) panema; (*steal*) varastama

pod [pɔd] n. kaun

poe|m ['pouim] n. luuletus; ~t n. luuletaja; ~try n. luule, poeesia

point [pɔint] n. punkt, tipp; teravik; ~at, out v. asutama; näitama; sihtima; **come to the ~** asja juurde tulema; **~ of view** n. vaatepunkt; ~ed adj. teravaotsaline, terav; ~er n. osuti

poise [pɔiz] n. tasakaal; (*of mind*) tasakaalukus

poison [pɔizn] n. mürk; v. mürgitama; ~ous adj. mürgine

poke [pouk] v. pistma, torkama; (*fire*) roobiga tuld segama; ~r n. ahjuroop

polar ['poulə] adj. polaarne; **~ bear** n. jääkaru

Pole [poul] n. poolakas; ~ish adj. poola; n. poola keel

pole [poul] n. (*geogr.*) poolus; teivas, post

police [pə'liːs] n. politsei; ~man n. politseinik; **~ station** n. politseijaoskond

policy ['pɔlisi] n. poliitika; (*insurance*) poliis

polish ['pɔliʃ] v. (*wood*) poleerima, lihvima; (*shoes*) puhastama; n. poleerimine; (*material*) polituur

polite [pə'lait] adj. viisakas; ~ness n. viisakus

politic|al [pə'litikəl] adj. poliitiline; ~ian n. poliitik; ~s n. pl. poliitika

poll [poul] n. (*voting*) hääletamine; (*list*) valijate nimekiri; häälte arv

pollute [pə'luːt] v. (*water*) reostama

pomp [pɔmp] n. hiilgus; ~ous adj. väliselt hiilgav, pompoosne

pond [pɔnd] n. tiik

ponder ['pɔndə] v. kaalutlema; ~ous adj. raskekaaluline

pool [puːl] n. lomp, loik; **swimming ~** n. supelbassein; v. (*comm.*) raha ühiseks ettevõtteks kokku panema

poop [puːp] n. ahter; pupp

poor [puə] adj. vaene; (*scanty*) vilets, kehv; (*quality*) halb

pope [poup] n. vaimulik, papp; paavst

poplar ['pɔplə] n. pappel

poppy ['pɔpi] n. moon; adj. moonimooni-

popul|ace ['pɔpjuləs] n. lihtrahvas; ~ar adj. populaarne; ~arity n. populaarsus; ~ation n. elanikkond; ~ous adj. tihedalt asustatud

porcelain ['pɔːslin] n. portselan; adj. portselan(i)-

porcupine ['pɔːkjupain] n. okassiga

pore [pɔː] n. (*biol.*) poor; **~ over** v. (*books*) mõtisklema (**at, upon**)

pork [pɔːk] n. sealiha; ~chop n. sealihakotlett

porous ['pɔːrəs] adj. poorne, urbne

porridge ['pɔridʒ] n. kaerahelbepuder

port [pɔːt] n. (*mar.*) sadam; pakpoord; (*side*) laeva vasakpoolne parras; n. portvein

portable ['pɔːtəbl] adj. portatiivne

portal [pɔːtl] n. portaal

porter ['pɔːtə] n. pakikandja; portjee; (*hotel*) uksehoidja portfolio [pɔxt'fouljou] n. portfell

portion ['pɔxʃən] n. portsjon, osa;
v. osadeks jagama; ~ out välja
jagama

portrait ['pɔxtrit] n. portree

Portuguese [pɔxtju'gixz] adj. por-
tugali; n. portugallane; portugali
keel

pos|e [pouz] n. poos; v. poseerima;
~ition n. seisukoht; (mil.) posit-
sioon; (job) amet; ~itive adj. po-
sitiivne

possess [pə'zes] v. valdama; ~ion
n. valdamine; pl. (property) va-
randus; ~or n. omanik, valdaja

possib|ility [pɔsi'biliti] n. võima-
likkus; ~le adj. võimalik

post [poust] n. (pillar) post; (mil.)
post; n. postkontor, post; ~age
n. postimaks; ~al adj. posti-;
~card n. postkaart

poster ['poustə] n. plakat, kuulu-
tus

posteri|or [pɔs'tiəriə] adj. tagumi-
ne; (later) hilisem; ~ty n. järel-
tulijad; sugupõlved

post|man ['poustmən] n. kirja-
kandja; ~-mark n. postitempel;
~-office n. postkontor

postpone [poust'poun] v. pikenda-
ma; edasi lükkama; ~ment n. pi-
kendus, edasilükkamine

pot [pɔt] n. pott; (jar) kann; tea-~
n. teekann

potato(es) [pə'teitou(z)] n. kar-
tul(id); adj. kartuli-

potent ['poutənt] adj. võimas; ~ial
adj. potentsiaalne, võimalik; n.
potentsiaal, jõudlusvõime

potter ['pɔtə] n. pottsepp; ~y n.
pottsepatöö; keraamika

pouch [pautʃ] n. paun, kott

poultry ['poultri] n. (coll.) kodu-
linnud

pounce upon [pauns ə'pɔn] v. kal-
lale kargama

pound [paund] n. nael; v. (beat)
kolkima; (crush) puruks taguma

pour [pɔx] v. valama, kallama; ~
out välja valama

pout [paut] v. mossitama; huuli to-
russe ajama

poverty ['pɔvəti] n. vaesus

powder ['paudə] n. pulber; (face)
puuder; (mil.) püssirohi; v. pulb-
riks tegema; puuderdama; ~ed
milk n. piimapulber

power ['pauə] n. (might) võim;
(tech.) võimsus; (nation) suur-
riik; ~ful adj. võimas, vägev; ~-
station n. jõujaam

practi|cable ['præktikəbl] adj.
teostatav; (road) sõidukõlblik;
~cal praktiline; (virtual) kasuta-
tav; ~ce n. praktika; vilumus;
(exercise) treening; ~se v. prak-
tiseerima; harjutama, treenima

praise [preiz] n. kiitus; v. kiitma

prance [prɑxns] v. (hobuse kohta)
end tagajalgadel püsti ajama;
kekslema; kepsutama

prank [prænk] n. vallatus

prayer [preə] n. palve; v. palveta-
ma

preach [prixtʃ] v. jutlustama; ~er
n. jutlustaja

precarious [pri'keriəs] adj.
(situation) ebakindel; ohtlik

precaution [pri'kɔːʃən] *n.* ettevaatus; *(measure)* ettevaatusabinõu

precede [pri'siːd] *v.* eelnema; ~nt *adj.* eelnev; *n.* pretsedent

precept ['priːsept] *n.* eeskiri, juhend; ~or *n.* juhendaja

precious ['preʃəs] *adj.* väärtuslik

precipi|ce ['presipis] *n.* kuristik; ~tate *v.* *(throw down)* alla paiskama; *(hasten)* kiirustama

precis|e [pri'sais] *adj.* täpne; ~ion *n.* täpsus

predatory ['predətəri] *adj.* röövellik; kiskjalik

predecessor ['priːdisesə] *n.* esivanem; eelkäija

predicament [pri'dikəmənt] *n.* ebameeldiv *või* ohtlik olukord

predict [pri'dikt] *v.* ennustama; ~ion *n.* ennustus

predomina|nt [pri'dɔminənt] *adj.* ülemvõimu *või* ülekaalu oman; predomineeriv; ~te *v.* predomineerima

preface ['prefis] *n.* sissejuhatus, eessõna

prefer [pri'fɛ] *v.* eelistama; ~able *adj.* eelistatav; ~ence *n.* eelistus

pregnan|cy ['pregnənsi] *n.* rasedus; ~t *adj.* rase

prehistoric [priːhis'tɔrik] *adj.* eelajalooline

prejudice ['predʒudis] *n.* eelarvamus; *(harm)* kahjustus; *v.* kahjustama

preliminary [pri'liminəri] *adj.* sissejuhatav; esialgne

prelude ['preljuːd] *n.* prelüüd

premature [premə'tjuə] *adj.* enneaegne

premier ['premjə] *n.* *(pol.)* peaminister

premise ['premis] *n.* *(logical)* eeldus; ~s *pl.* maja koos krundi ja kõrvalhoonetega

premium ['priːmjəm] *n.* *(comm.)* preemia, auhind

preoccupation [priːɔkju'peiʃən] *n.* murelikkus

prepar|ation [prepə'reiʃən] *n.* ettevalmistus; *(mixture)* preparaat; ~atory *adj.* ettevalmistav; ~e *v.* ette valmistama; valmistuma

preposition [prepə'ziʃən] *n.* eessõna

preposterous [pri'pɔstərəs] *adj.* mõttetu

prerogative [pri'rɔgətiv] *n.* prerogatiiv, eelisõigus

presage ['presidʒ] *n.* *(omen)* ennustus; *(feeling)* aimus; *v.* ennustama; aimama

prescri|be [pris'kraib] *v.* ette kirjutama; ~ption *n.* ettekirjutus

presen|ce ['prezns] *n.* kohalolek; ~t *adj.* kohalolev; *(time)* praegune; olemasolev; *n.* *(gift)* kink, kingitus; *v.* kinkima; *(introduce)* esitama; tutvustama; ~tation *n.* esitamine; kingitus

preserv|ation [prezə'veiʃən] *n.* säilitamine; ~e *v.* hoidma; säilitama; *(fruit)* konserveerima; *n.* keedis, moos; hoidis *(zo.)* kaitseala

preside [pri'zaid] *v.* eesistujaks olema; ~nt *n.* esimees; president; ~ntial *adj.* presidendi-

press [pres] *v.* *(weigh on)* pressima; *(squeeze)* pigistama; *(push)* vajutama; *n.* *(journalism)* press;

(*tool*) trükipress; ajakirjandus; (*typ.*) trükikoda; ~ure *n.* surve, vajutus

prestige [pres'tiːʒ] *n.* prestiiž

presum|able [pri'zjuːməbl] *adj.* oletatav; ~e *v.* oletama; (*venture*) julgema; ~ption *n.* oletus; (*arrogance*) upsakus; ~ptuous *adj.* upsakas

preten|ce [pri'tens] *n.* (*sham*) teesklus; (*pretext*) ettekääne; ~d *v.* teesklema; pretendeerima; ~sion *n.* pretensioon; ~tious *adj.* nõudlik; pretensioonikas

pretext ['priːtekst] *n.* ettekääne

pretty ['priti] *adj.* kena; *adv.* üsna

prevail [pri'veil] *v.* ülekaalus olema; (*be victorious*) võitu saama (over)

prevent [pri'vent] *v.* hoiatama; vältima; (*hinder*) takistama; ~ion *n.* hoiatus; ~ive *adj.* (*med.*) profülaktiline; vältiv; (*midagi*) ärahoidev (of)

previous ['priːviəs] *adj.* eelmine, eelnev; ~ to *adv.* enne

prey [prei] *n.* (kiskja) röövsaak; **bird of ~** *n.* röövlind

price [prais] *n.* hind; *v.* (*goods*) hindama; ~less *adj.* hindamatu

prick [prik] *v.* torkama, pistma; *n.* torge, piste; ~le *n.* okas; ~ly *adj.* okkaline

pride [praid] *n.* uhkus

priest [priːst] *n.* preester

prim [prim] *adj.* peenutsev; ülinõudlik

primary ['praiməri] *adj.* esmane, algne; (*task*) esmajärguline

prim|e [praim] : ~ **minister** *n.* peaminister; ~e **cost** *n.* omahind; ~itive *adj.* primitiivne; (*primeval*) ürgne

primrose ['primrouz] *n.* priimula

princ|e [prins] *n.* prints; vürst; ~ess *n.* printsess; vürstinna; ~ipal *adj.* peamine; tähtsaim; *n.* koolidirektor; printsiip

print [print] *n.* (*typ.*) trükk; trükikiri; märk; jälg; ~er *n.* trükiseade, trükkija; ~ing *n.* trükkimine

priority [prai'oriti] *n.* prioriteet

prism [prizm] *n.* prisma

prison [prizn] *n.* vangla; ~er *n.* vang; (*mil.*) sõjavang; **be taken** ~er sõjavangi sattuma

priva|cy ['praivəsi] *n.* üksindus; (*seclusion*) omaette-olek; **in** ~cy *adv.* salaja; ~te *adj.* era-; eraviisiline; isiklik; *n.* (*mil.*) reamees; ~tely *adv.* eraviisiliselt; ~tion *n.* puudus

privilege ['privilidʒ] *n.* privileeg

prize [praiz] *n.* auhind

probab|ility [probə'biliti] *n.* tõenäo(li)sus; ~le *adj.* tõenäoline

prob|ation [prə'beiʃən] *n.* katseaeg; ~ationer *n.* praktikant; ~e *n.* (*med.*) sond; *v.* sondeerima

problem ['probləm] *n.* probleem; (*math.*) ülesanne

procedure [prə'siːdʒə] *n.* protseduur

proceed [prə'siːd] *v.* jätkama; (*issue*) tulenema (from); ~ing *n.* toiming; ~ings *n.* (*jur.*) kohtuprotsess; (*records*) protokollid; ~s *n.* tulu; sissetulek

process ['prouses] *n.* (*tech.*) protsess; (*jur.*) kohtukutse; (*goods*) töötlema; ~ion *n.* rongkäik

procla|im [prə'kleim] *v.* välja kuulutama; ~mation *n.* väljakuulutamine

procure [prə'kjuə] *v.* hankima, muretsema

prodig|al ['prɔdig(ə)l] *n.* pillaja, raiskaja; ~al son kadunud poeg; ~ious *adj.* haruldane; (*huge*) tohutu; ~y *n.* ime

produc|e [prə'djuːs] *v.* tootma; (*ticket*) esitama; *n.* toode, produkt; ~er *n.* tootja; (*theat.*) režissöör; ~t *n.* toode, saadus; ~tion *n.* (*output*) tootmine; (*action*) toodang; *adj.* toodanguline; ~tive *adj.* produktiivne, tootlik

profess|ion [prə'feʃən] *n.* elukutse; ~ional *adj.* professionaalne; ~or *n.* professor

profile ['proufiːl] *n.* profiil

profit ['prɔfit] *n.* (*fig.*) kasu; (*comm.*) tulu; *v.* kasu tooma; ära kasutama (by); ~able *adj.* kasulik, tulus; ~eer *n.* hangeldaja

profound [prə'faund] *adj.* sügav (*a. fig.*)

programme ['prougræm] *n.* kava; programm

progress ['prougres] *n.* progress, edu; *v.* edenema, progresseeruma; **make ~** *v.* (*in study*) edusamme tegema; ~ion *n.* edasiliikumine; (*math.*) progressioon; ~ive *adj.* progressiivne; (*pol.*) edumeelne

prohibit [prə'hibit] *v.* keelama; ~ion *n.* keeld

project ['prɔdʒekt] *n.* projekt; *v.* projekteerima; välja ulatuma; ~ile *n.* (*mil.*) mürsk, kuul; ~ion *n.* projekt; projektsioon; väljaulatis, eend

proletarian [prouli'teəriən] *n.* proletaarlane *adj.* proletaarne

prolific [prə'lifik] *adj.* viljakas, tootlik

prologue ['proulɔg] *n.* proloog

prolong [prə'lɔŋ] *v.* pikendama; ~ation *n.* pikendus; ~ed *adj.* pikem

prominent ['prɔminənt] *adj.* silmapaistev (*a. fig.*)

promis|e ['prɔmis] *n.* lubadus; *v.* lubama; ~ing *adj.* paljutõotav

promot|e [prə'mout] *v.* soodustama; (*people*) edutama; ~ion *n.* edutamine, soodustamine

prompt [prɔmt] *adj.* kiire, nobe; (*school*) ette ütlema; ergutama; ~er *n.* (*theat.*) suflöör

prone [proun] *adj.* (*inclined*) kalduv; **lie ~** silmini maas lamav

pronoun ['prounaun] *n.* asesõna

pronounce [prə'nauns] *v.* hääldama; väitma; ~d *adj.* ilmekas; esiletungiv, markantne

pronunciation [prənʌnsi'eiʃən] *n.* hääldamine

proof [pruːf] *n.* tõend; **put smth. to the ~** proovile panema

prop [prɔp] *n.* tugi; props; **~ up** toeks olema

propaga|nda [prɔpə'gændə] *n.* propaganda; ~te *n.* (*biol.*) paljunemine; levitamine

propel [prə'pel] *v.* edasi ajama *või* lükkama, tagant tõukama; ~ler *n.* propeller; (*mar.*) (laeva)kruvi

proper ['prɔpə] *adj.* sobiv; (*decent*) kõlblik; päris-; ~ name *n.* pärisnimi; ~ly *adv.* õigesti; korralikult; ~ly speaking õieti öelda; ~ty *n.* omand, varandus

prophe|cy ['prɔfisi] *n.* ettekuulutus, ennustus; ~sy *v.* ette kuulutama, ennustama; ~t *n.* prohvet; ennustaja; ~tic *adj.* ennustuslik

proportion [prə'pɔːʃən] *n.* proportsioon; in ~ to võrdselt millegagi; ~al *adj.* proportsionaalne

propos|al [prə'pouzəl] *n.* ettepanek; ~e *v.* esitama; (*intend*) kavatsema; (*to woman*) abieluettepanekut tegema

proprietor [prə'praiətə] *n.* omanik

propulsion [prə'pʌlʃən] *n.* edasiajamine; (*tech.*) tõukejõud (a. fig)

prose [prouz] *n.* proosa

prosecut|e ['prɔsikjuːt] *v.* kohtulikult jälitama; ~ion *n.* kohtulik jälitus; *n.* (*side in court*) süüdistus; ~or *n.* süüdistaja; (*public*) prokurör

prospect ['prɔspekt] *n.* perspektiiv; (*outlook*) väljavaade; ~ for gold kulda otsima; ~us *n.* prospekt, programm

prosper ['prɔspə] *v.* hästi edasi jõudma, edenema; ~ity *n.* edu; õitseng ~ous *adj.* edukas; õitsev

prostitute ['prɔstitjuːt] *n.* prostituut; *v.* prostitueerima

protect [prə'tekt] *v.* protekteerima; soodustama; (*defend*) kaitsma (against, from); ~ion *n.*

protektsioon; kaitse; ~ive *adj.* kaitsev; ~or *n.* eestkostja; kaitsja

protest ['proutest] *n.* protest; *v.* protesteerima; ~ant *n.* protestant; protesteerija; *adj.* protestantlik; protesteeriv

protrude [prə'truːd] *v.* välja ulatuma

proud [praud] *adj.* uhke

prove [pruːv] *v.* tõestama; tõendama; osutuma (*millekski*)

proverb ['prɔvəb] *n.* vanasõna

provide [prə'vaid] *v.* varustama; ~ for winter talveks varustama; ~ with fruit puuviljadega varustama; law ~s for kohus näeb ette; ~d that tingimusel et

province ['prɔvins] *n.* provints, maakond

provision [prə'viʒən] *n.* tagavara; proviant; (*jur.*) tingimus; *v.* proviandiga varustama; ~al *adj.* ajutine

provo|cation [prɔvə'keiʃən] *n.* provokatsioon; ~ke *v.* provotseerima

prowess ['prauis] *n.* vaprus, vahvus

pruden|ce ['pruːdəns] *n.* ettenägelikkus; ~t *adj.* ettenägelik

prune [pruːn] *v.* (*tree*) puude oksi lõikama

prunes [pruːnz] *n.* kuivatatud ploom

psalm [sɑːm] *n.* psalm

psycholog|ical [saikə'lɔdʒikəl] *adj.* psühholoogiline; ~y *n.* psühholoogia

public ['pʌblik] *adj.* (*opinion*) ühiskondlik; rahvalik; (*building*)

avalik; *n.* publik, rahvas; ~ hou-
se *n.* kõrts; ~ation *n.* publi-
katsioon, trükiväljaanne; ~ity *n.*
avalikkus; reklaam

publish ['pʌbliʃ] *v.* publitseerima;
(*books*) välja andma; ~er *n.* kir-
jastaja; ~ing house *n.* kirjastus

pudding ['pudiŋ] *n.* puding

puddle [pʌdl] *n.* (*pool*) lomp, loik

puff [pʌf] *v.* pahvima, puhkima;
n. (*wind*) puhang; (*smoke*) pahv;
mahv; **powder** ~ *n.* puudritups

pull [pul] *v.* tõmbama; (*row*) sõud-
ma; ~ oneself together ennast
kokku võtma; ~ through hädast
välja pääsema; ~ up (*car*) peata-
ma; peatuma

pulley ['puli] *n.* (*tech.*) plokiratas

pulp [pʌlp] *n.* viljaliha; säsi; (*wood*)
puidumass

pulse [pʌls] *n.* (*med.*) pulss; *v.* tuk-
suma

pulverize ['pʌlvəraiz] *v.* tolmpee-
neks tegema; (*spray*) pulverisee-
rima

pump [pʌmp] *n.* pump; *v.* pumpa-
ma; ~ up täis pumpama

pumpkin ['pʌmpkin] *n.* kõrvits

punch [pʌntʃ] *v.* rusikatega kol-
kima; (*ticket*) komposteerima; *n.*
rusikahoop; komposter

punctu|al ['pʌŋktʃuəl] *adj.* punk-
tuaalne, täpne; ~ality *n.*
punktuaalsus, täpsus; ~ation *n.*
punktuatsioon; ~re *n.* torkeauk;
v. läbi torkama

pungent ['pʌndʒənt] *adj.* terava-
maitseline, kibe

punish ['pʌniʃ] *v.* karistama;
~ment *n.* karistus

punitive ['pjuːnitiv] *adj.* nuhtlev,
karistus-

pup(py) ['pʌp(i)] *n.* kutsikas

pupil ['pjuːpl] *n.* õpilane; (*anat.*)
silmaava

puppet ['pʌpit] *n.* marionett (*a.
fig.*); ~show *n.* nukuteater

purchase ['pʌtʃəs] *n.* ost; *v.* ostma;
~r *n.* ostja

pur|e [pjuə] puhas; ~ge *n.* puhas-
tamine; (*med.*) lahtisti; ~ify *v.*
puhastama (of, from); ~itan *n.*
puritaan; *adj.* puritaanlik; ~ity
n. puhtus

purple [pɜːpl] *adj.* purpurne

purpose ['pɜːpəs] *n.* eesmärk; ka-
vatsus; **for what** ~? mis eesmär-
giga? **on** ~, ~ly *adv.* meelega,
sihilikult

purr [pɜː] *v.* nurru lööma, nurruma;
n. nurr

purse [pɜːs] *n.* rahakott; *v.* (*lips*)
mossitama

pursu|e [pə'sjuː] *v.* jälitama; taga
ajama; teostama; ~it *n.* jälitus;
tagaajamine

push [puʃ] *v.* lükkama; (*button*) su-
ruma; ~ one's way läbi trügima
(**through**)

pussy ['pusi] *n.* kassike; (*catkin*)
(paju)urb

put [put] *v.* panema, asetama;
(*express*) väljendama; ~ by mo-
ney raha kõrvale panema; ~
on (*clothes*) selga panema; ~
off (clothes) seljast ära võtma;
(*defer*) edasi lükkama; ~ up
(*in hotel*) peatuma; ~ up with
(*kellegagi, millegagi*) leppima

puzzl|e ['pʌzl] *n.* mõistatus; *v.* pead murdma (**over**); *n.* hämmeldus; ~**ed** *adj.* nõutu, mittetaipav; **be** ~**ed** *v.* nõutu olema; ~**ing** *adj.* keerukas; hämmeldav; segadusse viiv; (*mysterious*) mõistatuslik

pyjamas [pi'dʒɑːməz] *n. pl.* pidžaama

pyramid ['pirəmid] *n.* püramiid

Q

quack [kwæk] *v.* prääksuma; *n.* prääks; (*med.*) nurgaarst, posija, šarlatan

quail [kweil] *n.* (*zo.*) vutt

quaint [kweint] *adj.* (meeldivalt) omapärane; imelik

quake [kweik] *v.* värisema

quali|fication [kwɔlifi'keiʃən] *n.* kvalifikatsioon; (*restriction*) piiramine; ~**fy** *v.* kvalifitseerima; piirama; ~**ty** *n.* kvaliteet

quantity ['kwɔntiti] *n.* hulk; suurus

quarantine ['kwɔrəntiːn] *n.* karantiin

quarrel ['kwɔrəl] *n.* tüli; *v.* tülitsema; ~**some** *adj.* tülinoriv

quarry ['kwɔri] *n.* (*tech.*) kivimurd

quart [kwɔːt] *n.* kvart (= 1,14 liitrit) ~**er** *n.* (*math.*) veerand; (3 *months*) kvartal; (*of town*) linnajagu; *pl.* (*mil.*) korter; ~**ery** *adj.* kvartali-; ~**et** *n.* kvartett

quaver ['kweivə] *v.* värisema, vibreerima; *n.* (*singing*) triller

quay [kiː] *n.* kai, sadamasild

queen [kwiːn] *n.* kuninganna; (*chess*) lipp

queer ['kwiə] *adj.* imelik

quench [kwentʃ] *v.* (*fire, thirst*) kustutama

question ['kwestʃən] *n.* küsimus; *v.* üle kuulama; (*doubt*) kahtlema; **beyond** ~ kahtlemata; ~**able** *adj.* kahtlane; ~**-mark** *n.* küsimärk; ~**naire** *n.* ankeet

queue [kjuː] *n.* järjekord; *v.* järjekorras seisma

quick [kwik] *adj.* kiire; *adv.* kiiresti (*lively*) elav; ~**-minded** *adj.* leidlik; ~**en** *v.* kiirustama; kiirenema; ~**silver** *n.* elavhõbe

quiet ['kwaiət] *adj.* rahulik, vaikne; *v.* rahustama; rahunema; ~**ness** *n.* rahu, vaikus

quill [kwil] *n.* sulerood; (*hedgehog's*) okas

quilt [kwilt] *n.* vateerima; *n.* vateeritud tekk

quinine [kwi'niːn] *n.* hiniin

quite [kwait] *adv.* täiesti; (*rather*) üsna; ~ **so!** täiesti õige!

quiver ['kwivə] *v.* värisema, võbisema; *n.* värin, võbin

quiz game [kwiz geim] *n.* (*radio*) viktoriin

quot|a ['kwoutə] *n.* kvoot; ~**ation** *n.* tsitaat; (*fin.*) noteeritud hind; ~**ation marks** *n. pl.* jutumärgid; ~**e** *v.* tsiteerima; noteerima

R

rabbit ['ræbit] *n.* küülik, kodujänes

rabble [ræbl] *n.* pööbel

rac|e [reis] *n.* (*car, boat*) võidusõit; (*athletic*) võidujooks; *pl.* (*horse*) ratsavõistlused; *v.* (*speed along*) tormama; *n.* rass, tõug, liik; ~**ial** *adj.* rassi-

rack [ræk] *n.* nagi, varn; (*rail.*) pagasivõrk; (*hay*) söötmisküna; *v.* piinama

rac|ket ['rækit] *n.* (*noise*) müra, lärm; (*blackmail*) šantaaž; ~**quet** *n.* reket

radia|nce ['reidiəns] *n.* kiirgus; ~**nt** *adj.* kiirgav, särav; ~**te** *v.* kiirgama; kiirguma; särama; ~**tion** *n.* radiatsioon; ~**tion-sickness** *n.* kiiritustõbi; ~**tor** *n.* radiaator

radical ['rædikəl] *adj.* põhjalik, põhi-; radikaalne; *n.* (*math., pol.*) radikaal

radio ['reidiou] *n.* raadio; *v.* raadio teel edasi andma; ~ **operator**; *n.* raadiooperaator

radish ['rædiʃ] *n.* (*red*) redis; rõigas

raft [rɑːft] *n.* parv; ~**er** *n.* (*arch.*) sarikas

rag [ræg] *n.* (*wiping*) kalts; (*old clothes*) hilp; (*scrap*) räbal; *pl.* (*tatters*) hilbud

rage [reidʒ] *n.* raev; *v.* raevutsema; (*drunken*) märatsema; (*wind, sea*) möllama

ragged ['rægid] *adj.* (*person*) näru-ne, narmendav; (*uneven*) sakiline, kare

raid [reid] *n.* (*av.*) rünnak; röövsissetung; (*police*) haarang; *v.* rün-dama; haarangut korraldama

rail [reil] *n.* rööbas; **hand-**~ *n.* (*staircase*) kaitsepuu, käsipuu; ~**ing** *n.* käsipuu; ~**road**, ~**way** *n.* raudtee

rain [rein] *n.* vihm; **it** ~**s** (vihma) sajab; ~**bow** *n.* vikerkaar; ~**y** *adj.* vihmane

raise [reiz] *v.* tõstma; (*child*) kasva-tama; (*grow*) üles kasvatama

raisin(s) [reizn] *n.* rosin

rake [reik] *n.* reha; *v.* rehitsema; ~ **up** esile nuhkima

rally ['ræli] *n.* koondumine, hulgali-ne kogunemine; kongress; (*sport*) ralli; *v.* kogunema; ~ **round** *v.* (ühiste ideede põhjal) liituma, koonduma

ram [ræm] *n.* oinas; (*tech., mil.*) müürilõhkuja; *v.* sisse taguma

ramble [ræmbl] *v.* hulkuma, rända-ma, uitama

rampart ['ræmpɑːt] *n.* vall; kaitse-vall

ranch [rɑːntʃ] *n.* karjafarm

random ['rændəm] **: at** ~ *adj.* ju-huslik; *adv.* juhuslikult, hea õnne peale lootes

range [reindʒ] *n.* (*row*) rida; (*scope*) ulatus; (*mil.*) relva laske-kaugus; *v.* reastama; (*extend*) ula-tuma; pliit; **shoo-ting** ~ *n.* tiir; laskerada

rank [rænk] *n.* aste; (*grade*) au-kraad; ametiseisus; (*line*) rivi; *v.*

rivistama; rivistuma; he ~s high
as an actor ta on silmapaistev
näitleja

rape [reip] *n.* vägistamine; *v.* vägis-
tama

rapid ['ræpid] *adj.* kiire; järsk; *n.*
pl. kärestik

rapt [ræpt] *adj.* vaimustatud; ~ure
n. vaimustus

rar|e [reə] *adj.* harv, hõre; ~ity *n.*
haruldus

rascal ['rɑːskəl] *n.* petis, lurjus

rash [ræʃ] *adj.* järelemõtlematu;
~ness *n.* järelemõtlematus

rasp [rɑːsp] *n.* (*tool*) raspel;
~berr|y, ~ies *n.* vaarikas; *adj.*
vaarika-

rat [ræt] *n.* rott

rate [reit] *n.* määr, hind; birth ~
n. sündimus; death ~ *n.* sure-
mus; ~ of exchange *n.* valuuta-
kurss; first-~ *adj.* esmaklassiline

rather ['rɑːðə] *adv.* üsna, pigem,
meelsamini; veidi; ~! muidugi!

ratif|ication [ˌrætifi'keiʃən] *n.* rati-
fitseerimine; ~y *v.* ratifitseerima

ratio ['reiʃiou] *n.* (*math.*) suhe; ~n
n. ratsioon; päevamoon; ~n card
n. toidutalong; ~nal *adj.* ratsio-
naalne

rattle [rætl] *v.* klõbisema, kolisema;
n. klõbin, kolin; ~-snake *n.* (*zo.*)
lõgismadu

ravage ['rævidʒ] *v.* laastama; *n.*
laastamine

rave [reiv] *v.* sonima (about); mä-
ratsema

raven [reivn] *n.* ronk

ravine [rə'viːn] *n.* kuristik

raw [rɔː] *adj.* toores; (*unwrought*)
töötlemata; ~ material *n.* toor-
aine

ray [rei] *n.* kiir

rayon ['reiən] *n.* kunstsiid

razor ['reizə] *n.* habemenuga

reach [riːtʃ] *v.* (*stretch out*) ula-
tama; (*peak*) jõudma; (*travelling*)
saabuma within ~ võimete pii-
rides

react [ri'ækt] *v.* reageerima; ~ion
n. reageerimine; reaktsioon;
~ionary *adj.* reaktsiooniline; *n.*
reaktsionäär

read [riːd] *v.* lugema; ~er *n.* lugeja;
~ing *n.* lugemine; ~ing-room
n. lugemissaal

read|iness ['redinis] *n.* valmisolek;
~ily *adv.* meelsasti; ~y *adj.* val-
mis

real [riːəl] *adj.* tõeline, reaalne; (*ge-
nuine*) ehtne; ~istic *adj.* realist-
lik; ~ity *n.* reaalsus; ~ization *n.*
realiseerimine; ~ize *v.* realiseeri-
ma; (*become aware*) taipama

realm [relm] *n.* kuningriik; vald-
kond

reap [riːp] *v.* vilja lõikama; ~er *n.*
viljalõikaja

rear [riə] *n.* tagaosa, tagakülg,
adj. tagumine; *n.* (*mil.*) tagala;
~guard *n.* järelvägi

reason [riːzn] *n.* põhjus;
(*argument*) põhjendus; (*common
sense*) mõistus; ~able *adj.* mõistlik;
(*moderate*) mõõdukas

reassure [riːə'ʃuə] *v.* rahustama

rebel [rebl] *v.* mässama; üles tõus-
ma; *n.* mässaja; ~lion *n.* mäss;
ülestõus; ~lious *adj.* mässuline

rebuff [ri'bʌf] *n.* vastupanu; *v.* vastu panema

rebuke [ri'bjuːk] *n.* noomitus; etteheide; *v.* noomima, ette heitma

recall [ri'kɔːl] *v.* (*remember*) meelde tuletama; (*envoy*) ära kutsuma; (*order*) tühistama; *n.* tagasikutse; tühistamine

recei|pt [ri'siːt] *n.* (*receiving*) saamine; (*fin.*) kviitung; retsept; *pl.* tulud, sissetulekud; ∼**ve** *v.* kätte saama; (*visitor, idea*) vastu võtma; ∼**ver** *n.* saaja; telefonitoru; vastuvõtja

recent [riːsnt] *adj.* hiljutine; ∼**ly** *adv.* hiljuti

reception [ri'sepʃən] *n.* vastuvõtmine; (*social*) vastuvõtt

recess [ri'ses] *n.* vaheaeg; (*arch.*) nišš; peidukoht

recipe ['resipi] *n.* retsept

recit|al [ri'saitl] *n.* üksikasjalik jutustus; (*mus.*) soolokontsert; ∼**e** *v.* (*poetry*) ette kandma; (*names*) loendama

reckless ['reklis] *adj.* järelemõtlematu; hulljulge; ∼ **driver** *n.* hoolimatu autojuht

reckon ['rekən] *v.* arvutama; ∼ **upon** *v.* lootma; ∼ **with** *v.* arvestama

reclaim ['riːkleim] *v.* tagasi nõudma; (*land*) maad parandama

recline [ri'klain] *v.* lebama; poollamades istuma

recogni|tion [rekəg'niʃən] *n.* äratundmine; (*acknowledment*) tunnustamine; ∼**ze** *v.* ära tundma; tunnustama

recoil [ri'kɔil] *v.* tagasi põrkama; *n.* (*rifle*) tagasipõrge

recollect [rekə'lekt] *v.* meelde tuletama; ∼**ion** *n.* mälestus

recommend [rekə'mend] *v.* soovitama; ∼**ation** *n.* soovitus

recompense ['rekəmpens] *v.* tasuma; *n.* tasu

reconcile ['rekənsail] *v.* lepitama

reconn|aissance [ri'kɔnisəns] *n.* luure; *adj.* luure-; ∼**oitre** *v.* maad kuulama, luuret teostama

reconstruct ['riːkəns'trʌkt] *v.* rekonstrueerima; ∼**ion** *n.* rekonstruktsioon

record [ri'kɔːd] *v.* (heli)salvestama; *n.* grammofoniplaat; (*disk*) heliplaat; helisalvestis; (*sport*) rekord; *adj.* rekord-

recourse [ri'kɔːs] *n.* abiotsimine; **have** ∼ **to** abi otsides pöörduma (*kellegi poole*)

recover [ri'kʌvə] *v.* tagasi saama; (*debt*) tagasi nõudma; (*med., fin.*) paranema; ∼**y** *n.* paranemine; parandus; tagasisaamine

recreation [rekri'eiʃən] *n.* puhkus

recruit [ri'kruːt] *n.* (*mil.*) nekrut, noorsõdur; *v.* (*soldiers, workers*) värbama

rectangle ['rektæŋgl] *n.* ristkülik

red [red] *adj.* punane; (*hair*) punakas; ∼**dish** *adj.* punakas

rede|em [ri'diːm] *v.* (*goods*) välja ostma; (*rescue*) lunastama; ∼**mption** *n.* (*eccl.*) lunastamine, lunastus; hüvitus

reduc|e [ri'djuːs] *v.* vähendama; (*price*) alandama; (*to tears*) viima (to); ~**tion** *n.* vähendamine; hinnaalandus

reed [riːd] *n.* pilliroog

reef [riːf] *n.* riff

reel [riːl] *n.* niidirull; *v.* haspeldama; (*stagger*) keerlema; tuikuma

refer [ri'fɜː] *v.* (*direct*) juhatama (to); (*for information*) pöörduma (to); viitama (to); ~**ee** *n.* (*sport*) kohtunik; ~**ence** *n.* viitamine; teatis; (*mention*) mainimine; (*document*) hinnang; ~**ence book** *n.* teatmik, käsiraamat

refine [ri'fain] *v.* (*tech.*) rafineerima; (*fig.*) peenendama; ~**ment** *n.* peenendamine; peenus; ~**ry** *n.* rafineerimistsehh

reflect [ri'flekt] *v.* peegeldama; peegelduma; (*meditate*) mõtisklema (on); ~**ion** *n.* peegeldus; mõtisklus

reform [ri'fɔːm] *n.* reformeerima; (*morally*) paremaks muutuma; *n.* reform; ~**er** *n.* reformaator

refrain [ri'frein] *n.* refrään; ~ from *v.* hoiduma

refresh [ri'freʃ] *v.* värskendama; kosuma; (*by food, drink*) keha kinnitama; ~**ing** *adj.* värskendav; ~**ment** *n.* kehakinnitus; *pl.* kerge söök; suupiste

refrigerator [ri'fridʒəreitə] *n.* külmutuskapp

refuge ['refjuːdʒ] *n.* varjupaik; ~**e** *n.* pagulane

refus|al [ri'fjuːzəl] *n.* äraütlemine; äraütlev vastus; ~**e** *v.* keelduma; (*help, visa*) ära ütlema

refut|ation [refju'teiʃən] *n.* ümberlükkamine; vääramine; ~**e** *v.* ümber lükkama, väärama

regard [ri'gɑːd] *n.* (*look*) vaade; (*consideration*) tähelepanu; *pl.* tervitused; *v.* vaatlema; as ~s ... mis puutub ...; with due ~ for vajaliku tähelepanuga (*kellegi vastu*)

regeneration [ridʒenə'reiʃən] *n.* (*tech., biol.*) regeneratsioon; taastekkimine; moraalne taassünd

reg|ent ['riːdʒənt] *n.* regent; ~**ime** *n.* režiim; ~**iment** *n.* rügement

region ['riːdʒən] *n.* regioon; valdkond; ~**al** *adj.* regionaalne

regist|er ['redʒistə] *n.* register (*a. mus.*); *v.* registreerima; ~**ered letter** *n.* tähitud kiri; ~**ration** *n.* registreerimine

regret [ri'gret] *v.* kahetsema; *n.* kahetsus

regula|r ['regjulə] *adj.* regulaarne; (*features*) korrapärane; ~**rity** *n.* regulaarsus; ~**te** *v.* reguleerima; ~**tion** *n.* reguleerimine; määrus, eeskiri, juhend

rehabilitation [riːəbili'teiʃən] *n.* (*jur.*) rehabilitatsioon

rehears|al [ri'hɜːsəl] *n.* (*theat.*) repetitsioon, (etenduse) proov; ~**e** *v.* repeteerima; (näidendit) harjutama

reign [rein] *n.* valitsus; *v.* valitsema

rein [rein] *n.* ohi; *pl.* ohjad; (*horse*) ohjadest tõmbama või hoidma; ~**deer** *n.* põhjapõder

reinforce [riːn'fɔːs] *v.* (*mil.*) tugevdama; ~**ment** *n.* tugevdus, kindlustus

reject [ri'dʒekt] v. kõrvale heitma; tagasi lükkama; hülgama; ~ion n. kõrvaleheitmine; tagasilükkamine

rejoice [ri'dʒɔis] v. rõõmustama; rõõmu tundma

relapse [ri'læps] n. (med., jur.) relaps; tagasilangus

relat|e [ri'leit] v. (tell) jutustama; (concern) (millessegi) puutuma; ~ed adj. suguluses olev; ~ion n. sugulus; suhe; vahekord; ~ionship n. sugulus; ~ive adj. (notion) relatiivne, suhteline; n. sugulane

relax [ri'læks] v. (tension) lõdvendama, lõtvuma; (person) puhkama; ~ation n. lõdvendamine, lõtvumine, puhkus

release [ri'liːs] v. (free) vabastama; (film) välja laskma; n. vabastus; väljalaskmine

relent [ri'lent] v. järele andma, leebuma

reliab|ility [rilaiə'biliti] n. kindlus; ~le adj. kindel

relic ['relik] n. jäänus; (geol.) relikt; (eccl.) reliikvia; (remains) põrm

relie|f [ri'liːf] n. (arch.) reljeef; kergendus; (aid) abi; (next shift) vahetus; (dole) abiraha; ~ve v. kergendama; vahetama

religio|n [ri'lidʒən] n. usk; ~us adj. usklik

relinquish [ri'liŋkwiʃ] v. maha jätma

reluctan|ce [ri'lʌktəns] n. vastumeelsus; ~tly adj. tõrkuv

rely [ri'lai] v. lootma jääma; usaldama; ~ upon (kelleski, milleski) kindel olema

remain [ri'mein] v. jääma; ~der n. ülejääk; adj. (of people) ülejäänud; ~s n. põrm

remark [ri'mɑːk] n. märkus; v. märkama; ~able adj. silmapaistev

remedy ['remidi] n. abinõu; ravim; v. ravima; (situation) parandama

rememb|er [ri'membə] v. meeles pidama; mäletama; ~rance n. mälestus; mälu; (gift) suveniir; tervitus

remind [ri'maind] v. meenutama, meelde tuletama (of); ~er n. meenutus

remit [ri'mit] v. saatma; (money) üle kandma; andestama; ~tance n. ülesaatmine; rahakaart

remnant ['remnənt] n. ülejääk

remorse [ri'mɔːs] n. südametunnistuse piin

remote [ri'mout] adj. kaugelolev

remov|al [ri'muːvəl] n. kõrvaldamine; (change of place) kolimine; ~e v. kõrvaldama; kolima

Renaissance [ri'neisəns] n. renessans

rend [rend] v. rebima; rebenema; lõhestama; lõhenema; **heart ~ing** adj. südantlõhestav

render ['rendə] v. (difficult) raskeks tegema; (help, service) osutama; ~ **good for evil** halba heaga tasuma

renew [ri'njuː] v. taastama; ~al n. taastamine

123

repa|ir [ri'pɛə] *n.* parandus, remont; *v.* parandama, remontima; **~ration** *n.* kahjutasu; (*pol.*) reparatsioon

repay [ri'pei] *v.* (*money*) tagasi maksma

repeal [ri'piːl] *v.* tühistama

repeat [ri'piːt] *v.* kordama; **~ed** *adj.* korduv

repel [ri'pel] *v.* tõrjuma; eemale tõukama

repent [ri'pent] *v.* kahetsema; **~ance** *n.* kahetsus

repetition [repi'tiʃən] *n.* kordamine

replace [riː'pleis] *v.* ümber vahetama; asendama; (*put back*) tagasi asetama; **~ment** *n.* asendus, tagasiasetamine

report [ri'pɔːt] *n.* aruanne; (*message*) ettekanne; teadustus; *v.* ette kandma; **~ for work** tööle ilmuma; **~er** *n.* ettekandja; aruandja; (*press*) reporter

represent [repri'zent] *v.* (show, discribe) kujutama; (*stand for*) endast kujutama; **~ation** *n.* esindus; (*art*) kujutamine; (*theat.*) esitamine; **~ative** *n.* esindaja

repress [ri'pres] *v.* maha suruma; **~ion** *n.* mahasurumine

reprimand ['reprimænd] *n.* noomitus; *v.* noomima

reproach [ri'proutʃ] *v.* ette heitma; *n.* etteheide; **~ful** *adj.* etteheitev

reproduc|e [riːprədjuːs] *v.* reprodutseerima; jäljendama; **~tion** *n.* jäljend; reproduktsioon; paljunemine; taastootmine

reproof [ri'pruːf] *n.* etteheide

reptile ['reptail] *n.* roomaja, reptiil

republic [ri'pʌblik] *n.* vabariik; **~an** *adj.* vabariiklik; *n.* vabariiklane

repuls|e [ri'pʌls] *v.* (*mil.*) (vaenlast) eemale tõrjuma; **~ive** *adj.* eemaletõukav

reputation [repju'teiʃən] *n.* reputatsioon

request [ri'kwest] *n.* palve; *v.* paluma; **great ~** tõsine vajadus; **~ programme** *n.* soovikontsert

require [ri'kwaiə] *v.* nõudma; **~ment** *n.* vajadus; nõue

requisit|e ['rekwizit] *adj.* vajalik; **~ion** *n.* rekvisitsioon, sundvõtmine; *v.* rekvireerima

rescue ['reskjuː] *v.* päästma; *n.* päästmine

research [ri'sɜːtʃ] *n.* uurimine; *adj.* uurimis-

resembl|ance [ri'zembləns] *n.* sarnasus; **~e** *v.* sarnanema

resent [ri'zent] *v.* solvuma; pahaks panema; **~ment** *n.* solvang; pahameel

reserv|ation [rezə'veiʃən] *n.* varumine; (*mental*) varutingimus; (*Indian*) reservatsioon; **~e** *n.* varu; (*mil.*) reserv, tagavara; (*reticence*) tagasihoidlikkus; *v.* varuma; (*rooms*) ette tellima

reside [ri'zaid] *v.* asuma, elama; **~nce** *n.* elukoht; **~nt** *n.* alaline elanik

resign [ri'zain] *v.* ametist lahti ütlema; loobuma; **~ o.s.** (saatusele) alistuma (to); **~ation** *n.* lahtiütlemine; alistumine

resin ['rezin] *n.* (*bot.*) vaik

resist [ri'zist] v. vastu panema; ~ance n. vastupanu

resol|ute ['rezəluːt] adj. kindel, vankumatu; ~ution n. (pol.) otsus; resolutsioon; tingimus; (firmness) kindlus, vankumatus; ~ve v. otsustama

resort [ri'zɔːt] n. (health) kuurort; (refuge) varjupaik; ~ to v. abi otsides pöörduma

resound [ri'zaund] v. kõlama; (echo) kajama; ~ with avalikult teatama

resource [ri'sɔːs] n. vahend; pl. ressursid; (skill) leidlikkus; ~ful adj. leidlik

respect [ris'pekt] n. austus; in every ~ igas suhtes; ~able adj. lugupeetav; (fairly good) korralik; ~ful adj. austav; ~ive adj. vastav

respiration [respi'reiʃən] n. hingamine

respite ['respait] n. lühike puhkus, hingetõmbus; (jur.) tähtaja pikendus

respon|d [ris'pɔnd] v. vastama, reageerima (to); ~se n. vastus; reageering; ~sibility n. vastutus; ~sible adj. vastutav; ~sive adj. abivalmis

rest [rest] n. jääk; ülejääk; pl. (of people) teised; (from work) puhkus; (peace) rahu; (mus.) paus; v. (lean) toetama; toetuma (against); puhkama; (horses) puhkust andma

restaurant ['restərənt] n. restoran

restless ['restlis] adj. rahutu, püsimatu

restorat|ion [restə'reiʃən] n. (health, rights) taastamine; (art, pol.) restauratsioon; ~e v. taastama, restaureerima

restrain [ris'trein] v. tagasi hoidma; ~t n. tagasihoidlikkus

restrict [ris'trikt] v. kitsendama, piirama (to); ~ion n. kitsendamine

result [ri'zʌlt] n. tulemus; ~ from v. tulenema; ~ in millegagi lõppema

resume [ri'zjuːm] v. uuesti alustama

resurrection [rezə'rekʃən] ülestõusmine; taaselustumine

retail ['riːteil] n. jaemüük; v. jaoti müüma; ~er n. väikekaupmees

retain [ri'tein] v. kinni hoidma; säilitama; ~ in meeles pidama

retaliat|e [ri'tælieit] v. samaga tasuma; ~ion n. samaga tasumine; (mil.) vastulöök; kättemaks

retard [ri'tɑːd] v. aeglustama

reticen|ce ['retis(ə)ns] n. kinnisus, tagasihoidlikkus; ~t adj. sõnakehv; tagasihoidlik; kinnine

retire [ri'taiə] v. (from office) ametist lahkuma; erru minema; (seclude o.s.) üksindust otsima; ~d adj. erus olev; üksildane; ~ment n. taandumine; eraldumine

retort [ri'tɔːt] v. vastu sähvama; vastulööki andma; n. vastulöök, tabav vastus

retreat [ri'triːt] v. taganema; n. taganemine; v. (walk away) eemalduma; beat a ~ (mil.) taganema; (fig.) ettevõttest loobuma

return [ri'tɜːn] v. tagasi tulema; ta-
gasi minema; n. tagasitulek; ta-
gasimaks; tulu; kasu; ~ ticket n.
tagasisõidupilet
reunion ['riːˈjuːnjən] n. taasühine-
mine; family ~ perekondlik kok-
kutulek
reveal [ri'viːl] v. avaldama
revel [revl] v. pillerkaaritama
revelation [revi'leiʃən] n. (action)
avaldamine; (eccl.) ilmutus (a.
fig.)
revenge [ri'vendʒ] n. kättemaks; v.
kätte maksma (on)
revenue ['revinjuː] n. tulud; tax ~
n. tollimaksust laekuvad riigitu-
lud
revere [ri'viə] v. hardalt austama
~nce harras austus; ~nd adj.
auväärne; (title) kõrgeauline
rever|se [ri'vɜːs] v. (motion) üm-
ber pöörama; tagasikäiku andma;
n. (opposite) vastand; (side) ta-
gakülg, revers; saatuselöök; adj.
vastupidine, ümberpööratud; ~t
v. tagasi pöörduma
review [ri'vjuː] v. (study again) üle
vaatama; (press) ülevaadet tege-
ma; (book) retsenseerima; n. üle-
vaade; ringvaade; retsensioon; pa-
raad
revis|ed [ri'vaizd] adj. (edition) pa-
randatud; ~ion n. taasläbivaata-
mine; taasläbitöötamine; läbivaa-
datud ja parandatud väljaanne
reviv|al [ri'vaivəl] n. taaselusta-
mine; (of art) taastamine; ~e
v. taaselustama; (person) meele-
märkusele tulema; (fig.) taaselus-
tuma

revol|t [ri'voult] v. üles tõusma; n.
ülestõus; mäss; ~ting adj. vastik;
~ution n. revolutsioon; (tech.)
pöörlemine; (one turns) pööre;
~utionary adj. revolutsioonili-
ne; pöördeline; n. revolutsionäär;
~ve v. pöörlema; ~ver n. revol-
ver
reward [ri'wɜːd] n. autasu; v. auta-
sustama
rheumatism ['ruːmətizm] n. reu-
matism
rhinoceros [rai'nɔsərəs] n. ninasar-
vik
rhubarb ['ruːbɑːb] n. rabarber
rhyme [raim] n. riim; riimitud
värss; v. riimima
rhythm [riðm] n. rütm
rib [rib] n. ribi, küljeluu
ribbon ['ribən] n. pael
rich [ritʃ] adj. rikas; (harvest) kül-
luslik; (soup) rammus; ~es n.
rikkus
rid [rid] : get ~ of v. lahti saama,
vabanema (kellestki, millestki)
riddle [ridl] n. mõistatus; v. sõe-
luma, sarjama; (by bullets) sõela-
taoliseks tegema
ride [raid] v. ratsutama; sõitma; n.
ratsutamine; ~r n. ratsanik
ridge [ridʒ] n. (geogr.) seljak; (of
roof) hari
ridicul|e ['ridikjuːl] adj. pilkama;
~ous adj. naeruväärne
rifle [raifl] n. vintpüss; ~man n.
laskur
rift [rift] n. mõra, pragu
rigging ['rigiŋ] n. (mar.) taglas
right [rait] n. õigus; adj. (correct)
õige; adv. õigesti; (straight) otse;

~hand *adj.* parempoolne; all ~! hea küll! to the ~ paremale (of); you are ~ sul (teil) on õigus; ~eous *adj.* (*character*) õiglane; ~ful *adj.* seaduslik

rigo|rous ['rigərəs] *adj.* range; ~our *n.* rangus, karmus

rim [rim] *n.* äär, serv; *pl.* (*glasses*) raamid

rind [raind] *n.* (*bread*) koorik; (*tree*) koor

ring [riŋ] *n.* sõrmus; (*boxing*) ring; (*gang*) jõuk; helin, kõlin; *v.* helisema, helistama

rinse [rins] *v.* loputama; *n.* loputamine

riot ['raiət] *n.* mäss; märatsemine; ~ous *adj.* märatsev

rip [rip] *v.* (*sewing*) lahti harutama; rebestama; *n.* rebestus, lõhestus; ~ off lõhki kärisema;

ripe [raip] *adj.* küps (*a. fig.*); valminud; ~n *v.* küpsema, valmima

ripple [ripl] *n.* (*on water*) säbarlainetus; virvendus; (*sound*) veevulin; *v.* virvendama, vulisema

rise [raiz] *v.* tõusma; kerkima; (*stand up*) üles tõusma; *n.* (*price*) tõus; (*sun*) päikesetõus; kerkimine

risk [risk] *n.* risk; *v.* risk(eer)ima; ~y *adj.* riskantne

rite [rait] *n.* tseremoonia; usutalitus

rival ['raivəl] *n.* rivaal, vastane; võistleja; *v.* võistlema; konkureerima; ~ry *adj.* konkurents, võistlus

river ['rivə] *n.* jõgi; *adj.* jõe-

rivet ['rivit] *n.* neet; *v.* neetima

road [roud] *n.* tee; ~side *n.* teeäär; *adj.* teeäärne; ~stead *n.* reid; välissadam; ~way *n.* sõidutee

roam [roum] *v.* uitama

roar [rɔː] *v.* (*storm, lion*) mõirgama; uluma; (*cannon*) mürisema; *n.* mõirgamine; ulumine; mürin; ~ with laughter laginal naerma

roast [roust] *v.* praadima; *n.* praad; *adj.* praetud

rob [rɔb] *v.* röövima; ~ber *n.* röövel; ~bery *n.* röövimine

robe [roub] *n.* rüü

robust [rə'bʌst] *adj.* tugev, jõuline

rock [rɔk] *n.* kalju; (*min.*) kivim

rocket ['rɔkit] *adj.* raketi-; reaktiiv-

rocking-chair ['rɔkiŋtʃɛə] *n.* kiiktool

rocky ['rɔki] *adj.* kaljune

rod [rɔd] *n.* ritv; (*birch*) vits; (*fishing*) õngeritv

roe [rou] *n.* (*deer*) metskits; kalamari

rogue [roug] *n.* lurjus; little ~ *n.* kelm

roll [roul] *n.* rull; sai; *v.* rullima; veerema; (*eyes*) pööritama; (*metal*) valtsima; ~ up kokku rullima; ~er *n.* (*cylinder, road, building*) valts; (*wheel*) rull; ~ing-mill *n.* valtsmasin; ~ing-pin *n.* tainarull

Rom|an ['roumən] *adj.* rooma; *n.* roomlane; katoliiklane; r~ance *n.* (*poem, love affair*) romaan; (*mood*) romantika; r~antic *adj.* romantiline

romp [rɔmp] *v.* vallatama; hullama

roof [ruːf] *n.* katus

rook [ruk] *n.* (*zo.*) künnivares; (*chess*) vanker

room [ru(:)m] *n.* tuba, ruum; *pl.* korter; **elbow-~** *n.* avarus; **~y** *adj.* avar

root [ru:t] *n.* juur; **~ed** *adj.* sissejuurdunud

rope [roup] *n.* köis; tross; (*bundle*) komps; (*string*) nöör

rose [rouz] *n.* roos

roster ['rousta, 'rɔs-] : **duty ~** teenistuskordade tabel

rosy ['rouzi] *adj.* roosa; roosiline

rot [rɔt] *v.* mädanema; *n.* mädanemine; mädanik

rotat|e [rou'teit] *v.* pöörlema, keerlema; **~ion** *n.* pöörlemine; keerlemine

rotten [rɔtn] *adj.* mädanenud; kõdunenud

rouble [ru:bl] *n.* rubla

rouge [ru:ʒ] *v.* (*cheeks*) minkima; (*lips*) huuli värvima; *n.* mink; (*lipstick*) huulepulk

rough [rʌf] *adj.* (*skin, material*) kare; viimistlemata; (*manners*) toores; (*sea, wather*) tormine; **~estimate** *adj.* umbkaudne; **~copy** *n.* mustand

round [raund] *adj.* ümmargune; *v.* ümmarguseks muutuma; lõpetama (**with**); *prep.* ümber; *n.* ring; (*policeman's*) ringkäik; (*boxing*) raund

rouse [rauz] *v.* üles äratama; ergutama; ärritama

rout|e [ru:t] *n.* marsruut; **~ine** *n.* rutiin; *adj.* rutiinne, šablooniline

rove [rouv] *v.* hulkuma, ringi rändama

row [rou] *n.* (*quarrel*) tüli; lärm; (*line*) rida *v.* (*sport*) sõudma, aerutama; *n.* paadisõit; **~ing** *n.* sõudmine, aerutamine

royal ['rɔiəl] *adj.* kuninglik; **~ty** *n.* kuningliku perekonna liige; autoritasu, honorar

rub [rʌb] *v.* hõõruma; **~ber** *n.* kumm; *pl.* kalossid; hõõre; takistus; masseerija; **~bish** *n.* praht; tühi jutt; **~ble** *n.* kivipuru

ruby ['ru:bi] *n.* rubiin; *adj.* rubiinpunane

rudder ['rʌdə] *n.* tüür, rool

rude [ru:d] *adj.* jõhker, toores; **~ness** *n.* jõhkrus, toorus

rudiment ['ru:dimənt] *n.* (*biol.*) rudiment; *pl.* (*fig.*) algmed, algteadmised; **~ary** *adj.* rudimentaalne, algeline

ruffian ['rʌfiən] *n.* huligaan, kaabakas

ruin ['ru:in] *n.* (*fall*) hukk; (*wreck, debris*) vare, rusu; *pl.* varemed; kokkuvarisemine; *v.* hävitama, ruineerima; **~ous** *adj.* hävitav; ruineeriv

rul|e [ru:l] *n.* reegel; (*pol.*) võim, valitsus; *v.* valitsema; (*paper*) lineerima; **~er** *n.* valitseja; (*tool*) joonlaud; **~ing** *adj.* valitsev; *n.* määrus, korraldus

Rumanian [ru(:)'meiniən] *adj.* rumeenia; *n.* rumeenlane; rumeenia keel

rumble [rʌmbl] *v.* kolisema; *n.* kolin

rummage ['rʌmidʒ] *v.* (*drawer*) tuhnima; (*ship*) läbi otsima

rumour ['ruːmə] *n.* kuulujutt; **it is ~ed** liiguvad kuulujutud

run [rʌn] *v.* jooksma; (*fluid*) *v.* voolama; laiali valguma; (*machine*) käima, töötama; (*train*) sõitma; (*text*) kõlama; (*office*) juhtima; *n.* jooks, tormijooks; **~ over** *v.* (*pedestrian*) üle sõitma; **~ out** *v.* (*supply*) lõpule jõudma; **~away** *n.* põgenik; *adj.* põgenev; **~ner** *n.* jooksja; **~ning** *adj.* jooksev; (*account*) jooksev arve; *n.* jooksmine; **~way** *n.* jooksutee; lennuki stardirada

rural ['ruərəl] *adj.* küla-

ru-h [rʌʃ] *v.* tormama; *n.* (*of customers*) tunglemine; **~ order** *n.* kiirtellimine

Russian ['rʌʃən] *adj.* vene; *n.* venelane; vene keel; **speak ~** vene keeles rääkima

rust [rʌst] *n.* rooste; *v.* roostetama

rustic ['rʌstik] *adj.* talupoeglik

rustle [rʌsl] *n.* kahin; *v.* kahisema

rut [rʌt] *n.* rattarööbas; jooksuvagu

ruthless ['ruːθlis] *adj.* halastamatu

rye [rai] *n.* rukis; *adj.* rukki-

S

sable [seibl] *n.* soobel; (*fur*) sooblinahk

sabotage ['sæbətɑːʒ] *n.* sabotaaž; *v.* saboteerima

sabre ['seibə] *n.* mõõk

sack [sæk] *n.* kott

sacr|ament ['sækrəmənt] *n.* sakrament; **~ed** *adj.* püha; vaimulik;

(*by memory*) pühitsetud; **~ifice** *n.* ohverdus; *v.* ohverdama (**to**)

sad [sæd] *adj.* kurb; **be ~** *v.* kurb olema; **~den** *v.* kurvastama; kurvaks tegema

saddle [sædl] *n.* sadul; *v.* saduldama; **~er** *n.* sadulsepp

sadness ['sædnis] *n.* kurbus

safe [seif] *adj.* ohutu; (*harmed*) vigastamata; (*dependable*) kindel; **~guard** *n.* kaitse, tõend; garantii; **~ty** *n.* ohutus, julgeolek; vigastamatus; **~ty -razor** *n.* žilett; **~ty-valve** *n.* kaitseklapp, kaitseventiil

sag [sæg] *v.* (*droop*) ripendama; (*sink*) alla vajuma

sagacious [sə'geiʃəs] *adj.* teravmeelne

sage [seidʒ] *adj.* elutark; *n.* mõttetark

sail [seil] *n.* puri; *v.* purjetama; **~ing** *n.* meresõit; purjetamine; **~ing-boat** *n.* purjepaat; **~or** *n.* meremees, madrus

saint [seint] *n.* pühak

sake [seik] : **for the ~ of** (*kellegi, millegi*) pärast

salad ['sæləd] *n.* salat

salary ['sæləri] *n.* palk, töötasu

sale [seil] *n.* müük; **for on ~** müügil, müüa, müüdav; **clearance ~** *n.* väljamüük; **~s** (**wo**)**man** *n.* müüja (müüjanna)

sally ['sæli] *n.* (*mil.*) rünnak; väljasõit

salmon ['sæmən] *n.* lõhe, lõhekala

saloon [sə'luːn] *n.* (*mar.*) salong; (*rail.*) salongvagun

salt [sɔlt] *n.* sool; *adj.* soolane; ~-**cellar** *n.* soolatoos; ~**petre** *n.* salpeeter; ~y *adj.* soolane

salut|ation [sælju'teiʃən] *n.* tervitus; ~e (*soldier*) au andma; (*artillery*) *v.* saluteerima; *n.* auandmine; saluut

salva|ge ['sælvidʒ] *n.* (*mar.*) päästmine; (*ship*) päästetud laev; (*cargo*) päästetud koorem; *v.* päästma; ~**tion** *n.* päästmine

same [seim] *adj.* sama; the ~ thing seesama; all the ~ ükskõik; (*nevertheless*) siiski

sample [sɑmpl] *n.* mudel; kaubaproov; *v.* proovi võtma

sanatorium [sænə'tɔːriəm] *n.* sanatoorium

sanct|ify ['sæŋktifai] *v.* pühitsema, patust puhastama; ~**ion** *v.* sanktsioneerima; ~**ity** *n.* pühadus; ~**uary** *n.* pühapaik

sand [sænd] *n.* liiv

sandwich ['sændwidʒ] *n.* sandvitš, võileib

sandy ['sændi] *adj.* liivane

sanit|ary ['sænitəri] *adj.* sanitaarne; ~**ation** *n.* tervendamine; ~y *n.* (*of judgment*) terve mõistus

Santa Claus ['sæntə 'klɔːz] *n.* jõuluvana

sap [sæp] *n.* (*bot.*) taimemahl; ~**ling** *n.* noor puu

sarcastic [sɑː'kæstik] *adj.* sarkastiline

sardine [sɑː'diːn] *n.* sardiin

sash [sæʃ] *n.* (*garment*) ehisvöö; aknaraam; ~-**window** *n.* tõstandaken

satellite ['sætəlait] *n.* satelliit; (planeedi) kaaslane

satin ['sætin] *n.* satään; atlass-siid

satire ['sætaiə] *n.* satiir

satis|faction [sætis'fækʃən] *n.* rahuldus; ~**factory** *adj.* rahuldav; ~**fied** *adj.* rahul; (*satiated*) küllaldane; (*convinced*) veendunud; ~**fy** *v.* rahuldama

saturate ['sætʃəreit] *v.* küllastama

Saturday ['sætədi] *n.* laupäev

sauce [sɔːs] *n.* soust, kaste; ~**pan** *n.* kastrul; ~r *n.* alustass

sausage ['sɔsidʒ] *n.* vorst; (*frankfurter*) viiner

savage ['sævidʒ] *adj.* metsik; *n.* metslane; ~**ry** *n.* metsikus

sav|e [seiv] *v.* päästma; (*money*) säästma, kokku hoidma; (*strength*) (*millestki*) päästma, vabastama; ~**ing** *n.* kokkuhoid; ~**ings** *n. pl.* säästud; ~**ings-bank** *n.* hoiukassa; ~**iour** *n.* päästja

savour ['seivə] *n.* pikantsus; (*taste*) maitse, maik, kõrvalmaik; ~y *adj.* pikantne, maitsev

saw [sɔː] *n.* saag; ~**dust** *n.* saepuru; ~**mill** *n.* lauavabrik

say [sei] *v.* ütlema; he ~s ta ütleb; he said ta ütles; that is to ~ see tähendab; ~**ing** (*frequent*) vanasõna; ütlus; it goes without ~**ing** see on enesestmõistetav

scabbard ['skæbəd] *n.* (mõõga) tupp

scaffold ['skæfəld] *n.* tapalava; ~**ing** *n. pl.* tellingud

scald [skɔːld] v. kuumutama; keeva veega põletama; (*injury*) tulehaav

scale [skeil] n. (*thermometer, wages*) skaala, mõõtkava; (*map*) mastaap; n. pl. kaalud; **on a large ~** suures mastaabis; n. soomus; (*in boiler*) katlakivi; **~ off** v. kestendama

scandal ['skændəl] n. skandaal; pahandus; laim; (*gossip*) keelepeks; **~ous** adj. skandaalne; laimu-

Scandinavian [skændi'neivjən] adj. skandinaavia; n. skandinaavlane; skandinaavia keeled

scant [skænt] : **~y** adj. kasin, vähene, puudulik

scar [skɑː] n. (haava)arm; v. arme jätma *või* tegema

scarce [skeəs] adj. kasin; napp; defitsiitne; (*rare*) haruldane; **~ely** adv. vaevalt; **~ity** n. puudus; haruldus

scare [skeə] v. hirmutama; **~crow** n. hernehirmutis

scarf [skɑːf] n. sall; (*nectie*) kaelaside, lips

scarlet ['skɑːlit] adj. helepunane; **~ fever** n. sarlakid

scatter ['skætə] v. laiali laotama, laiali valguma

scen|ario [si'nɑːriou] n. (*theat.*) stsenaarium; **~e** (*part of play*) sündmus, stseen; (*of story*) tegevuskoht; **behind the ~es** kulisside taga; **~ery** n. maastikupilt, dekoratsioon

scent [sent] n. (*smell*) lõhn; (*sence of smell*) haistmine; (*liquid*) lõhnaõli; (*track*) jälg

sceptical ['skeptikəl] adj. skeptiline

sceptre ['septə] n. skepter

schedule ['ʃedjuːl] n. (*list*) nimestik; (*time-table*) plaan, graafik, sõiduplaan; v. tabelit koostama

scheme [skiːm] n. projekt, plaan; (*plot*) n. intriig, salasepitsus; v. projekteerima; intrigeerima

scholar ['skɔlə] n. teadlane; **~ship** n. eruditsioon; (*money*) stipendium

school [skuːl] n. kool; adj. kooli-; **~boy** n. koolipoiss; **~girl** n. koolitüdruk

scien|ce ['saiəns] n. teadus; (*natural*) loodusteadus; **~tific** adj. teaduslik; **~tist** n. teadlane; loodusteadlane

scissors ['sizəz] n. pl. käärid

scold [skould] v. noomima

scoop [skuːp] n. kopp; (*shovel*) kühvel; v. kühveldama

scooter ['skuːtə] n. (*mot.*) motoroller; skuuter; (*toy*) tõukeratas

scope [skoup] n. (*field of vision*) silmaring; (*field of action*) tegevusala; **beyond my ~** see ei kuulu minu kompetentsi; **give full ~ to** võimaldama laiaulatuslikku tegevust

scorch [skɔːtʃ] v. kõrvetama; (*grass*) kõrbema

score [skɔː] n. (*mark*) sälk, täke; (*count*) arve; (*sport*) skoor, punktide seis; õnnestumine; (*number*) kakskümmend; (*goal*) tabav löök

scorn [skɔːn] v. põlastama, põlgama; **~ful** adj. põlastav, põlglik

Scot [skot] n. šotlane; **~ch** n. šoti viski, kleeplint; adj. šoti;

~chman *n.* šotlane; ~chwoman *n.* šotlanna

scoundrel ['skaundrəl] *n.* lurjus

scourge [skəːdʒ] *n.* roosk, piits; *v.* rooskama, piitsutama

scout [skaut] *n.* luuraja; (*boy*) skaut; *v.* luurama

scowl [skaul] *n.* sünge pilk; *v.* süngelt vaatama; põrnitsema

scramble [skræmbl] *n.* (*fight*) kisklemine (for); (*clamber*) ronimine; *v.* kisklema; ronima; ~d eggs *n.* munapuder

scrap [skræp] *n.* raasuke, tükike (paberi)lipakas; (*metal*) metallimurd; *v.* kokku heitma; lammutamisele määrama; ~ iron *n.* vanaraud

scratch [skrætʃ] *v.* kriimustama; (*scrible*) kratsima (*itching spot*) sügama; *n.* kriimustus

scream [skriːm] *n.* kiljatus, karjatus; *v.* kriiskama, kilkama

screen [skriːn] *n.* sirm; vahesein; (*film*) ekraan; smoke-~ *n.* suitsukate

screw [skruː] *n.* kruvi; vint; ~ up *v.* kinni kruvima; ~ up one's eyes *v.* silmi vidutama; ~driver *n.* kruvikeeraja

scribble [skribl] *v.* (*hastily*) kiiruga üles kirjutama; (*carelessly*) kritseldama; *n.* kritseldus

script [skript] *n.* (*film*) käsikiri; (*typ.*) kirjasüsteem; Holy S~ure *n.* pühakiri, piibel

scroll [skroul] *n.* (pärgamendi-, paberi)rull

scrub [skrʌb] *v.* küürima; harjaga puhastama

scrupulous ['skruːpjuləs] *adj.* skrupuloosne; kohusetruu; piinlikult täpne

sculpt|or ['skʌlptə] *n.* skulptor; ~ure *n.* skulptuur; *v.* raidkujuks välja raiuma

scurvy ['skəːvi] *n.* skorbuut

scythe [saið] *n.* vikat

sea [siː] *n.* meri; *adj.* meri-, mere-; at ~merel; ~-gull *n.* merikajakas

seal [siːl] *n.* hüljes; pitsat; ~ing-wax *n.* pitsatilakk

seam [siːm] *n.* õmbluskoht; (*scar*) haavaarm; *v.* kokku õmblema

seaman ['siːmən] *n.* meremees

seamstress ['siːmstris] *n.* õmblejanna

search [səːtʃ] *v.* (*house, person*) läbi otsima; *n.* läbiotsimine; otsing; ~ for *v.* otsima; ~light *n.* prožektor

sea|shore ['siːʃx] *n.* mererand; ~side *n.* mereäärne kuurort; mererand; *adj.* mere-

season [siːzn] *n.* (*period*) sesoon; (*as Spring*) aastaaeg; *v.* vürtsitama; maitsestama; ~ing *n.* vürts; maitseaine; ~-ticket *n.* sesoonipilet

seat [siːt] *n.* tool; iste; (*theat.*) istekoht; (*residence*) aukoht; *v.* (*hall*) mahutama; take a ~istet võtma

seaweed ['siːwid] *n.* merevetikas

seclu|de [si'kluːd] *v.* üksindust otsima; ~sion *n.* üksindus

second ['sekənd] *num.* teine *n.* sekund; ~ary *adj.* teisene; (*lesser*) teisejärguline; ~ary school *n.*

keskkool; ~-hand adj. tarvitatud, pruugitud; (information) kaudne, kaudselt saadud (teade); ~ly adv. teiseks, teisena

secre|cy ['siːkrisi] n. salalikkus; salajashoidmine; ~t n. saladus; adj. salajane; ~tary n. sekretär; ~tion n. sekretsioon, nõristus

sect [sekt] n. sekt; ~ion n. (part) osa; (division) sektsioon; piirkond; (math.) lõige; läbilõige; ~or n. sektor

secular ['sekjulə] adj. ilmalik; (age-old) põline; saja aasta tagant korduv

secur|e [si'kjuə] adj. kaitstud, ohutu; (socially) kindel; ~ity n. ohutus, julgeolek; kindlus; tagatis, garantii; pl. väärtpaberid

seduc|e [si'djuːs] v. meelitama, võrgutama; ~tion n. meelitamine, võrgutus

see [siː] v. nägema; ~ to it that ... jälgida selleks, et ...; I ~! saan aru; ah nii! let me ~ las ma mõtlen; go to ~ külastama, külla minema

seed [siːd] n. (bot.) seeme; (agr.) külv; v. (field) seemet külvama

seek [siːk] v. (help, advice) otsima, paluma; (wealth) ihaldama (for, after); (to do) püüdma, katsuma

seem [siːm] v. näima; ~ing adj. näiv; ~ingly adv. nähtavasti

seethe [siːð] v. keema, keetma

seize [siːz] v. haarama, kinni püüdma

self [self] n. ise; my own ~ mina ise; my former ~ see,

mis ma olin varem; ~-confidence n. eneseusaldus; iseteadlikkus; ~-confident adj. iseteadlik; ~-conscious adj. häbelik; ~-control n. enesevalitsus; ~ish adj. egoistlik, omakasupüüdlik; ~-styled adj. isehakanud

sell [sel] v. müüma; müüdav olema; ~er n. müüja; best-~er n. menuraamat, nõutav raamat

semblance ['sembləns] n. väljanägemine; sarnasus

semi|circle ['semisəːkl] n. poolring; ~colon n. semikoolon

senat|e ['senit] n. senat; ~or n. senaator

send [send] v. saatma

senior ['siːnjə] adj. vanem; John Parker ~ John Parker seenior

sensation [sen'seiʃən] n. sensatsioon; (biol.) aisting; ~al adj. sensatsiooniline

sens|e [sens] n (feeling) tunne; (meaning) tähendus; v. aistma, tundma; man of ~ mõistlik inimene; ~eless adj. mõttetu; (unconscious) meelemärkusetu, oimetu; ~ible adj. (reasonable) mõistlik; (noticeable) märgatav, tunnetatav; ~itive adj. tundlik; ~ual adj. meeleline, aistinguline; ~uality n. sensuaalsus, meelelisus; himurus

sent|ence ['sentəns] n. (gr.) lause; mõttekild; (jur.) kohtuotsus; ~imental adj. sentimentaalne

sentry ['sentri] n. vahisõdur; ~ duty n. vahiteenistus

separa|ble ['sepərəbl] adj. lahutatav, eraldatav; ~te v. (friends)

lahutama, lahku minema; eralda-
ma, eralduma; ~tion n. eralda-
mine; lahutus

September [sep'tembə] n. septem-
ber

seque|l ['si:kwəl] n. (consequence)
tagajärg; (book) järg, jätk; ~nce
n. järjestus; (series) järg, järjes-
tik

serf [sæf] n. pärisori; ~dom n. pä-
risorjus

sergeant ['sɑːdʒənt] n. seersant

series ['siəri:z] n. seeria, rida

serious ['siəriəs] adj tõsine; ~ness
n. tõsidus

sermon ['səːmən] n. jutlus

serpent ['səːpənt] n. madu

serv|ant ['səːvənt] n. teenija; (eccl.)
(kiriku)teener; civil ~ant n. rii-
giteenistuja; ~e v. teenima; (din-
ner, clients) teenindama; ~ice
n. teenistus, teenindamine; (set)
serviis; (sport) serv, palling; at
your ~ice teie teenistuses; ~ile
adj. orjameelne; ~itude n. orjus;
(penal) sunnitöö

session ['seʃən] n. istung; (period)
sessioon

set [set] n. panema; (med.) pai-
galdama; (sun) looja minema;
(mus.) viisistama; n. (instru-
ments) komplekt; (dishes) serviis;
~ about work v. asuma tööd te-
gema; ~ forth v. esile tooma; ~
up v. püstitama; asutama

settle [setl] v. (colonists) asusta-
ma; asuma; (in life) korraldama;
(question, quarrel) lahendama;
rahustama; ~ one's accounts

lõpparvet tegema; ~ment n. asu-
la, asundus; lahendamine; (fin.)
tasumine; arveteõiendus; ~r n.
asunik

seven [sevn] num. seitse; ~teen
seitseteist; ~teenth seitsmeteist-
kümnes; ~th seitsmes; ~tieth
seitsmekümnes; ~ty seitseküm-
mend

several ['sevrəl] adj. mõned, mõ-
ningad, mitmed

sever|e [si'viə] adj. (strict) range;
(harsh) karm; ~ity n. rangus,
karmus

sew [sou] v. õmblema; ~ on a but-
ton nööpi ette õmblema

sex [seks] n. sugu; ~ual adj. sek-
suaalne

shabby ['ʃæbi] adj. kulunud, näru-
ne

shackles [ʃæklz] n. pl. ahelad

shad|e [ʃeid] n. vari; (nuance) var-
jund; (lamp) lambivari; v. varja-
ma; (drawing) varjundama; ~ow
n. (eseme) vari; (twilight) hä-
marus; v. ära varjama; (follow)
jälgima; ~owy adj. varjukas;
(dim) ähmane; ~y adj. varjuline;
(business) kahtlane, tume

shaft [ʃɑːft] n. (tech.) võll; (har-
ness) ais; nool; vars

shaggy ['ʃægi] adj. sasitud, karvane

shak|e [ʃeik] v. raputama; rappu-
ma; (shok, weaken) vapustama;
~e down, ~e off maha rapu-
tama; ~e up üles raputama; ~y
adj. kõikuv

shall [ʃæl] : I ~ say v. ma ütlen;
what ~ I say? mida ma ütlen?
he ~ work ta peab töötama

shallow   **sheer**   **sheet**   **shiver**

shallow [ˈʃælou] *adj.* madal; pea-liskaudne; (*shoal*) *n.* madal koht, madalik

sham [ʃæm] *adj.* teeseldud, võlts; *n.* teesklus; *v.* teesklema

shame [ʃeim] *n.* häbi; (*disgrace*) häbistus; *v.* häbistama; ~**ful** *adj.* häbiväärne; ~**less** *adj.* häbematu

shape [ʃeip] *n.* kuju; vorm; *v.* kuju andma; kuju võtma; ~**less** *adj.* kujutu, vormitu; ~**ly** *adj.* kena, kenakujuline

share [ʃɛə] *n.* jagu; (*fin.*) aktsia; *v.* jagama, osa saama

shark [ʃɑːk] *n.* haikala

sharp [ʃɑːp] *adj.* terav; (*turn*) järsk; (*wind, tone*) lõikav; ~**en** *v.* teritama

shatter [ˈʃætə] *v.* kildudeks purustama; (*plans*) purustama; (*nerves*) vapustama

shav|e [ʃeiv] *n.* habemeajamine; *v.* habet ajama; (*wood*) hööveldama; (*bread*) viiludeks lõikama; ~**ing** *n.* habemeajamine; *adj.* habemeajamis-; *n. pl.* höövlilaastud

shawl [ʃɔːl] *n.* sall, rätik

she [ʃiː] *pron.* tema, ta (*fem.*)

sheaf [ʃiːf] *n.* (*agr.*) vihk

shear [ʃiə] *v.* pügama; *n. pl.* suured käärid

sheath [ʃiːθ] *n.* (*sword*) tupp

shed [ʃed] *n.* (*building*) varjualune; kuur; *v.* (*tears, blood*) valama; (*leaves*) langetama; (*skin*) ajama

sheep [ʃiːp] *n.* lammas; ~**skin coat** lambanahkne kasukas

sheer [ʃiə] *adj.* täielik; ilmne; päris; (*steep*) püstloodis

sheet [ʃiːt] *n.* leht; (*bedding*) voodilina; ~ **iron** *n.* raudplekk, lehtraud

shelf [ʃelf] *n.* riiul

shell [ʃel] *n* (*oyster*) teokarp; (*nut, egg*) koor, kest; (*artillery*) suurtükimürsk; ~**-fish** *n.* karploom; kooriloom (*auster, krabi, vähk*)

shelter [ˈʃeltə] *n.* ulualune; (*mil.*) varjend; kaitse; *v.* ulualust andma; varjama

shepherd [ˈʃepəd] *n.* lambakarjane

shield [ʃiːld] *n.* kilp; *v.* (*protect*) kaitsma; (*screen*) varjama

shift [ʃift] *v.* (*change*) vahetama; (*move*) asukohta muutma; nihutama; ümber paigutama; *n.* nihe; (*working*) vahetus; ~**labour** *n.* vahetustega töö

shilling [ˈʃiliŋ] *n.* šilling

shin [ʃin] *n.* sääreluu

shine [ʃain] *v.* (*sun*) paistma; (*glitter*) särama, hiilgama; (*be glossy*) läikima; *n.* päikesepaiste; sära, hiilgus, läige, läik

shingle [ˈʃiŋgl] (*roof*) katuselaast

shiny [ˈʃaini] *adj.* hiilgav; (*glossy*) läikiv

ship [ʃip] *n.* laev; *adj.* laeva-; *v.* (*load*) lastima; (*send*) laevaga saatma; **motor-**~ *n.* mootorlaev; ~**ment** *n.* lastimine; last; kauba saatmine; ~**ping** *n.* kauba saatmine; kaubalaevastik; ~**wreck** *n.* laevahukk; ~**yard** *n.* laevatehas

shirk [ʃɜːk] *v.* tööst kõrvale hoidma; ~**er** *n.* tööpõlgur

shirt [ʃɜːt] *n.* päevasärk; särkpluus

shiver [ˈʃivə] *v.* värisema; *n.* värin

135

shock [ʃɔk] *v.* vapustama; *(scandalize)* šokeerima; *n.* vapustus; *(med.)* šokk; närvišokk

shoe [ʃuː] *n.* king; *(high)* saabas; *(horse's)* hobuseraud; *v.* hobust rautama

shoot [ʃuːt] *v.* tulistama; *(execute)* maha laskma

shop [ʃɔp] *n.* kauplus; *(small)* pood; *(tech.)* tsehh; go ~**ping** *v.* sisseoste tegema

shore [ʃɔ] *n.* mererand; kallas

short [ʃɔːt] *adj.* lühike; *(brief)* lühidane; for ~ lühiduse pärast; in ~ lühidalt; *(summing up)* lühidalt öeldes; ~**age** *n.* puudujääk; ~**en** *v.* lühendama; lühenema; ~**hand** *n.* kiirkiri, stenograafia; ~**ness** *n.* lühidus ; ~-**sighted** *adj.* lühinägelik

shot [ʃɔt] *n.* lask; *(person)* laskur

should [ʃud] : I ~ say ma ütleksin et; you ~ go there teil oleks vaja sinna minna; you ~ not have gone teil poleks vaja sinna minna

shoulder [ˈʃouldə] *n.* õlg

shout [ʃaut] *n.* hüüd, kisa; *v.* hüüdma, kisama; ~ at kellegagi kärkima

shove [ʃʌv] *v.* sisse lükkama; *(push)* tõukama; ~**l** *n.* kühvel; labidas

show [ʃou] *v.* näitama; *(interest)* välja näitama; *(appear)* ilmuma; *n.* vaatepilt; etendus; *(comm.)* näitus; ~-**case** *n.* vitriin

shower [ʃauə] *n.* vihmahoog; rahe; ~-**bath** *n.* dušš

shred [ʃred] *n.* raasuke; väike tükk; narmas; *v.* tükkideks lõikama *või*

rebima; ~**ded wheat** *n. pl.* nisuraasukesed, nisuhelbed

shrew [ʃruː] *n.* riiakas naine

shrill [ʃrill] *adj.* läbilõikav, kriiskav

shrimp [ʃrimp] *n.* krevett

shrine [ʃrain] *n.* säilmekirst; pühamu

shrink [ʃriŋk] *v.* *(material)* kokku tõmbuma

shrivel [ˈʃrivəl] *v.* kortsu tõmbuma

shrub [ʃrʌb] *n.* dekoratiivpõõsas; ~**bery** *n.* põõsasistandik

shrug [ʃrʌg] : ~ one's shoulders *v.* õlgu kehitama

shudder [ˈʃʌdə] *v.* võbisema; *n.* võbisemine

shuffle [ʃʌfl] *v.* *(feet)* lohistama; *(cards)* segama; *n.* lohistus; kaartide segamine

shun [ʃʌn] *v.* kõrvale hoiduma, vältima

shut [ʃʌt] *v.* sulgema, kinni panema, kinni minema; ~**ter** *n.* *(window)* aknaluuk; *(photo)* katik

shy [ʃai] *adj.* kartlik; ~**ness** *n.* kartlikkus

sick [sik] *adj.* haige; I feel ~ ma tunnen ennast halvasti; it makes me ~ see teeb mu südame pahaks; see paneb mind iiveldama

sickle [sikl] *n.* sirp

sickly [ˈsikli] *adj.* põdur, haiglane

sickness [ˈsiknis] *n.* haigus; *(nausea)* iiveldus

side [said] *n.* pool, külg; *adj.* külg-, kõrval-; ~ **by** ~ külg külje kõrval, kõrvuti; **from all** ~**s** igast küljest; ~ **with** kellegi poolt olema; ~-**car** *n.* (mootorratta) külgkorv; ~**walk** *n.* kõnnitee

siege [siːdʒ] *n.* piiramine

sieve [siv] *n.* sõel

sift [sift] *v.* sõeluma

sigh [sai] *v.* ohkama; *n.* ohe, ohkamine

sight [sait] *n.* nägemine; (*spectacle*) vaatepilt; vaade; *pl.* vaatamisväärsused; **catch ∼ of** *v.* märkama; **lose ∼** (*kedagi, midagi*) silmist kaotama (**of**)

sign [sain] *n.* märk; (*of life etc.*) tunnusmärk; (*shop*) silt; *v.* alla kirjutama; **∼al** *n.* signaal; **∼ature** *n.* allkiri; tunnusmärk; **∼ificance** *n.* tähendus; tähtsus; **∼ify** *v.* tähendama; **∼post** *n.* teeviit

silen|ce ['sailəns] *n.* vaikimine; vaikus; **∼t** *adj.* vaikne, vaikiv; **be** *or* **keep ∼t** *v.* vaikima

silk [silk] *n.* siid; *adj.* siidi-, siidist; **∼y** *adj.* siidpehme

sill [sil] *n.* (*window*) aknalaud; (*door*) ukselävi

sill|iness ['silinis] *n.* rumalus; **∼y** *adj.* rumal

silver ['silvə] *n.* hõbe; *adj.* hõbe-, hõbedast; *v.* hõbetama; **∼y** *adj.* hõbedane

similar ['similə] *adj.* samasugune, sarnane (**to**); **∼ity** *n.* sarnasus; samalaadsus

simpl|e [simpl] *adj* lihtne; **∼icity** *n.* lihtsus; (*of mind*) lihtsameelsus; **∼ify** *v.* lihtsustama

simultaneous [siməl'teinjəs] *adj.* samaaegne, üheaegne

sin [sin] *n.* patt

since [sins] *prep.* saadik; **∼ two o'clock** kella kahest saadik; *adv.*

sestsaadik, sellest ajast peale; *conj.* sestsaadik kui, sellest ajast kui; (*because*) kuna

sincer|e [sin'siə] *adj.* avameelne; **∼ity** *n.* avameelsus

sinew ['sinjuː] *n.* kõõlus; **∼y** *adj.* tugev

sing [siŋ] *v.* laulma

singe [sindʒ] *v.* kõrvetama

sing|er ['siŋə] *n.* laulja; **∼ing** *n.* laulmine

singl|e [singl] *adj.* (*case, fact*) üksik; (*will*) ainus; (*person*) vallaline; (*separate*) üheinimese-; **not a ∼le** mitte ühtegi; **∼ular** *n.* (*gr.*) ainsus

sinister ['sinistə] *adj.* hirmuäratav; pahaendeline

sink [siŋk] *v.* (*ship*) põhja vajuma, uppuma; (*sun*) vajuma, laskuma; (*drop*) langema; **kitchen ∼** *n.* valamu

sinner ['sinə] *n.* patune

sir [sœ] *n.* (*title*) söör, härra; **Dear Sir!** austatud härra! **yes, sir!** jah, mu härra!

siren ['saiərin] *n.* sireen

sister ['sistə] *n.* õde; **∼-in-law** *n.* vennanaine; naiseõde; meheõde

sit [sit] *v.* istuma; **∼ down** *v.* istet võtma

site [sait] *n.* koht, paik; asukoht; (*arch.*) ehituskrunt, ehitusplats

situat|ed ['sitjueitid] *adj.* asetsev, asuv; **∼ion** *n.* (*location*) asukoht, asend, koht; (*fig.*) olukord, seisund; (*job*) teenistuskoht

six [siks] *num.* kuus; **∼teen** kuusteist; **∼teenth** kuueteistkümnes;

~th kuues; ~tieth kuuekümnes;
~ty kuuskümmend

size [saiz] *n.* suurus; (*shoe, glove*)
number

skate [skeit] *n.* uisk; *v.* uisutama;
~er *n.* uisutaja

skeleton ['skelitn] *n.* skelett, luuke-
re

sketch [sketʃ] *n.* visand; (*art*)
skits; (*theat.*) sketš, lühinäidend;
v. skitseerima, visandama

ski [skiː] *n.* suusk; *v.* suusatama

skid [skid] *v.* libisema; külglibise-
ma; **the car ~s** masin libiseb sõi-
duteelt kõrvale

ski|er ['skiːə] *n.* suusataja; ~ing *n.*
suusasport

skil|ful ['skilful] *adj.* osav; ~l *n.*
osavus; meisterlikkus; ~led *n.*
(*worker*) oskustööline

skim [skim] *v.* (*milk*) koorima;
(*froth, head*) riisuma; ~ **milk** *n.*
kooritud piim

skin [skin] *n.* nahk; kest, koor; *v.*
nülgima

skip [skip] *v.* hüplema, üle hüppa-
ma; (*line*) lugedes vahele jätma;
~ping rope *n.* hüppenöör

skipper ['skipə] *n.* kipper, kauba-
laeva kapten

skirmish [skɑːmiʃ] *n.* kokkupõrge

skirt [skɑːt] *n.* seelik

skull [skʌl] *n.* kolp, pealuu

sky [skai] *n.* taevas; ~scraper *n.*
pilvelõhkuja

slab [slæb] *n.* plaat, tahvel

slack [slæk] *adj.* lõtv; (*work,
business*) loid; (*gait*) lodev

slam [slæm] *v.* (*door*) prantsatama,
paugutama

slander ['slɑːndə] *n.* laim; ~ous
adj. laimav

slang [slæŋ] *n.* släng, žargoon

slant [slɑːnt] *n.* kallak; ~ing *adj.*
viltune

slap [slæp] *v.* plaksatades lööma; *n.*
(*in the face*) hoop näkku

slate [sleit] *n.* tahvelkiltkivi; kivi-
tahvel; *v.* (*roof*) kiltkividega kat-
ma; ~-**pencil** *n.* krihvel

slaughter ['slɔːtə] *v.* loomi tapma;
n. loomade tapmine; tapatalgud,
veresaun; ~-**house** *n.* tapamaja

Slav [slɑːv] *n.* slaavlane; *adj.* slaavi

slave [sleiv] *n.* ori; ~ry *n.* orjus

slay [slei] *v.* tapma, surmama

sledge [sledʒ] *n.* saan, kelk, regi; *v.*
reega, kelguga, saaniga sõitma

sleek [sliːk] *adj.* sile, libe

sleep [sliːp] *n.* uni; *v.* maga-
ma; ~ing-car *n.* magamisvagun;
~less *adj.* unetu; ~y *adj.* unine

sleeve [sliːv] *n.* käis, varrukas

sleigh [slei] *n.* saan; ~-**bell** *n.* kul-
jus

slender ['slendə] *adj.* (*shapely*) sih-
vakas; (*thin*) peenike, sale

slice [slais] *n.* tükk; viilukas, liistak;
v. tükkideks, viilukaiks lõikama

slide [slaid] *v.* libisema; *n.* libisemi-
ne; (*children's*) liutee; diapositiiv,
slaid

slight [slait] *adj.* kerge; tühi-
ne; tähtsusetu; (*figure*) kleenuke,
habras, peenike; ~ing *adj.* hal-
vustav; ~ly *adv.* natuke, veidi

slim [slim] *adj.* sale, kõhn, kleenuke

slim|e [slaim] *n.* vedel muda;
(*secretion*) lima; ~y *adj.* muda-
ne; limane

sling [sliŋ] *n.* (*weapon*) ling; (*rifle*) kanderihm; (*med.*) rättmähis, kolmnurkside

slip [slip] *v.* (*fall*) libisema, vääratama; (*put secretly*) pistma; *n.* libisemine; (*of pen*) eksitus; (*of tongue*) keelevääratus; ~ **on** *v.* (*jacket*) peale viskama; ~**pery** *adj.* libe

slogan ['slougən] *n.* loosung

slop|e [sloup] *n.* kallakus; (*geogr.*) nõlvak, kallak; ~**ing** *adj.* kaldne, kald-; längus, läng

slot [slɔt] *n.* pilu, lõhe

slow [slou] *adj.* aeglane; (*dull*) igav, mahajäänud; *adv.* aeglaselt; **my watch is ten minutes ~ minu kell on kümme minutit taga; ~ down** *v.* aeglustama; ~**ness** *n.* aeglus

sluice [sluːs] *n.* lüüs, vesivärav

slum [slʌm] *n.* urgas

slush [slʌʃ] *n.* lörts; pori; sulalumi

sly [slai] *adj.* kaval, kelmikas

small [smɔːl] *adj.* väike; ~**scale** *adj.* tähtsusetu, nõrk; ~**-minded** *adj.* väiklane

smart [smɑːt] *v.* (*wound*) valutama; *n.* valu; *adj.* (*dress*) nägus; moodne; peen; (*character*) tragi; (*blow*) järsk

smash [smæʃ] *v.* purunema, kokku varisema; (*enemy*) purustama, puruks lööma (**up**); (*car*) hooga sisse põrutama; prantsatades lööma (**into**)

smell [smel] *n.* lõhn; (*sense*) haistmine; (*flair*) vaist; *v.* lõhnama (**of**); nuusutama (**at**); välja nuhkima (**out**)

smile [smail] *n.* naeratus; *v.* naeratama

smith [smiθ] *n.* sepp; ~**y** *n.* sepikoda

smok|e [smouk] *n.* suits; *v.* suitsetama; (*fish*) suitsutama; suitsema; ~**ed** *adj.* suitsu-; ~**er** *n.* suitsetaja; (*rail.*) suitsetamisvagun; ~**y** (*room*) *adj.* suitsune

smooth [smuːð] *adj.* sile; (*voice*) tasane; (*verse*) sorav, ladus, sujuv; (*voyage*) õnnestunud; ~**out** *v.* siledaks tegema; ~**ness** *n.* siledus; ladusus

smother ['smʌðə] *v.* lämmatama; (*anger*) alla suruma; hingeldama

smoulder ['smouldə] *n.* hõõguv tuli; *v.* hõõguma

smuggle [smʌgl] *n.* salakaupa vedama; ~**r** *n.* salakaubavedaja

snack [snæk] *n.* suupiste; ~**-bar** *n.* einelaud, puhvet

snail [sneil] *n.* tigu

snake [sneik] *n.* madu

snare [snɛə] *n.* lõks; silmuspüünis

snarl [snɑːl] *v.* urisema; *n.* urin

snatch [snætʃ] *v.* kahmama; haarama (*millegi järele*) (**at**); **work by ~es** hooti töötama

sneak [sniːk] *v.* vargsi liikuma; hiilima (**away, off, in, etc.**)

sneakers ['sniːkəz] *n. pl.* botased, kummitaldadega spordikingad

sneer [sniə] *v.* irvitama; *n.* irvitus, irve

sneeze [sniːz] *v.* aevastama; *n.* aevastus

snore [snɔː] *v.* norskama; *n.* norskamine

snort [snɔːt] v. turtsatama, turtsuma; n. turtsumine

snout [snaut] n. kärss

snow [snou] n. lumi; it ~s lund sajab; ~**ball** n. lumepall; (*bot.*) lodjapuu; ~**flake** n. lumehelve(s); ~**storm** n. lumetorm, lumetuisk; ~**y** adj. lumine; (*colour*) lumivalge

snug [snʌg] adj. hubane, mugav, kodune

so [sou] adv. nii, nõnda; ka; ~ **am I** ja mina ka; ~ **much,** ~ **many** nii palju; pron. seda; nii; selle ümber; **or** ~ või selle ümber

soak [souk] v. (*washing*) likku panema; (*get wet*) lignema, immutama

soap [soup] n. seep; v. seebitama

sob [sɔb] v. nuuksuma; härdasti nutma; n. nuuksatus

sober ['soubə] adj. kaine

so-called ['sou'kɔːld] adj. niinimetatud, nõndanimetatud

soccer ['sɔkə] n. jalgpall

soci|able ['souʃəbl] adj. seltsiarmastav, seltskondlik; ~**al** adj. ühiskondlik; (*pol.*) sotsiaalne; ~**alism** n. sotsialism; ~**alist** n. sotsialist; ~**alistic** adj. sotsialistlik; ~**ety** n. ühiskond; seltskond

sock [sɔk] n. sokk

socket ['sɔkit] : **lamp** ~ n. elektripirni pesa; **wall** ~ n. pistikupesa, seinakontakt

soda ['soudə] n. sooda

sofa ['soufə] n. sohva

soft [sɔft] adj. pehme; (*voice*) mahe, õrn, tasane; ~**en** v. pehmendama; pehmenema; ~**ness** n. pehmus

soil [sɔil] n. (*agr.*) pinnas, muld; v. määrima; määrduma

sojourn ['sɔdʒəːn] n. ajutine viibimine

solder ['sɔldə] v. jootma, tinutama

soldier ['souldʒə] n. sõdur

sole [soul] n. tald; v. tallutama; adj. ainus, ainu-

solemn ['sɔləm] adj. pidulik; ~**ity** n. pidulikkus

solicitor [sə'lisitə] n. (*jur.*) nõuandeadvokaat; volinik, kaubaagent

solid ['sɔlid] adj. (*phys.*) tahke, kõva; (*fig.*) soliidne; (*mass*) tihke; massiivne; läbini samast materjalist; ~**arity** n. solidaarsus; ~**ity** n. tugevus; soliidsus

solit|ary ['sɔlitəri] adj. üksik; ~**ude** n. üksindus

soloist ['soulouist] n. solist

sol|uble ['sɔljubl] adj. (*puzzle*) lahendatav; (*liquid*) lahustatav; lahustuv; ~**ution** n. lahendus; lahus; ~**ve** v. lahendama; ~**vent** n. solvent, lahusti; adj. maksevõimeline

some [sʌm] adj. mõni, mõned; (*not much*) natuke; (*any*) mingi; ~ **of them** pron. mõned neist; ~**body** = ~**one** pron. (*no matter who*) keegi; ~**how** adv. kuidagi(viisi); ~**thing** n. mingi asi, miski; ~**time** adj. kunagine, endine; adv. kunagi; ~**times** adv. mõnikord, vahel; ~**what** adv. veidi, teataval määral; ~**where**

adv. kuskil; kuskile; kusagil; kusagile, kuhugi

son [sʌn] *n.* poeg

song [sɔŋ] *n.* laul

son-in-law [ˈsʌninlɔ] *n.* väimees

soon [suːn] *adv.* varsti, peagi; too ~ *adv.* vara; **as ~ as ...** *conj.* niipea kui ...; **as ~ as possible** võimalikult kiiresti

soot [sut] *n.* tahm

soothe [suːð] *v.* rahustama

sorcer|er [ˈsɔːsərə] *n.* (mees)nõid; ~y *n.* nõidus, nõidumine

sore [sɔː] *adj.* haige, valus; põletikuline; ~ **spot** *n.* valus koht (*a. fig.*)

sorr|ow [ˈsɔrou] *n.* kurbus; *v.* kurvastama **(over)**; ~**owful** *adj.* kurb; ~y *adj.* kurvastav, kahetsev; **be** ~y **that ...** kahju et ...; **I am** ~y **for you** mul on teist kahju; ~y! vabandust! vabandage!

sort [sɔːt] *n.* sort; **all** ~**s of** kõiksugused

soul [soul] *n.* hing

sound [saund] *n.* (*tool*) sond; *v.* sondeerima; *n.* heli; *v.* helisema; (*patient*) koputlema; kuulatlema; ~**film** *n.* helifilm *adj.* (*healthy*) terve; (*firm*) põhjalik; (*sleep*) sügav, rahulik

soup [suːp] *n.* supp

sour [ˈsauə] *adj.* hapu; ~ **milk** *n.* hapupiim; **turn** ~ *v.* hapuks minema; hapenduma

source [sɔːs] *n.* allikas

south [sauθ] *n.* lõuna; *adj.* lõuna-, lõunapoolne; ~ **of** millestki lõuna

poole; ~-**east** *n.* kagu; *adj.* kagupoolne, kagu-; ~-**west** *n.* edel; *adj.* edelapoolne, edela-

souvenir [ˈsuːvəniə] *n.* suveniir

sovereign [ˈsɔvrin] *n.* valitseja, suverään; *adj.* suveräänne, (*fig.*) ülim; suurepärane; ~ty *n.* suveräänsus

sow [sau] *n.* (*pig*) emis; *v.* (*field*) külvama

spac|e [speis] *n.* ruum; kosmos; (*interval*) vahemaa; ~**eman** *n.* kosmonaut, astronaut; ~**e rocket** *n.* kosmoserakett; ~**ious** *adj.* avar;

space shuttle [ˈspeis ˈʃʌtl] *n.* mitmekordse kasutamisega kosmoselaev

spade [speid] *n.* labidas; **queen of** ~**s** *n.* padaemand

span [spæn] *n.* vaks; (*fig.*) lühike ajavahemik; lühike vahemaa; (*bridge's*) sildeava

Span|iard [ˈspænjəd] *n.* hispaanlane; ~**ish** *adj.* hispaania; *n.* hispaania keel

spare [speə] *v.* (*life, person*) säästma; (*minutes*) aega leidma; (*do without*) ilma läbi ajama; ~ **part** *n.* varuosa; ~ **time** *n.* vaba aeg

spark [spɑːk] *n.* säde; ~**ing-plug** *n.* süüteküünal; ~**le** *v.* sätendama, sädelema

sparrow [ˈspærou] *n.* varblane

spatter [ˈspætə] *v.* pritsima

speak [spiːk] *v.* rääkima; ~**er** *n.* oraator; kõneleja; ettekandja; parlamendi esimees, spiiker

141

special ['speʃəl] *adj.* spetsiaalne, eriline; ~**ist** *n.* spetsialist, eriteadlane; ~**ity** *n.* eriala; spetsialiteet

speci|fic [spi'sifik] *adj.* spetsiifiline; ~**fy** *v.* spetsifitseerima, detailselt iseloomustama; ~**men** *n.* näidis; eksemplar

speck [spek] *n.* täpike, plekike

specta|cle ['spektəkl] *n.* vaatepilt; näidend; ~**cles** *n.* *pl.* prillid; ~**tor** *n.* pealtvaataja

spectre ['spektə] *n.* viirastus

speculati|on [spekju'leiʃən] *n.* mõtisklemine; (*comm.*) spekulatsioon ~**ve** *adj.* mõtisklev; spekuleeriv

speech [spiːtʃ] *n.* kõne

speed [spiːd] *n.* kiirus; ~-**limit** *n.* kiiruse ülemmäär; ~ **up** *v.* kiirendama

spell [spel] *n.* (*charm*) veetlevus; (*time*) lühike periood, lühike vältus; **under the** ~ **of** veetluse mõju all; *v.* veerima, tähthaaval lugema *või* kirjutama; **how do you** ~ **his name? kuidas te tema nime kirjutate?** ~**ing** *n.* õigekiri, ortograafia, veerimine; ~**ing dictionary** *n.* õigekeelsuse sõnaraamat

spend [spend] *v.* (*money*) kulutama, raiskama; (*time*) veetma

sphere [sfiə] *n.* (*math.*) kerapind; (*fig.*) sfäär

spic|e [spais] *n.* vürts; ~**y** *adj.* vürtsitatud

spider ['spaidə] *n.* ämblik; ~'**s web** *n.* ämblikuvõrk

spike [spaik] *n.* (*tech.*) suur raudnael; (*bot.*) viljapea; (*sport*) sportkinga tallanael

spill [spil] *v.* maha valama, maha loksutama

spin [spin] *v.* (*turn*) keerutama; (*wool*) ketrama; *n.* keerlemine

spinach ['spinidʒ] *n.* spinat

spine [spain] *n.* (*anat.*) selgroog; (*bot.*) oga; (*zo.*) okas

spiral ['spaiərəl] *n.* spiraal; *adj.* spiraalne; ~**staircase** *n.* keerdtrepp

spire [spaiə] *n.* (*arch.*) tornitipp

spirit ['spirit] *n.* vaim; (*liquor*) piiritus, alkohol; *pl.* alkohoolsed joogid; (*humour*) tuju; ~**ual** *adj.* vaimne

spit [spit] *v.* sülitama, sülgama; (*cat*) turtsuma

spite [spait] *n.* viha; kius; **to** ~ **him** tema kiuste; **in** ~ **of** (*millestki*) hoolimata, (*millelegi*) vaatamata

spittle [spitl] *n.* sülg

splash [splæʃ] *v.* (*water*) solistama; (*mud*) pritsima; *n.* solistus; laik; pritse

spleen [spliːn] *n.* (*anat.*) põrn; tülpimus; (*fig.*) raskemeelsus

splend|id ['splendid] *adj.* hiilgav; ~**our** *n.* hiilgus

splinter ['splintə] *n.* peerg, pilbas; (*metal, glass*) kild; (*in foot*) pind; *v.* killustama; killustuma

split [split] *v.* lõhestama; lõhestuma; *n.* lõhe; lahk; ~ **hairs** *v.* (*fig.*) juuksekarvu lõhki ajama; peensustesse süvenema

spoil [spoil] *v.* rikkuma; riknema; *n.* *pl.* röövsaak

spoke [spouk] *n.* kodar

spokesman ['spouksmən] *n.* esindaja

sponge [spʌndʒ] *n.* käsn; (*clean*) *v.* käsnaga puhastama, pesema; ~ **on** kellegi kulul elama

spoon [spuːn] *n.* lusikas

sport [spɔːt] *n.* sport; ~**s** *adj.* spordi-; ~**sman** *n.* sportlane; ~**swoman** *n.* naissportlane

spot [spɔt] *n.* plekk, täpp; (*place*) koht, paik; (*on textile*) täpiline muster; ~**ted** *adj.* plekiline; täpiline

spray [sprei] *v.* piserdama; ~**er** *n.* pulverisaator

spread [spred] *v.* (*news*) levitama; (*wings*) välja sirutama; (*cloth*) katma; (*butter*) peale määrima; *n.* levimine; (laua- või voodi)kate

sprig [sprig] *n.* (*bot.*) oksake; tiht

spring [spriŋ] *n.* (*season*) kevad; (*wire*) vedru; (*source*) allikas; ~ **to one's feet** *v.* (voodist) jalgadele hüppama; ~**time** *n.* kevadine aeg

sprinkle [spriŋkl] *v.* üle piserdama

sprinter ['sprintə] *n.* sprinter

spur [spəː] *n.* kannus; *v.* kannustama

spurt [spəːt] *n.* juga; purse; *v.* purskama

spy [spai] *n.* spioon, salakuulaja

squad [skwɔd] *n.* brigaad; salk; ~**ron** *n.* (*mar.*) eskaader; (*av.*) eskadrill

square [sk'weə] *n.* (*math.*) ruut; (*town*) skväär; *adj.* kvadraatne, nelinurkne; (*deal*) aus

squash [skwɔʃ] *v.* puruks litsuma; purukslitsutud mass; (*drink*) puuviljajook

squat [skwɔt] *v.* kükitama

squeak [skwiːk] *v.* (*mouse*) piuksuma; (*wheel*) kriuksuma; *n.* piuksumine; kriuksatus

squeeze [skwiːz] *v.* (*compress*) pigistama; (*cram*) suruma; ~ **out** *v.* välja pigistama

squint [skwint] *v.* kõõrdi vaatama; ~**-eyed** *adj.* kõõrdsilmne

squirrel ['skwirəl] *n.* orav

stab [stæb] *v.* torkama; pistma; *n.* (*kill*) noahoop; (*wound*) torkehaav

stab|ility [stə'biliti] *n.* stabiilsus; ~**le** *adj.* stabiilne

stable [steibl] *n.* tall; (*cattle*) laut

stack [stæk] *n.* (*agr.*) kuhi; (*wood*) riit; (*paper*) virn; *v.* kuhja, riita või virna seadma

stadium ['steidiəm] *n.* staadion

staff [staːf] *n.* teivas, latt; (*shepherd's*) kepp; **flag**~ *n.* lipuvarras; *n.* (*employees*) personal; (*mil.*) staap; *adj.* staabi-

stage [steidʒ] *n.* (*theat.*) lava, näitelava; (*development*) aste, järk; (*journey's*) peatuskoht; jaamavahe

stagger ['stægə] *v.* vaaruma; vapustama

stain [stein] *n.* plekk; *v.* määrima; plekiliseks tegema; ~**less steel** *n.* roostevaba teras

stair [steə] *n.* trepiaste; ~**case** *n.* trepp

stake [steik] *n.* panus; *pl.* mängusolev üldsumma, kogupanus; *v.*

(*money*) mängu panema; riskima (on); **be at** ~ kaalul olema (*a. fig.*); *n.* tulp, post; ~ **off** *v.* tulpade või postidega märgistama

stale [steil] *v.* (*bread*) tahke, värskuse kaotanud; (*beer*) liisunud; (*joke*) iganenud

stalk [stɔːk] *n.* (*bot.*) kõrs, vars; *v.* väärikalt sammuma; lähedale hiilima

stall [stɔːl] *n.* latter; (*comm.*) kiosk, müügiputka; (*theat.*) istekoht parteris

stallion ['stæljən] *n.* täkk

stammer ['stæmə] *v.* kogelema; *n.* kogelemine

stamp [stæmp] *n.* (*trampling*) trampimine; (*rubber*) tempel, pitsat; (*postage*) postmark; *v.* tampima; tembeldama

stanch [stɔːntʃ] *adj.* kindel, kõikumatu

stand [stænd] *v.* seisma; (*put*) seisma panema; (*endure*) vastu pidama, taluma; *n.* (*taxis*) seisukoht, seisuplats; (*sport*) tribüün; (*news*) kiosk; (*fair*) stend; **take one's** ~ (*kellekski*) saama; ~ **for** *v.* (*mean*) tähendama; (*defend*) (*kellegi*) eest seisma; ~ **up** *v.* tõusma

standard ['stændəd] *n.* (*tech., comm.*) standard, norm; (*flag*) lipp; eeskuju; ~ **of life** *n.* elatustase; ~**ize** *v.* normeerima

standpoint ['stændpɔint] *n.* vaatepunkt

staple [steipl] *adj.* tähtsaim, peamine, pea-

star [stɑː] *n.* täht

starboard [stɑːbɔːd] *n.* laeva parempoolne parras

starch [stɑːtʃ] *n.* tärklis; *v.* tärgeldama

stare ['stɛə] *v.* teravalt vaatama (at); *n.* terav pilk

start [stɑːt] *v.* (*begin*) alustama; algama; (*set off*) teele asuma; (*in surprise*) võpatama; (*sport*) startima; *n.* algus; (*departure*) teeleminek, ärasõit; start; ~**le** *v.* jahmatama

starv|ation [stɑː'veiʃən] *n.* nälg; **letting** ~**e** *n.* näljutamine; **die of** ~**ation** *n.* näljasurm; ~**e** *v.* nälgima, näljutama

stat|e [steit] *n.* riik; osariik; (*condition*) seisund, olukord, seisukord; *v.* (*declare*) teatama, avaldama; (*case*) esitama; **S**~ **Department** Riigidepartemang; ~**ement** *n.* avaldus; teatamine; ~**esman** *n.* riigimees; ~**ion** *n.* (*radio, el., rail.*) jaam; (*building for passengers*) vaksal; (*mil.*) vahipost, valvepost; ~**ionary** *adj.* liikumatu; ~**ioner's shop** *n.* kirjutustarvete kauplus; ~**istics** *n. pl.* statistika; ~**ue** *n.* raidkuju; ~**us** *n.* staatus; ~**ute** *n.* statuut; seadus, põhimäärus

stay [stei] *v.* (*remain*) jääma, viibima; (*live*) peatuma, ajutiselt elama (**with**); *n.* viibimine

stead|fast ['stedfɑːst] *adj.* püsiv; ~**y** *adj.* muutumatu, püsiv; (*even*) pidev; (*even-tempered*) tasakaalukas

steal [stiːl] *v.* varastama; ~**thily** *adv.* vargsi

steam [stiːm] *n.* aur; *v.* aurama; auruma; (*ship*) tossutama; (*cul.*) aurutama; hautama; ~er *n.* aurik

steed [stiːd] *n.* mära, hobu, ratsu

steel [stiːl] *n.* teras; *adj.* teras-

steep [stiːp] *adj.* järsk

steeple [stiːpl] *n.* kirikutorn; ~chase *n.* takistussõit

steer [stiə] *v.* juhtima, tüürima; ~ing-wheel *n.* (*mar.*) rooliratas; (*mot.*) rool

stem [stem] *n.* (*tree*) tüvi; (*corn*) vars; (*gr.*) sõnatüvi

stencil ['stensil] *n.* trafarett

stenographer [ste'nɔgrəfə] *n.* stenografist, kiirkirjutaja

step [step] *n.* samm, aste; (*stair*) trepiaste; *v.* sammuma; ~ on *v.* peale astuma; **take** ~s *v.* ette võtma; ~father *n.* võõrasisa, kasuisa; ~mother *n.* võõrasema, kasuema

steppe [step] *n.* stepp, rohtla

sterile ['sterail] *adj.* (*tech.*, *med.*) steriilne; (*fig.*) viljatu, sigimatu; ~ize *v.* steriliseerima

stern [stɜːn] *adj.* vali, karm

stew [stjuː] *v.* hautama; *n.* hautatud liha

steward ['stjuəd] *n.* (*agr.*) majandusülem; (*mar.*, *av.*) stjuuard; ~ess *n.* stjuardess

stick [stik] *n.* kepp; *v.* kleepuma; külge jääma (**to**); (*fig.*) millestki kinni hoidma (**to**); (*stamp*) peale kleepima (**on**); ~y *adj.* kleepuv

stiff [stif] *adj.* paindumatu, kange; (*limbs*) kangestunud; (*jelly*) tardunud; (*manners*) väiklaselt täpne, pedantne

stifle [staifl] *v.* lämmatama; lämbuma; maha suruma

still [stil] *adj.* (*motionless*) liikumatu; (*quiet*) vaikne, käratu; *adv.* veel, siiski, ometi, endiselt

stimulate ['stimjuleit] *v.* stimuleerima; ~us *n.* stiimul

sting [stiŋ] *n.* (*organ*) astel; (*wound*) astlapiste; *v.* nõelama, pistma; (*nettle*) (nõgestega) kõrvetama; (*fig.*) salvama

stingy ['stindʒi] *adj.* kitsi, ihne

stink [stiŋk] *n.* lehk, hais; *v.* haisema

stir [stɜː] *v.* liigutama; (*excite*) erutama; (*sugar*) segama; *n.* liigutus, ärevus

stirrup ['stirəp] *n.* jalus

stitch [stitʃ] *n.* piste; (*knitting*) silm; (*med.*) õmblus; *v.* õmblema

stock [stɔk] *n.* (*supply*) tagavara; (*fin.*) aktsia; tüvi; inventar; *pl.* kariloomad; ~breeder *n.* loomakasvataja; S~ Exchange *n.* fondibörs

stocking ['stɔkiŋ] *n.* sukk

stoker ['stoukə] *n.* katlaküttja

stomach ['stʌmək] *n.* magu; (*belly*) kõht

stone [stoun] *n.* kivi; (*fruit*) luuseeme; *v.* kividega pilduma; ~d fruit *n.* puhas, kivideta puuvili

stool [stuːl] *n.* taburett

stoop [stuːp] *v.* kummardama; (*habit*) küüru tõmbama; (*fig.*) alanduma; *n.* küürutamine

stop [stɔp] *n.* peatus; *v.* (*rail.*) peatama; peatuma; (*work, payment*) seisma jääma; katkestama; (*doing*) järele jätma; (*hole*) kinni toppima; full~ *n.* punkt; ~**page** *n.* peatus; ~**per** *n.* punn, kork; ~-**watch** *n.* stopper

stor|age ['stɔːridʒ] *n.* hoidmine; (*place*) ladu; ~**e** (*supply*) tagavara; *Am.* pood, kauplus; *pl.* universaalkauplus; *v.* varuma; (*fur*) hoiule andma; ~**ehouse** *n.* ladu; ~**ey** *n.* korrus

stork [stɔːk] *n.* toonekurg

storm [stɔːm] *n.* torm; (*mil.*) tormijooks; *v.* tormijooksuga ründama; (*rage*) möllama; tormitsema; ~**y** *adj.* tormine

story ['stɔːri] *n.* jutustus, jutt, lugu; väljamõeldis

stout [staut] *adj.* (*strong*) tugev; (*corpulent*) tüse

stove [stouv] *n.* ahi, pliit; *v.* küpsetama

stow [stou] *v.* (*goods*) pakkima, laadima; ~**away** *n.* piletita sõitja

straight [streit] *adj.* sirge; *adv.* otse; ~ **away** *adv.* otsekohe; put ~ *v.* korda seadma; ~**en** *v.* õgvendama, sirgestama; sirgeks tegema; sirgu ajama

strain [strein] *v.* (*rope*) pingutama; (*tendon*) venitama; (*soup*) kurnama, filtreerima; ~ **every nerve** jõudu kokku võtma

straits [streits] *n. pl.* (*geogr.*) väin; (*fig.*) raske olukord; suur kitsikus

strand [strænd] *n.* rand, rannik

strange [streindʒ] *adj.* (*odd*) imelik; (*unknown*) võõras; ~**r** *n.* võõras, tundmatu

strap [stræp] *n.* rihm; rihmake; pagun

strategic [strə'tiːdʒik] *adj.* strateegiline

straw [strɔː] *n.* õlg, õled; (*single*) õlekõrs; *adj.* õlg-, õle-; ~**berry** *n.* maasikas; **wild** ~**berry** *n.* metsmaasikas

stray [strei] *adj.* kodutu; eksiteele sattunud; ~ **bullet** *n.* juhuslik kuul

streak [striːk] *n.* (*stripe*) võõt, triip; (*fig.*) iseloomujoon; (*layer*) vahekiht

stream [striːm] *n.* vool; (*brook*) oja; (*current*) voolus; *v.* voolama (*blood*) jooksma; ~**lined** *adj.* voolujooneline

street [striːt] *n.* tänav; *adj.* tänava-

strength [streŋθ] *n.* jõud; ~**en** *v.* tugevnema

strenuous ['strenjuəs] *adj.* pingeline

stress [stres] *n.* pinge; (*gr.*) rõhk; *v.* rõhutama; (*underline*) alla kriipsutama

stretch [stretʃ] *v.* (*draw out*) venitama, sirutama; (*extend*) ulatuma; (*tighten*) pingutama; pingule tõmbama; *n.* sirutus, venitus; (*extent*) ulatus; (*of fancy*) pinge; ~**er** *n.* kanderaam

strew [struː] *v.* peale raputama; puistama; üle puistama (**with**)

strict [strikt] *adj.* range; nõudlik; ~**ness** *n.* rangus

stride [straid] *n.* pikk samm; *v.* sammuma

strik|e [straik] *v.* (*hit*) lööma; (*fig.*) tabama; (*workers*) streikima; *n.* (*clock*) kellalöök; ~**er** *n.* streikija; ~**ing** *adj.* imetlusväärne

string [striŋ] *n.* nöör; (*shoe*) pael; (*mus.*) pillikeel; (*pearls*) paelatäis või nööritäis (of); *v.* nööriga kinni köitma; (*pearls*) lükkima; ~**y** *adj.* (*meat*) kiuline

strip [strip] *n.* kitsas triip; *v.* (*undress*) lahti riietuma; (*skin, bark*) paljaks kiskuma, maha koorima

stripe [straip] *n.* triip, vööt, viir; (*mil.*) aukraadipael; ~**d** *adj.* triibuline

strive [straiv] **:** ~ **for** *v.* taotlema, püüdma; ~ **to** *v.* püüdlema; jõudu pingutama; ~ **with** *v.* võitlema

stroke [strouk] *n.* hoop, löök; (*med.*) rabandus; (*pencil, oar*) tõmme; *v.* silitama

stroll [stroul] *n.* jalutuskäik; *v.* aeglaselt jalutama

strong [stroŋ] *adj.* kindel; (*cloth, build*) tugev; (*tea*) kange; ~**hold** *n.* kindlus; (*fig.*) tugipunkt

structure ['strʌktʃə] *n.* struktuur, ehitus; (*building*) hoone

struggle [strʌgl] *n.* võitlus, heitlus; *v.* võitlema, heitlema

strut [strʌt] *v.* uhkelt esinema; uhkeldavalt kõndima

stub [stʌb] *n.* (*tree*) känd; (*tooth*) tüügas; (*pencil, cigar*) jupp

stubble [stʌbl] *n.* (*agr.*) kõrrepõld; habemetüügas

stubborn ['stʌbən] *adj.* kangekaelne

stud [stʌd] *n.* dekoratiivnael; (*collar*) kraenööp, mansetinööp

stud|ent ['stjuːdənt] *n.* üliõpilane, õpilane; ~**io** *n.* stuudio; ~**ious** *adj.* usin, hoolikas; ~**y** *v.* õppima. uurima; *n.* õping; (*science*) teadusuurimus; (*essay*) visand; (*art*) etüüd

stuff [stʌf] *n.* materjal; aine; (*textile*) riie; *n.* praht; *v.* täis toppima, täitma; ~**ing** *n.* täidis; hakkliha

stumble [stʌmbl] *v.* komistama (**against, over**); ~ **upon** *v.* juhuslikult sattuma (*millegi, kellegi peale*)

stump [stʌmp] *n.* (*tree*) känd; (*tail*) konts; tüügas; *v.* kõmpima

stun [stʌn] *v.* oimetuks lööma; äärmiselt hämmastama, rabama

stup|endous [stjuː'pendəs] *adj.* hämmastav; ~**id** *adj.* rumal; ~**idity** *n.* rumalus; ~**or** *n.* tardumus; (*med.*) stuupor

sturdy ['stəːdi] *adj.* tugev; (*firm*) paindumatu

sturgeon ['stəːdʒ(ə)n] *n.* (*zo.*) tuur(akala)

stutter ['stʌtə] *v.* kogelema; *n.* kogelemine; ~**er** *n.* kogeleja

styl|e [stail] *n.* stiil; (*fashion*) fassong; in ~**e** *adv.* stiilselt, uhkelt; ~**ish** *adj.* moodne, uhke

subconscious ['sʌb'kɔnʃəs] *adj.* alateadlik

subdivision ['sʌbdiviʒən] *n.* alajaotus

subdue [səb'djuː] v. (*nation*) maha suruma, alistama

subject ['sʌbdʒikt] n. (*topic*) objekt, ese, teema; (*citizen*) riigialam; (*gr.*) alus, subjekt; v. allutama; adj. alluv, sõltuv

submarine ['sʌbmərin] adj. veealune; n. allveelaev

submerge [səb'mɐdʒ] v. vee alla laskuma

submi|ssion [səb'miʃən] n. alistumine; (*obedience*) alistuvus; ~t v. alistuma; (avaldust) esitama (for)

subordinate [sə'bɐːdineit] v. alistama; adj. alluv

subscri|be [səb'skraib] v. alla kirjutama; (*newspaper*) tellima (to, for); ~ber n. ettetellija; ~ption n. ettetellimine; adj. ettetellitav

subsequent ['sʌbsikwənt] adj. järgnev; ~ly adv. hiljem, järgnevalt

subside [səb'said] v. (*water*) kahanema, vähenema; (*abate*) vaibuma; alanema; (*sink*) vajuma

subsist [səb'sist] v. olema; (*feed*) toituma; ~ence n. olelus; eksistents; (*means*) elatusvahend

substan|ce ['sʌbstəns] n. (*chem.*) aine; (*fig.*) olemus; sisu; ~tial adj. oluline; ~tive n. nimisõna

substitute ['sʌbstitjuːt] n. (*person*) asetäitja, asemik; (*material*) aseaine; v. asendama; asemele panema

subtle [sʌtl] adj. peen, vaevalt tunnetatav; (*refined*) peenetundeline; ~ty n. peenus; subtiilsus

subtract [səb'trækt] v. lahutama, maha arvama; n. lahutamine, mahaarvamine

suburb ['sʌbəːb] n. eeslinn; agul; ~an adj. eeslinna-; agulisubway ['sʌbwei] n. tunnel; metroo; allmaaraudtee

succeed [sək'siːd] v. edu saavutama; õnnestuma; (*follow*) järgnema, järglaseks olema; I ~ed in finding mul õnnestus leida

success [sək'ses] n. edu; ~ful adj. edukas; ~ion n. järgnevus; (*jur.*) pärimisõigus; in ~ion adv. järjest; ~or n. järeltulija, järglane (to, of)

such [sʌtʃ] adj. niisugune, selline; ~ are the facts sellised on faktid

suck [sʌk] v. imema; n. imemine; ~er n. imeja; ~le v. rinnaga toitma, imetama; ~ling n. rinnalaps, imik

sudden [sʌdn] adj. äkiline; ~ly adv. äkki, ootamatult

sue [sjuː] v. hagema, kohtusse kaebama

suffer ['sʌfə] v. (*med.*) kannatama (from); karistust kandma (for); taluma; ~ing n. kannatus

sufficient [sə'fiʃənt] adj. küllaldane, piisav

suffix ['sʌfiks] n. sufiks

suffrage ['sʌfridʒ] n. valimisõigus

sugar ['ʃugə] n. suhkur; adj. suhkru-; ~basin n. suhkrutoos

suggest [sə'dʒest] v. soovitama; ette panema; (*thought*) sisendama; ~ion n. ettepanek; sisendus

suicide ['sjuisaid] n. enesetapja; enesetapmine

suit [sjuːt] *n.* (*man's*) ülikond; (*jur.*) kohtuprotsess; (*cards*) mast; *v.* sobima; ~**ability** *n.* kõlblikkus, sobivus; ~**able** *adj.* kõlblik, sobiv; ~~**case** *n.* kohver; ~**ed** *adj.* kohane (for, to); be ~**ed** for (*millekski*) sobiv

sulk [sʌlk] *v.* mossitama; ~**y** *adj.* mossis, sünge

sullen ['sʌlən] *adj.* morn, sünge

sulphur ['sʌlfə] *n.* väävel; ~**ic acid** *n.* väävelhape

sultry ['sʌltri] *adj.* lämmatav

sum [sʌm] *n.* (*amount*) summa; (*total*) kogusumma; do a ~ *v.* arvutama, arvutusülesandeid lahendama; ~ up kokku võtma, summeerima; ~**marize** *v.* resümeerima; ~**mary** *n.* resümee; *adj.* (*jur.*) distsiplineeritud

summer ['sʌmə] *n.* suvi; *adj.* suvine, suve-

summit ['sʌmit] *n.* mäetipp; ~**talks** *n. pl.* valitsusjuhtide läbirääkimised

summon ['sʌmən] *v.* (*council*) kutsuma, koguma; (*witness*) välja kutsuma; ~**s** *n.* väljakutse, kohtukutse

sumptuous ['sʌmptjuəs] *adj.* suurepärane

sun [sʌn] *n.* päike; *adj.* päikse-; ~**burn** *n.* päevitus; **Sunday** *n.* pühapäev; *adj.* pühapäeva-; pühapäevane; ~**flower** *n.* päevalill

sunken ['sʌŋkən] *adj.* (*ship*) põhjavajunud; (*eyes*) sisselangenud

sun|ny ['sʌni] *adj.* päikesepaisteline; ~**rise** *n.* päikesetõus; ~**set** *n.*

päikeseloojang; ~**shine** *n.* päikesepaiste; in the ~**shine** päikese käes, all

superb [sjuː(ː)'pəːb] *adj.* tore

superficial [sjupə'fiʃəl] *adj.* pealiskaudne

superfluous [sjuː'pəːfluəs] *adj.* ülearune

superintend [sjuːprin'tend] *v.* (*manage*) juhatama; ~**ent** *n.* juhataja

superior [sjuː'piəriə] *n.* ülemus; *adj.* (*forces*) ülekaalukas; (*quality*) kõrgem, parem; ~**ity** *n.* ülekaal; üleolek

supersede [sjuːpə'sid] *v.* asendama

superstitio|n [sjuːpə'stiʃən] *n.* ebausk; ~**us** *adj.* ebausklik

supervis|e ['sjuːpəvaiz] *v.* järele valvama; ~**ion** *n.* järelevalve; ~**er** *n.* järelevaataja

supper ['sʌpə] *n.* õhtusöök

supplant [sə'plɑːnt] *v.* välja tõrjuma; kellegi kohale asuma

supple [sʌpl] *adj.* painduv

supplement ['sʌplimənt] *v.* täiendama; *n.* täiend; (*to paper*) kaasanne; ~**ary** *adj.* lisa-; täiendav

supply [sə'plai] *v.* varustama; (*deliver*) kätte toimetama; *n.* varu; varustus; (*stock*) tagavara

support [sə'pɔːt] *v.* (*back*) toetama; (*prop*) toestama; (*family*) ülal pidama; *n.* toetus; (*tech., fig.*) tugi; ~**er** *n.* poolehoidja

suppos|e [sə'pouz] *v.* oletama; ~**ed** *adj.* näiv; ~**ition** *n.* oletus

suppress [sə'pres] *v.* maha suruma; ~**ion** *n.* mahasurumine

supreme [sju'priːm] *adj. (pol., mil.)* ülim, kõrgeim

sure [ʃuə] *adj. (true)* kindel; *(convinced)* veendunud (of); *adv.* kindlasti

surface ['sɛːfis] *n.* pind

surge|on ['sɛːdʒən] *n.* kirurg; ~ry *n.* kirurgia

surmise ['sɛːmaiz] *n.* oletus; *v.* oletama

surmount [sɛː'maunt] *v. (overcome)* ületama; *(rise above) (millestki)* kõrgemal olema

surname ['sɛːneim] *n.* perekonnanimi

surpass [sə'pɑːs] *v.* ületama, ette jõudma

surplus ['sɛːpləs] *n.* ülejääk; *adj.* lisa-

surpris|e [sə'praiz] *v.* üllatama; *(enemy)* ootamatult ründama; *n.* üllatus; *(fact or gift)* sürpriis; ~ing *adj.* üllatav; *(unexpected)* ootamatu

surrender [sə'rendə] *v.* alistuma, alla andma; *n.* kapitulatsioon

surround [sə'raund] *v.* ümbritsema; ümber piirama; ~ings *n.* keskkond, ümbruskond

survey [sɛː'vei] *v. (examine)* vaatama, inspekteerima; *(land)* mõõtma; ~or *n.* maamõõtja

surviv|al [sə'vaivəl] *n.* üleelamine; *(remnant)* igand; ~e *v.* ellu jääma, üle elama, välja kannatama

susceptible [sə'septibl] *adj.* vastuvõtlik; *(tonchy)* tundlik

suspect [səs'pekt] *v.* kahtlustama (of); *adj.* kahtlane

suspen|d [səs'pend] *v.* riputama; *(work)* ajutiselt katkestama; ~sion *n.* ülesriputamine; ajutine peatus; *adj.* rippuv

suspicio|n [səs'piʃən] *n.* kahtlus; ~us *adj.* kahtlane

sustain [səs'tein] *v. (support)* toetama; *(endure)* vastu pidama

swaddle [swɔdl] *v.* mähkima

swagger ['swægə] *v.* hooplema, kiitlema, uhkeldama; *n.* uhkeldamine, upsakus

swallow ['swɔlou] *n.* pääsuke; *v.* neelama (*a. fig.*)

swamp [swɔmp] *n.* soo

swan [swɔn] *n.* luik

swarm [swɔːm] *n. (bees)* mesilaspere; *(birds)* parv; *(fig.)* hulk; *v.* peret heitma; *(teem)* kihama (with); kubisema; *(crowd)* hulgakesi seisma

swarthy ['swɔːði] *adj.* tõmmu(nahaline)

sway [swei] *v. (grass, flame)* õõtsuma; *(swing)* kõikuma; *(person)* kõigutama; **under the ~** võimu all

swear [swɛə] *v.* tõotama, vannet andma; *(curse)* vanduma, kiruma

sweat [swet] *n.* higi; higistamine; *v.* higistama; ~er *n.* sviiter

Swede [swiːd] *n.* rootslane; ~ish *adj.* rootsi

sweep [swiːp] *v.* pühkima; **chimney-~** *n.* korstnapühkija; **~ away, ~ off** *v.* ära pühkima; **~ past** *v.* mööda kihutama; ~ings *n. pl.* praht sweet [swi:t] *adj.* magus; (*child*) armas; *n.* maiustus, kompvek; ~heart *n.* armsam, kallike; ~ness *n.* maiustus

swell [swel] *v.* (*med.*) paistetama; (*bud, wood*) paisuma; (*sound*) paisutama; ~ing *n.* paistetus

swift [swift] *adj.* kiire, kärmas; ~ness *n.* kiirus, kärmus

swim [swim] *v.* ujuma; ~mer *n.* ujuja; ~ming *n.* ujumine

swindle [swindl] *v.* petma, tüssama; ~r *n.* petis, tüssaja

swine [swain] *n.* siga, *pl.* sead

swing [swiŋ] *v.* kiikuma; (*arm, sword*) viibutama; *n.* hoog; (*child's*) *n.* kiik; in full ~ täies hoos

Swiss [swis] *n.* šveitslane; *adj.* šveitsi

switch [switʃ] *n.* vits; (*el.*) lüliti; (*rail.*) pöörang; ~ on *v.* sisse lülitama; ~ off *v.* välja lülitama

swoon [swu:n] *n.* minestus; *v.* minestama

sword [sɔ:d] *n.* mõõk

syllable [siləbl] *n.* silp

symbol ['simbəl] *n.* sümbol

symmetry ['simitri] *n.* sümmeetria

sympath|etic [simpə'θetik] *adj.* kaastundlik; ~ize *v.* kaasa tundma (with); ~y *n.* sümpaatia, osavõtlikkus, kaastunne

symphony ['simfəni] *n.* sümfoonia

symptom ['simptəm] *n.* sümptoom

syndicate ['sindikit] *n.* sündikaat

synonym ['sinənim] *n.* sünonüüm

syntax ['sintæks] *n.* süntaks, lauseõpetus

syrup ['sirəp] *n.* siirup

system ['sistim] *n.* süsteem; ~atic *adj.* süstemaatiline

T

table [teibl] *n.* laud; (*list*) tabel; *adj.* laua-; ~ of contents *n.* sisukord; ~-cloth *n.* laudlina

tablet ['tæblit] *n.* tablett; (*slab*) tahvel; (*memorial*) mälestustahvel

tack [tæk] *n.* nael; rõhknael; (*tech.*) tihvt; *v.* rõhknaeltega kinnitama; traageldama; laveerima; (*mar.*) halssima, loovima

tackle [tækl] *n.* (*mar.*) taglas; varustus; fishing ~ *n. pl.* kalastustarbed

tact [tækt] *n.* takt; taktilisus; ~ful *adj.* taktiline; ~ics *n.* taktika; ~less *adj.* taktitu

tag [tæg] *n.* sedel, silt, etikett; *v.* sildiga *või* sedeliga varustama

tail [teil] *n.* saba; (*cart*) pära; (*coat*) hõlm; ~-coat *n.* frakk

tailor [teilə] *n.* rätsep

take [teik] *v.* võtma; viima; (*bussile, rongile*) minema; ~ account of arvestama (*millegagi*); ~ care of hoolitsema (*kellegi eest*); ~ place juhtuma; ~ a seat istet võtma; ~ off (*garment, hat*) ära võtma; (*av.*) õhku tõusma

tale [teil] *n.* jutt, jutustus; fairy ~ *n.* muinasjutt

talent ['tælənt] *n.* anne; ~ed *adj.* andekas

talk [tɔːk] v. rääkima; (*informally*)
kõnelema, vestlema, juttu ajama
(to, with); n. kõnelus, vestlus;
pl. (*pol.*) läbirääkimised; ~ative
adj. jutukas

tall [tɔːl] adj. (*person*) pikk

tallow ['tælou] n. rasv; ~-candle
n. rasvaküünal

tame [teim] adj. taltsutatud, talt-
sas; v. taltsutama

tan [tæn] v. (*hide*) parkima; (*in
sun*) päevitama; n. parkaine; päe-
vitus

tangible ['tændʒibl] adj. käegakat-
sutav, kombatav

tangle [tæŋgl] n. segadus; v. sassi
ajama

tank [tæŋk] n. paak, tsistern; (*mil.*)
tank; adj. tanki-

tanner ['tænə] n. parkal

tap [tæp] n. (*water*) kraan, naga;
(*barrel's*) punn; (*knock*) kerge ko-
putus või löök; v. koputama, löö-
ma (at, on)

tape [teip] n. pael; lint; (*recording*)
magnetofonilint; ~-measure n.
mõõdulint; ~-recorder n. mag-
netofon

tapestry ['tæpistri] n. gobelään

tar [tɑː] n. tõrv; v. tõrvama

tardy ['tɑːdi] adj. (*slow*) pikatoime-
line; (*belated*) hilinenud, hiline

target ['tɑːgit] n. (*for practice*)
märklaud; (*bombing, fig.*) siht

tariff ['tærif] n. tariif

tart [tɑːt] adj. hapukas, mõrkjas; n.
tort, puuviljapirukas

Ta(r)tar ['tɑːtə] n. tatarlane; adj.
tatari

task [tɑːsk] n. (töö)ülesanne

tassel ['tæsəl] n. tutt, tups

tast|e [teist] n. maitse; v. mait-
sema; ~eless adj. maitsetu; ~y
adj. maitsev

tatter ['tætə] n. narts, räbal

taunt [tɔːnt] v. irvitama, mõnitama
(with); n. mõnitus

tax [tæks] n. riigimaks; maksu-
määr; v. maksustama; (*strength*)
proovile panema; ~ation n.
maksustamine; maksusumma

taxi ['tæksi] n. takso; v. taksoga
sõitma; (*av.*) ruleerima

taxpayer ['tækspeiə] n. maksu-
maksja

tea [tiː] n. tee; adj. tee-

teach [tiːtʃ] v. õpetama; ~er n.
õpetaja; ~ing n. õpetamine;
(*doctrine*) õpetus

team [tiːm] n. (*workers*) brigaad,
artell; (*sport*) meeskond; (*horses*)
rakend; ~-work n. koostöö

tea-pot ['tiːpot] n. teekann

tear [teə] n. pisar; v. rebima, kisku-
ma; n. rebestus, rebend; ~ up v.
tükkideks rebima; üles kiskuma

tease [tiːz] n. (*person*) nöökaja,
narritaja; v. nöökama, narritama,
kiusama

teaspoon ['tiːspuːn] n. teelusikas

techni|cal ['teknikəl] adj. tehniline;
~cian n. tehnik; ~cs, ~que n.
tehnika

tedious ['tiːdiəs] adj. igav

teem with [tiːm wið, wiθ] v. kiha-
ma

tele|gram ['teligræm] n. teleg-
ramm; ~graph n. telegraaf; v.

telegrafeerima; ~**phone** n. te-
lefon; adj. telefoni-; v. telefo-
neerima; ~**scope** n. teleskoop;
~**vision** n. televisioon; ~**vision
set** n. televiisor

tell [tel] v. rääkima; (story) jutus-
tama; (order) käskima

temper ['tempǝ] n. (disposition)
meelelaad; (mood) tuju; (irrita-
tion) ärritatus; v. (steel, will) ka-
rastama; ~**ament** n. tempera-
ment; ~**ance** n. mõõdukus; ~**ate**
adj. mõõdukas; ~**ature** n. tem-
peratuur

tempest ['tempist] n. torm

temple [templ] n. tempel; (anat.)
oim

tempora|l ['tempǝrǝl] adj. ajutine;
(wordly) ilmalik;~**ry** adj. ajutine

tempt [tem(p)t] v. ahvatlema;
(attract) võrgutama; ~**ation** n.
ahvatlus, võrgutus

ten [ten] num. kümme

tenant ['tenǝnt] n. rentnik; (of flat)
üürnik

tend [tend] v. (patients) talitama,
hoolitsema; (machine) teeninda-
ma; (to do) kalduvust omama;
~**ency** n. tendents, kalduvus

tender ['tendǝ] n. (rail.) ten-
der; (mar.) saatelaev, emalaev;
(jur.) pakkumus; **legal** ~ seadus-
lik maksevahend; adj. õrn, hell;
(meat) pehme; ~ **spot** n. hell või
valus koht; ~**ness** n. õrnus

tend|on ['tendǝn] n. kõõlus; ~**ril**
(bot.) köitraag

tenement ['tenimǝnt] n. üürikor-
ter; ~ **house** n. mitme korteriga
üürimaja

tennis ['tenis] n. tennis

tenor ['tenǝ] n. üldsuund, mõ-
te, kokkuvõtlik tähendus (of);
(mus.) tenor; ~ **of life** n. eluviis

tens|e [tens] adj. pingeline; ~**ion** n.
pingutamine; (el., pol.) pinge

tent [tent] n. telk

tenth [tenθ] num. kümnes

term [tɜːm] n. (date, period) täht-
aeg; (expression) termin; (univ.)
semester; pl. (conditions) tingi-
mused; pl. (relations) vahekord

termin|al ['tɜːminǝl] adj. lõpu-,
lõpp-; (el.) sisestus- või väljas-
tusklemm; ~**ate** v. lõpetama;
lõppema; ~**ation** n. lõppemine;
lõpp; ~**us** n. lõppjaam

terrace ['terǝs] n. terrass

terri|ble ['teribl] adj. kohutav, hir-
muäratav; ~**fic** adj. kohutav; ~**fy**
v. hirmutama

territory ['teritǝri] n. territoorium

terror ['terǝ] n. terror; (fear) õudus

test [test] n. katse, katsetus, proov,
test; adj. kontroll-; proovi-; v.
proovima, kontrollima

testament ['testǝmǝnt] n. (jur.)
testament; **New** (**Old**) **T~** n.
(eccl.) Uus (Vana) Testament

testi|fy ['testifai] v. tunnistust and-
ma (to); tunnistama; tunnista-
jaks olema (to); ~**monial** n.
atestaat; ~**mony** n. tunnistus;
(proof) tõend

test-tube ['testtjuːb] n. katseklaas

text [tekst] n. tekst; ~**book** n. õpik

textile ['tekstail] adj. tekstiil-; n.
pl. tekstiil, kudumistooted

than [ðæn] conj. kui (võrdluse
puhul)

thank [θænk] v. tänama (for);
~ful adj. tänulik; ~s n. tänu;
~s! tänan! aitäh! ~s to (kellegi,
millegi) tõttu, kaasabil

that [θæt] dem. pron. see (seal),
too; rel. pron. kes, mis; conj. et

the [ðə, ð, ði, ðiː] The definite ar-
ticle does not exist in Estonian.
It remains untranslated.

theatre ['θiətə] n. teater

their [ðeə] pron. nende, nende oma;
I see ~ house ma näen nende
maja; they see ~ house nemad
näevad oma maja

them [ðem] pron. neid; nendele,
neile; nemad, nad

theme [θiːm] n. teema

themselves [ðəm'selvz] pron. en-
nast, endid; ise

then [ðen] adv. (at that time) siis;
niisiis; (in that case) sellisel juhul;
n. see aeg; by ~ selleks ajaks; si-
nce ~ sellest ajast peale; adj. tol-
leaegne; the ~ doctor tolleaegne
doktor

theolog|ical [θiə'lɔdʒikəl] adj. usu-
teaduslik; ~y n. usuteadus

theor|etical [θiə'retikəl] adj. teo-
reetiline; ~y n. teooria

there [ðeə] adv. seal; (thither) sin-
na; ~ is, ~ are on, on olemas;
~fore adv. sellepärast, järelikult;
~upon adv. seejärel

thermometer [θə'mɔmitə] n. ter-
momeeter

they [ðei] pron. nemad, nad

thick [θik] adj. paks; (forest, hair)
tihe; ~en v. tihendama, tihe-
nema; paksendama, paksenema;

~et n. tihnik, padrik ~ness n.
paksus, jämedus

thie|f [θiːf] n. varas; ~ve v. varas-
tama

thigh [θai] n. (anat.) reis

thimble [θimbl] n. sõrmkübar

thin [θin] adj. peenike; (hair) hõre;
(soup) vedel; v. peenendama; hõ-
rendama; peenenema; hõrenema

thing [θiŋ] n. ese, asi; the best
~ (to do) kõige parem; poor ~!
vaeseke! how are ~s? kuidas lä-
heb?

think [θiŋk] v. mõtlema (of,
about); (right word, excuse)
välja mõtlema (of); ~er n. mõt-
leja; mõttetark, filosoof

third [θəd] num. kolmas

thirst [θəst] n. janu; v. janunema
(for); ~y adj. janune; I am ~y
mul on janu

thirt|een ['θə'tiːn] num. kolm-
teist; ~eenth kolmeteistkümnes;
~ieth kolmekümnes; ~y kolm-
kümmend

this [ðis] pron. see

thistle [θisl] n. karuohakas

thither ['ðiðə] adv. sinna

thorn [θɔn] n. okas; ~y adj. okka-
line; (path) raske, vaevaline

thorough ['θʌrə] adj. põhjalik;
~fare n. läbikäik, läbisõit

those [ðouz] pron. need (seal),
nood

thou [ðau] pron. sina, sa

though [ðou] conj. ehkki; (howe-
ver) olgugi et; as ~ just nagu

thought [θɔt] n. mõte; ~ful adj.
mõtlik; (heedful) hoolitsev (of);

~less *adj.* (*action*) mõtlematu,
hoolimatu (of)
thousand ['θauzənd] *num.* tuhat;
~th tuhandes
thrash [θræ∫] *v.* peksma; (*boy*) pek-
sa andma; ~ing *n.* peksmine
thread [θred] *n.* niit; *v.* (nõelale)
niiti taha ajama; (*pearls*) niidi ot-
sa lükkima; ~bare *adj.* kulunud
threat [θret] *n.* ähvardus; ~en *v.*
ähvardama
three [θri:] *num.* kolm
thresh [θre∫] *v.* vilja peksma
threshold ['θre∫hould] *n.* ukselävi
thrift [θrift] *n.* kokkuhoid; ~y *adj.*
kokkuhoidlik
thrill [θril] *n.* tundepuhang; erutus-
hoog; *v.* (tundeliigutusest) värise-
ma (with); (*kelleski*) tundevāri-
naid tekitama
thrive [θraiv] *v.* hästi edenema;
lopsakalt kasvama
throat [θrout] *n.* kõri, kurk
throb [θrɔb] *v.* tuksuma, pulseeri-
ma
throne [θroun] *n.* troon
throng [θrɔŋ] *n.* rahvatung, rüsin;
v. tunglema
throttle [θrɔtl] *v.* kägistama; (*en-
gine*) summutama; *n.* (*tech.*)
drossel
through [θru:] *prep.* (*millestki*) lä-
bi; (*millegi, kellegi*) läbi, kaudu;
(*because of*) tõttu; *adv.* läbi; ~
train *n.* otserong
throw [θrou] *v.* viskama; (*javelin,
descus*) heitma; *n.* vise; heide
thrush [θrʌ∫] *n.* rästas, laulurästas
thrust [θrʌst] *v.* pistma; (*knife*)
torkama

thumb [θʌm] *n.* põial
thump [θʌmp] *v.* kolksutama;
(*heart*) mürtsudes taguma
thunder [θʌndə] *n.* kõu; piksemü-
rin; *v.* müristama; it ~s müris-
tab; ~-storm *n.* äike
Thursday ['θəːzdi] *n.* neljapäev
thus [ðʌs] *adv.* nii, nõnda, niisiis,
järelikult; ~ far siiani
thwart [θwɔːt] *v.* (*plan*) nurja aja-
ma; *n.* sõudepink
thy [ðai] *pron.* sinu, su, sinu oma
tick [tik] *v.* tiksuma; *n.* tiks(atus)
ticket ['tikit] *n.* pilet; price-~ *n.*
sedel, etikett; *v.* etiketiga varusta-
ma
tickle ['tikl] *v.* kõdistama; *n.* kõdi
tid|e [taid] : high ~e *n.* tõus; low
~e *n.* mõõn ~ings *n. pl.* teated
tie [tai] *v.* (*fasten*) siduma, külge
siduma; (*link*) ühte siduma, kin-
ni siduma; *n.* köidik; side; (*neck*)
kaelaside, lips; *pl.* sidemed
tiger ['taigə] *n.* tiiger
tight [tait] *adj.* (*rope*) pinevilolev;
(*knot, spring*) kitsas; (*shoe*)
kitsas; ~en *v.* pingule tõmbama;
pingule tõmbuma
tile [tail] *n.* (*roof*) katusekivi;
(*floor*) põrandakivi; (stove) kah-
hel; ~d *adj.* kahhelkividega kae-
tud
till [til] *prep.* kuni; *conj.* seni kui,
kuni; *v.* (*land*) maad harima
timber ['timbə] *n.* metsamaterjal
time [taim] *n.* aeg; (*first, second*)
kord; takt; it is ~ to go; on aeg
minna; in ~ õigel ajal; what's

the ~? mis kell on? ~ly *adj.* õi-
geaegne; ~-table *n.* (*rail.*) sõidu-
plaan
timid ['timid] *adj.* kartlik; ~ity *n.*
kartlikkus
tin [tin] *n.* tina; (*sheet*) kardplekk;
valgeplekk; (*box*) plekktoos
tinge [tindʒ] *n.* kerge värving; *v.*
kergelt värvima
tinsel ['tinsəl] *n.* kassikuld, võlts-
hiilgus
tint [tint] *n.* värvivarjund; *v.* õrnalt
või värviliselt varjundama
tiny ['taini] *adj.* tilluke, pisike
tip [tip] *n.* (*finger*) ots; (*umbrella*)
tipp, otsik; (*waiter's*) jootraha; *v.*
jootraha andma; ~ over *v.* kum-
muli ajama; ümber lükkama; on
~toe varvastel
tire ['taiə] *n.* (*mot.*) väliskumm; *v.*
väsitama; väsima; ~d *adj.* väsi-
nud; ~less *adj.* (*person*) väsima-
tu; ~some *adj.* väsitav
tissue ['tisju] *n.* (*biol.*) kude; pee-
nekoeline riie
title [taitl] *n.* (*book*) pealkiri; (*rank*)
tiitel, aunimetus
to [tə, tu] *prep.* -le, -ni, -ks, -sse;
juurde, kuni, vastu, külge; ~ the
right paremale
toad [toud] *n.* kärnkonn
toast [toust] *n.* röstitud *või* prae-
tud leiva- *või* saiaviilukas
tobacco [tə'bækou] *n.* tubakas; *adj.*
tubaka-
toboggan [tə'bɔgən] *n.* kelk; spor-
dikelk; *v.* kelgutama
today [tə'dei] *adv.* täna; ~s *adj.* tä-
napäevane

toe [tou] *n.* varvas; (*shoe*) kingani-
na
together [tə'geðə] *adv.* koos, kokku
toil [tɔil] *n.* töövaev; raske töö, rü-
gamine; *v.* rügama, rassima; vae-
va nägema
toilet ['tɔilit] *n.* tualett; (W.C.);
väljakäik
token ['toukən] *n.* märk; tunnus;
sümbol; mälestumärk
tolera|ble ['tɔlərəbl] *adj.* talutav;
~nce *n.* talutavus; ~nt *adj.* ta-
luv; ~te *v.* taluma; (*admit*) luba-
ma
tomato [tə'mætou] *n.* tomat
tomb [tuːm] *n.* haud
tomorrow [tə'mɔrou] *adv.* homme
ton [tʌn] *n.* tonn
tone [toun] *n.* toon
tongs [tɔŋz] *n. pl.* tangid
tongue [tʌŋ] *n.* keel
tonight [tə'nait] *adv.* täna õhtul
tonnage ['tʌnidʒ] *n.* tonnaaž
tonsil [tɔnsl] *n.* kurgumandel
too [tuː] *adv.* liiga, liialt, ülearu; vä-
ga; (*also*) ka, samuti, pealegi
tool [tuːl] *n.* tööriist, instrument
tooth [tuːθ] *n.* hammas; ~ache *n.*
hambavalu; ~brush *n.* hamba-
hari
top [tɔp] *n.* ots, ülemine osa; (*sum-
mit*) tipp; (*toy*) vurr; *adj.* peal-
mine; (*highest*) kõrgeim; maksi-
maalne; from ~ to bottom ü-
lalt alla
topic ['tɔpik] *n.* teema, kõneaine;
~al *adj.* aktuaalne
topple over ['tɔpl 'ouvə] *v.* upakil
olema; ümber kukkuma

torch [tɔːtʃ] *n.* tõrvik; tuletungal; (*el.*) taskulamp

torment ['tɔːment] *n.* piin; *v.* piinama

tornado [tɔː'neidou] *n.* tornaado, tugev keeristorm

torpedo [tɔː'piːdou] *n.* torpeedo; *v.* torpedeerima

torrent ['tɔrənt] *n.* kärestikuline jõgi; äge vool

torrid **zone** ['tɔrid 'zoun] *n.* (*geogr.*) palavvööde

tortoise ['tɔːtəs] *n.* kilpkonn; ~-**shell** *n.* kilpkonna kilp; kilpkonnaluu

torture ['tɔːtʃə] *n.* piin; *v.* piinama

toss [tɔs] *v.* (*coin*) pilduma, loopima; (*head*) pead selga viskama; (*in bed*) visklema, rabelema

total [toutl] *n.* kogusumma; (*in all*) *adv.* kokku-; *v.* (*figures*) lõpuks jõudma (*millenigi*)

touch [tʌtʃ] *v.* puudutama; kokku puutuma (*millegagi*); (*affect*) liigutama; (*hurt*) riivama; *n.* kokkupuude; puudutus; kontakt; (*art*) pintslitõmme; lisand; ~**ing** *adj.* liigutav; ~**y** *adj.* kergesti solvuv

tough [tʌf] *adj.* (*substance*) sitke, vinske; (*meat*) kõva; (*unyielding*) tõrges; (*enduring*) visa; (*hard*) raske

tour [tuə] *n.* ringreis, huvireis, matk; *v.* reisima; ~**ist** *n.* turist; ~**nament** *n.* turniir

tow [tou] *n.* (*rope*) puksiirtross; *v.* pukseerima

towards [tə'wɔːdz] *prep.* (*millegi, kellegi*) poole, suunas, suhtes, vastu

towel ['tauəl] *n.* käterätik

tower ['tauə] *n.* torn; kindlustorn; **watch-**~ *n.* vahitorn

town [taun] *n.* linn; ~**sman** *n.* linnaelanik

toy [tɔi] *n.* mänguasi; *adj.* mängu-

trace [treis] *n.* jälg; *v.* (*animal*) jälitama; jälgima; (*plan*) visandama; (*copy*) kalkeerima

track [træk] *n.* (*trace*) jälg; (*rail*) liin, rööbas; (*sport*) jooksurada; (*ski*) suusarada

trade [treid] *n.* elukutse; eriala; (*comm.*) kaubandus; *v.* kauplema; ~-**mark** *n.* kaubamärk; ~**r** *n.* kaupleja; (*ship*) kaubalaev; ~ **union** *n.* ametiühing

tradition [trə'diʃən] *n.* traditsioon; (*story*) pärimus, legend; ~**al** *adj.* traditsiooniline

traffic ['træfik] *n.* liiklus, liiklemine; kaubandus; ~ **jam** *n.* liiklusummik

trag|edy ['trædʒidi] *n.* trgöödia; ~**ic** *adj.* traagiline

trail [treil] *v.* lohistama, lohisema (*on, after*); *n.* (*trace*) jälg; (*path*) rada; ~**er** *n.* (*mot.*) järelkäru

train [trein] *n.* (*rail.*) rong; (*gown*) slepp, saba; *v.* (*instruct*) õpetama, kasvatama, välja õpetama; (*sport*) treenima; ~**ing** *n.* õpetus, kasvatus; treening

trait [treit] *n.* iseloomujoon

traitor ['treitə] *n.* reetur

tram [træm] *n.* tramm; *adj.* trammi-

tramp [træmp] *n.* trampimine; (*hobo*) hulkur; *v.* trampima; hulkuma; ~le *v.* puruks tallama; jalge alla sõtkuma

transaction [træn'zækʃən] *n.* toiming, tehing; *pl.* toimetised

transcript ['trænskript] *n.* ärakiri, koopia

transform [træns'fɔːm] *v.* ümber kujundama; ~ation *n.* ümberkujundus; ~er *n.* transformaator

transgress [træns'gres] *v.* (*law*) üle astuma

transi|ent ['trænziənt] *adj.* mööduv; ~t *n.* läbivedu, transiit; *adj.* transiit- ~tion *n.* üleminek; *adj.* ülemineku-; ~tive *adj.* (*gr.*) transitiivne, sihiline

translat|e [træns'leit] *v.* tõlkima; ~ion *n.* tõlge; tõlkimine; ~or *n.* tõlkija

transmi|ssion [træns'miʃən] *n.* ülekanne; ~t *v.* üle kandma; ~tter *n.* ülekandja, saatja

transparent [træns'pɛərənt] *adj.* läbipaistev

transplant [træns'plɑːnt] *v.* ümber istutama

transport [træns'pɔːt] *n.* transport; *v.* transportima; be ~ed with joy rõõmujoovastuses olema

trap [træp] *n.* lõks; **spring-~** *n. pl.* püünisrauad; (*pitfall*) hundiauk, püünis; *v.* lõksu püüdma, lõkse seadma

trash [træʃ] *n.* praht, rämps

travel [trævl] *v.* reisima; *n.* reisimine, reis; ~ler *n.* reisija; ~ling speed *n.* liikumiskiirus

trawler ['trɔːlə] *n.* traaler

tray [trei] *n.* kandik

treacher|ous ['tretʃərəs] *adj.* reetlik; ~y *n.* reetlikkus

tread [tred] *v.* sammuma; *n.* (*gait*) astumine; kõnnak; (*stair, rung*) trepiaste; ~ on *v.* peale astuma

treason [triːzn] *n.* reetmine; **high** ~ *n.* riigireetmine

treasur|e ['treʒə] *n.* aare, kallisvara; *v.* (*value*) kalliks pidama; (*store*) säilitama; ~er *n.* laekur, varahoidja; ~y *n.* varakamber

treat [triːt] *v.* (*handle*) kohtlema; (*guests*) kostitama (to); (*med.*) ravima; (*discuss*) arutama, arutlema (of); ~ise *n.* traktaat; ~ment *n.* kohtlemine, ravimine; ~y *n.* leping

treble [trebl] *adj.* kolmekordne; *v.* kolmekordistama

tree [triː] *n.* puu

trem|ble [trembl] *v.* värisema; ~endous *adj.* kohutav, hirmus; ~or *n.* värin

trench [trentʃ] *n.* (*mil.*) tranšee, kaevik

trend [trend] *n.* suunamine; suunatus; kalduvus

trespasser ['trespəsə] *n.* õiguserikkuja

trial ['traiəl] *n.* (*test*) katse; raske katsumus; (*jur.*) kohtuprotsess; *adj.* katse-, proovi-

triangle ['traiæŋgl] *n.* kolmnurk

tribe [traib] *n.* suguharu, hõim

tribunal [trai'bjuːnl] *n.* tribunal

tribut|ary ['tribjutəri] *n.* maksualune; *n.* (*geogr.*) lisajõgi; ~e *n.* tribuut, maks trick [trik] *n.* trikk; (*deceiving*) osav võte; *v.* petma

trifl|e [traifl] *n.* pisiasi, tühiasi; ~ing *adj.* tühine

trigger ['trigə] *n.* päästik; trikkel

trim [trim] *v.* (*hair, hedge*) pügama, kärpima; (*dress*) ääristama; kaunistama; *adj.* puhas, kasin, korralik

Trinity ['triniti] *n.* kolmainsus

trip [trip] *n.* reis, ekskursioon; *v.* (*stumble*) komistama; ~ up kellelegi jalga taha panema

triple [tripl] *adj.* kolmekordne; (*alliance*) kolmik-

triumph ['traiəmf] *n.* triumf; *v.* triumfeerima; ~ant *adj.* triumfeeriv

trivial ['triviəl] *adj.* triviaalne

trolley bus ['trɔlibʌs] *n.* trollibuss

troop [truːp] *n.* trupp; (*deer*) kari; (*mil.*) salk; eskadron, -vägi

trophy ['troufi] *n.* trofee

tropic ['trɔpik] *n.* pööjoon; *pl.* troopika; ~al *adj.* troopiline, troopika-

trot [trot] *n.* traav; *v.* sörki jooksma, sörkima

trouble [trʌbl] *n.* rahutus, mure; *v.* muretsema, muret tundma; tülitama; get into ~ hätta jääma; take the ~ vaevaks võtma; ~some *adj.* tülikas

trough [trɔːf] *n.* küna; (*kneading*) leivaastja; (*rain*) renn

trousers ['trauzəz] *n.* *pl.* püksid

trout [traut] *n.* forell

truant ['truːənt] *n.* põhjuseta puuduja; logeleja

truce [truːs] *n.* (*pol.*) vaherahu

truck [trʌk] *n.* (*mot.*) veoauto

tru|e [truː] *adj.* truu; (*genuine*) tõeline, tegelik; (*right*) õige; yours ~ly (*signature*) lugupidamisega Teie (*kirja lõpus*)

trump [trʌmp] *n.* trump

trumpet ['trʌmpit] *n.* (*mus.*) pasun; trompet; *v.* pasundama, pasunat puhuma; ~er *n.* pasunapuhuja

trunk [trʌŋk] *n.* (*anat.*) kere; (*bot.*) puutüvi; (*zo.*) lont; (*case*) kohver

trust [trʌst] *v.* (*person*) usaldama; (*thing*) hoolde andma, kätte usaldama (to); (*rely*) lootma; *n.* usaldus; (*fin.*) krediit; ~ee *n.* hooldaja; ~ful *adj.* kergeusklik; ~worthy *adj.* usaldusväärne, kindel

truth [truːθ] *n.* tõde; ~ful *n.* tõearmastaja

try [trai] *v.* proovima; (*test*) katsuma; (*attempt*) katset tegema, proovile panema; ~ on (*clothes*) selga proovima

tub [tʌb] . *n.* (*bath*) vann; (*vat*) toober

tube [tjuːb] *n.* (*tech.*) toru; (*toothpaste*) tuub

tuberculosis [tjubəːkju'lousis] *n.* tuberkuloos

tuck up [tʌk ʌp] *v.* (*sleeve*) üles käärima

Tuesday ['tjuːzdi] *n.* teisipäev

tuft [tʌft] *n.* (*grass*) kimp, tuust, vihk; (*hair*) juuksesalk

tug [tʌg] *v.* sikutama (at); tõmbama; (*mar.*) pukseerima; *n.* (*boat*) puksiir

tulip ['tjuːlip] *n.* tulp

tumult ['tjuːmʌlt] *n.* lärm, mürul, möll

tuna ['tuːnə] *n.* (*zo.*) tuunikala

tune [tjuːn] *n.* meloodia; *v.* häälestama; **out of ~** häälest ära

tunnel [tʌnl] *n.* tunnel

turban ['tɑːbən] *n.* turban

turbine ['tɑːbain] *n.* turbiin

turf [tɑːf] *n.* (*sod*) muru, rohumātas; (*peat*) turvas; (*hose-racing*) ratsasport

Turk [tɑːk] *n.* türklane; ~**ish** *adj.* türgi-

turkey ['tɑːki] *n.* kalkun

turn [tɑːn] *v.* (*revolve*) keerlema; pöörlema, tiirlema; (*reverse*) pöörduma, end pöörama; (*become*) saama; *n.* pööre; käänak; **~ on** lahti keerama, sisse lülitama; **~ off** kinni keerama; välja lülitama; **~ out** (*expel*) välja ajama, välja heitma; (*products*) tootma, välja laskma; **it ~ed out that ...** selgus, et ... ; **~er** *n.* treial; ~**ing-point** *n.* pöördepunkt

turnip ['tɑːnip] *n.* naeris; kaalikas

turpentine ['tɑːpəntain] *n.* tärpentin

turret ['tʌrit] *n.* tornike; (*mil.*) kahuritorn

turtle [tɑːtl] *n.* kilpkonn

tusk [tʌsk] *n.* kihv

tutor ['tjuːtə] *n.* koduõpetaja; (*jur.*) eestkostja

twel|fth [twelfθ] *num.* kaheteistkümnes; ~**ve** kaksteist

twice [twais] *adv.* kahekordselt; kaks korda

twig [twig] *n.* oksake, raag

twilight ['twailait] *n.* videvik, hämarik

twin [twin] *n.* kaksik

twine [twain] *n.* sidumisnöör; *v.* põimima; kokku keerutama

twin-engined ['twin 'endʒind] *adj.* kahemootoriline

twinkle [twiŋkl] *n.* vilkumine; *v.* vilkuma

twirl [twɑːl] *v.* (*moustache*) keerutama

twist [twist] *v.* (*rope*) kokku põimima, väänama, (*ring*) keerutama, väntama; (*distort*) moonutama; (*way, river*) looklema, väänlema; *n.* vääne, kõverus, keerd; (*bend*) käänak

twitch [twitʃ] *v.* tõmblema; *n.* tõmblemine, tõmblus

twitter ['twitə] *v.* siristama; *n.* sirin

two [tuː] *num.* kaks; **the ~ boys** mõlemad poisid; **in ~** pooleks; **~ hundred** *num.* kakssada

type [taip] *n.* tüüp; (*typ.*) trükitäht; trükikiri; *v.* tippima, kirjutusmasinal kirjutama

typhoid fever ['taifɔid fiːvə] *n.* kõhutüüfus

typical ['tipikəl] *adj.* tüüpiline

typist ['taipist] *n.* masinakirjutaja

tyran|ny ['tirəni] *n.* türannia; ~**t** *n.* türann

tzar [zɑː] *n.* tsaar

U

udder ['ʌdə] *n.* udar

ugly ['ʌgli] *adj.* inetu, vastik

Ukrainian [ju'kreiniən] *adj.* ukraina; *n.* ukrainlane; ukraina keel

ulcer ['ʌlsə] *n.* haavand

ultimat|e ['ʌltimit] *adj.* (*result*) lõplik; (*aim*) viimne; ~**um** *n.* ultimaatum

ultra|-short ['ʌltrə'ʃɜːt] *adj.* ultralühilaine-; ~**-violet** ultravioletne

umbrella [ʌm'brelə] *n.* vihmavari

umpire ['ʌmpaiə] *n.* vahekohtunik; (*sport*) kohtunik

unable [ʌn'eibl] *adj.* võimetu; ~ **to do** võimetu midagi tegema

unaccustomed ['ʌnə'kʌstəmd] *adj.* harjumatu (to); (*unusual*) ebatavaline

unanimous [ju(:)'næniməs] *adj.* üksmeelne; ühehäälne

unarmed ['ʌn'ɑːmd] *adj.* relvastamata; relvitu

unavoidable [ʌnə'vɔidəbl] *adj.* vältimatu

unaware ['ʌnə'wɛə] : **be ~ of** *pred. adj.* ebateadlik; ~**s** *adv.* teadmatult; (*by surprise*) ootamatult, äkki

unbind [ʌn'baind] *v.* lahti siduma

unbroken ['ʌn'brouk(ə)n] *adj.* (*whole*) purustamata, terve; (*continuous*) katkestamatu, pidev; (*horse*) taltsutamatu

unbutton ['ʌn'bʌtn] *v.* lahti nööpima

uncanny [ʌn'kæni] *adj.* õudne

uncertain [ʌn'sɜːtn] *adj.* (*not confident*) ebakindel (of); (*not informed*) teadmatu; ~**ty** *n.* ebakindlus; teadmatus

unchanged ['ʌn'tʃeindʒd] *adj.* muutumatu

uncle [ʌŋkl] *n.* onu, lell

unconscious [ʌn'kɔnʃəs] *adj.* teadvusetu; (*fainted*) meelemärkusetu

uncouth [ʌn'kuːθ] *adj.* kohmetu; tahumatu

uncover [ʌn'kʌvə] *v.* (*head, flank*) paljastama; (*pot*) kaant ära võtma; (*fig.*) avalikustama

under ['ʌndə] *prep., adv.* (*millegi, kellegi*) all, alla; *adj.* alumine; all-; (*kellelegi*) alluv; ~ **the condition** sel tingimusel; ~ **the agreement** kokkuleppe alusel

underbrush ['ʌndəbrʌʃ] *n.* alusmets

underdeveloped ['ʌndədi'veləpt] *adj.* vähe- *või* alaarenenud

underdone ['ʌndədʌn] *adj.* (*cul.*) pooltoores

underestimate ['ʌndər'estimeit] *v.* alahindama; *n.* alahindamine

undergo [ʌndə'gou] *v.* (*changes, handships*) läbi elama; (*operation*) läbi tegema

underground [ʌndə'graund] *adj.* maa-alune; (*pol.*) põrandaalune, salajane; *n.* metroo

underlie [ʌndə'lai] *v.* millegi all lamama; (*fig.*) millelegi aluseks olema

underline [ʌndə'lain] *v.* alla kriipsutama

undermine [ˌʌndəˈmain] v. mineerima; (fig.) õõnestama

underneath [ˌʌndəˈniːθ] adv. all, alla; allpool, allapoole; prep. (millegi, kellegi) all, alla

understand [ˌʌndəˈstænd] v. aru saama, mõistma; ~ing n. arusaamine; (agreement) kokkulepe

undertak|e [ˌʌndəˈteik] v. ette võtma; (pledge o.s.) enda peale võtma; ~er n. ettevõtja; (funerals) matusetalituste korraldaja; ~ing n. ettevõte; kohustus

undertone [ˈʌndətoun] n. pooltoon; (fig.) kaasheli; nüanss; in an ~ summutatud häälega

underwear [ˈʌndəwɛə] n. aluspesu

underworld [ˈʌndəwɜːld] n. allmaailm, põrgu; (social) ühiskondlik põhjakiht

undesirable [ˌʌndiˈzaiəbl] adj. ebasoovitav

undoubted [ʌnˈdautid] adj. kahtlematu

undress [ˈʌnˈdres] v. riidest lahti võtma

uneas|iness [ʌnˈiːzinis] n. (anxiety) rahutus; (situation) ebamugavus; (feeling) kohmetus; ~y adj. rahutu, ebamugav; kohmetu

unemploy|ed [ˈʌnimˈplɔid] n. töötu; ~ment n. tööpuudus

unequal [ʌnˈiːkwəl] adj. ebavõrdne

uneven [ˈʌnˈiːvn] adj. (surface) ebatasane; (number) paaritu

unexpected [ˈʌniksˈpektid] adj. ootamatu

unfair [ˈʌnˈfɛə] adj. ebaõiglane; (sport) ebaaus

unfamiliar [ˈʌnfəˈmiljə] adj. tundmatu; (unwonted) harjumatu

unfavourable [ˈʌnˈfeiv(ə)rəbl] adj. ebasoodus

unfinished [ˈʌnˈfiniʃt] adj. lõpetamata; (rough) viimistlemata

unfit [ˈʌnˈfit] adj. kõlbmatu

unfold [ˈʌnˈfould] v. avama; lahti lööma, avanema, avaldama

unforgettable [ˈʌnfəˈgetəbl] adj. unustamatu

unfortunate [ʌnˈfɔːtʃnit] adj. õnnetu; (enterprise) ebaõnnestunud; ~ly adv. õnnetuseks

unfriendly [ˈʌnˈfrendli] adj. ebasõbralik

unhappy [ʌnˈhæpi] adj. õnnetu

unheard-of [ʌnˈhɜːd ɔf] adj. ennekuulmatu

uniform [ˈjuːnifɔːm] adj. ühetaoline; (phys., tech.) ühtlane; n. munder, vormiriietus

unimportant [ˈʌnimˈpɔːt(ə)nt] adj. ebatähtis

union [ˈjuːnjən] n. ühing (a. action); liit; trade ~ ametiühing

unique [juːˈniːk] n. haruldus; (omas liigis) ainuke eksemplar

unit [ˈjuːnit] n. (math., phys.) ühik; (mil.) allüksus; ~e v. ühendama; ühinema; ~ed : U~ed Kingdom Ühendatud Kuningriik; U~ed Nations Ühinenud Rahvaste Organisatsioon; U~ed States of America Ameerika Ühendriigid; ~y n. üksus; (harmony) üksmeel

univers|al [juːni'vᴂsəl] *adj.* universaalne (*a. tech.*); (*general*) kõikehaarav; (*world-wide*) rahvusvaheline; ~e kogu maailm; ~ity *n.* ülikool

unjust ['ʌn'dʒʌst] *adj.* ebaõiglane

unkind [ʌn'kaind] *adj.* ebasõbralik, lahkusetu

unknown ['ʌn'noun] *adj.* tundmata; tundmatu

unlike [ʌn'laik] *adj.* erinev; he is ~ his father ta ei ole isaga sarnane; *prep.* erinevalt; ~ his father, he ... erinevalt oma isast on ta ...; ~ly *adj.* ebatõenäoline

unlimited [ʌn'limitid] *adj.* piiramatu

unload ['ʌn'loud] *v.* (*vehicle*) maha laadima; (*goods, people*) koormast vabastama; (*gun*) tühjaks laadima

unlock ['ʌn'lɔk] *v.* avama; lukust lahti keerama

unmoved [ʌn'muːvd] *adj.* liigutamata; liigutamatu

unnatural [ʌn'nætʃərəl] *adj.* ebaloomulik; (*instinct*) loomuvastane

unnecessary [ʌn'nesisəri] *adj.* mittevajalik

unpack ['ʌn'pæk] *v.* lahti pakkima

unpleasant [ʌn'pleznt] *adj.* ebameeldiv

unqualified ['ʌn'kwɔlifaid] *adj.* kvalifitseerimatu; (*unreserved*) tingimusteta

unreasonable [ʌn'riːznəbl] *adj.* ebamõistlik; (*excessive*) ülemäärane

unrest ['ʌn'rest] *n.* rahutus, segadus

unruly [ʌn'ruːli] *adj.* taltsutamatu, sõnakuulmatu

unselfish ['ʌn'selfiʃ] *adj.* omakasupüüdmatu

unsettled [ʌn'setld] *adj.* ebakindel; (problem) lahendamata; (*house*) kordaseadmata; (*region*) asustamata

unskil|ful ['ʌn'skilful] *adj.* saamatu; ~led *adj.* mittekvalifitseeritud

unspeakable [ʌn'spiːkəbl] *adj.* väljendamatu; sõnulseletamatu

unsteady ['ʌn'stedi] *adj.* kõikuv, ebakindel

untidy [ʌn'taidi] *adj.* kasimatu; (*room*) korratu

until [ən'til] *prep.* kuni, -ni; ~ sleeping-time kuni magamisajani; *conj.* kuni, seni kui; enne kui; I shan't leave ~ you come home ma ei lahku enne kui te koju tulete

untimely [ʌn'taimli] *adj.* (*unseasonable*) mitteõigeaegne; (*too early*) enneaegne

untouched ['ʌn'tʌtʃt] *adj.* puutumatu; puudutamatu

untrue ['ʌn'truː] *adj.* vale, ebatõeline

unus|ed ['ʌn'juːzd] *adj.* kasutamata; kasutamatu; ~ual *adj.* harukordne

unwise ['ʌn'waiz] *adj.* ebatark, mõistmatu

unworthy [ʌn'wᴂði] *adj.* ebavääriline

163

up [ʌp] *adv.* üles, ülal; hands ~!
käed üles! *prep.* (*midagi mööda*)
üles; vastu; he went ~ the
stairs ta läks trepist üles; ~ the
wind vastutuult

uphold [ʌp'hould] *v.* toetama;
(*decision*) pooldama

upholster [ʌp'houlstə] *v.* polster-
dama; ~er *n.* polsterdaja

upon [ə'pɔn] *see* on

upper ['ʌpə] *adj.* ülemine; ülem-;
~most *adj.* kõige ülemine, ülim

upright ['ʌp'rait] *adj.* püstine, ver-
tikaalne; (*honest*) õiglane; *adv.*
püsti

uprising [ʌp'raiziŋ] *n.* (*pol.*) mäss,
ülestõus

uproar ['ʌprɔː] *n.* kära, lärm;
(*violent, panic*) möll

upset [ʌp'set] *v.* (*overturn*) ümber
paiskama; (*person, plan*) häirima

upside down ['ʌpsaid 'doun] *adv.*
pahupidi, kummuli; *adj.* (*fig.*) pea
peale pööratud

upstairs ['ʌpsteəz] *adv.* ülemisel
korrusel, ülemisele korrusele

upward ['ʌpwəd] *adv.* ülespoole;
adj. ülespoole suunatud

urban ['æbən] *adj.* linna-

urgen|cy ['ædʒənsi] *n.* hädavaja-
likkus, edasilükkamatus; ~t *adj.*
(*matter*) kiire, edasilükkamatu;
(*request*) tungiv, pakiline

urine ['juərin] *n.* uriin, kusi

us [ʌs, əs] *pron.* meid, meile

usage ['juːzidʒ] *n.* käsitlusviis;
(*custom*) komme; (*comm.*) tava

use [juːs] *v.* tarvitama; (*avail o.s.*)
kasutama; (*apply*) rakendama; *n.*

tarvitamine, kasutamine, raken-
damine; make ~ of ära kasu-
tama; we ~d to play varem
me mängisime; I am ~d to it
ma olen sellega harjunud; get ~d
to millegagi, kellegagi harjuma;
~ful *adj.* kasulik; ~less *adj.* ka-
sutu

usher(ette) ['ʌʃə'(ret)] *n.* pileti-
kontrollija, kohanäitaja (*neiu*)

usual ['juːʒuəl] *adj.* harilik, tavaline

usurp [juː'zʌp] *v.* usurpeerima;
~er *n.* usurpaator

utensil [juː'tensil] *n.* tarberiist;
(*kitchen*) kööginõu

utili|ty [juː'tiliti] *n.* (*usefulness*) ka-
sulikkus; public ~ties *n. pl.*
kommunaalteenused; ~ze *v.* ka-
sutama

utmost ['ʌtmoust] *adj.* äärmisim,
kaugeim; (*importance*) suurim;
do one's ~ tegema kõik mis või-
malik

utter ['ʌtə] *adj.* äärmine, täie-
lik; *v.* (*opinion*) väljendama;
(*sound*) lausuma; kuuldavale too-
ma; ~ance *n.* väljendamine

V

vaca|ncy ['veikənsi] *n.* (*office*) va-
kants, vaba ametikoht; ~nt *adj.*
vakantne; (*look*) tühi; ~tion *n.*
(*school*) koolivaheaeg

vaccination [væksi'neiʃən] *n.* vakt-
sineerimine; rõugepanek

vacuum ['vækjuəm] *n.* vaakum,
tühjus; ~ cleaner *n.* tolmuimeja

vagabond ['vægəbɔnd] *n.* hulkur; *adj.* hulkuv

vague [veig] *adj.* (*indefinite*) ebamäärane; (*dim*) ähmane

vain [vein] *adj.* edev, tühine; (*futile*) asjatu, ilmaaegne; in ~ asjatult, ilmaaegu

valet ['vælit, 'vælei] *n.* kammerteener

valiant ['væljənt] *adj.* sangarlik, vapper

valid ['vælid] *adj.* (*passport*) kehtiv, maksev; (*reason, claim*) seadusjõuline; ~ity *n.* kehtivus, maksvus, seadusjõulisus

valley ['væli] *n.* org

valu|able ['væljuəbl] *adj.* väärtuslik; *n.* (*haril. pl.*) väärtasi; ~ation ~e *n.* väärtus; *v.* hindama; market ~e *n.* turuväärtus

valve [vælv] *n.* klapp, ventiil; (*el.*) raadiolamp

van [væn] *n.* furgoon

vane [vein] *n.* tiivik; weather-~ *n.* tuulelipp

vanguard ['vængɑːd] *n.* avangard

vanilla [və'nilə] *n.* vanill

vanillin ['və'nilin, 'vænilin] *n.* vanilliin

vani|sh ['væniʃ] *v.* kaduma, haihtuma; ~ty *n.* eneseuhkus; (*of life*) tühisus

vapour ['veipə] *n.* aur

vari|able ['vɛəriəbl] *adj.* muutlik, vahelduv; ~ant *n.* variant; ~ation *n.* muutus, teisendus; (*mus.*) variatsioon; ~ety *n.* mitmekesisus; (*biol.*) mitmekesisus; (*biol.*) varieteet; liik; sort;

~ous *adj.* (*different*) mitmekesine; (*with pl. = several*) erinevad

varnish ['vɑːniʃ] *n.* lakk; (*gloss*) väline läige (*a. fig.*); *v.* lakkima

vary ['vɛəri] *v.* (*differ*) erinema; (*change*) muutuma; muutma; (*diversity*) varieerima, mitmekesistama

vase [vɑːz, veiz] *n.* vaas

vast [vɑːst] *adj.* (*wide*) ääretu; (*huge*) tohutu; ~ness *n.* määratus; tohutus

vat [væt] *n.* vaat, tõrs

vault [vɔːlt] *n.* võlv; (*cellar*) võlvitud kelder; (*burial*) võlvitud hauakamber

veal [viːl] *n.* vasikaliha

vegeta|ble ['vedʒitəbl] *n.* taim, köögivili; *adj.* taimne; ~rian *n.* taimetoitlane; ~tion *n.* taimestik

vehemen|ce ['viːməns] *n.* tugevus; (*of character*) ägedus, tulisus; ~t *adj.* tugev, äge

vehicle ['viːikl] *n.* (*cart*) veok; (*mot.*) auto, sõiduk

veil [veil] *n.* loor; (*fig.*) kate; *v.* looritama; (*fig.*) varjama, katma

vein [vein] *n.* soon (*a. min.*); veen; (*bot.*) lehesoon; (*fig.*) iseloomujoon

velocity [vi'lɔsiti] *n.* kiirus

velvet ['velvit] *n.* samet; *adj.* samet-, sametine

veneer [vi'niə] *n.* (*wood*) vineer

venerable ['venərəbl] *adj.* auväärne

venereal [vi'niəriəl] *adj.* veneeriline, sugu-

venison ['venzən] *n.* hirveliha, ulukiliha

venom ['venəm] *n.* (*zo.*) mürk; ~ous *adj.* mürgine (*a. fig.*)

vent [vent] *n.* ava, avaus; **give ~ to one's feelings** (*fig.*) tundeid välja valama; ~**ilate** *v.* (*room*) ventileerima; ~**ilation** *n.* ventilatsioon; ~**ilator** *n.* ventilaator

venture ['ventʃə] *n.* julgustükk, riskantne ettevõte; *v.* (*life*) riskeerima; (*dare*) julgema

Venus ['viːnəs] *n.* veenus

verb [vəːb] *n.* (*gr.*) pöördsõna, verb; ~**al** *adj.* (*gr.*) pöördsõnaline, verbaalne; (*oral*) suusõnaline; (*verbatim*) sõnasõnaline

verdict ['vəːdikt] *n.* verdikt, (vandekohtunikkude) otsus

verge [vəːdʒ] *n.* äär, veer; ~ **on** *v.* millegagi piirnema

veri|fication [verifi'keiʃən] *n.* kindlakstegemine; (*confirmation*) õigeks tunnistamine; tõestamine; ~**fy** *v.* kindlaks tegema; tõestama; ~**table** *adj.* tõeline

vers|e [vəːs] *n.* värss; salm; (*poetry*) luule; (*stanza*) stroof, värsirida; ~**ion** *n.* versioon; (*translation*) tõlge

vertical ['vəːtikəl] *adj.* vertikaalne

very ['veri] *adv.* väga; ~ **much money** väga palju raha; ~ **much interested** väga huvitatud; *adj.* tõeline, just see, just sama; **the ~ same** just seesama

vessel ['vesəl] *n.* anum (*anat.*) soon; (*mar.*) laev, veesõiduk

vest [vest] *n.* vest; (*undershirt*) alussärk

vestige ['vestidʒ] *n.* jälg

veter|an ['vetərən] *n.* veteran; väljateeninud sõdur; ~**inary** *adj.* veterinaar-; *n.* veterinaar, loomaarst

veto ['viːtou] *n.* veto; *v.* (*millelegi*) vetot peale panema

vex [veks] *v.* vaevama, tüütama; ~**ation** *n.* vaevamine

via ['vaiə] *prep.* kaudu; **go ~ London** Londoni kaudu sõitma

vibrat|e [vai'breit] *v.* vibreerima; ~**ion** *n.* vibratsioon

vice [vais] *n. pl.* (*tech.*) kruustangid; *n.* ebavoorus, pahe

vice-president ['vais'prezidənt] *n.* asepresident

vicinity [vi'siniti] *n.* naabrus; (*area*) naabruskond; **in the ~ of** (*millegi*) läheduses

vicious ['viʃəs] *adj.* (*morally*) paheline

victim [viktim] *n.* ohver

victor [viktə] *n.* võitja; ~**ious** *adj.* võidukas; ~**y** *n.* võit

victual [vitl] *n. pl.* toiduained

view [vjuː] *n.* (*aspect, prospect*) vaade; (*opinion*) arvamus, väljavaade; *v.* vaatlema, üle vaatama; **in ~ of** silmas pidades; **with a ~ to selleks et**; ~**point** *n.* vaatluspunkt

vigilan|ce ['vidʒiləns] *n.* valvelolek; ~**t** *adj.* valvelolev, valvas

vigo|rous ['vigərəs] *adj.* jõuline, energiline; ~**ur** *n.* jõud, energia

vile [vail] *adj.* nurjatu, alatu

villa ['vilə] *n.* villa

village ['vilidʒ] *n.* küla; ~**r** *n.* külaelanik

villain ['vilən] *n.* lurjus, kelm

vine [vain] *n.* viinamarjapõõsas; ronitaim; ~**gar** *n.* äädikas; ~**yard** *n.* viinamarjaistandus

vintage ['vintidʒ] *n.* viinamarjalõikus

viol|ate ['vaiəleit] *v.* (*law, peace*) vägivaldselt rikkuma; (*woman*) vägistama; ~**ation** *n.* vägivaldne rikkumine; vägistamine; ~**ence** (*brute force*) vägivald; (*intensity*) jõud; ~**ent** *adj.* vägivaldne; äge, jõuline

violet ['vaiəlit] *n.* kannike; *adj.* violetne

violin [vaiə'lin] *n.* viiul; ~**ist** *n.* viiulimängija

viper ['vaipə] *n.* rästik; mürkmadu

virgin ['vɜːdʒin] *n.* neitsi; *adj.* neitsilik

virtu|al ['vɜːtjuəl[]] *adj.* tegelik, tõeline; ~**e** *n.* voorus; **by** ~**e of** (*millegi*) tõttu, põhjal, alusel; ~**ous** *adj.* vooruslik

visa ['viːzə] *n.* viisa

vis|ibility [vizi'biliti] *n.* nähtavus; ~**ible** *adj.* nähtav; ~**ion** *n.* (*biol.*) nägemine; (*day-dream*) nägemus, visioon; ~**it** *n.* külastus, visiit; *v.* külastama; ~**itor** *n.* külastaja; (*private*) külaline; ~**ual** *adj.* visuaalne

vital [vaitl] *adj.* eluline; (*person*) elurõõmus; ~**ity** *n.* vitaalsus, elujõud

viv|acious [vi'veiʃəs] *adj.* elav, reibas; ~**acity** *n.* elavus; ~**id** *adj.* (*colour*) ere, heledavärviline; (*description*) elav

voca|bulary [və'kæbjuləri] *n.* sõnastik; (*stock of words*) sõnavara; ~**l** *adj.* hääleline; (*mus.*) vokaalne; ~**tion** *n.* elukutse; (*inner call*) kutsumus, kalduvus

vogue [voug] *n.* mood; populaarsus

voice [vɔis] *n.* hääl; (*gr.*) tegumood

void [vɔid] *adj.* tühi; (*jur.*) kehtetu; *n.* tühjus; lünk; ~ **of** *adj.* ilmajäetud

volcano [vɔl'keinou] *n.* vulkaan

volley ['vɔli] *n.* (*mil.*) kogupauk; (*fig.*) rahesadu; *v.* kogupauku andma; ~-**ball** (*sport*) võrkpall

volt [voult] *n.* volt; ~**age** *n.* pinge

volume ['vɔljum] *n.* (*size*) ruumala; (*capacity*) mahutavus; (*book*) köide

volunt|ary ['vɔləntəri] *adj.* vabatahtlik; ~**eer** *v.* vabatahtlikuna sõjaväkke astuma; omal algatusel tegema (*to do*)

vomit ['vɔmit] *v.* oksendama; välja purskama; ~**ing** *n.* okse; oksendus

voracious [vo'reiʃəs] *adj.* ablas, ahne

vote [vout] *n.* (*voting*) hääletus; (*single*) hääl; *v.* hääletama (**for**); ~**r** *n.* hääletaja, valija

vouch [vautʃ] *v.* tagama; käendama (**for**); ~**safe** *v.* suvatsema

vow [vau] *n.* tõotus; *v.* tõotama

vowel ['vauəl] *n.* täishäälik

voyage ['vɔidʒ] *n.* reis; *v.* reisima

vulgar ['vʌlgə] *adj.* vulgaarne

vulture ['vʌltʃə] *n.* raisakotkas

W

wadding ['wɔdiŋ] *n.* vatt; polstri-
täidis; (*action*) vateering

wade [weid] *v.* (*river, sand, mud*)
kahlama, läbi sumama

wafer ['weifə] *n.* vahvel

waffle ['wɔfl] *n.* vahvel; lobajutt; *v.*
lobama

wage [weidʒ] : ~ **war** *v.* sõda pi-
dama; ~s *n.* palk, töötasu

wag(g)on ['wægən] *n.* (*cart*) veo-
vanker; (*rail*) platvormvagun

wail [weil] *v.* (*person*) halisema, sü-
dantlõhestavalt nutma; (*wind*) ul-
(g)uma; *n.* halisemine, ul(g)umi-
ne

waist [weist] *n.* piht, talje; ~**coat**
n. vest

wait [weit] *v.* ootama (for); ~ **a
moment!** oodake! ~ **on** *v.* tee-
nindama; ~**er** *n.* kelner; ~**ing-
room** *n.* ooteruum; ~**ress** *n.*
naiskelner

wake [weik] *n.* kiiluvesi; *v.* (*awake*)
ärkama; (*keep awake*) ärkvel ole-
ma; äratama (*a. fig.*)

walk [wɔk] *v.* käima, kõndima (*on
foot*) jalgsi minema; *n.* (*stroll*) ja-
lutuskäik; (*gait*) kõnnak; **go fo a
~ jalutama minema; ten minu-
tes ~ kümne minuti tee; ~er** *n.*
jalutaja, kõndija

wall [wɔl] *n.* sein

wallet ['wɔlit] *n.* rahatasku

wallow ['wɔlou] *v.* püherdama

wallpaper ['wɔlpeipə] *n.* tapeet

walnut ['wɔlnət] *n.* kreeka pähkel

walrus ['wɔlrəs] *n.* merihobu

waltz [wɔls] *n.* valss; *v.* valssi tant-
sima

wand [wɔnd] *n.* (*magician's*) nõia-
kepp

wander ['wɔndə] *v.* rändama; hul-
kuma; (*thoughts*) ekslema; ~**er** *n.*
rändur; eksleja

wane [wein] *v.* (*moon*) kahanema;
n. kahanemine

want [wɔnt] *v.* (*wish*) tahtma;
(*need*) vajama; (*lack*) puudust
tundma; *n.* vajadus, puudus; tar-
vidus; **for ~ of** millegi puudusel

war [wɔ] *n.* sõda; **W~Office
(Department)** *n.* sõjaministee-
rium

ward [wɔd] *n.* (*hospital*) palat;
(*prison*) kamber; **under ~ship**
v. hooldusalune; ~ **off** *v.* eema-
le tõrjuma ~**en** *n.* (vangla)ülem;
(*eccl.*) kirikuvanem; ~**er** *n.* van-
givalvur

wardrobe ['wɔdroub] *n.* garderoob

ware [weə] *n. pl.* tooted, kaup;
~**house** *n.* kaubaladu

warfare ['wɔfeə] *n.* sõjapidamine;
guerilla ~ *n.* partisanisõda

warlike ['wɔlaik] *adj.* sõjakas

warm [wɔm] *adj.* soe; (*reception*)
südamlik; (*dispute*) palav, äge; **I
am ~ mul on soe;** ~**th** *n.* soojus
(*a. fig.*)

warn [wɔn] *v.* hoiatama (**against**);
(*let know*) hoiatavalt teatama
(**of**); ~**ing** *n.* hoiatus

warp [wɔp] *v.* (*wood*) koolduma

war|rior ['wɔriə] *n.* sõdur, sõja-
mees; ~**ship** *n.* sõjalaev

wary ['wɛəri] *adj.* ettevaatlik

wash [wɔʃ] *v.* pesema; (*linen*) pesu pesema; ennast pesema; uhtma; *n.* pesupesemine; ~**erwoman** *n.* pesunaine; ~**stand** *n.* pesulaud

wasp [wɔsp] *n.* herilane

waste [weist] *v.* raiskama; pillama; *n.* raiskamine; (asjatu) kulu; *pl.* (*refuse*) jäätmed; ~**ful** *adj.* raiskav, pillav

watch [wɔtʃ] *v.* jälgima; vaatlema; (*guard*) n. valve; (*mar.*) valvekord; (*instrument*) käekell, taskukell; ~ **for** *v.* (*chance*) valvsalt ootama; ~**ful** *adj.* valvas, ettevaatlik; ~**maker** *n.* kellassepp; ~**man** *n.* vaht

water ['wɔːtə] *n.* vesi; *adj.* vee-, vesi-; *v.* (*street, flowers*) kastma; ~**fall** *n.* kosk, juga; ~**-melon** *n.* arbuus; ~**-way** *n.* veetee, laevasõidutee; ~**y** *adj.* vesine

watt [wɔt] *n.* vatt

wave [weiv] *n.* laine (*a. el.*); (*hair*) lokid; *v.* lehvitama; lainetama; ~**r** *v.* (*hesitate*) kõikuma, kõhklema

wax [wæks] *n.* vaha; *adj.* vaha-; *v.* vahatama; poonima; *v.* (*moon*) suurenema; (*become*) saama, minema; **to ~ fat** paksuks minema

way [wei] *n.* tee; **by the ~** teel; (*incidentally*) muide, muuseas; **in a friendly ~** sõbralikult; **give ~** (*yield*) järele andma; (*mot.*) teed andma; ~**side** *n.* teeäär; *adj.* teeäärne

we [wiː] *pron.* meie, me

weak [wiːk] *adj.* nõrk; ~**ly** *adj.* põdur; *adv.* nõrgalt; ~**ness** *n.* nõrkus

wealth [welθ] *n.* rikkus; (*plenty*) küllus; ~**y** *adj.* rikas

weapon ['wepən] *n.* relv

wear [wɛə] *v.* kandma; *n.* (*clothes*) rõivastus; ~ **and tear** igapäevases tarvitamises kulumine (*a. fig.*) ~ **out** *v.* kulutama, ära kandma; (*exhaust*) kurnama

wear|iness ['wiərinis] *n.* väsimus; ~**y** *adj.* väsinud; (*tiring*) väsitav; *v.* väsitama

weasel ['wiːzəl] *n.* (*zo.*) nirk

weather ['weðə] *n.* ilm; ~**cock** *n.* tuulelipp; ~**-forecast** *n.* ilmateade

weave [wiːv] *v.* kangast kuduma; ~**r** *n.* kangur

web [web] *n.* (*zo.*) kude; (*spider's*) ämblikuvõrk (*a fig.*)

wedding ['wediŋ] *n.* pulm; *adj.* pulma-

wedge [wedʒ] *n.* kiil

Wednesday ['wenzdi] *n.* kolmapäev, kesknädal

wee [wiː] *adj.* tilluke, pisike

weed [wiːd] *n.* umbrohi; *v.* umbrohtu kitkuma

week [wiːk] *n.* nädal; **this ~** *adv.* sel nädalal; ~**ly** *adj.* iganädalane; *n.* nädalaleht

weep [wiːp] *v.* nutma

weigh [wei] *v.* kaaluma (*a. fig.*) kaalu omama; ~**t** *n.* kaal; (*piece*) kaalupomm; (*sport*) kuul; tõstepomm; ~**ty** *adj.* kaalukas

welcome ['welkəm] v. tervitama; n. (speech) tervitus; (reception) lahke vastuvõtt; adj. teretulnud; ∼! tere tulemast!

weld [weld] v. (tech.) keevitama; ∼er n. keevitaja

well [wel] n. kaev; adv. hästi; I am ∼ ma tunnen ennast hästi; ∼being n. heaolu, hüvang; ∼-off adj. jõukas; ∼-read adj. paljulugenud, laialdaste teadmistega

Welsh [welʃ] adj. uelsi; ∼man n. uelslane

west [west] n. lääs; adj. läänepoolne, lääne-; ∼ of adv. läände, läänepoole; ∼ward adj. läänepoolne; adv. läände

wet [wet] adj. märg; niiske; v. (soak) märjaks tegema; (moisten) niisutama; get ∼ v. märjaks saama

whale [weil] n. vaal; ∼r n. vaalapüüdja; (ship) vaalapüügilaev

wharf [wɔːf] n. sadamasild, kai

what [wot] pron. mis; ∼ kind of missugune, milline; ∼ is the time? mis kell on? ∼ is the matter? mis on? mis sellest? ∼ ever happens mis ka ei juhtuks, ükskõik mis juhtub

wheat [wiːt] n. nisu

wheel [wiːl] n. ratas; v. ratastel veerema, veeretama; ∼barrow n. käsikäru

when [wen] adv. millal, kunas; conj. kui, siis kui; ∼ce adv. kust; kuskohast; ∼ever adj., conj. millal ka; iga kord kui

where [weə] adv., conj. kus (whither) kuhu; ∼fore adv. miks;

∼upon adv. mille järel. mispeale; ∼ver adv. ükskõik kus, ükskõik kuhu

whet [wet] v. teritama; ∼stone n. kõvasi, tahk, luisk

whether ['weðə] conj. kas; who know's ∼ he will come kes teab, kas ta tuleb

which [witʃ] adj., pron. kumb, missugune

while [wail] n. aeg; ajavahemik; conj. sel ajal kui; (though) kuigi; for a ∼ mõneks ajaks; once in a ∼ aeg-ajalt

whim [wim] n. kapriis, veider tuju

whimper ['wimpə] n. niutsatus, virin; v. niutsuma, virisema

whip [wip] n. piits; (riding) ratsapiits; v. piitsutama, piitsaga ajama; (cream) vahustama, vahule kloppima

whirl [wəːl] v. pöörlema, keerlema; pööritama, keerutama; ∼pool n. veekeeris; ∼wind n. tuulispask, vihur

whisk [wisk] : ∼ away v. pühkima; (mouse) lipsama; n. (small broom) tolmuluuake; ∼ers n. põskhabe; pl. vurrud

whisper ['wispə] n. sosin; v. sosistama

whistle [wisl] n. vile; (instrument) vilepill; v. vilistama

white [wait] adj. valge; n. valge värvus; (egg) munavalge; (eye) silmavalge; ∼n v. valgendama, valgeks tegema; ∼wash v. lupjama; (fig.) puhtaks pesema

whither ['wiðə] adv., conj. kuhu

Whitsun [witsn] *n. pl.* (*eccl.*) neli-pühad, suvistepühad

who [hu:] *pron.* kes; ~**ever** *pron.* ükskõik kes

whole [houl] *adj.* terve, täielik; ~**sale** *n.* hulgimüük; *adv.* hul-gi; ~**some** *adj.* tervislik, tervisele kasulik

wholly ['houl(l)i] *adv.* täielikult, täiesti

whom [hu:m] *pron.* keda; to ~ kel-lele; of ~ kellest

whore [hɔ:] *n.* hoor

whose [hu:z] *pron.* kelle (oma)

wick [wik] *n.* taht

wicked ['wikid] *adj.* kuri

wide [waid] *adj.* lai; *adv.* pärani; ~ open pärani lahti; ~**n** *v.* laie-nema; laiendama; ~**spread** *adj.* laialt levinud

widow ['widou] *n.* lesk; ~**er** *n.* leskmees

width [widθ] *n.* laius

wife [waif] *n.* naine, abikaasa

wig [wig] *n.* parukas

wild [waild] *adj.* metsik; (*frenzied*) pöörane, ohjeldamatu; ~**erness** *n.* kõnnumaa, kõrb, metsik maa-koht

wil|**ful** ['wilful] *adj.* isemeelne; ~**l** *n.* tahtejõud; (*jur.*) tahteavaldus, testament; ~**ling** *adj.* nõus, val-mis (to do); ~**lingly** *adv.* meel-sasti, hea meelega; ~**lingness** *n.* nõusolek, valmisolek

willow ['wilou] *n.* paju

wily ['waili] *adj.* riukaline, kaval

win [win] *v.* (*game*) võitma; (*medal, freedom*) saavutama; (*victory*) võitjaks tulema; *n.* võit

wince [wins] *v.* võpatama

wind [waind] 1. *v.* (*river, path, plant*) looklema; keerama; keer-lema; (*yarn*) kerima; (*clock*) üles keerama

wind [wind] 2. *n.* tuul; ~**-instru-ment** *n.* puhkpill; ~**mill** *n.* tuu-leveski; ~**ow** *n.* aken; ~**screen** *n.* (*mot.*) tuuleklaas; ~**y** *adj.* tuuli-ne

wine [wain] *n.* vein

wing [wiŋ] *n.* tiib (*a. fig.*); *pl.* (*theat.*) kulissid; ~**ed** *adj.* tiivu-line

wink [wiŋk] *v.* pilgutama; ~ at märguandeks silma pilgutama; (*fig.*) millegi peale silma kinni pi-gistama

winner ['winə] *n.* võitja; **prize**~ *n.* auhinnavõitja

wint|**er** ['wintə] *n.* talv; *adj.* talve-, talvine; in ~**er** talvel; ~**ry** *adj.* talvine

wipe [waip] *v.* (*face, dishes*) kui-vatama; hõõrudes puhastama; ~ off, out *v.* ära pühkima

wir|**e** ['waiə] *n.* traat; telegramm; telegraaf; ~**eless** *adj.* traadita; *n.* raadio; raadiotelegramm; ~**y** *adj.* (*fig.*) sooniline

wis|**dom** ['wizdəm] *n.* tarkus; elu-tarkus; ~**e** *adj.* tark; elutark

wish [wiʃ] *n.* soov; *v.* soovima; best ~**es** *pl.* parimad õnnesoovid

wistful ['wistful] *adj.* mõtlik; (*look*) nukker

wit [wit] *n.* taip; (*gift*) teravmeel-sus; (*person*) teravmeelne isik

witch [witʃ] *n.* nõid; ~**craft** *n.* nõiakunst

with [wið] *prep.* -ga; (*kellegi,
millegi*) juures, abil, pärast, tõt-
tu; (*kellegagi, millegagi*) ühes,
kaasas, kaasa; **write ~ a pen**
pliiatsiga kirjutama; **shiver ~
cold** külma tõttu värisema

withdraw [wið'drɔː] *v.* (*hand*) ta-
gasi tõmbama; (*from use*) kõrval-
dama; (*cancel*) tagasi võtma, tü-
histama; (*mil.*) taanduma; **~al** *n.*
taandumine, tagasitõmbumine

wither ['wiðə] *v.* närtsima, närtsi-
tama

withhold [wið'hould] *v.* tagasi
hoidma (**from**); (*deny*) andmast
keelduma

with|in [wi'ðin] *adv., prep.* sees;
~out *adv.* väljaspool; *prep.* -ta;
ilma; **~stand** *v.* vastu seisma

witness ['witnis] *n.* tunnistaja;
(*evidence*) tunnistus; *v.* tunnista-
ma; (*accident*) tunnistajaks ole-
ma

witty ['witi] *adj.* teravmeelne

wolf [wulf] *n.* hunt

woman ['wumən] *n.* naine, naiste-
rahvas; **~ly** *adj.* naiselik

womb [wuːm] *n.* emakas, emakoda

wonder ['wʌndə] *n.* ime; (*amaze-
ment*) imestus; *v.* imestama,
imestust tundma (**at**); **I ~ what
...** oleks huvitav teada, mis ...;
it's no ~ that ... ei ole midagi
imestada, et ...; **~ful** *adj.* imeilus,
imehea, imepärane

wont [wount] *n.* harjumus; **I am ~
to** ma olen harjunud + inf.

woo [wuː] *v.* kosima

wood [wuːd] *n.* mets; (*material*)
puit; **fire-~** *n. pl.* küttepuud;

~cutter *n.* puuraiuja; (*artist*)
puulõikekunstnik; **~ed** *adj.* met-
sane; **~en** *adj.* puust, puu-;
~pecker *n.* rähn

wool [wul] *n.* vill; **~len** *adj.* villane

word [wɜːd] *n.* sõna

work [wɜːk] *n.* töö; (*labour*) tööte-
gevus; *pl.* (*mill*) tehas, vabrik; *v.*
töötama; (*mechanism*) käima, lii-
kuma; **~ up** *v.* välja kujundama;
~ out (*plan*) välja töötama; **out
of ~** *adj.* töötu; **complete ~s of**
n. pl. koguteosed; **~er** *n.* tööline;
(*wider sense*) töötaja; **~ing** *adj.*
töötav, töölis-; **in ~ing order**
adj. töökorras; **~shop** *n.* tööko-
da

world [wɜːld] *n.* maailm; *adj.* üle-
maailmne; maailma-; **~ly** *adj.*
maine, ilmalik; **~-wide** *adj.* üle-
maailmne

worm [wɜːm] *n.* uss, ussike, vagel

worry ['wʌri] *v.* muretsema
(**about**);   vae-
vama; tülitama (**with**); *n.* vaev,
mure

worse [wɜːs] *adj.* halvem; *pred., a.
adv.* halvemini

worship ['wɜːʃip] *n.* jumaldamine;
v. jumaldama; **~(p)er** *n.* jumal-
daja

worst [wɜːst] *adj.* kõige halvem;
pred. a. adv. kõige halvemini

worth [wɜːθ] *n.* väärtus; (*moral*)
väärikus; **~ attention** *adj.* tähe-
lepanuväärt; **it is ~ reading** see
on lugemisväärt; **~less** *adj.* väär-
tusetu; **~y** *adj.* vääriline, vääriv
(**of**)

wound [wuːnd] *n.* haav; *v.* haavama

wrangle [ræŋgl] *n.* nääklemine, ja-
gelemine; *v.* nääklema, jagelema
wrap [ræp] *v.* (*person*) sisse mäs-
sima *või* mähkima; (*parcel*) pak-
kima; ~**per** *n.* mähis, ümbris;
(*postal*) panderoll
wrath [rхθ] *n.* viha, raev
wreath [ri:θ] *n.* pärg; (*smoke*) suit-
surõngas
wreck [rek] *n.* laevahukk; avarii;
laevavrakk; (*stranded*) laevariis-
med; *v.* purustama; ~**age** *n. pl.*
(*remains*) vrakirusud; to be ~**ed**
(*laeva kohta*) hukkuma; õnnetust
läbi elama
wrench [rentʃ] *n.* (*tecn.*) mutrivõti;
v. (*foot*) väänama
wrest [rest] *v.* käest kiskuma
(**from**); (*promise*) välja kutsuma;
~**le** *v.* (*sport*) maadlema; ~**ler** *n.*
maadleja; ~**ling** *n.* maadlus
wretched ['retʃid] *adj.* haletsemis-
väärne, armetu
wriggle [rigl] *v.* vingerdama; ~ **aut**
välja rabelema (**of**)
wring [ring] *v.* väänama; (*extort*)
välja pressima (**from**); (*hands*)
tugevasti suruma
wrinkle [riŋkl] *n.* korts; *v.* kortsu-
tama; kortsuma
wrist [rist] *n.* (käe)ranne; ~**watch**
n. käekell
writ|e [rait] *v.* kirjutama; ~**er** *n.*
kirjanik; ~**ing** *n.* kirjutamine,
kirjutis; (*hand*) käekiri; in ~**ing**
kirjalikult

wrong [rɔŋ] *adj.* (*answer*) ebaõi-
ge; (*train, book*) vale; *n.* ebaõig-
lus; the ~ side (*textile*) pahu-
pool; you are ~ te eksite, teil
ei ole õigus
wry [rai] *adj.* kõver, viltune

X

X-ray ['eks 'rei] *n. pl.* röntgenikii-
red; *adj.* röntgeni-; *v.* röntgeni-
kiirtega läbi valgustama

Y

yacht [jɔt] *n.* jaht, purjejaht
Yankee ['jæŋki] *n.* jänki
yard [jɑːd] *n.* õu, hoov; (*measure*)
jard; ~**stick** *n.* jardiline mõõdu-
puu; (*fig.*) võrdluse alus
yarn [jɑːn] *n.* lõng
yawn [jɔːn] *n.* haigutus; *v.* haiguta-
ma
year [jiə, jæ] *n.* aasta; this ~ sel
aastal; how many ~s? kui pal-
ju aastaid? ~**ly** *adj.* iga-aastane;
adv. igal aastal
yearn [jɑːn] *v.* igatsema (**for**)
yeast [jiːst] *n.* pärm
yell [jel] *n.* kisa; röögatus; *v.* kisen-
dama, röögatama
yellow ['jelou] *adj.* kollane
yelp [jelp] *n.* klähvatus, kilav hau-
gatus; *v.* klähvima; kilavalt hau-
kuma
yes [jes] *adv.* jah; *n.* jaasõna

yesterday ['jestəd(e)i] *adv.* eile; *n.* eilne päev; *adj.* eilne; **the day before ~** üleeile

yet [jet] *adv.* veel; (*already*) juba; (*however*) siiski; **not ~** veel mitte; **as ~** seni; **have you finished ~?** kas te olete juba lõpetanud? *conj.* kuid, siiski, ometi

yield [ji:ld] *n.* (*agr.*) saak; (*tech.*) järeleandvus, painduvus, (*betooni*) voolavus; toodang; (*fin.*) tulu; *v.* (*harvest, profit*) sisse tooma, andma, tootma; (*give in*) järele andma, loovutama (**to**)

yoke [jouk] *n.* ike

yolk [joulk] *n.* munakollane

you [ju: ju] *pron.* sina, sa; *pl.* teie, te

young [jʌŋ] *adj.* noor; **~ people** *n. pl.* noored; **the ~** *n.* noorsugu

your|s [juəz, jxz] *pron.* teie, sinu oma(d); teie, sinu; **~self, ~selves** *pron.* ennast, endid; (*emphatic*) ise

youth [ju:θ] *n.* (*age*) noorus; (*boy*) noormees, nooruk; (*people*) *pl.* noored

Yugoslav(ian) ['ju:gou'slɑv(jən)] *adj.* jugoslaavia; jugoslaavlane

Z

zeal [zi:l] *n.* ind, innukus; **~ous** *adj.* innukas

zebra ['zi:brə] *n.* (zo.) sebra

zenith ['zeniθ] *n.* seniit

zero ['ziərou] *n.* null

zigzag ['zigzæg] *n.* siksak; *adj.* siksakiline, siksak-

zinc [ziŋk] *n.* tsink; *v.* tsinkima

zip-fastener ['zipfɑsnə] *n.* tõmbelukk = tõmblukk

zone [zoun] *n.* tsoon;

zoo [zu:] *n.* loomaaed, zoopark; **~logy** *n.* zooloogia

A few words about Estonian cuisine

Estonian national cuisine springs from folk customs, legends, and public holidays. People used to prepare specified dishes for holidays. Until the 19th century the Estonian peasants had never been well off. Their everyday fare was quite simple and meager, but when holidays came, they did their best to turn that simple fare into something out of the ordinary to suit folk customs, tastes and legends. That was homely, yet tasty and healthy food.

For instance, one dish that was indispensable for Christmas Eve was blood-pudding; you just couldn't do without it if you were to avoid major trouble. Before eating, the pudding had to be heated up with lard.

The 17th of January was Tõnis Day, which is midwinter day. (Tõnis is an Estonian male name.) The meal on that holiday was an Estonian national dish – mulgikapsad (stewed sauerkraut with pork and pearl-barley, occasionally accompanied by beans and peas). This dish was believed to assure success in stock raising and to be particularly propitious for the promotion of pigbreeding.

Jellied pig's knuckles (vastlasült) were cooked for Vastlad – Shrovetide, February-March. That meal was said to give you strength and skill for the rest of the year. Other indispensable dishes were buckwheat pancakes (vastlakook) and puns and rolls (vastlakuklid) as well as baked beans – which made up a meal that was expected to bring you a good vegetable harvest.

On Madis Day, the 24th of February, the meal was nothing but pies and pancakes; no meat, no potatoes, no beans, nor any cabbage on the table: otherwise the entire crop would be worm-eaten.

By Easter the custom was to color the Easter eggs: mostly with all kinds of herbs and onion peelings. The more intricate patterns the eggs had, the more luck they were expected to bring. There was indispensable baked as well as jellied veal.

The treat on St John's Day (a summer holiday) was another national dish – kamakäkk – dumplings or little round loaves of oat flour and curd tarts. Special beer, with honey added it, was brewed.

The end of field work was celebrated on the 29th of September – Mihkli Day. Most of the dishes prepared for that day were of mutton, with verekäkid – blood dumplings or round loaves being particularly popular. Pearl-barley was soaked with fresh ram blood to make the dough for baking or boiling little round loaves of. Mutton was stewed with swede and turnip. The dish was served with whortleberry salad.

The 10th of November was celebrated as Mardi Day in Estonia. This holiday resembles the American Hallow-e'en. Maskers go from door to door, singing and dancing in expectation of a reward. The customary meal served is game – goose, chicken etc. Sausages were made expressly for the maskers, and even old Estonian songs relate how those sausages were handed out to them.

There was a tradition to go to a bride-show a specially baked bread of good flour, wrapped in a white napkin. Quite often money was put under the bread. The later custom was to present a cake or a knot-shaped biscuit instead of the bread: a cake if a girl was born and a knot-shaped biscuit if it was a boy.

It was a rule for sausages to be made on such occasions as a wedding or funeral feast. An old custom was to slice the sausages for the brides to serve their guests who would put money under the platter for the young couple. Before showing the bride into the house, you had to cut a whole sausage in half with a sword and eat it up. There was, besides, the practice to bake what used to be called "trunk" bread of rye and wheat flour specially for the bride. It was taken together with the dowry in a trunk to the bridegroom's where it was used to make sandwiches to be served with the wine. This treat had to be paid for, too. An Estonian custom of olden days was to cook a special wedding pie. Meat was roasted to a good red in a frying pan and then submerged with a special kind of dough made of eggs, milk and flour, and baked in an oven.

Later on such a pie was replaced by a wedding cake. The wedding feast went on for three days at least, sometimes even for a week. This means there had to be a bountiful supply of eatables. There was a custom for the guests invited for the wedding feast to bring a sack of food along. So the mistress of the house would wonder sometimes: "That's been some wedding feast, indeed, and yet there's still as much meat in stock as there was before it."

Today the Estonian diet is diversified, but bread and pork are as essential as ever.

Bread
Leib

Rye bread
Rukkileib

Sour-sweet bread
Magushapu rukkileib

Grey bread
Sepik

Wheat bread
Püülijahuleib

Buns and rolls; caraway puffs, oil buns Tartu rolls (Tartu sai) etc.

Shrovetide puffs (vastlakuklid) – you bake a round roll, cut the top off, put
whipped cream in, and fix the top back

Pancakes and fritters
Pannkoogid

Curd tarts
Kohupiimakorp

Tea pie (with a sweat butter-milk filling)
Teekook

Various cakes and – particularly popular – rhubarb pies and cakes

Beverages
Joogid

Birch sap
Kasemahl

Kvass (orig. Russian rye-beer) of birch sap – (you boil your sap, cool it off
and add some yeast to it for three days before consumption)

Birch sap kvass with honey
Kasemahlakali meega

Honey drink
Meejook

Juniper and heather drink
Kadakamarjajook

Bread kvass
Leivakali

Drink and juice of rhubarb, gooseberries and other berries and fruit

Beer (bitter, light – various types)
Õlu

Vodka – various types. Popular type is Viru-Kange
Viru-Kange 58 *

Vana-Tallinn is the most popular Estonian liqueur
Vana-Tallinn 45 *

Standard breakfasts, dinners and suppers
Toidusedelite näited

Breakfast
Hommikueine

1. Millet flour gruel
Nisujahupuder

Cottage cheese (mildy salted, specially cooked curds)
Kodujuust

Sandwich with salted fish (sprats, spiced sprats or sparling)
Võileib soolakalaga (räim, kilu, tint)

Bun
Võisai

Coffee, milk
Kohv, piim

2. Porridge
Herkulapuder

Fried eggs with smoked ham
Praemuna suitsusingiga

Cheese and tomato sandwich
Tomati- ja juustuvõileib

Curd tarts
Kohupiimakorp

Coffee, tea
Kohv, tee

Dinner
Lõunasöök

1. Vegetable soup with meat or carrot patties
Köögiviljasupp, liha- või porgandipirukad

Roasted smoked ribs with mushroom dressing
Praetud suitsuribi seentega

Mousse
Mannakreem

2. Meat soup with dumplings
Liha-klimbisupp

Baked veal with fried swede and potatoes and whortleberry salad
Ahjupraad vasikalihast praekartulite, kaalikate ja pohlasalatiga

Bread soup with whipped cream
Leivasupp vahukoorega

3. Sauerkraut soup
Hapukapsasupp

Garnished fried eel
Praetud angerjas garneeringuga

Baked apples with sugar and milk
Küpsetatud õunad suhkru ja piimaga

Supper
Õhtueine

1. Garnished fried sprats
Praetud räimed garneeringuga

Grey bread with butter
Sepik võiga

Caraway tea
Köömnetee

2. Mulgikapsad

Knot-shaped honey doughnut
Mesileivataignast kringel

Tea or berry juice
Tee või marjajook

3. Blood round loaves
Verikäkid

Curd tarts
Kohupiimakorp

Peppermint tea
Piparmünditee

OTHER BALTIC AND FINNISH INTEREST TITLES BY HIPPOCRENE BOOKS...

Lithuanian

Beginner's Lithuanian
471 pages • 6 x 9 • 0-7818-0678-X • W • $19.95 pb • (764)

Lithuanian-English/English-Lithuanian
Concise Dictionary
**382 pages • 6 x 9 • 10,000 entries • 0-7818-0151 • W •
$14.95 pb • (489)**

Lithuanian-English/English-Lithuanian
Compact Dictionary
**382 pages • 3½ x 4¾ • 10,000 entries • 0-7818-0536-8 • W
• $8.95 pb • (624)**

Art of Lithuanian Cooking
**176 pages • 5½ x 8½ • 0-7818-0610-0 • W • $24.95 hc •
(722)**

Latvian

Latvian-English/English-Latvian Practical
Dictionary
**474 pages • 4³/₈ x 7 • 16,000 entries • 0-7818-0059-5 • NA
• $16.95 pb • (194)**

Finnish

Finnish-English Concise Dictionary
411 pages • 3½ x 4¾ • 12,000 entries • 0-87052-813-0 • NA • $11.95 pb • (142)

Treasury of Finnish Love
128 pages • 5 x 7 • 0-7818-0397-7 • W • $11.95 hc • (118)

The Best of Finnish Cooking
242 pages • 5 x 8½ • Bilingual Index • 0-7818-0493-0 • W • $12.95 pb • (601)

Prices subject to change without notice. To order HIPPOCRENE BOOKS, contact your local bookstore, call (718) 454-2366, or write to: Hippocrene Books, 171 Madison Ave. New York, NY 10016. Please enclose check or money order adding $5.00 shipping (UPS) for the first book and $.50 for each additional title.